HEYNE BIOGRAPHIEN

50

Dem Meister
Johann Strauß

Das
Friedrich Wilhelmstädtische
Theater

Das Theater Unter den Linden

Kurt Pahlen

JOHANN STRAUSS

Die Walzerdynastie

Wilhelm Heyne Verlag
München

Copyright © 1975 by Wilhelm Heyne Verlag, München
Zeittafel, Stammtafel und Bibliographie
wurden erarbeitet von Günter Pössiger
Printed in Germany 1975
Umschlagfoto: Historisches Museum der Stadt Wien
Bildnachweis: Österreichische Nationalbibliothek Wien,
Historisches Museum der Stadt Wien, Staatsbibliothek München,
Süddeutscher Bilderdienst, München, Ullstein GmbH
Bilderdienst, Interfoto — Friedrich Rauch, München
Umschlaggestaltung: Atelier Heinrichs, München
Satz: Schaber, Wels
Druck: Presse-Druck Augsburg

ISBN: 3-453-55014-5

Inhalt

I DER VATER

II DER SOHN

ANHANG

Seine Kunst hat manche Sorgen verscheucht, manche Falte geglättet, vielen den Lebensmut gehoben, die Lebensfreude zurückgegeben; sie hat getröstet, erfreut, beglückt — und darum wird die Menschheit ihm ein Andenken bewahren ...

Johann Strauß über seinen Vater

I

DER VATER

1

Das Jahrhundert der Walzerträume

Musik ist Magie. Seit Urzeiten ist der Rhythmus ein Zauberschlüssel zur Psyche des Menschen, er entfesselt ungeahnte Triebe und Kräfte.

So wäre jeder Musiker ein Magier? Er sollte es sein, aber Mediokrität, ungenügende Begabung oder fehlende Persönlichkeit frustrieren ihn.

Der große Musiker, der große Magier, besitzt die Kraft, in des Menschen Brust Freude und Schmerz zu beschwören. Er befiehlt dem Lachen wie den Tränen.

Von solchen großen Musikern, großen Magiern soll unser Buch erzählen. Von Johann Strauß, dem Vater, von seinem Sohn Johann vor allem. Man hat sie manchmal, geringschätzig, »Unterhaltungskomponisten« genannt. Nicht gegen diese Einstufung wehren wir uns, wenn das Wort richtig verstanden würde. Nur gegen seine Geringschätzung, die völligem Unverstand entspringt, muß Front gemacht werden. Was ist »Unterhaltung« eigentlich? Man nennt sie manchmal auch »Zerstreuung« und zugleich eine Erweiterung seines Blickwinkels, vielleicht seines Daseins. Schon in den allerfrühesten Kulturen besaß der Mensch das Bedürfnis nach Zerstreuung. Wir kennen ihre Formen: Mimos und Spiel, Fabulierlust, Tanz und Gesang. Alle diese Formen besitzen einen sehnsüchtigen Inhalt. Zur Sehnsucht wird alles, was der Alltag nicht gewährt. Die »Unterhaltung« führt in Traumwelten, entrückt den Menschen, sie läßt ihn Emotionen erleben, die ihm sonst vielleicht fremd und unerreichbar sind.

Falsch ist es nur, Unterhaltung als etwas Oberflächliches zu betrachten. Diese negative Bedeutung ist dem Wort erst viel später, wider alle Vernunft, aufgepfropft worden. Goethe erzählt von mancher »guten Unterhaltung«, die er mit — sicher nicht unbedeutenden — Menschen gepflogen habe; Cervantes nennt jene Menschen groß, die zur »noblen Unterhaltung« des Geistes beitragen. Erst unserer Zeit blieb es vorbehalten, zwischen Geist und Unterhaltung eine Schranke zu errichten, die »ernste« Musik von der »Unterhaltungsmusik« zu trennen. Haydn, Mozart, aber auch Beethoven und Schubert hätten darüber tüchtig gelacht, oder aber sich gewaltig geärgert, je nach Temperament. Werden unsere Meister zu »Unterhaltungskomponisten«, wenn sie *Tänze* und *Divertimenti* schreiben? (Sie taten es mit Vergnügen und ausgiebig.) Hat Bach etwa die Tanzrhythmen gescheut — die Sarabande, die Gavotte, oder Pavane, Bourree, Gigue? Wer kennt nicht die *Ungarischen Tänze* und den *Liebesliederwalzer* von Johannes Brahms? Sie sind ganz im Geiste seines lieben und von ihm bewunderten Freundes Johann Strauß geschrieben. Und mußte der »Unterhaltungskomponist« Offenbach wirklich einen Abgrund überspringen, um die tiefromantische, tragische Oper *Hoffmanns Erzählungen* schaffen zu können?

Im Grunde ist eine »Klassifikation« der Musik — und der Menschen — immer unexakt, wenn nicht unmöglich. Am wenigsten dort, wo es sich um ein Genie handelt, um einen der unbestreitbar großen Magier! Oder sogar um zwei, vielleicht drei engverwandte Größen, wie in unserem Buch. Ungewöhnlich ist nicht, daß es zwei Männer des gleichen Namens gab, Vater und Sohn — das ist sogar äußerst häufig, wohl aber, daß der Sohn die genaue Fortsetzung, die Steigerung des Vaters bedeutet, so daß die Namensgleichheit keineswegs wie ein Zufall wirkt, sondern wie eine schicksalhafte Vorausbestimmung. So stark, daß der Vater, als er dies mit allen zur Verfügung stehenden Mitteln zu vereiteln trachtete, scheitern mußte. Es konnte wohl nur so sein, daß hier zwei Männer, zwei Generationen einander völlig ideal ergänzten, um eine Entwicklung zu vollenden. Denn diese Entwicklung ist nicht nur die Geschichte einer Tanzform. Zugleich entsteht das Bild einer Stadt; ein Kulturkreis, eine Gesellschaft, ein Lebensprinzip, eine Weltauffassung, ein Glaubensbekenntnis, ein Daseinsstil, eine Epoche — all dies gehört zur Geschichte des *Wiener Walzers.*

Was aus einer Zeit in einem von späteren Generationen behüteten Bild hervorleuchtet, ist wohl, verglichen mit der unüberblickbaren Fülle von gleichzeitigen Abläufen und Erscheinungen, ein winziger Bruchteil, ein Symptom eher als eine Synthese, ein Mosaikstein aus einer Gesamtheit von tausend und tausendmal tausend Zeiterscheinungen. Beileibe nicht die ganze Welt tanzte im neunzehnten Jahrhundert Walzer nach den Klängen der Strauß-Dynastie. Aber doch umspannte ihr Zauberreich Menschen und Länder, die — im Rückblick — eine Ära charakterisieren, einem Zeitalter ihren Stempel aufzudrücken wußten.

Das neunzehnte Jahrhundert ist nicht nur die Epoche des Walzers und der Romantik — was uns veranlaßt, vom Jahrhundert der Walzerträume zu sprechen —, es ist auch die der industriellen Revolution, der hungernden Weber, der unterdrückten Kolonialvölker, der Kinderarbeit und der sozialen Unsicherheit. Heftige Kämpfe um die nationale Einheit, Aufstände gegen Absolutismus und herrschende Oberschicht, die schnell und oft ungesund wachsenden Städte, die in ihnen beheimatete menschliche Einsamkeit und Armut; »Weltschmerz« und Weltflucht, sei es in unbewohnte Gebiete der Erde, sei es in den Freitod, aber auch in humane, humanistische Ideen und Ideale, in völkerverbrüdernde Träume und Utopien: all dies Elemente, die unmittelbar hineinspielen in die Zeit, da die »Welt« plötzlich Walzer tanzt.

Nicht von Weltgeschichte soll in diesem Buch die Rede sein. Trotzdem bildet eine »friedliche Welteroberung« und eine »glückliche Weltherrschaft« sein Thema: Es gehört dem Walzer und seinem König, seiner königlichen Dynastie.

Da jede Musik tönendes Abbild ihrer Zeit ist, so schwingt auch im Walzer ein Echo der großen Zeiterscheinungen unverkennbar mit. An seiner Wiege steht eine politisch-soziale Umwälzung, die Machtverschiebung von Absolutismus und Aristokratie hin zum Bürgertum, und damit der Durchbruch neuer Sitten, Moden, Lebensformen; sein Höhepunkt fällt mit dem des liberalen Zeitalters zusammen, des »laissez faire« in allen Fragen menschlichen Zusammenlebens; das Ende seiner Weltmacht mit der Epoche von Vermassung und Intoleranz, als die sich das zwanzigste Jahrhundert immer mehr erweist. So werden sich, nahezu auf jeder Seite unseres Buches, Tanzgeschichte und Zeitgeschichte durchdringen müssen. So wie dies im Grunde genommen seit jeher der Fall war.

Das achtzehnte Jahrhundert hatte die Tänze des Barock in die des Rokoko übergehen lassen. Seine zweite Hälfte kann man als die Epoche des Menuetts bezeichnen. Aber selbst an diesem, uns so »aristokratisch« anmutenden Tanz kann man erkennen, daß auch Tänze ihre Entwicklung durchmachen. Diese kann in verschiedener Richtung gehen: Hoftänze können ins Volk absickern, im Laufe der Zeit zur »Folklore« werden; umgekehrt können Tänze volkstümlicher Abkunft aufsteigen, oftmals im Gefolge sozialer Umschichtungen. Beim Walzer werden wir diese Entwicklung sehr klar beobachten können. Aber wenige nur ahnen, daß dies auch beim Menuett der Fall war.

1728 sagt Dufort, der trotz seines italienischen Vornamens Giambattista als einer der wichtigsten Kenner und Chronisten französischer Tänze gilt, das »häßliche, unbedeutende, ja plebejische Menuett (sei) ... so elegant und pompös geworden, daß man beinahe seine niedrige Abkunft vergessen könne«. Man staunt: das feine, von Hofetikette geadelte Menuett stammt aus den untersten Schichten? Nun, es hat sich jedenfalls glänzend in seine neue Rolle gefunden. Und zwar so sehr, daß Haydn es zum Symbol einer aristokratischen Musik werden läßt, es einfügt als einen unerläßlichen Bestandteil in die zyklischen Werke, die er als Sonaten und Symphonien für seine fürstlichen Brotgeber schafft. Und Mozart behält es als selbstverständlich bei, auch als er in Wien keinen direkten Auftraggeber mehr hat; so selbstverständlich ist es als Ausdruck der Epoche und ihrer Gesellschaft geworden.

Als Mozart 1787 in seine Oper *Don Giovanni* eine große Ballszene einflicht, vermittelt er uns, ohne es zu wollen, ja auch nur zu ahnen, mit Hilfe der dabei verwendeten Tänze ein sehr hübsches Zeitgemälde mit originellen soziologischen Einblicken. Es kümmert ihn nicht, daß die Handlung dieses Dramas eigentlich um mindestens ein Jahrhundert vor seiner eigenen Zeit spielt: »historische Treue«, wie wir sie heute verlangen, war damals überhaupt noch kein Problem. Nun, das Fest, das Don Juan gibt, ist das eines großen Herrn aus Mozarts Zeit; es gilt in erster Linie den Bauersleuten, denn dem Gastgeber geht es um die Verführung des Landmädchens Zerline. Die Ballszene ist von Mozart mit fast unglaublicher Kühnheit gestaltet: gleichzeitig erklingen drei verschiedene Tänze, kunstvoll miteinander kontrapunktiert. Ein Menuett spielt den hochgestellten Persönlichkeiten zum Tanz auf, ein Kontertanz gibt Don Juan Gelegenheit, Zerline zu hofieren, und ein Ländler, auch *Deutscher* genannt — er ist derber, stampfender als die beiden anderen —, dient dem geladenen Bauernvolk zur Belustigung.

Das Menuett ging, wie die Gesellschaftsschicht Frankreichs, die es pflegte, in den blutigen Wirren, auf den Barrikaden und dem Schafott der Französischen Revolution unter. Und die Schichten, die jetzt nach oben gelangten, ersetzten es durch derbere, »plebejische« Tänze, unter anderem durch den erwähnten *Ländler*, in Mitteleuropa *deutscher Tanz* oder einfach *Deutscher* genannt. Beethoven scheute sich keineswegs, ihn zu komponieren, nachdem das Menuett seinen wahren Sinn verloren hatte. Und für Schubert wird sein Rhythmus geradezu zu einem Lebenselement: so tanzte und sang man in seinem Wiener Heimatbezirk, draußen in der Vorstadt, in Liechtenthal. Und der Walzer eines Lanner und Johann Strauß Vater wird ebenfalls aus den Wiener Vorstädten stammen, er wird also mit dem *Ländler* und dem *Deutschen* eng verwandt sein.

Menuett und Walzer (ebenso wie *Ländler* und *Deutscher*) sind Tänze im Dreivierteltakt. Verschieden im Zeitmaß, im Tempo und in den Betonungen, aber doch irgendwie miteinander verwandt durch die Dreizahl. Mit ihr hat es ja eine besondere Bewandtnis. Schon lange bevor die christliche Lehre von der Heiligen Dreifaltigkeit oder Dreieinigkeit sprach, spielte die Zahl drei, etwa in Ägypten und anderen alten Kulturen des Orients, eine magische, mystische Rolle. Dem Mittelalter gilt sie dann als Symbol der Vollkommenheit, was sich überzeugend auch in der Musiktheorie ausdrückt. Sie wies nämlich dem Dreizeit-Takt das Zeichen des Kreises zu, und der Kreis ist die vollendetste geometrische Figur, die es gibt. Und man machte den gebrochenen Kreis, den Halbkreis, zum Zeichen des Zweizeit-Taktes, das übrigens, im Gegensatz zum Kreissymbol, immer noch verwendet wird.

In Europas Musik gibt es — mit wenigen ethnisch bedingten Ausnahmen wie etwa den Basken und balkanischen Gruppen — nur zwei Grundtypen des Taktes: den geraden und den ungeraden, den Zweitakt und den Dreitakt. Alle anderen müssen als »zusammengesetzt« gelten. Tanzen kann man nach beiden, doch besteht zwischen ihnen ein wesentlicher Unterschied. Zweizeitige Tänze stammen aus dem Schreiten, bei dreizeitigen hingegen muß die Choreographie eine gewisse Unregelmäßigkeit — sie ist es, auch wenn wir sie nicht immer als solche empfinden — in Bewegung umsetzen, in ein tänzerisches Maß.

Der Kreis, gerät er in Bewegung, wird zum Kreisen. Und schon sind wir bei der kreisenden Bewegung des Walzers, die zudem noch eine doppelte ist. Der Walzer dreht um die eigene Achse des Paares und dreht rund um den Raum. Im Walzer vollzieht sich die Bewegung der Erde nach: rund um sich selbst und auf peripherer Bahn rund um einen angenommenen Mittelpunkt.

Mit dem ersten Heraustreten des Menschen aus dem Schreiten, das zum Hüpfen, zum Laufen, zum Springen werden kann im Tanz, aber stets im Zweitakt erfolgt (da der Mensch zwei Beine besitzt), kommt eine gewisse Unregelmäßigkeit in die Bewegung. Die kann sehr wohl im Anfang als Derbheit, als Plumpheit wirken, ja als Tölpelhaftigkeit — wenn wir etwa an die Bauerntänze denken, wie sie Breughel so meisterlich gemalt hat —, aber sie führt in letzter, höchster Verfeinerung und Vollendung, im Walzer also, zum schwerelosen Drehen, zum wiegenden Füßesetzen, zum Schweben. Sie verleitet zum Verlassen der materiellen, der materialistischen Grundlage, zum Entgleiten aus der Erdenschwere, zu einem Hineindrehen in höhere Räume, zu einem Verlassen des Bodens, und spiele sich dieses dann auch nur in der Fantasie, im Rausch, im Traumzustand ab.

So wird der Walzer zu einem echt romantischen Tanz. Er wird es nach und nach erst, wohlgemerkt. Er ist es in seinen Anfängen bestimmt nicht. Die Menschen, die ihn zuerst an die Stelle des ausgedienten Menuetts setzen, stehen dem bäuerlich gestampften *Ländler*, dem *Deutschen*, noch ebenso nahe wie dem sich erst langsam andeutenden Schweben, Entschweben in romantische Träume. Sie können nicht mehr Menuett tanzen, ja ihre Gesellschaftsschicht hat es nie gekonnt. Vor allem wollen sie es nicht. Die Zeit des Menuetts ist tot, oder wo sie es noch nicht ist, liegt sie im Sterben, verwandelt sich in eine neue, andere Zeit. Die Menschen, die mit dem Bürgertum im Rampenlicht des Welttheaters erscheinen, tragen andere Kleider, sie führen den (längst nur noch Symbol gewordenen) Degen nicht mehr. Rasch verschwindet die Perücke, der weit über die Mode hinaus eine weltanschauliche Bedeutung zugekommen war.

Mit Perücken auf dem Kopf hätte man wohl auch kaum richtig Walzer tanzen können. Sie hätte bei den rasch und immer rascher werdenden Drehungen keinen Halt gefunden; und um wieviel schöner war es, dabei das eigene, offene Haar frei im Winde fliegen zu lassen! Man drehte sich, und alles Enge in Kleidung und modischen Zutaten hinderte dabei nur; und man faßte sich nun nicht mehr bei den Fingerspitzen, wie es die Hoftänze in Barock und Rokoko vorgeschrieben hatten. Man umfaßte einander, zuerst um die Taille, später in verfeinerter Form, in jener Haltung, die für den Walzer charakteristisch wurde. Umschlungen drehte man sich, fand Halt aneinander, atmete einander, spürte einander mit dem ganzen Körper, eins geworden im gleichen Rhythmus, gleich die beschleunigten Ströme des Bluts.

Der Tanz wurde, wieder einmal, zum Zeitsymbol. Ohne die eben beschriebene Gestik des neuen Tanzes hätte Schiller wohl kaum je seinen Ruf »Seid umschlungen, Millionen!« ausgestoßen, Beethoven ihn nie komponieren können, obwohl keiner der beiden an das Walzen eines Vergnügungsabends gedacht hat. Aber in der verbrüdernden Geste des neuen Tanzes lag dasselbe Symbol der neuen Zeit, das beide Heroen zu ihrem unsterblichen Anruf führte.

Das Jahrhundert des Walzers mußte ein romantisches Jahrhundert sein. Und umgekehrt: das romantische Jahrhundert mußte zur Epoche eines Tanzes werden, der die Tänzer — und das war nun zum ersten Male seit Jahrhunderten im gleichen Tanz »das ganze Volk«! — in Taumel, in Schwindel, in Weltvergessen, in fantastische Träumerei versetzte, die aus eigener, oft kleiner, kleinlicher und drückender Individualität erlöste und hinübergleiten ließ in ein rosenrotes, beseeltes, seliges Scheindasein, das den Alltag in langen, rasend vertanzten Stunden einer Ballnacht vergessen machte. Bürgerssöhne wurden zu Märchenprinzen, Wäschermädchen zu Herzoginnen, nicht nur für ihre Partner, sondern vor allem — und sei es auch nur für einen kurzen Rausch — für sich selbst.

Der Walzer hat, betrachten wir jene Epoche mit einem nüchternen und kritischen Auge, mit Massensuggestion, Massenpsychose zu tun, mit Trancezuständen, ja mit kollektiver Hysterie. Mit Magie und tellurischem Urerleben. Grundsehnsüchte des Menschen finden in ihm Erfüllung: Eros, Vergessen, Verwandlung, Entfesselung. In ihm wird die Aufhebung von als undurchbrechbar geltenden Gesetzen wenigstens scheinbar und für flüchtige Augenblicke Tatsache: Schwerkraft, Zeit, Materie erweisen sich als überwindbar. Sonst gibt es derartiges nur im Traum. Und so sind Walzer und Traum einander aufs engste verwandt. Niemand wird fortan darüber staunen, daß wir Menschen, die solche Träume in die Wirklichkeit zu projizieren verstehen, Magier nannten.

Zu einem Tanz gehören stets zwei Dinge: Musik und Bewegung. Erst wenn beide ihre völlige Durchdringung und Identifizierung gefunden haben, wird der Tanz zum Ausdruck, zum Symbol einer Zeit. Walzerähnliche Musik hat es längst schon gegeben, als die neue Bewegung, die ganz einzigartige Choreographie hinzutrat und so den echten, den *Wiener Walzer* schuf.

Goethe gebraucht — wir werden ihn später nochmals bemühen müssen — schon in den siebziger Jahren des achtzehnten Jahrhunderts das Wort »walzen«. Man walzt durch einen Saal, aber es ist noch kein Walzer. Man geht auch — und das sicherlich schon viel, viel früher — »auf die Walz«. Das taten die Handwerksburschen, die, ihr Ränzel auf dem Rücken, über die staubigen Straßen zogen und irgendwo, wo es ihnen gefiel und zusagte, zu einem Meister in die Lehre gingen oder schon als Gesellen ihren Beruf ausüben wollten. Sie zogen ganz bestimmt nicht immer ernsten oder gar feierlichen Schrittes dahin, denn sie waren ja jung, die Welt lag vor ihnen, manches Abenteuer winkte, manche Erinnerung an vergangene Abende beim Dorftanz oder an Nächte in den Armen eines lieben Mädchens begleitete sie. Und so lockerten sie ihren Marschtritt hie und da durch einige frohe Hüpfer, durch tanzartige Figuren ihrer Füße auf. Auf die Walz gehen, das war jedenfalls etwas Leichtfüßiges, Leichtblütiges, Junges, etwas Frohes und Fröhliches. Sicherlich barg auch dieses Wanderleben hie und da Schweres, vielleicht sogar Trauriges, Sorgenvolles, aber die Wanderlieder jener Burschen von damals sind froh, fröhlich, übermütig, wenn auch manchmal von der Wehmut eines Abschieds oder einer Sehnsucht zärtlich überglänzt.

So wenig der Walzer als vollendete Tanzform mit der »Walz« der Handwerksburschen gemein haben mochte, die Verwandtschaft des Wortes fällt doch auf. Und einmal mehr wird hier sinnfällig, daß das

15

»Walzen«, also der »Walzer«, nicht aus den Adelshäusern stammt, sondern aus dem Volk, von den Landstraßen und den daran stehenden Gasthäusern her. Und so typisch werden Wort und Begriff hernach, daß das Wort Walzer, nur klanglich ein wenig den verschiedenen Idiomen abgepaßt, in alle Sprachen der Welt übernommen wird.

Im Jahre 1786 erschien auf einem Wiener Theater die Oper eines dort lebenden, namhaften spanischen Komponisten, Vicente Martín y Soler: *Una cosa rara*. Wir wollen hier nur am Rande erwähnen, daß dieses Werk Mozarts gleichzeitigen *Figaro* weit überstrahlte und deshalb von diesem ironisch im Schlußakt des *Don Giovanni* zitiert wird. Gemeint ist die Stelle, da Leporello, die komische Gestalt des Dramas, beim Gastmahl im letzten Bild, wenn ein Bühnenorchester die Melodie aus der erwähnten *Cosa rara* spielt, zu sagen hat: »Wie heißt doch diese Oper?« Was nach Bühnengepflogenheit jener Zeit manchmal auch in »Lieber etwas von Mozart!« umgeändert wird. Wichtiger für unseren Zusammenhang ist, daß in dem Werk des Spaniers ein Tanz enthalten war, der im damaligen Wien mächtig einschlug, zumal er ausnehmend hübsche Kostüme und eine ungewöhnlich originelle Choreographie gehabt haben soll. Dieser Tanz aber ist dem Rhythmus und der schwebenden Bewegung seiner Musik nach eigentlich schon ein echter Walzer. Er heißt nur noch nicht so.

Er heißt auch bei Beethoven und Schubert noch nicht so, selbst wenn manche ihrer *Deutschen Tänze* unverkennbar schon Vorläufer des Walzers sind. Dann kommt 1819 plötzlich aus einer ganz anderen Region, aus Mitteldeutschland, ein mitreißendes Stück: Carl Maria von Weber schreibt die *Aufforderung zum Tanz*, die kaum mehr als Einladung zum *Ländler* oder *Deutschen* aufgefaßt werden kann. Hier ist der Walzer schon voll da, wenn er auch immer noch nicht so heißt. Er ist sogar schon im Sinne der Familie Strauß da, des Vaters, der gerade fünfzehn Jahre alt ist, und des Sohnes, der erst sechs Jahre später zur Welt kommen soll. Denn eigentlich erst bei diesem Letzteren, dem »Walzerkönig«, werden wir die Kunst der langsamen, poetischen Einleitung und der abschließenden Coda so meisterhaft fortgesetzt finden, wie Weber sie hier gleichsam intuitiv aus dem Nichts geschaffen hat.

Und dann ist, fast gleichzeitig, der Name Walzer auch da. Lanner verwendet ihn, als er seine erste Musikantengruppe im damaligen Wien zusammenstellt. Für Schuberts letzte Lebensjahre wird das Wort schon zum Begriff, es ist dies um 1830 natürlich bereits für Schumann und Chopin. Immer weniger haftet ihm Lokales oder Klassenbeschränktes an. Im gleichen Dreivierteltakt drehen sich bald die Menschen an der Donau wie die am Rhein, an der Elbe, an Seine und Themse, an Po und Tiber, an der Moskwa, am Hudson, am Mississippi, sogar am Amazonas und am Rio de la Plata. Nicht nur die unteren Stände, auch das Großbürgertum und die mit ihm immer mehr verschmelzende Aristokratie: Gerade die Meisteroperette des Walzerkönigs, *Die Fledermaus*, wird uns im Spiel, im Tanz und in der Musik zeigen, wie da Adel und Bürger froh durcheinanderwirbeln und ein liebenswürdiger Schuß »Derbheit« keineswegs verschmäht wird. Damen der obersten Schicht tanzen geradeso wie ihre Kammerzofen, Bankiers nicht anders als ihre Laufburschen, Generale wie Gefreite. Die Gesellschaftswelt nicht anders als die »Halbwelt« und sogar die »Unterwelt«. Das seltsam verbindende Element des *Wiener Walzers* greift auf alle, auf die verschiedenartigsten Schichten über: ihn tanzt das Zweite Französische Kaiserreich ebenso wie die junge amerikanische Demokratie, der Vormärz genauso wie die Revolutionäre des Jahres 1848 oder die jugendliche Königin von England.

Ein Tanz, der zum Zeitsymbol wird, ist viel mehr als ein Zeitvertreib, als eine Unterhaltung. In ihm spiegelt sich eine Gesellschaft, das heißt, eine ganze Epoche. Darum ist die Geschichte des Walzers ebenso fesselnd wie seine Musik. Denn: wie mag es zugehen, daß ein in solche Spannungen hineingezwungenes Jahrhundert sich bei einem einzigen Tanze finden, vereinen, wenn auch nicht immer und überall versöhnen kann? Dieser Tanz muß viele stark verbindende Elemente besitzen. Und die Gesellschaft, die ihn tanzt, muß auf einer breiten Grundlage beruhen, sie muß Verschiedenes, ja Gegensätzliches auszugleichen imstande sein, nicht zuletzt im »Walzen«.

Das Bürgertum des neunzehnten Jahrhunderts im allgemeinen, das Bürgertum Österreichs im besonderen, zu höchster äußerer Blüte, Macht und innerer Kultur aufgestiegen, zieht an einem oberen Rande weite Teile der Aristokratie in seine Einflußsphäre, und an seinem unteren Rande ist noch kein Abgrund zum Proletariat hin zu spüren. Überall gibt es verbindende Brücken, Zusammenschlüsse, sich vereinigende Elemente. Und so konnte der Walzer zum Symbol einer breiten Gesellschaft werden, die sich kaum irgendwo sonst so deutlich und so glücklich kundgetan hat wie in der österreichisch-ungarischen Monarchie, und da wieder ganz besonders in ihrem politischen, geistigen, kulturellen Zentrum: im alten Wien.

17

2

Wien, die Stadt des Walzers

Über Wien wurden und werden ungezählte Bücher geschrieben. Es ist eine der meistbesungenen, meistgepriesenen, aber auch wohl meistgelästerten Städte der Welt. Seine Kirchen, sein Prater, seine Wälder, seine Donau, seine Lieder, seine alten Gäßchen — wer kennt sie nicht, auch wenn er sie nicht kennt? Wenig, nichts Wesentliches wäre hier hinzuzufügen.

Vom Wien des neunzehnten Jahrhunderts soll hier die Rede sein, denn es war nicht nur die Geburtsstätte des Walzers, es war auch die Heimat seiner Schöpfer, seiner besten Interpreten, seiner begeistertsten Tänzer. So wurde Wien, mit einem Klischee, das so ungenau ist wie alle Klischees, aber doch wiederum viel Wahres enthält, zur »Stadt des Walzers«.

In jener Epoche erlebt Wien seinen Aufstieg zur Weltstadt. Waren auch schon seine vorangegangenen Jahrhunderte weltbedeutend, ja nicht eben selten weltbeherrschend gewesen, so entfaltete es doch im neunzehnten Jahrhundert seine größte Pracht. Es war zur Zeit des Walzerkönigs, als Wien seine alten Befestigungswerke sprengte, die seit der Türkenbelagerung keinen Schutz mehr boten und später in den napoleonischen Kriegen militärisch bedeutungslos geworden waren. Die Basteien, auf denen Beethoven und Schubert spazierengegangen — eine entzückende zeitgenössische Zeichnung zeigt ihre Begegnung —, die Tore, deren Namen noch in die moderne Stadt übernommen wurden, fielen, das Häusermeer quoll hinaus über die rasch verschwindenden Grünflächen und bezog Außenbezirke, bald auch Vororte und Vorstädte in die alles Enge sprengende Metropole ein. Wien wurde, besonders nach der Niederlage gegen Preußen im Jahre 1866, nachdem es auf den Rang einer führenden deutschen Stadt verzichtet, zu dem glänzenden, weltoffenen Mittelpunkt des seltsamsten und einmaligen Vielvölkerstaates, der zu einer ungewöhnlichen Einheit zusammenwuchs, weil er zwei Symbole besaß: Wien und seinen Kaiser Franz Joseph. Und ein Idol: Johann Strauß.

Der Kaiser wurde zur Vatergestalt, zu einem aus Rechtlichkeit, Redlichkeit, Pflichterfüllung, Friedfertigkeit zusammengesetzten Bild, in dem Lebensernst mit Herzensgüte gemischt und tiefer Sinn für Gerechtigkeit grundlegend vorhanden war. Ein lebendes Symbol für Millionen von Österreichern, Ungarn, Böhmen, Slowaken, Slowenen, Kroaten, Ruthenen, Polen, Südslawen ... Menschen, die ihn wohl kaum einmal leibhaftig erleben werden, haben sein Bild vor sich: das eines echten »Landesvaters«.

Das andere Symbol dieses Vielvölkerstaates war seine glanzvolle Hauptstadt Wien. Nach Wien zu reisen, wenigstens einmal im Leben, war Traum dieser Millionen. Es lohnte sich, in Jahren härtester Arbeit dafür zu sparen. Wer irgendwie konnte, zog sogar dorthin. Sei es, um jung schon Großes zu wagen, sei es, um im Alter von diesem Vorhof des Paradieses unmittelbar in den Himmel zu gelangen, so verschieden sich dieser auch in den Vorstellungen der Völker der Donaumonarchie auch spiegeln mochte.

Die ungarischen Aristokraten verbrachten in Wien die Winter. Sie gaben Gastlichkeiten und Feste märchenhaften Ausmaßes. Sie waren Wiens buntestes, erregendstes Element, ihr Temperament erfüllte die Stadt mit immer neuen Abenteuern. Ihre prächtigen Uniformen belebten das Stadtbild. Ihre Lieder und Tänze zeigten, in Wildheit und Weh, das Bild einer fremden und doch gar nicht so fernen Welt, die in Wahrheit schon beinahe dicht vor den südlichen Toren von Wien begann. Ihre Puszta, diese unendliche ungarische Tiefebene, wo ihre riesigen Güter lagen, war schon nicht mehr ganz Europa. Sie duftete nach Morgenland, und sie war von schönen Menschen belebt, denen der Stolz, die Musik und der Tanz im Blute lagen.

Aus Böhmen kamen Handwerker und Dienstmädchen in großen Scharen, und mit ihnen breite slawische Gesichter, ein komisches radebrechendes »Deitsch« und viel gutmütige Anhänglichkeit in die Kaiserstadt. Jedes Bürgerhaus, auf ein Minimum von Gesellschaftlichkeit erpicht, hielt sich eine böhmische Köchin, die in der Küche ihre heimatlichen Lieder sang, dabei aber köstliche Strudel aller Arten, Palatschinken, Powidlknödel und andere Leckerbissen unübertrefflich anzufertigen verstand. Schuster, Schneider, Tischler kamen. Sie hießen Kratochwil, Pospischil, Nawratil, Sedlacek. Sie arbeiteten fleißig und brachten es zu kleinbürgerlichem Wohlstand.

Hochmütige Polen kamen. Auch sie, wie die Ungarn, mit malerischen Uniformen angetan und stolz auf die Geschichte ihres Landes, die reich an edlen Taten und tragischen Schicksalsschlägen gewesen ist. Und in denkbar größtem Gegensatz zu ihnen kamen aus der gleichen Richtung des Riesenreichs Juden nach Wien, die galizischen, die »polnischen«, die Ostjuden, die scharenweise den russischen Soldatenprogromen und der polnischen Verachtung im russisch-polnisch-ukrainisch-österreichischen Grenzraum zu entfliehen trachteten. Sie kamen, weil sie davon gehört hatten, daß in Wien ein liberales Regime sogar ihresgleichen eine friedliche, aussichtsreiche Ansiedlung gestatte. Sorgenfrei leben, das war, was die Geplagten, die Geschundenen aus den holzhüttenbestandenen Elendsdörfern erhofften, in aller Selbstverständlichkeit ihren Kaftan, ihre Schläfenlöckchen und ihren starren, seit Urväterzeiten nie auch nur um einen Deut veränderten Glauben beibehalten zu dürfen.

Wien hatte damals Lebensmöglichkeiten für sie alle, die da aus verschiedenen Teilen des Reichs in die Hauptstadt strömten. »Handel und Verkehr«, das waren die großen Schlagworte der Epoche, die in zwischenmenschlichen Beziehungen durch Toleranz und ein echt wienerisches »Leben und leben lassen« geprägt wurde. Fabriken entstanden allerorts, 1837 ratterte die erste Eisenbahn. Sie fuhr zwar nur von Floridsdorf nach Deutsch-Wagram — eine Strecke, die man gemächlich im Wagen, ja fast zu Fuß hätte zurücklegen können —, aber ihre Einweihung war ein Ereignis, das Wien lange in Atem hielt und Johann Strauß, den Vater, zu einer Komposition inspirierte, dem *Eisenbahn-Lust-Walzer*. Bald werden die unternehmenden Geldleute, die Rothschilds als die vorausblickendsten in vorderster Reihe, die »großen« Bahnen bauen, die das Reich nach Süden und nach Norden verbinden und erschließen, und Wien dadurch erst recht zu einem Knotenpunkt werden lassen. Es wächst beinahe sichtbar und geht seiner ersten Million Bewohner entgegen.

Es ist reizvoll, in Altwiener Chroniken zu blättern. So etwa, wenn Charles Sealsfield im Jahre 1823 eine Praterfahrt schildert: »Es kann kein großartigeres, unterhaltsameres und bunteres Bild geben als eine Praterfahrt. Unmittelbar hinter dem Staatswagen der Kaiserin kommt ein Zeiselwagen, ein drolliges Lieblingsfuhrwerk der bescheideneren Wiener. Dieses eigentümliche Beförderungsmittel ist besetzt von nicht weniger eigenartigen Gästen und beschwert mit Schinken, Weinflaschen und allem, was der Wiener für einen Sonntagsausflug benötigt. Dann naht wieder ein eleganter Phaeton oder der leichte Wagen eines ungarischen oder böhmischen Edelmannes mit Leibhusaren oder Jägern in überreichen, prunkvollen Livreen, während sich der Kaiser mit seinem würdigen Oberkämmerer in einer einfachen, anspruchslosen Kalesche sehen läßt. Hinter ihm erblickt man einen fremden Botschafter und dann wieder einen reichen türkischen Kaufmann, eine ernste, stolze, regungslose Persönlichkeit mit schwarzen Dienern. Der ganze Wagenzug bewegt sich in einem feierlichen Tempo und mit einem Prunk, der jedes ähnliche Schauspiel übertrifft. Die Alleen zur Rechten und Linken der Fahrbahn wimmeln von Reitern, unter welchen man aus Tausenden die Ungarn durch ihre edlen Pferde und ihre hervorragende Reitkunst herausfindet ...«

Derselbe begeisterte Besucher Wiens erzählt uns seitenweise vom Leben in Wien, von seiner Gesellschaft in den Palästen, Häusern und Sommerresidenzen. Er berichtet von einer Abendeinladung: »Eine Wiener Abendgesellschaft in kleinerem Kreise ist sicher die reizendste Art des Zeitvertreibs. Man versammelt sich unmittelbar nach dem Tee um sechs Uhr abends. Erfrischungen wie Ananas, Weintrauben werden herumgereicht, Whist und andere Kartenspiele laden zu Tischen. Inzwischen trägt ein kleines Orchester Stücke aus Opern von Mozart, Weber oder Rossini vor und, wenn junge Mädchen im Hause sind, wird rasch ein Tänzchen improvisiert. Jedes adelige Haus hat seinen Musiklehrer, und unter der Dienerschaft finden sich meist zwei oder drei ausgezeichnete Musikanten. Parkettierte Räume ohne Teppiche sind jederzeit für einen Tanz vorbereitet. Solche Abendgesellschaften zeigen die liebenswürdige und bestrickende Art der vornehmen Kreise Österreichs in ihrer vollen Anmut. Diese ungezwungenen, bescheidenen, wirklich feinen und einfachen Menschen sind weit mehr als andere geeignet, die Freuden des Lebens zu genießen. Nirgends kann man sich wohler und heimischer fühlen als in diesen Kreisen, besonders in den Häusern der ungarischen Aristokratie.«

Auch Napoleons Sohn, dem jungverstorbenen Herzog von Reichstadt, der in Wien großgeworden war, widmet Sealsfield einige Seiten. Auch sie bieten uns das Bild einer völlig unberührten Gesellschaftsordnung; wie anders waren die Jahre in Frankreich verlaufen! In Österreich vollzogen sich die Veränderungen allmählich, fast ohne brüske Einschnitte, und selbst ein so tiefgehender Aufruhr, wie ihn das Jahr 1848 bringen sollte, wurde letzten Endes zu einer Umgestaltung mit vielen Bauelementen des Vorhergegangenen, nicht zu einem vernichtenden Niederreißen. In allen schweren Zeiten hat dieses Volk — ein großer Dichter des zwanzigsten Jahrhunderts, Anton Wildgans, wird es das »Volk der Tänzer und der Geiger« nennen — es verstanden, Wege rund um das Unheil herum zu finden, oder es begab sich schleunigst aus ihm heraus, ohne einen tiefgreifenden Schaden erlitten zu haben. Oder, um Wildgans zu ergänzen »... sich immer wieder dieses Land geschaffen, das ihm der Inbegriff der Erde ist ...« Es gibt ein berühmtes lateinisches Wort über Österreich, das übersetzt lautet: Andere mögen Kriege führen, du, glückliches Österreich, heirate! Womit auf die Ehepolitik der Habsburger angespielt wurde, denen dadurch viel Land ohne Blutvergießen zufiel. Man könnte dieses Wort ein wenig verwandeln und so formulieren: »Mögen andere Revolutionen machen, du, glückliches Österreich, tanze!«

Musik und Tanz begleiten seine Geschichte in einem Maße, wie man es kaum anderswo findet. Wien sang und sprang, als die Pest Opfer zu Tausenden dahinraffte und das Lied vom »Lieben Augustin« entstand, der im fröhlichen Dreitakt (war es nicht schon ein derber Walzer?) feststellte, daß »alles hin« war. Es tanzte besonders eifrig während der glanzvollen Tage des Wiener Kongresses, als Napoleon besiegt schien und Österreichs Kanzler Metternich als Gastgeber fast aller gekrönten Häupter Europas eine »Neuordnung« dadurch herstellte, daß er die alte wieder weitgehend in ihre Rechte einsetzte; das Volk tanzte und schien nicht einmal zu ahnen, daß es den Sieg der Reaktion über die zu seinen Gunsten auf die Barrikaden gestiegenen Revolutionäre feierte. Die Ordnung lag ihm nun einmal näher als der vielversprechendste Umsturz, denn da fanden die Ballfeste regelmäßiger und pünktlicher statt als wenn, Gott behüte, eine Revolution am Horizont stand. Wien tanzte auch im Sturmjahr 1848, wo es in zwei feindliche Lager gespalten schien — der Riß ging mitten durch die Familie Johann Strauß! Aber alle Gegensätze suchte es immer wieder im Walzer zu versöhnen. Im Walzer fanden sich die »Schwarz-Gelben«, die Anhänger der Habsburger und Verteidiger konservativer Lebensanschauungen, und die »Schwarz-Rot-Goldenen«, die Verfechter des »jungen Deutschland«, der Demokratie und der republikanischen Träume. Man tanzte, als die vielleicht erste tiefgehende Weltkrise des Hochkapitalismus über Wien dahinbrauste und manch einer seiner Repräsentanten durch eine selbstmörderische Kugel oder in der Donau endete. Es tanzte, auch wenn der politische Himmel sich verdüsterte, wenn Unfrieden und Bitternis über dem Land lag. Es tanzte, als Österreich im Krieg gegen Preußen stand; dann wurden die Bälle zu »patriotischem« oder »wohltätigem« Zweck veranstaltet, wodurch sie groteskerweise auch »in ernster Zeit« tragbar, ja wünschenswert wurden ...

Wien amüsierte sich immer, es hatte immer seine »Hetz«. Zwar gab es glücklicherweise im neunzehnten Jahrhundert das alte *Hetztheater* nicht mehr, in dem vor dreitausend Zuschauern (kein anderes Wiener Theater hatte jemals einen solchen Fassungsraum!) Tiere verschiedenster Art, wie Stiere, Bären, Luchse, Hirsche, Wölfe, Wildschweine und viele andere, vom Hetzmeister und seinen Gehilfen und von abgerichteten Hunden zu Tode gehetzt wurden. Das Theater war am 1. September 1796 abgebrannt, und der Kaiser hatte den Wiederaufbau verboten. Es stand zuletzt auf dem alten Glacis des Weißgerbergrundes, in der heutigen Hinteren Zollamtstraße, bei der noch diesen Namen tragenden »Hetzgasse«. Jedes Vergnügen hieß (und heißt) darum in Wien »eine Hetz«.

Zur Zeit der Dynastie Strauß lag die größte Hetz der Wiener zweifellos im Tanz. Die Lokale schossen wie Pilze aus dem Boden. Sie öffneten ihre Pforten mehrmals wöchentlich zu großen Bällen. Diese zu besuchen, war nicht das Privileg einer Klasse oder einer Bevölkerungsschicht. Es gab zwar auch Bälle, die von bestimmten Vereinigungen veranstaltet wurden, aber es wurde selten jemand abgewiesen, wenn er, aus welchem Grunde auch immer, dabeisein wollte. Es gab natürliche Abstufungen; oft waren diese schon durch die Lage des Lokals gegeben. Zwischen Hofbällen und »Wäschermädel-Bällen« gab es alles. Doch selbst der Kreis der bei Hofbällen Zugelassenen war breit gezogen; und auf den Bällen, die den hübschen Wiener Wäschermädeln und anderen Grazien aus der Vorstadt gewidmet waren, gab es nicht nur viele Bürgerssöhne, sondern sogar Aristokraten unter den Tänzern und »Kennern«. Manche Dame der »Gesellschaft« legte die Tracht eines Wäschermädels an und vergnügte sich, maskiert zumeist, aber nicht selten erkennbar, auf solchen Bällen.

Doch schauen wir uns ein wenig um im künstlerischen Leben der Donaustadt. Die ernste Musik blühte, heimische Künstler errangen Verehrung und teilten ihren Ruhm mit den prominentesten ausländischen Gästen wie Paganini, Rossini, Meyerbeer oder Jenny Lind. Im Jahre 1869 wurde mit rauschenden Festlichkeiten, zu denen die Musikwelt geladen war, die herrliche Oper am Ring eröffnet, nicht ohne ein tragisches Vorspiel, das die Erbauer Gesundheit und Leben kostete, als man kurz vor der Einweihung entdeckte, daß das Haus akustisch verunglückt sei — ein Fehler, der schnell und gründlich behoben werden konnte, während seine Folgen nicht mehr gutzumachen waren.

Im *Burgtheater* (es war, wie die Oper, »k.k. Hoftheater«), stand eine Sprechbühne zur Verfügung, deren Aufführungen viele Jahrzehnte lang als die vollendetsten im deutschen Sprachraum galten. In Wien sind Künstler, die lange genug an einem Theater wirkten, oft nicht nur beliebt, sondern geliebt worden: Hier wurden sie zu Idolen, zu wahren Institutionen; sie waren aus dem Stadtbild nicht mehr fortzudenken, wie der Stephansdom oder die Karlskirche, die Pestsäule am Graben oder die Kapuzinergruft. Von einigen solchen »Institutionen« wird in unserem Buch die Rede sein, denn sie waren aufs engste mit dem Walzerkönig verknüpft: die Geistinger und die Gallmeyer, und vor allem »der Girardi« — sicherlich Wiens größter Volksschauspieler der Straußzeit.

Auch die »Sträuße«, Vater und Sohn, sind zu Idolen und Institutionen geworden. Nicht nur als die musikalischen Leiter in Tausenden

von Ballnächten und Konzerten, sondern auch — was viel seltener ist
— als Schöpfer. Ihre Melodien sind, kaum geschrieben, ins Volk ge-
drungen, wenige Tage nach ihrem ersten Erklingen gab es kaum je-
manden in Wien, der sie nicht nachsingen oder nachpfeifen konnte.
Ihre Popularität wuchs schnell und ihr Ruhm flog steil in die Höhe. In
einer Zeit ohne Massenmedien erkannte jedes Wiener Kind Johann
Strauß — ob Vater oder Sohn — auf den ersten Blick. Bei welchem
Komponisten mochte das der Fall gewesen sein? Bis zu einem gewissen
Grade bei Beethoven, und vielleicht noch bei Brahms. Mozart und
Schubert, Bruckner, Mahler und Hugo Wolf wurden nur von sehr
wenigen auf der Straße erkannt ...

Einige Dichter allerdings waren sehr populär. Wien hatte seine eigenen Dichter; das bedeutet nicht nur, daß es eben »Dichter aus Wien«
waren, sondern vor allem waren es »Dichter für Wien«. Der ernste
Grillparzer, Österreichs größter »Klassiker« und eine Zeitlang Haus-
genosse Beethovens, übersteigt diese Gattung weit. Bauernfeld und
Saar spielen eine bedeutende, wenn auch vor allem eine lokale Rolle.
Über Zeit und Raum hin wirken die vielleicht heute erst in ihrer vollen
Größe erkannten genialen Volksdichter Raimund und Nestroy, jeder
in seiner Art ein »Johann Strauß« des Wortes.

Ihrer aller Treffpunkt: das Wiener Kaffeehaus. Es war das Hauptquartier des Wiener Geisteslebens, bis weit in unser Jahrhundert hinein. Doch Johann Strauß, weder Vater noch Sohn, waren eigentlich
nicht die typischen Wiener Kaffeehausbesucher. Vielleicht hatten sie
keine Zeit dazu, denn sie verwendeten jede freie Minute zum Komponieren. Außerdem war das Wiener Kaffeehaus seit jeher eine eher literarische als musikalische Angelegenheit. Nur wenige Lieder, Sonaten,
Sinfonien, Opern entstanden in seinen verrauchten Räumen. Aber
ungezählte Gedichte, Novellen, ja sogar Romane ... und vor allem
Feuilletons. Eines davon wollen wir wiedergeben, denn es beschäftigt
sich mit Strauß und dem Walzer.

3

Ein altes Wiener Feuilleton über den Walzer

Ludwig Speidel hat es geschrieben. Er war einer der Begründer des
Wiener Feuilletons. Die Glanzzeit des Walzers und die des Feuilletons
fallen, so merkwürdig es klingen mag, zusammen und weisen beide

nach Wien. Das kurze, auf Geist, Schwung, ziselierten Ausdruck, auf treffenden Witz und rasche Stimmungserfassung gestellte Feuilleton muß wohl irgendeine innere Verwandtschaft mit dem Walzer besitzen . . .

Da es durchaus nicht sicher ist, daß alle unsere Leser im Feuilleton und seiner Geschichte genau Bescheid wissen, seien ein paar Daten beigebracht, bevor wir zur Lektüre des Speidelschen Textes schreiten. In seinen Anfängen, die wir nach Paris und in das beiläufige Jahr 1800 verlegen können, plazierte eine Zeitung, die einen solchen kurzen, aber scharf und treffend geschriebenen Artikel publizieren wollte, ihn auf eine versteckte Seite im Innern des Blattes, damit er der stets wachen Zensur entgehe. Trotzdem erlangte er bald Bedeutung, denn sein Geist, sein Witz, seine Aktualität, die nicht vom Thema herkommen mußte, eher in der Form lag — diese Reize ließen den Bürger oft zuerst zum Feuilleton greifen, ehe er sich mit dem Weltgeschehen und der Börse beschäftigte.

Das Wiener Feuilleton errang schnell seine ureigene Note. Es konnte ungemein liebevoll in seiner Schilderung sein, oft aber auch messerscharf und boshaft. Die Zeitungen, die ein Feuilleton brachten, fühlten sich bemüßigt, es irgendwie gegen den Ernst und die Gewichtigkeit der »Tatsachenberichte« abzugrenzen. Sie zogen also auf einer Innenseite einen Strich und plazierten es darunter; es stand jetzt »unter dem Strich«. Aber auch hier wurde es, trotz dieser Diskriminierung, bald sehr populär. Oskar Maurus Fontana — der selbst, neben Daniel Spitzer, Stefan Zweig, Hugo von Hofmannsthal, Felix Salten, Hermann Bahr, Theodor Herzl, Raoul Auernheimer, Alfred Polgar zu den besten Feuilletonisten gehörte — nannte das Feuilleton einen »geschriebenen Mimus«, also eine kurze Szene oder Schilderung, in der trotz knapper, geballter Aussage des Wesentlichen und Charakteristischen ein großes Gemälde vor unserem flüchtigen Blick erstehen kann. »Unter dem Strich« also erschien das nun folgende Feuilleton Ludwig Speidels, der von 1830 bis 1906 lebte und ein unmittelbarer Zeitgenosse des Walzerkönigs war. Er schrieb zahllose Feuilletons, und manche erinnern, auch wenn sie aus ganz anderem Stoff sind, irgendwie an eine Polka, oder an eine Quadrille, oder auch an einen Walzer von Strauß, und es ist gar nicht so abwegig, diese Stücke wiederum »klanggewordene Feuilletons« zu nennen. Nun zu unserem Feuilleton selbst. Speidel hat ihm den Titel »Der Wiener Walzer« gegeben.

»... Ja, der Tanz ist eine universale Macht, die sich an ihren Verächtern doppelt rächt, er ist eines jener Gesetze, die man, wie der Apostel sagt, in den Gliedern fühlt. Ihn ein flüchtiges Kind des Augenblicks nennen, heißt ihn mißdeuten, heißt die gelegentliche Ursache seines Daseins mit seinem Wesen und Ursprung verwechseln. Genau und mit dürren Worten zu sagen, was er ist, wird nie gelingen; er birgt ein tiefes Geheimnis in sich, das nur der Tanzende fühlt. Man kann wohl sagen, wir tanzen Weltgesetze, wir ahmen mit unseren Beinen den ewigen Rhythmus alles Geschehens nach, wir spielen mit jenen im Kosmos allverbreiteten Gegensätzen, die sich im Menschengeschlechte als Mann und Weib so reizend und verführerisch begegnen ...

Eigentlich wollte ich vom Walzer reden und noch eigentlicher vom Wiener Walzer ... Wer heute mit einer schönen Frau im Arm sich nach den zwingenden Rhythmen eines Straußschen Walzers dreht, wird kaum daran denken, daß der Walzer sich einmal seine Existenz erst erkämpfen mußte. Wie sollte auch der Tänzer auf solche tanzgeschichtliche Gedanken geraten, er, der glückliche Mann, mit dem Arm um die Hüfte der Schönen, mit dem Einblick in ihre Augen, auflebend im warmen Hauch ihres Atems und selig befangen in dem berauschenden Dufte holder Weiblichkeit? Er erschien den Zeitgenossen seiner Einführung als ein Frevel, als ein Eingriff in die Persönlichkeit des Weibes ...

Glücklicherweise besitzen wir über das Auftreten des Walzers in Deutschland innerhalb der gebildeten Gesellschaft und über die Art und Weise, wie er auf empfindsame Seelen wirkte, ein klassisches Zeugnis. Dieses klassische Zeugnis, das wir meinen, gibt uns kein Geringerer als Goethe, und die betreffende Stelle befindet sich in den ›Leiden des jungen Werthers‹. Ältere Männer, deren jugendliche Blüte noch vor die Epoche der Gründungen fällt, erinnern sich wohl des ländlichen Balles in unserem Roman, wo jene unglückliche Leidenschaft Werthers zum Ausbruch gelangt, welche die halbe Welt Seufzer und Tränen gekostet hat. Wir erfahren, was auf diesem schicksalsvollen Balle getanzt wurde, nämlich Menuett, Ecossaise, Kontertanz und als neueingeführt der ›Deutsche‹, der damalige Walzer. Werther schreibt an seinen Freund: ›Nun ging's, und wir (Lotte und er) ergötzten uns eine Weile an mannigfaltigen Schlingungen der Arme. Mit welchem Reize, mit welcher Flüchtigkeit bewegte sie sich! Und da wir nun gar ans Walzen kamen und wie die Sphären umeinander herumrollten, ging's freilich anfangs, weil's die wenigsten können, ein bißchen bunt durcheinander. Wir waren klug und ließen sie austoben, und als die Ungeschicktesten den Plan geräumt hatten, fielen wir ein und hielten mit noch einem Paare ... wacker aus. Nie ist mir's so leicht vom Flecke gegangen. Ich war kein Mensch mehr. Das liebenswürdigste Geschöpf in den Armen zu haben und mit ihr herumzufliegen wie Wetter, daß alles rings umher verging und — Wilhelm, um ehrlich zu sein, tat ich aber doch den Schwur, daß ein Mädchen, das ich liebte, auf das ich Ansprüche hätte, mir nie mit einem anderen walzen sollte als mit mir, und wenn ich darüber zu Grunde gehen müßte. Du verstehst mich!‹

Von der blühenden Schönheit dieser Schilderung abgesehen, ist sie geschichtlich in hohem Grade lehrreich. Bedenke man, daß der ›Deutsche‹, der hier als ein Ausbund leidenschaftlicher Bewegung dargestellt wird, der bedächtigere Bruder unseres ungestümen Walzers ist, so kann man zurückschließen, wie langsam und sittig das Tanztempo war, gegen welches der Walzer als ein kühner Sprung erschien. Gewiß, die Einführung des Walzers in Deutschland bezeichnet eine soziale Umwälzung. Es ist die Revolution zum Dreivierteltakt. Diese Neuerung fällt zusammen mit der Zeit des Sturmes und Dranges in unserer Literatur, als die Zöpfe aufgelöst, die Krawatten gelockert wurden und überhaupt gesunde Empfindung und Leidenschaft die nachgerade unerträglich gewordenen Fesseln des Konventionellen zerbrach und abschüttelte. Man hatte das Volkslied wieder zu schätzen begonnen, und in seinem Gefolge kam der Volkstanz, der Walzer. Er brachte in den Verkehr der Geschlechter eine gesunde, aufrichtige Sinnlichkeit, gegen welche das die Zopfzeit charakterisierende Rauben von Busenschleifen und Strumpfbändern eine gelüstige Roheit war. Der Walzer setzte sich in Deutschland trotz Moralisten und Predigern durch, und noch heute ist er die Form, in der sich die echte deutsche Tanzempfindung ausspricht. Von Deutschland, zumal von Wien aus, machte der Walzer Propaganda bei den fremden Völkern, bei denen er übrigens gleichfalls auf hartnäckige Vorurteile stieß ... Als der ältere Strauß auf seiner Walzer-Weltfahrt nach England kam, fand er keinen Widerstand mehr. Es war das Horn des Oberon, dessen Klang alles mit sich fortriß. Wer könnte auch dem Wiener Walzer widerstehen? Er ist die Blüte der deutschen Tanzmusik, und aus den allgemeinen Regionen, in denen wir uns bisher bewegten, steigen wir mit Vergnügen hernieder an die Ufer der ›schönen blauen Donau‹, wo der Walzer seine saftigsten Wurzeln getrieben hat.«

4

Ein Beobachter schildert Vater Strauß

1833 kam ein junger Theatermann und Schriftsteller aus Schlesien nach Wien: Heinrich Laube. Zuerst beobachtete er ganz sachlich die Stadt, ihre Menschen, ihre Einrichtungen. Doch bald fühlte er, daß hier seines Geistes wahre Heimat sei (»Wenn das Theater noch nicht erfunden wäre, die Wiener würden es erfinden ...«). Ihm, der 1849 Burgtheaterdirektor wurde und es in uneingeschränkter Zuneigung aller Kreise ganze achtzehn Jahre lang blieb, verdanken wir eine Schilderung, die wir dem Lebenslauf des ältesten der Strauß-Musikanten vorausschicken wollen. Hier malt Laube das noch biedermeierische Wien, seinen populärsten Walzerdirigenten und den berühmten alten *Sperl*, in dem Vater und Sohn Strauß ungezählte Nächte hindurch »aufspielten«. Der Brief lautet auszugsweise so:

»Der Garten brennt in tausend Lampen, alle Säle sind geöffnet, Strauß dirigiert die Tanzmusik. Leuchtkugeln fliegen, alle Sträucher werden lebendig, was ein Herz hat, steuert über die Ferdinandsbrücke*. Da ist allerdings keine Haute Volée**, es ist eine sehr gemischte Gesellschaft, aber die Ingredienzien sind nicht zu verachten ... Ein Abend und eine halbe Nacht beim Sperl, wenn die Gärten in Üppigkeit blühen, ist der Schlüssel zum Wiener sinnlichen Leben. Unter erleuchteten Bäumen und offenen Arkaden sitzt alles an zahllosen Tischen und ißt und trinkt, schwatzt, lacht und horcht. In der Mitte nämlich ist das Orchester, von welchem die neuen Walzer kommen, der Ärger unserer gelehrten Musiker, die neuen Walzer, welche gleich dem Tarantelstich ins Blut gehen. In der Mitte des Gartens, auf jenem Orchester, steht der moderne Held Österreichs, le Napoléon autrichien — der Musikdirektor Johannes Strauß. Was den Franzosen die napoleonischen Siege waren, das sind den Wienern die Straußschen Walzer, und wenn sie nur Kanonen hätten, sie errichteten ihm beim Sperl eine Vendômesäule. Der Vater weist ihn seinem Kinde, die Wienerin ihrem fremden Geliebten, der Gastfreund dem Reisenden: ›Das ist Er!‹

Es ist ein heiter sinnliches Volk in Österreich. Napoleon kostete den Franzosen viele Söhne — die Österreicher haben nur einige Gulden

---

* Über die Ferdinandsbrücke führte der Weg in die Leopoldstadt, heute Wiens »Zweiter Bezirk«, damals noch ein Dorf. Dort lag der »Sperl«.
** Oberste Gesellschaft.

und Nächte gezahlt und bekamen dafür einen ›Vogel Strauß‹ mit bunten Lockfedern für die Damen. Ich war begierig auf den österreichischen Napoleon, und es freute mich, daß ich ihn mitten auf dem Schlachtfelde finden sollte. Er schlug gerade sein Austerlitz*, als wir ankamen. Mit dem Fiedelbogen wies er in den Himmel hinaus, und die Geigen schrien: ›Die Sonne geht auf!‹

Da stand er vor mir, der dritte aus dem Triumvirat, von dem Napoleon der erste, Paganini der zweite ist: wie dieser die Geige in der Hand haltend, taktierend, wie besessen, von unsichtbaren Mächten geschleudert ... Alle Gesichter waren auf ihn gerichtet, es war ein Moment der Andacht. Man wird dich fragen, sagte ich mir, die Generationen der Zukunft werden fragen: wie sieht er aus, der Johann Strauß? War das Aussehen Napoleons römisch-klassisch und ruhig antik, war dasjenige Paganinis romantisch und mondschein-interessant, so ist das von Maestro Strauß afrikanisch heißblütig, sonnentoll, modern, verwegen, zappelnd, unruhig, unschön, leidenschaftlich. Das sind Adjektiva zum Auswählen.

Der Mann ist ganz schwarz, wie ein Mohr; das Haar kraus, der Mund melodiös, unternehmend, aufgeworfen, die Nase abgestumpft; hätte er kein so weißes Gesicht, wäre er der komplette Mohrenkönig aus dem Mohrenland, Balthasarius genannt ... Unter Herodes brachte dieser den Weihrauch, womit man die Sinne befängt — und so ist es auch mit Strauß: er treibt ebenfalls die bösen Teufel aus unseren Leibern, und zwar mit Walzern. Das ist moderner Exorzismus, auch er befängt unsere Sinne mit Taumel.

Echt afrikanisch leitet er auch seine Tänze: die eigenen Gliedmaßen gehören ihm nicht mehr, wenn sein Walzerwüstensturm losgegangen ist, der Fidelbogen tanzt mit dem Arme, der Takt springt mit dem Fuße herum, die Melodie schwenkt die Champagnergläser in seinem Gesicht, der ›Vogel Strauß‹ nimmt seinen stürmischen Anlauf zum Fliegen ... Der Teufel ist los!

Und diese leidenschaftliche Prozedur nehmen die Wiener mit beispiellosem Enthusiasmus auf, und sie haben eine Aufmerksamkeit für ihren Helden und seine Taten, wie es dem deutschen Publikum zu wünschen wäre für manche anderen Dinge. In einem Potpourri, das er aufführte, waren einzelne seiner Walzergedanken zerstreut, und das größte gemischte Publikum kannte das kleinste Straußische Wort heraus und begrüßte jeden Walzerrhythmus mit donnerndem Jubel.

---

* Anspielung auf die »Dreikönigsschlacht«, 1805, in der Napoleon den Österreichern und Russen eine schwere Niederlage beigebracht hatte.

Es ist eine bedenkliche Macht in dieses schwarzen Mannes Hand gegeben; sein besonderes Glück mag er es nennen, daß man unter Musik alles mögliche denken, daß die Zensur mit dem Walzer nichts zu schaffen haben kann, daß die Musik auf unmittelbarem Wege, nicht durch den Kanal des Gedankens, die Empfindung erregt. Dieses wunderliche Wort: man kann ein musikalisches Genie und ein Dummkopf in einer Person sein, kommt ihm zustatten. Hiemit soll ihm keine Beleidigung, sondern eine Gratulation gesagt werden: ich weiß nicht, was Strauß außer Noten versteht, aber dies weiß ich, daß der Mann viel Unheil anrichten könnte, wenn er Rousseausche Ideen geigte: die Wiener machten in einem Abend den ganzen contrat social ...

Es ist bemerkenswert, daß die österreichische Sinnlichkeit nie gemein aussieht, sie ist naiv und keine Sünderin. Die dortige Lust ist die Lust vor dem Sündenfall; der Baum der Erkenntnis hat noch keine Definition und kein Raffinement nötig gemacht.

Bunt wogt die Menge durcheinander, die Mädchen drängen sich warm und lachend durch die munteren Burschen, ihr heißer Atem spielte mir, dem fremden Säulenheiligen, wie ein südlicher Blumenstrauß um die Nase, die Arme drängten mich mitten ins Getümmel — um Verzeihung bittet niemand; beim Sperl will man keinen Pardon und gibt keinen.

Nun werden die Anstalten zum wirklichen Tanze gemacht. Um die zügellose Menge in Schranken zu weisen, wird ein großes Seil hergenommen und alles, was in der Mitte des Saales bleibt, wird von den eigentlichen Tänzern getrennt. Die Grenze ist aber schwankend und nachgiebig, nur an den gleichmäßig wirbelnden Mädchenköpfen unterscheidet man den Tanzstrom. Bacchantisch wälzen sich die Paare durch alle zufälligen Hindernisse, die wilde Lust ist losgelassen, kein Gott hemmt sie, nicht einmal die Glut, die still und eindringlich hin und her wogt, wie ein vom Afrikaner herabgesendetes Wüstenmeer.

Charakteristisch ist der Anfang jedes Tanzes. Strauß beginnt seine zitternden, nach vollem Ausströmen lechzenden Präludien, sie klingen tragisch wie eine noch vom Schmerz der Geburt umklammerte Glückseligkeit; der Wiener legt sich sein Mädchen tief in den Arm, sie wiegen sich auf's Wunderlichste in den Takt. Man hört noch eine ganze Weile die langgehaltenen Brusttöne der Nachtigall, mit denen sie ihr Lied anhebt und die Nerven bestrickt, bis plötzlich der schmetternde Triller hervorsprudelt, der eigentliche Tanz beginnt mit tosender Geschwindigkeit, und hinein in den Strudel stürzt sich das Paar ...

Ich habe nie Exzesse dort erlebt; das fatale Zauberwort des Nordens, Branntwein, fehlt, die Feuerwasser der Indianer, es fehlen die

Trunkenen, die Sinnlosen. Der leichte österreichische Wein macht nur die Sinne bewußt — und die Wiener haben große Magen, aber kleine Kehlen.

Diese Orgien dauern bis gegen Morgen, da nimmt Österreichs musikalischer Held, Johann Strauß, seine Geige und geht heim, um einige Stunden zu schlafen, um von neuen Schlachtplänen und Walzermotiven zu träumen für den nächsten Nachmittag ... Die heißen Paare stürzen sich in die warme Wiener Nachtluft hinaus, und das Kosen und Kichern verschwindet nach allen Straßen ...«

Aus diesen Zeilen ersteht ein eindringliches, lebensvolles Bild eines Wien, das es längst nicht mehr gibt. Hier sehen wir es vor uns, mit seinem »Napoleon« und »Paganini« an der Spitze seines Tanzorchesters, und der Vergleich überrascht und packt uns. Denn er erscheint uns im ersten Augenblick unangemessen, kühn. Er lockt uns, der ungeheuren Wirkung dieses urwienerischen »Afrikaners« nachzugehen, ihre Triebkräfte zu erforschen.

Wir sehen Wien sich mit erster Begeisterung dem Rundtanz, dem Walzer hingeben, der immer schneller, immer feuriger wird. Das ganze Leben wird um jene Zeit schneller. Die Maschinen beginnen ihre Räder zu drehen, Bahnen ersetzen Postkutschen, Lokomotivführer den behäbigen Postillion. Wochenlange Seereisen schrumpfen durch das neue Dampfschiff zu kurzen Fahrten zusammen. Alles wird schneller, und so auch der Tanz. Dem Wiener »liegt« das, ist doch seine Art seit jeher eine schnelle gewesen; schnell faßt er auf, schnell sind seine Reaktionen, schnell ist eine Bosheit bei der Hand, schnell aber auch Rührung und Zärtlichkeit. Schnell entbrennt er nun für den Mann, der ihm Schnelligkeit symbolisiert, und sei es auch »nur« im Walzer. Nur? Der Walzer wird ihm zum Lebensausdruck. So als wäre der »Fortschritt« — das Zauberwort der Zeit — in ihm ausgedrückt, ohne Worte. Selbstverständlich. Jedem verständlich.

Schade, daß Laube kein Musiker war. So gibt er uns zwar blumige Vergleiche aus allen möglichen Gebieten, von der Ornithologie bis zur Gynäkologie, aber er kann über die rein musikalische Seite des Phänomens nicht viel aussagen. Immerhin: eines wird hier schon erwähnt, was später, bei den Söhnen Johann und Josef, noch stärkere Bedeutung gewinnen wird als beim Vater. Es ist eine erste Belehrung, warum der Walzer, der echte, der Wiener Walzer eine Einleitung — und mitunter eine recht lange — braucht, ohne sie kaum denkbar und sicher weniger sinnvoll wäre: man attackiert die höchsten Genüsse nicht in sofortigem Frontalangriff. Es muß Vorspiele geben, ohne die die eigentlichen Spiele weniger genußreich wären. Sie erhöhen die Spannung, die Erregung, die Erwartung. Man muß ein Meister sein, um sie zu spielen, zu steigern, auszukosten. Johann Strauß Vater war es, seine Söhne Johann und Josef übertrafen ihn hierin noch; doch ist die Frage, ob sie darum »größer« waren als der Vater, müßig und unbeantwortbar, denn der Vater schuf alles oder fast alles aus dem Nichts, die Söhne entwickelten dann — meisterlich allerdings — das Vorbild. Johann, der Sohn, längst »Walzerkönig« genannt, wird das neidlos, selbstlos anerkennen und bei einer seiner großen Jubiläumsfeiern aussprechen.

Johann Strauß Vater, gemeinsam mit Lanner Begründer des Wiener Walzers — also des Walzers schlechthin, denn hier trafen zum ersten Mal Musik und Choreographie in endgültiger Form aufeinander — ist mehr als nur ein Vorläufer und Anreger gewesen. Er war ein Meister, das heißt, Entdecker und Gestalter zugleich. Eine dieser beiden Eigenschaften allein hätte zur wahren Meisterschaft nicht ausgereicht.

Wer war er? Woher kam er? War er wirklich so »exotisch«, wie Laube ihn geschildert?

5

Ein Urwiener

Als exotisch konnte Strauß nur von einem Nichtwiener betrachtet werden, einem Deutschen wie Laube etwa, der in Gegenden gelebt hatte, wo die Menschen, äußerlich wie innerlich, einheitlicher im Typus waren, eben »deutsch«, wie man sich's seit mehreren hundert Jahren — fälschlich oder wahrheitsgemäß — vorzustellen pflegt und liebt. Das war zwar vom »Österreichischen« nicht so himmelweit verschieden, es gab Übergänge wie etwa vom Bayerischen zum Tirolerischen oder zum Salzburgerischen; wohl aber besaß das »Wienerische« seine Besonderheiten.

Wien war nun einmal wesentlich anders, das heißt, vielseitiger und bunter; gemischt aus zahlreichen Ingredienzien, die man rein theoretisch als unvermischbar ansehen könnte. Aber das ist eines der seltsamsten Merkmale der menschlichen Rassen: sie sind in schier unbegrenztem Grade vermischbar, und oft kommt sogar etwas Faszinierendes, ja Wertvolles dabei heraus. Des alten österreichischen Imperiums fünfzehn, wenn nicht gar zwanzig Nationen, Stämme oder Volksgruppen (wie immer wir sie nennen wollen, ohne auf wissenschaftliche Kriterien einzugehen) vermischten sich in Wien, bildeten Wien und die Wiener. Amerika wiederholt dieses Experiment dann in großem Stil:

Man verfolgt keine Ahnentafeln bis ins vierte oder achte Geschlecht zurück, um einen »Anspruch« zu begründen, wie Europas Aristokratie dies tat; wer im Lande geboren ist, ist Amerikaner. Und wessen Großeltern schon hier lebten, ist Uramerikaner, nach seiner eigenen Auffassung.

Alle Lebensgemeinschaften, die ihre Existenz und ihren Aufschwung auf Zuzug von außen gründen, auf Einwanderung, Anpassung, Abschleifung von Gegensätzen, Gewinnung von gemeinsamen Zielen oder Idealen, müssen so handeln, können gar nicht anders sein. Und Wien war so. Und darum ist Johann Strauß im wienerischen Sinne ein Urwiener.

Sein Großvater hieß Johann Michael Strauß. Wahrscheinlich war er Bedienter des österreichischen Feldmarschall-Leutnants Franz Graf von Rogendorf. Er heiratete im Jahre 1762 in Wien, wo er lebte und im Jahre 1800, ungefähr achtzigjährig im Allgemeinen Krankenhaus »an Abzehrung« starb; er kam höchstwahrscheinlich aus Ofen, einem Teil des später zu einer einheitlichen Stadt zusammengefügten Budapest. Seine Gattin wird als Rosalia Baschin aufgeführt. Sie stammt, nach Ansicht einiger Biographen, aus Südtirol. Man nahm es in jenen Zeiten mit den Namen oder gar ihrer Schreibweise nicht sehr genau. Sie kamen in den verschiedensten Formen vor. Vielleicht war Großmutter Rosalia, die nach Wien zog, wo sie den Großvater kennenlernte, eine echte Südländerin. Vielleicht hieß sie in Wirklichkeit Paschini, oder Pasquini oder ähnlich, vielleicht kommen die dunklen Farben des Enkels, die schwarzen Haare und Augen, aus diesem Blutanteil.

Er könnte freilich auch etwas »Exotisches« vom Großvater Strauß geerbt haben. Der war nämlich, wie mehrfach nachgewiesen und manchmal bestritten wurde, jüdischer Abkunft. Jedenfalls muß er schon vor seiner Eheschließung mit Rosalia zum katholischen Glauben übergetreten sein, denn die Hochzeit fand nach dessen Ritus in Wiens Dompfarre zu St. Stephan statt. Vielleicht kam dieser Johann Michael Strauß wirklich aus der jüdischen Gemeinde im Ungarland; die war uralt und erhielt sich in fremder Umwelt, obwohl immer wieder junge Mitglieder »in die Welt hinauszogen« und sich, aus vielerlei Gründen, assimilierten und taufen ließen. Im damaligen Wien, dem Schmelztiegel der Völker Europas seit dem Mittelalter, spielte diese Frage eine sehr untergeordnete Rolle. Später dann, zu Zeiten des Walzerkönigs Strauß, wird eine antisemitische Partei das Wiener Rathaus erobern. Ihr Anführer jedoch, der Bürgermeister Lueger — »der schöne Karl« genannt und ungeheuer populär —, hatte seine eigene Auffassung; von ihm stammt das klassische Wort: »Wer a Jud is, bestimm i«, gesprochen mit scharfer Betonung auf dem »i«, das beim Wiener für »ich« steht. Doch zu dieser Zeit haben die Mitglieder der Familie Strauß wohl nicht einmal mehr im Traum daran gedacht, daß ein ferner Ahne des weltberühmten Walzerkönigs vielleicht aus dem Ofener Ghetto gekommen sein mochte.

Grotesk allerdings wurde diese Frage, die man sonst als recht unbedeutend abtun könnte, als im Jahre 1941 das nationalsozialistische Regime keine Bedenken hatte, die Dokumente der Straußfamilie aus alter Zeit schlichtweg zu fälschen. Johann Strauß, fast ein halbes Jahrhundert nach seinem Tode noch immer der wohl meistgespielte Komponist der Welt, sollte nicht nur ein Symbol Wiens sein (woran überhaupt nicht zu zweifeln ist), sondern auch ein »urdeutscher« Musiker. Darum mußte ein solcher »Schandfleck«, und lag er auch noch so viele Generationen zurück, aus der Welt geschafft werden.

Nicht aus der Welt zu schaffen war das enge Zusammenleben von Christen und Juden in Wien, gerade im Straußischen, im neunzehnten Jahrhundert, und die daraus resultierende enge Berührung des Walzerkönigs mit jüdischen Menschen seiner Vaterstadt. Jude war sein bester Schulfreund, der später sein treuer Verleger und Helfer werden sollte. Aus dem Zusammenleben mit einem jüdischen Baron, dem sie mehrere Kinder gebar, kam des Walzerkönigs erste Frau in sein Haus. Und seine dritte, für sein Schaffen bedeutendste Gattin, Adele, ist als Jüdin geboren. Um sie heiraten zu können — seine vorherige Ehe war katholisch geschlossen, also kirchlich unlösbar —, traten sowohl Strauß wie Adele zum Protestantismus über. Dies soll nur zeigen, wie freizügig Wiens liberale Epoche religiösen, aber auch anderen Fragen gegenüberstand.

Johann Michael und Rosalia wurde ein Sohn geboren, den sie Franz nannten, entweder nach Michaels Brotherrn, dem Grafen von Rogendorf, oder aber um dem Kaiser zu huldigen, den das Volk liebte. Sie gehörten ja auch zu diesem »Volk«, zur unteren Schicht des kleinen Bürgertums, das zu den treuesten Stützen des Habsburger Hauses zählte. Johann Michael scheint viele Freundschaften in musikalischen Kreisen besessen und gepflegt zu haben. Man darf natürlich nicht an Gluck, Haydn oder Mozart denken, deren Zeitgenosse er war und denen er wohl hin und wieder auf den Straßen der Kaiserstadt begegnet ist, auch nicht an die vielen italienischen Musiker, die damals in Wien zu Rang und Ansehen gekommen«, ja zeitweise zu wahren Herren des höheren Musiklebens aufgestiegen waren. Nein, die Freunde der frühen Straußgeneration waren »Musikanten«, Volksmusiker, die irgendwo »aufspielten«, wo es ein paar Kreuzer zu verdienen gab, die man im nächstbesten Gasthaus wieder ausgab. (Übrigens mußte auch der junge Haydn aus Gründen der Armut seinen Lebensunterhalt auf diese Art in Wien verdienen, bevor sein meteorhafter Aufstieg begann.) Unter diesen Musikanten gab es Sänger volkstümlicher Weisen, es waren Verfasser von Wiener Liedern darunter, und diese Lieder sind erst nach und nach, fast unbemerkt, zu einem eigenständigen Genre geworden. Einige dieser Musikfreunde Johann Michaels, über dessen Musikalität wir nichts wissen, die aber vielleicht in seinem Lieblingsumgang zum Ausdruck kommt, wurden zu Taufpaten seiner Kinder, so auch des kleinen Franz.

Der übernahm nach schwierigen Anfängen — sie waren so schwierig, daß er es nicht verhindern konnte, seinen Vater in einem Versorgungsheim altern zu sehen — ein Gasthaus. Er hatte als Kellner begonnen, sich durch viele Lokale geschlagen, ehe er 1797 mit dreiunddreißig Jahren heiratete. Er nahm die siebenundzwanzigjährige Barbara Dollmann zur Frau. 1803 wurde er selbständiger Bierwirt, »bürgerlicher Gastwirt«, wie man das damals und noch lange Zeit nannte. Er zahlte fünf Gulden jährliche Gewerbesteuer, die unterste Taxe für derartige Betriebe.

Franz Strauß dürfte mit schweren wirtschaftlichen Bedrängnissen gekämpft haben müssen, von denen wir allerdings nichts Näheres wissen. Sechs Kinder kamen im Laufe von zehn Jahren zur Welt, aber vier von ihnen starben schon nach wenigen Monaten eines ziemlich ärmlichen Lebens im Gasthaus, das ganz in der Nähe des Donaustrandes stand. Nur zwei überlebten: Ernestine, die Erstgeborene (1798 bis 1862), und Johann, genauer, Johann Baptist Strauß, wie er im Taufregister steht. Am 14. März 1804 hat der »Begründer der Dynastie Strauß« das Licht der Welt erblickt. Sein Aufstieg gehört zu den erstaunlichsten Ereignissen der Musikgeschichte, auch wenn der Aufstieg seines ältesten Sohnes Johann zum Walzerkönig weltumspannender gewesen ist.

Er verlor seine Mutter schon mit sieben Jahren, also 1811. Seine und seiner Schwester Ernestine Kindheit muß hart gewesen sein. Zwei Jahre nach dem Tod seiner ersten Gattin heiratete Gastwirt Franz Strauß ein zweites Mal. Am 13. April 1813 verzeichnet das Register der Pfarre St. Johann in Wiens heutigem zweiten Gemeindebezirk Leopoldstadt die Eheschließung mit der um 1766 wahrscheinlich in Linz geborenen Katharina Theresia Feldberger. Sie überlebte ihren Gatten, sie scheint sich auch wieder vermählt zu haben ... wir wissen merkwürdig wenig von ihr.

Franz Strauß hat nur drei Jahre mit ihr gelebt. Am 5. April 1816 findet man ihn ertrunken in der Donau, gar nicht weit von seinem Gasthaus entfernt. Der Verdacht auf Selbstmord liegt nahe. Ob er materiellen Nöten entsprang, ob er vielleicht auf unbefriedigende Familienzustände zurückzuführen ist, oder ob dieser mutmaßliche Freitod letzten Endes »nur« die Folge jener seltsamen Unrast und einer tiefsitzenden, nie erklärbaren Melancholie gewesen ist, die so manches Mitglied der Strauß-Familie, am meisten wohl unseren Johann Strauß Vater, quälte und so verunsicherte, daß sie eigentlich selten in den Genuß sonniger Augenblicke oder ihrer Erfolge gekommen sind — genau wird man dies alles nicht mehr feststellen können.

Die Kinder, die nun achtzehnjährige Ernestine — sie heiratete erst zwanzig Jahre später, 1836, einen Musiker aus dem Orchester ihres Bruders — und der zwölfjährige Johann, blieben mit der Stiefmutter in bitterer Armut zurück. »Unten«, ganz unten begann der Aufstieg dieses Johann Strauß. Er begann mit täglichen Sorgen um das Heute und um die nächste Zukunft. Ein Horizont für das »Höhere«, von dem er noch gar nichts ahnen konnte, war hier überhaupt nicht vorhanden. Aber er sollte nicht in dieser breiten, zwischen dem dritten und vierten, dem letzten Stand angesiedelten Kleinstbürgerschicht enden. Ihm gelang der Weg zur Höhe, zum Weltruhm, zur Welteroberung. Die Unrast, die vielleicht im Vater Franz rumorte, erfuhr in ihm die lebenswichtige Stütze durch einen beachtlichen Zuschuß von Energie und eisernem Willen, wie sie geborenen Eroberernaturen eignet. Woher hatte Johann Strauß diesen Zug? Woher das musikalische Genie? Beide Fragen werden nie beantwortet werden können.

Immer wieder bringt die Geschichte solche Erscheinungen hervor. Da bricht plötzlich ein Mensch aus allem aus, was die Ahnenreihe ihm vorbestimmt zu haben scheint. Er offenbart Züge, die allem Anschein nach bisher nicht in der Familie vorhanden waren. Und er wird nicht selten zum Ahnherrn einer neuen Entwicklung.

Die Strauß-Dynastie beginnt, ohne daß jemals vorher ein solcher Anspruch, ja nur der bloße Gedanke daran existiert hätte, bei Johann Strauß, beim Strauß Vater, wie er später genannt wurde, damit es mit dem gleichnamigen Sohn keine Verwechslung gäbe. Strauß Vater also ist der Sohn eines unter seltsamen Umständen, wahrscheinlich im Selbstmord geendeten und verschuldeten Gastwirts aus dem in jeder Beziehung wohl am »tiefsten« und unweit der Donau gelegenen Stadtteil Wiens (»blau« ist die Donau damals noch nicht gewesen, erst der Sohn wird ihr dann diese unsterbliche Farbe verleihen). Nun, unser Vater Strauß ist schließlich der Enkel eines Bediensteten in hocharistokratischem Hause, der Urenkel eines nicht mehr recht faßbaren Wolf

Strauß, dieser möglicherweise im Judenviertel der Stadt Ofen, in Budapest also, geboren. Die mütterliche Linie führt zum Kutscher Josef Dollmann, dem Großvater, über diesen zu dessen Vater, dem Tischler und Kutscher Johann Dollmann, der von 1700 bis 1762 gelebt hat.

Auf der großmütterlichen Linie mütterlicherseits gelangen wir zum Urgroßvater Johann Michael Nissig, der von 1704 bis 1784 lebte und Gärtner in Hetzendorf bei Wien war. Daß die Dollmanns auch als Thollmann und Tollmann vorkommen, die Nissig auch als Niesig, Nirschik und Nürschy, sei nur nebenbei erwähnt; die Vereinheitlichung der Namensschreibung erfolgte vielfach erst weit im neunzehnten Jahrhundert.

Die Feststellung des bedeutenden Strauß-Dokumentensammlers und -herausgebers Hans Jäger-Sunstenau *(Johann Strauß, der Walzerkönig und seine Dynastie)*, daß bei sehr vielen Strauß-Ahnen eine überdurchschnittliche Lebensdauer zu konstatieren sei, hat für die »Großen« der Familie keine wesentliche Bedeutung. Vater Johann wurde nur fünfundvierzig Jahre alt, sein Sohn Josef, der geniale Walzer und andere feinsinnige Kompositionen zu schreiben wußte, gar nur dreiundvierzig. Der Walzerkönig allerdings erreichte glückliche vierundsiebzig Lebensjahre, doch stellte dies zu Ende des neunzehnten Jahrhunderts keine Seltenheit mehr dar. Und der jüngste der Söhne, Eduard, ist einundachtzig geworden. Er lebte noch bis zur Mitte des Ersten Weltkriegs, als das Ende einer Epoche sich schon unwiderruflich am Horizont abzuzeichnen begonnen hatte — jener Epoche, ohne die das Werk der Strauß-Familie unvorstellbar wäre, die ihrerseits aber auch ohne dieses Werk undenkbar erscheint.

6

Die Jugend des Johann Strauß Vater

Die Wiener Häuser jener Zeit führten Namen, mußten sie führen, denn Straßenbezeichnungen und Hausnummern gab es höchstens im »Nobelviertel« der inneren Stadt, nicht aber drunten an der Donau, wo viele, die den Strom abwärts gereist kamen, in erste Fühlung mit der großen und doch noch gar nicht so großen Stadt traten. Die Schiffer gingen dort an Land, auch die Kaufleute, ebenso Arbeitsuchende und Handwerker. *Zum Guten Hirten*, in dem Franz Strauß seine Schenke betrieb, scheinen nur wenige gefunden zu haben. Zu wenige jedenfalls, um die Familie zu ernähren. Vier von sechs Kindern sterben, wie schon erwähnt, bevor sie noch einen rechten Blick in diese Welt getan hatten.

Der 14. März 1804 ist Johanns Geburtstag. In der Pfarre St. Joseph findet sich unter dem gleichen Tag folgende Eintragung: »Johann Baptist, geb. 14. III. 1804, Leopoldstadt No. 53. Vater: Franz Strauß, Bierwirth. Mutter: Barbara Tollmann, k.k. Reitknechts Tochter. Taufpate: Johann Bauer, Windenmachermeister.« Am 5. April 1816 ertrinkt Franz Strauß. Der ein halbes Jahr später datierte Bericht über seine Verlassenschaft zeigt ein krasses Mißverhältnis zwischen unbedeutenden Aktivposten und beträchtlichen Schulden, wobei die Gläubiger mit dem einem völligen Bankrott ziemlich nahekommenden Anteil von nur 5 % ihrer Forderungen abgefunden werden. Im gleichen Dokument erhalten die beiden Kinder einen Vormund, und zwar den »bürgerlichen Kleidermacher in der Leopoldstadt in der Josephigasse im Dünsserhoferhaus«, namens N. Müller.

Anderthalb Jahre später, am 5. Oktober 1817, »dingt der Buchbindermeister Herr Lichtscheidl einen Jung, Johann Strauß, auf 5 Jahr«. Und schon nach wenig mehr als vier Jahren »spricht Herr Lichtscheidl«, laut Dokument, »seinen Jung Johann Strauß frey«. Hier hätte die Laufbahn eines neuen Buchbinders beginnen können. Aber es kam anders, ganz anders.

Vieles ist legendär geworden in der Geschichte der *Strauß-Dynastie*, so manches nicht recht beweisbar und vielleicht von Söhnen, Enkeln und deren Biographen ein wenig zurechtgestutzt, um den Aufstieg des ersten Johann Strauß »spannender« und noch ein bißchen überraschender zu gestalten, als er ohnedies war. So gibt es auch kaum Genaues über das immer wiederkehrende Gerücht, daß der Johann seinem Buchbindermeister davongelaufen sei. Er sei, heißt es, durch die Straßen und Vorstädte Wiens geirrt, bis die Nacht einbrach und er sich daranmachte, im Freien zu übernachten. Und da habe ihn ein zufällig des Weges kommender Freund der Familie entdeckt, mit zu sich genommen und gleich seinen heißesten Wunsch erfüllt: ihn das Geigenspiel lernen zu lassen ...

Vielleicht stimmt es sogar, daß er schon als Kind mit zwei Stöcken so hantierte, als wären sie Violine und Bogen. Vielleicht auch, daß die armen Eltern dem Buben zu seinem Namenstag eine Geige kauften, die allerdings einen ziemlich rauhen Ton gehabt haben soll, was der Gastwirtssohn dadurch zu beheben suchte, daß er Bier in ihre Schallöffnungen träufelte.

Sicher hat Johann die Musik von früher Kindheit an geliebt. Kein

Wunder: Wien war damals, wie im Hochbarock, wie zu Zeiten manch eines musischen Habsburgkaisers, wie zu Zeiten Haydns und Mozarts voll von Musik. Johann Strauß Vater beginnt, als diese Meister ihre Bahn ausgeschritten hatten. Mozart war dreizehn Jahre tot, als Strauß zur Welt kam, Haydn starb, hochbetagt, als der künftige Walzerkomponist fünf Jahre alt war. Und dem großen Beethoven ist er zweifellos mehr als einmal in den Straßen begegnet. Dieser seltsame und doch von allen so ehrfürchtig bewunderte Zeitgenosse, der ohne nach rechts oder links zu blicken über das alte Glacis oder durch die Innenstadt spazierte, nicht selten dabei singend und gestikulierend — dieser Beethoven lebte bis zum Jahre 1827. Johann Strauß Vater war damals schon Geiger, Komponist und Kapellmeister, und in der häuslichen Enge machte Strauß Sohn bereits seine ersten Gehversuche. Auch unserem Schubert, diesem »Erzwiener«, muß Vater Strauß begegnet sein. Wahrscheinlich jedoch beachtete er ihn genausowenig, wie die meisten Wiener es taten. Konnten sie denn ahnen, daß in diesem unscheinbaren Menschen eines der größten Genies aller Zeiten steckte? Und ihm ist es bestimmt überhaupt nicht in den Sinn gekommen, daß hier ein naheverwandter Musiker lebte, wirkte und eine Menge komponierte, sehr vieles sogar im Dreivierteltakt und fürs »Volk«, gerade so, wie auch er komponierte, der Vater Strauß ...

Die Volksmusik blühte in der Donaumetropole an allen Ecken und Enden. In manchem der in den Vorstädten gelegenen Theater gab es »Zauberpossen«, die mit viel Musik ausgestattet waren, mit Liedern und Couplets, vielleicht mit einer Ouverture, sogar mit Zwischen- oder Verwandlungsmusik. Das Genre, das musikalisch zum Gipfel der *Zauberflöte* geführt hatte, erlebte in den Werken des großen Dichters Ferdinand Raimund künstlerische Höhepunkte, die heute noch gültig sind. Und manches Lied aus ihnen hat als Meisterstück die Zeiten überdauert. Man denke, um nur ein einziges zu zitieren, an das ergreifende Hobellied aus dem *Verschwender*.

Auch die Straßen hallten von Musik wider. Kleine Musikergruppen postierten sich auf einem Platz und verdienten sich mit ihren Darbietungen ein paar Kreuzer. An Sommerabenden drang Musik aus allen Wirtsgärten. Es mag sogar noch vorgekommen sein, daß ein wohlhabender Spender eine kleine Kapelle zu einer Serenade aufbot, ungefähr in der Art, wie wir's in Rossinis *Barbier von Sevilla* erleben; nur daß in Wien der Spender selten selbst mitsang, ganz gleich, ob es sich bei diesem Ständchen um die Huldigung an eine hochgestellte Persönlichkeit oder um ein Liebeswerben unterm Fenster der Schönen handelte.

In Hochblüte stand die Tanzmusik. Hatten nicht auch Mozart und

Haydn Tanzmusik geschrieben — Dittersdorf, Weigl und alle die anderen Wiener Komponisten vom Jahrhundertende und den Anfängen der neuen, romantischen Zeit? Oft waren zwar die »Empfänger« dieser Musik die hohen Herren der Paläste, die sich immer noch eigene Orchester hielten und bei manchem Konzert neben Suiten und Sinfonien Tänze erklingen ließen; immer häufiger aber wurde das Bürgertum zum »Konsumenten« der Tanzmusik. Hier erklangen viele Ländler und Deutsche Tänze zum ersten Mal, von guten Musikern geschrieben und auf dem Hausinstrument, dem Klavier, oft von den jungen Damen zwei- oder vierhändig dargeboten. In den immer häufiger werdenden Volkslokalen brach der neue Tanz durch, aus dem sogenannten »walzen« wurde der Walzer. Die Paare begannen einander fester zu umschlingen, um im rascher werdenden Drehtempo der Zentrifugalkraft besser widerstehen zu können, aber nicht nur deshalb.

Viele Wiener Musiker stammten aus ländlichen Gegenden, manchmal von recht weit her. Aus Böhmen kamen sie, ihr Geigenklang war vielgerühmt, und Mozarts begeisterter Ausruf beim ersten Kontakt mit ihnen anläßlich seines *Figaro* in Prag (»Es sind halt böhmische Musikanten!«) hat in mehreren Jahrhunderten nichts von seiner Gültigkeit eingebüßt. Aus Nieder- und Oberösterreich gelangten Gesänge und Tanzformen in die Kaiserstadt, aber auch Musikanten, wobei sie, bei einigem Glück, aus armen »Bratlgeigern« (die um den Lohn einer Mahlzeit, das hieß: »Braten«, stundenlang zum Tanz aufspielten) zu ansässigen Musikern werden konnten. Sie brachten eine Frühform des Walzers mit nach Wien, den »Fleckerl-Walzer«, bei dem die Paare sich, dem engen bäuerlichen »Tanzboden« angepaßt, auf einem »Fleck«, einem kleinsten Stück Raum, fast auf der Stelle drehen mußten; erst in den geräumigeren Lokalen, ja vielleicht erst bei den »Nobelbällen« des höheren Bürgertums und der Aristokratie wurde schließlich der weitausgreifende Walzertanz möglich.

Der Wiener Fasching wurde zum musikalischen Inspirator. Er brachte immer neue Formen von Musik und Tanz hervor; und in bezug auf modische Neuerungen war er unerschöpflich. Als die Eleganz im Biedermeierwien sich zu immer neuen Höhepunkten verstiegen hatte, entdeckte irgend jemand den Reiz des Gegenteiligen. Es wurde Mode, sich mit »ganz billigem und bedeutungslosem Zeug fantastisch zu kostümieren«.* Dieses Zeug nannte man in Wien »Gschnas«, und so entstand der Begriff des »Gschnas-Balls«, des »Gschnas-

---

* Otto Stradal.

Festes«, an dem besonders die oberen Schichten Gefallen fanden. Sie sollten später noch durch die »Lumpenbälle« überboten werden, auf denen gerade die reichen Leute Wiens am schäbigsten und abenteuerlichsten daherkamen und sich dabei glänzend unterhielten. Und wie die Kostüme die Tänze: da gab es einfach alles, vom Primitivsten bis zum Vornehmsten, und alles dicht nebeneinander.

Die Wiener Volksmusikensembles bestanden aus Saiten- und Blasinstrumenten. Zu den ersteren gehörten nicht nur Streicher — vor allem die Geige, der eine führende Rolle zuzukommen pflegte —, sondern auch Gitarren und manchesmal die vom »Land« her, zumeist aus den Alpen, in die Stadt gebrachte Zither. Die Zupfinstrumente verschwanden nach und nach aus den Tanzkapellen, denn ihr schwacher Ton ging in den größeren Sälen, im Lärm der immer zahlreicheren Tänzer unter. Sie blieben teilweise im kleineren Rahmen erhalten, beim Begleiten eines *Wiener Liedes*, das im Laufe des Jahrhunderts sein eigenes Genre entwickelte.

Als die Brüder Schrammel im Jahre 1884 ihr so berühmt und volkstümlich gewordenes Quartett gründeten, griffen sie bewußt auf jenes »alte« Wien zurück, wie es zu Zeiten des Vater Strauß gewesen sein mochte. Sie bildeten aus Geigen, Gitarre und Klarinette ein Volksmusikensemble, das bis zum heutigen Tag vor allem für die *Heurigenmusik* maßgebend geblieben ist. Sie spielten stimmungsvolle Lieder in den kleinen Weinschenken am Rande des Wienerwalds, in Grinzing, Sievering, Nußdorf und vielen anderen Dörfchen, denen heute noch der Duft *Alt-Wiens* anhaftet. Die *Schrammeln* hatten den »echten Wiener Klang«, obwohl keines ihrer Instrumente am Donaustrand beheimatet war. Die Gitarre — eigentlich zumeist eine Kontragitarre — dürfte aus dem Orient stammen. Vor über tausend Jahren hatten die damals in Kunst und Wissenschaft führenden Araber sie wohl bei ihrer Invasion der Pyrenäenhalbinsel nach Europa mitgebracht. Aus der entgegengesetzten Richtung kam die Klarinette: der Nürnberger Instrumentenmacher Christoph Denner entwickelte sie um 1690 aus dem französischen Chalumeau, das wiederum engste Verwandtschaft zur mitteleuropäischen Schalmei (aus Chalumeau hergeleitet) aufweist. Erst das achtzehnte Jahrhundert vervollkommnete sie schließlich, und Mozart war einer der ersten, der sie mit wundervollen Werken in die Kunstmusik einführte. Wie sie in die Wiener Volksmusik gelangte, wissen wir nicht genau. Sie war einfach da, vertreten durch einen ihrer selteneren Typen, der heute kaum mehr gebrauchten G-Klarinette, die ihres schmeichelnden Klanges wegen vom Wiener Volksmund sehr bald »das picksüße Hölzel« getauft wurde.

Die *Schrammeln* waren (ihre Nachfolger sind es teilweise noch bis zum heutigen Tage) verdienstvolle und ernstzunehmende Musiker. Als Johann Strauß Sohn, der Walzerkönig, sie einmal in der Vorstadt draußen hörte, bewunderte er uneingeschränkt die Meisterschaft ihres Walzerspiels. Denn Walzerspiel, das ist nicht etwa bloß ein metronomisches Eins, Zwei, Drei; wer das glaubt, irrt sich gewaltig. Den »richtigen« Walzer aus Wien muß man anders spielen! Aber wie? Im »Wie« liegt sein Geheimnis. Die Taktteile dürfen nicht — Musiktheorie, verhülle dein Haupt! — gleich lang sein! Das wäre langweilig, und das ergäbe nie die Spannung und den Schwung, den der echte *Wiener Walzer* nun einmal haben muß. Johann Strauß trat zu den *Schrammeln* und sagte, er sei froh, wenn alle seine Musiker den »Heberer« so meisterlich beherrschten wie sie. Und der Heberer, das Verlängern eines Taktteils auf Kosten eines anderen, das undefinierbare »Schleifen«, das ist eben genau das, was den echten *Wiener Walzer* von seinen zahllosen Imitationen unterscheidet. Und in jenen scheinbaren Verstößen gegen die Rhythmik, die den »Rhythmus« ausmachen, da liegt der große Unterschied ...

Vielleicht spielten die alten Wiener Musikgruppen schon ein wenig so, wie der Walzerkönig es später auf dem Gipfel seiner Meisterschaft von seinen Musikern forderte und an den Schrammeln bewunderte, die ja an unvergessene Traditionen aus fernen Tagen anknüpften. Johann Strauß Vater hörte und erlebte es. Sicherlich damals schon, als er noch in der Buchbinderlehre des Herrn Lichtscheidl war. Kaum war er ihr entkommen — es gibt kein besseres Wort, ob er nun davonlief oder nicht —, da trat er in die kleine Kapelle des Wiener Musikers Michael Pamer ein. Er konnte also schon geigen. Konnte jedes Wiener Kind »aus dem Volk« damals geigen? Die Geige war das Hauptinstrument der Wiener Kunst —, aber auch der Volksmusik. Da lag »die Seele« drin, das Gefühl. Die Geige führte alle Gruppen an, sie »sang« und entlockte den Hörern Tränen der Wehmut, der Sehnsucht. Sie gab den alten Wienern das Gefühl der Nichtigkeit vor den »letzten Dingen«, vor dem Tod, mit dem sie sich in ihren Liedern stets gern auf Du und Du zu stellen suchten; sie war das Instrument der Liebe. Hätte sie sonst von ihren mittelalterlichen Erbauern die schöne Form des Frauenkörpers bekommen? In diesem Instrument lagen ja, nach nie verleugneter Wiener Tradition, Lust und Schmerz eng nebeneinander.

Geiger mußte man sein. Johann Strauß war einer. Wir wissen nicht genau, wo er es so meisterlich gelernt hatte; und ein »Teufelsgeiger« war er noch dazu, wie die Zeitgenossen — etwa Laube, den wir zitierten — eindeutig überliefern. Zweifellos hat er keinen Augenblick lang ernsthaft daran gedacht, Buchbinder zu werden. Wahrscheinlich hatte er schon bei dem oder jenem Volksmusikanten, die das Lokal seines Vaters frequentierten, gelernt, die Geige zu handhaben. Doch zum »Teufelsgeiger« war er geboren, das konnte und mußte ihm niemand beibringen. Den Seinen gibt's der Herr im Schlaf.

Pamer war ein Original. Kein schlechter Musiker, nicht einmal, wenn er — und das geschah täglich — im Verlauf des Abends wegen ungeheuren Alkoholkonsums nicht mehr wußte, was er tat. Nur unberechenbar wurde er dann. Strauß, der nie trank, hielt es nicht lange aus, unter einem solchen Kapellmeister zu geigen.

Im Frühling 1819, Johann Strauß war fünfzehn Jahre alt, hörte er in einem Vergnügungsgarten Joseph Lanner spielen. Den Namen hatte er schon gehört, denn der Handschuhmachersohn war schon bekannt und beliebt, obwohl er erst neunzehn war. Er spielte mit zwei anderen Streichern, den böhmischen Brüdern Drahanek, Trio. Lanner war ein stiller feiner Mensch und ein hochbegabter Komponist. Vielleicht der erste, der »richtige« Walzer, *Wiener Walzer*, komponierte. Der junge Strauß, fast ein Kind noch und doch schon besessen von der Musik, wagt es, den wenig älteren Lanner anzusprechen. Und aus dem Trio wird ein Quartett, und bald sogar ein recht erfolgreiches ...

Aus dem Quartett wird eine kleine Kapelle, und diese wächst und wächst. Lanners Walzer gefallen, sie »schmeicheln dem Herzen«, wie ein Chronist es einmal ausgedrückt hat. Die Walzer von Johann Strauß dagegen »befehlen den Füßen« — wurde behauptet. Manches prächtige Werk aus Lanners Feder ist uns erhalten. Wer kennt seinen *Schönbrunner Walzer* nicht? Er erklingt heute noch. Nun, Johann Strauß besteigt die ersten Stufen des Erfolgs: vom Quartettpartner, vom zweiten Geiger zum ersten, zum Konzertmeister. Und zwischen den beiden jungen Menschen entsteht eine herzliche Gemeinschaft, die bald zur Freundschaft wird.

Doch auch Lanner ist unberechenbar, wie Pamer es war, wenn der Alkohol Macht über ihn gewinnt. Im Rausch läßt er sich zu unvorhersehbaren Handlungen hinreißen. Und so kommt es am 1. September 1825 zu einer erregten Szene zwischen den beiden Musikern. Lanner hatte getrunken, Strauß war von Natur jähzornig. Die Musiker ergriffen Partei. Beide hatten ihre Anhänger im Orchester. Ehe das im Lokal anwesende Publikum noch recht begriff, was geschah, war eine regelrechte Schlacht im Gang. Instrumente und Spiegel mußten daran glauben. Im Zwist gingen die Freunde auseinander, hieß es.

Ohne Zweifel hätte Strauß am nächsten Tage zurückkommen können, man hätte sich die Hand zugestreckt, einander brüderlich umarmt (um was ging es eigentlich?) und der Streit wäre beigelegt gewesen. Aber Strauß war keiner von denen, die vergessen, verzeihen, wo sie beleidigt den Rücken gekehrt haben. Zudem hatte er noch einen gewichtigen Grund dafür, den Bruch nicht zu kitten.

Er war verliebt. Seine Braut Anna Streim war schwanger. Schnelle Heirat tat not. Er hoffte, als Leiter einer eigenen Kapelle mehr zu verdienen als im Sold bei Freund Lanner. Er mußte heiraten, um einem »anständigen Wiener Mädel« kein uneheliches Kind zumuten zu müssen. Ob Anna ihn drängte, ob ihre Eltern ein »ernstes Wort« mit ihm sprachen, ob der einundzwanzigjährige Musikus es als selbstverständlich erachtete — aus Liebe oder aus Pflicht? Wir wissen es nicht.

Zu dieser ein wenig überstürzten Eheschließung gibt es ein Dokument: »Löblicher Magistrat! Der ergebenst Unterzeichnete bittet einen löblichen Magistrat der k. k. Haupt- und Residenzstadt Wien als Obervormundschaft um die gnädigste Erteilung des vorgeschriebenen Ehe-Consenses für seinen Mündel Johann Strauß, gebürtig von Wien am 14. März 1804, und derzeit wohnhaft und conscribiert Stadt No. 212, welcher seit 15. September 1824 Landwehrmann bei Hoch- und Deutschmeister, Bataillon No. 2, Kompagnie No. 1, Kopf No. 39, und gegenwärtig mit vorläufiger Einwilligung des Gefertigten gesonnen ist, sich mit der Jungfrau Anna Streim, geboren in Wien am 24. August 1802, eheliche Tochter des am Thury No. 81 lebenden Gastwirtes Joseph Streim, dem katholischen Brauche gemäß, noch vor dem Antritt der ihm hohen Orts bewilligten Kunstreise zu verehelichen. Da Johann Strauß, teils durch seinen ausgebildeten Musik-Unterricht, teils durch die mit den bei hohen Herrschaften rühmlichst bekannten Gebrüdern Scholl vereinten Musik-Produktionen ein jährliches Einkommen von beiläufig vierhundert Gulden in Metallmünze hat, und nebstbei das Erträgnis an weiblicher Handarbeit seiner ernstbenannten Erwählten mit ins Verdienst rechnen kann, weil dieselbe während seiner Abwesenheit bei ihren Eltern gehörigen Unterstand findet, so bittet der Unterzeichnete diesfalls einen löblichen Magistrat als Obervormundschaft um fördersamste Tagsatzungs-Anordnung, bei welcher Kommission alle hierauf Bezug nehmenden Dokumente ehrerbietigst vorgelegt werden. Wien, am 5. April 1825. Anton Müller, bürgerlicher Kleidermacher.«

Als Vorwand erscheint hier eine »Kunstreise«, die der Bräutigam antreten sollte und über die weiter nichts bekannt wurde. Das Geburtsdatum der Braut ist mit dem 24. August 1802 angegeben, womit sie um annähernd zwei Jahre älter gewesen wäre als Strauß; aber es ist mit ziemlicher Sicherheit anzunehmen, daß ihr wahrer Geburtstag der 30. August 1801 war. Wie groß immer der Altersunterschied zu ihren Ungunsten gewesen sein mag, sie hat ihren Gatten um volle einundzwanzig Jahre überlebt und ihren Triumph über ihn, nämlich die Söhne zu Musikern, zu berühmten Musikern gemacht zu haben gegen seinen Willen, voll erlebt und genossen.

Das Dokument trägt die Unterschrift des Anton Müller, dem in einem früheren Schriftstück nur als N. Müller bezeichneten Vormund Johanns. Ob er im erwähnten Dokument in allem die ganze Wahrheit sagt, mag dahingestellt bleiben. Besonders was den »ausgebildeten Musik-Unterricht« und vielleicht auch die für einen Einundzwanzigjährigen ziemlich namhafte Summe von vierhundert Gulden Jahreseinnahme angeht.

Nun, die Heirat wurde gestattet, die Behörden erfüllten den Wunsch nach »fördersamster Tagsatzungs-Anordnung«, vielleicht weil sie die Wahrheit wußten? Das Gesuch stammte vom 5. April, eine Vorladung aller Beteiligten erfolgte am 11. April für den 13. Mai. Die Ehebewilligung wurde am 24. Juni erteilt, die Heirat erfolgte am 11. Juli in der Pfarrkirche Liechtenthal. Und am 25. Oktober des Jahres 1825 kam der erste Sohn, Johann Baptist genannt, zur Welt.

Ein Bierwirtssohn heiratete eine Bierwirtstochter, so steht es, wahrheitsgemäß, im Dokument. Was nicht in ihm verzeichnet sein kann: Daß hier ein musikalisches Genie der Stammutter der künftigen Dynastie die Hand reichte, daß nie mehr von Bierbrauen oder Ausschank, um so mehr aber vom Walzer die Rede sein wird.

7

Die Eroberung Wiens

Was da in der Wiege lag, war wahrhaftig ein Thronfolger. Aber niemand konnte das damals ahnen. Denn sein Vater war ja noch kein Herrscher. Er sollte es erst im Fluge der kommenden Jahre werden. Aber gerade dann tat er alles nur Erdenkliche, seinen Sohn, seine Söhne nicht zu Thronfolgern werden zu lassen ...

Der kleine Johann hatte väterlicherseits keine Großeltern mehr. Doch die Eltern seiner Mutter lebten beide. Der Vater Josef Streim, auch manchmal in Dokumenten als Stremmer angeführt, war im Zeitpunkt des Erscheinens seines Enkels Johann Strauß dreiundfünfzig Jahre alt. Er stammte aus Haindorf in Niederösterreich, war zuerst herrschaftlicher Kutscher, hernach Wirt des Gasthauses *Zum roten Hahn* im Liechtental, jenem Wiener Vorort, der Schuberts wichtigsten Lebensbezirk ausmachte. Er heiratete am 24. Dezember 1800 die fünfundzwanzigjährige Maria Anna Rober, die bei der Geburt ihres ersten Enkels gerade fünfzig Jahre alt war.

Über Maria Anna Rober, die den Ruhm ihres Schwiegersohns und noch einen guten Teil vom glanzvollen Erfolg ihres Enkels erlebte, da sie erst am 29. August 1863 starb, ist viel Abenteuerliches fabuliert worden, besser gesagt, es gibt dunkle Geschichten über ihre angeblichen Ahnen und ihre Herkunft aus »hohem« Hause. Sie wurde zur Tochter eines spanischen Granden gemacht, der eines Infantenmordes wegen aus der Heimat fliehen mußte und, zum einfachen Bürgerlichen geworden, in einem Wiener Adelspalais als Koch Unterschlupf fand. Natürlich war der Mord kein gemeines Verbrechen, sondern das Ende eines aufgezwungenen, höchst ehrenhaften Duells. Natürlich war die »Flucht aus Spanien« mit zahllosen erregenden und bemitleidenswerten Einzelheiten ausgeschmückt. Natürlich mußte der ursprüngliche Name abgelegt und ein für allemal vergessen werden. In der Familie Strauß lebte diese Legende noch fort bis zu Eduard, dem jüngsten der Walzerkönigs-Brüder. Sie wurde vielleicht sogar nicht ungern ein wenig gepflegt. Aber ob sie auch geglaubt wurde?

Im Jahre 1800 gab es tatsächlich im Palais des Herzogs Albert von Sachsen-Teschen zu Wien, wo der »spanische Grande« Unterschlupf gefunden haben soll, einen Zuckerbäcker namens Martin Jean Rober. Sollte der . . .? Doch nein, der Besagte war am 10. Juli 1740 in Luxemburg geboren. Er hieß ursprünglich Robert, was bei französischer Aussprache (»t« bleibt unausgesprochen) und bei Betonung der zweiten Silbe ganz schlicht »Rober« ergibt. Bei der Übersiedlung nach Wien, wo die Namen so geschrieben wurden, wie man sie aussprach, ist dann schließlich ein Rober daraus geworden.

Dieser Rober hatte bestimmt keinen Infanten von Spanien umgebracht, wohl auch kaum je ein Duell ausgefochten. Gegenüber der romantischen Legende wirkt die dokumentarische Wirklichkeit ziemlich ernüchternd: Er war Friseur gewesen und hernach Weinwirt, heiratete am 25. Januar 1768 in Wien die um vier Jahre jüngere Anna Hartl, in deren Ahnenreihe es wieder verschiedene Berufe, an maßgebender Stelle sogar einen Bierwirt, gibt.

Alkohol und Wiener Volksmusik sind ja seit jeher eng miteinander verbunden. Lieder vom Wein singt man am Donaustrand seit alten Zeiten. Man musiziert in Vergnügungsstätten, in denen »ausgeschenkt« wird, man musizierte und musiziert immer noch beim *Heuri-*

gen, wo der Wein frisch und jung von den umliegenden Rebenhügeln kommt und in die Kehlen fließt. Die Geschichte der *Strauß-Dynastie* führt zwangsläufig über die Gaststätten Wiens. Der Wein kommt in vielen musikalischen Titeln vor, wie in der unsterblich gewordenen Kombination mit Weib und Gesang. Ein wenig überspitzt könnte man vielleicht sagen, die Ruhmesbahn der Strauß-Familie führte vom Bier über den Wein bis hin zum mitreißenden Champagnerfinale der *Fledermaus* von Johann Strauß Sohn.

Trotz alledem sind sie keine Trinker gewesen — weder der Vater Strauß noch seine Söhne. Er trank nicht einmal, wenn Pamer, sein erster Musikpatron, sich sinnlos vollaufen ließ. Er trank nicht, wenn Lanner, der Freund, das Vorbild und in manchem vielleicht die Vaterfigur, »zu tief ins Glas guckte«, wie man es bei anerkannten Genies auszudrücken pflegte. Um seine spätere, immer quälender werdende Unrast zu betäuben, mußte er reisen, mußte er arbeiten, bis er fast besinnungslos zusammenbrach. Für eine starke Natur, für eine Eroberernatur seines Schlags ist der Alkohol einfach zu schwach, um Augenblicke von Lebensweh in der Flucht vor sich selbst zu betäuben.

Das »exotische« Aussehen der Strauß-Söhne kann sicher nicht von einer spanischen Abstammung kommen. Merkwürdig, daß immer wieder solche Vermutungen laut wurden, daß selbst ein so glänzender Biograph wie Heinrich Eduard Jacob an ungarisches oder zigeunerisches Blut denkt, das da vielleicht mit Anna Streim und deren Ahnen in die Straußfamilie gekommen sein mochte. Aber hat denn Johann Strauß Vater nicht viel »exotischer« ausgesehen als alle seine Kinder? Sollen wir an Laubes Beobachtungen erinnern, an seine so plastische Schilderung des Zaubers, der von dem »Afrikaner«, dem »Mohren« ausging? Warum also bei Anna suchen, was bei ihrem Gatten vorhanden war, wenn auch hier unerklärlichen Ursprungs.

Wichtiger wären Nachweise über musikalische Fähigkeiten: über die wissen wir nichts bei der Straußfamilie bis hin zu Vater Franz; überhaupt nichts von Musikalität bei den Streims? Auf einmal war »es« da, gleich in höchster Potenz, und ging auf die nächste Generation über. Ein Wunder, was ja Genie letzten Endes immer ist und sein wird.

Kaum hat Johann sich von Lanner getrennt und mit vierzehn Kollegen, die mit ihm gingen, ein eigenes Orchester gegründet — es war dies gerade um das Geburtsdatum seines ersten Sohnes herum, also im Herbst 1825 —, da beginnt seine Eroberung Wiens. Er spielt beim *Schwan in der Rossau*, in Döbling im *Hotel Finger*, bei den *Zwey Tauben* auf dem Heumarkt: Alte Wiener Lokale, die es längst nicht mehr gibt.

Doch die, zu denen Strauß bald kommen wird, spielen in der weiteren Geschichte der Wiener Tanzmusik und des Walzers eine bleibendere Rolle: der Leopoldstädter Saal *Zur Kettenbrücke* (wo Vater Strauß' erste erfolgreiche Komposition, der *Kettenbrückenwalzer*, erklang), der *Sperl* im gleichen Stadtteil, von dem noch oft die Rede sein wird, und der Hietzinger *Dommayer*, in dem es am 15. Oktober 1844 dann zu einem musikgeschichtlichen Datum kommen wird, auf das wir später noch näher eingehen werden.

Wann hatte der ältere Strauß zu komponieren begonnen? Auch das wissen wir nicht. Sicherlich schon in recht jungen Jahren. Wer ein echter Wiener Geiger in einem Quartett oder in einer Kapelle war, der komponierte auch. Zumeist ohne es gelernt zu haben; man konnte es eben. Man spielte ja Abend für Abend Deutsche, Walzer, Ecossaisen und andere Tänze, wieso hätte man sie da nicht auch komponieren können? Wenn zu Mittag eines Tages, da Lanners Orchester am Abend irgendwo aufzuspielen hatte, noch nicht alle Stücke beisammen waren, dann konnte es vorkommen, daß der manchmal wegen übertriebenen Alkoholgenusses in der vorangegangenen Nacht nicht »in Form« befindliche Lanner seinem Vertrauten Strauß auf die Schulter schlug und sagte: »Geh, laß dir was einfall'n!« Und Strauß, wiewohl auch anderen Mitgliedern der Kapelle, fiel dann eben was ein, manchmal sogar etwas recht Hübsches. Der neue Walzer war ja noch sehr, sehr einfach, formell bot er überhaupt keine Schwierigkeiten, mit primitiven Verlängerungstricks (wie dem sogenannten »Schusterfleck« etwa) konnte man aus ein, zwei netten Einfällen einen neuen Tanz gestalten. An die Entwicklungsmöglichkeiten, die auch die Form des Walzers in sich barg, dachte damals noch niemand.

Welche Bedeutung hatte eine solche Komposition überhaupt? Sie erlebte eine Aufführung, mit einigen Minuten Probe vorher, oder sogar ganz ohne Probe. Gedruckte Programme gab es natürlich nicht, sie sind bei Tanzvergnügungen ja nie üblich geworden. Was Lanners Orchester spielte, galt als seine Komposition. Und so mag es manchem Straußschen Erstling ergangen sein: er wurde für einen »Lanner« genommen.

Bald aber, überraschend bald, wurde das Komponieren für ihn vom rein materiellen Standpunkt her interessant. Der ungeheure Aufschwung des Wiener Vergnügungslebens brachte eine solche Nachfrage nach Tänzen, vor allem nach dem Walzer, mit sich, daß die Verleger sich ganz besonders für diesen Tanz zu interessieren begannen. Zumal besonders erfolgreiche Stücke vom Publikum gern gekauft wurden — als Andenken an eine romantische Ballnacht, oder aus dem

Johann Strauß Vater.

*Anna Strauß, geb. Streim, die Mutter von
Johann Strauß Sohn.*

Johann Strauß Sohn dirigiert am 15. Oktober 1844 zum ersten Mal in
Dommayers Casino in Wien.

Wunsch heraus, sie selbst nachspielen zu können, wozu dann Arrangements für alle möglichen Instrumente und Klangkombinationen notwendig wurden. Was »ernste« Komponisten jener Tage — man denke nur an Schubert, der zur Zeit der Straußschen Anfangsjahre im Zenith seiner unfaßbaren Inspiration steht — kaum und nur unter den größten Anstrengungen zu erreichen pflegen: eine auch nur halbwegs annehmbare geldliche Gegenleistung für ihre Werke zu erzielen, dies fiel den Unterhaltungskomponisten buchstäblich in den Schoß. Die aus Beethovens Geschichte bekannten Wiener Verleger Diabelli und Haslinger spielen in der Entwicklung des Walzers eine führende Rolle.

Während das legendenfreudige, tratschsüchtige Wien den Bruch mit Lanner zu einer wüsten Moritat aufbauschte, in der die verfeindeten Kapellen angeblich aufeinander einschlugen, so daß Instrumente, Kronleuchter und Kristallspiegel in Trümmer gingen, machte sich Johann Strauß nun selbständig, sehr rasch einen Namen unter den Musikverlegern. Als Leiter des *Johann Strauß Orchesters* erhielt er von ihnen günstige Angebote, die er nur anzunehmen brauchte.

Für Lanner endete die leidige Affäre so, wie in Wien bisweilen die verzwicktesten Geschichten enden: mit einem Walzer. Lanner nannte ihn *Trennungswalzer* und gab den einzelnen Teilen sogar Untertitel. *Schnackerl* hieß einer (mit Schlucken oder Schluckauf identisch, im wienerischen Sinne symbolhaft für: »Ja, wer denkt denn da an mich?«) und *Bock* ein anderer. Wenn Beethoven seine *Schlacht von Vittoria* komponiert hatte*, warum sollte Lanner nicht eine *Schlacht beim Bock* schreiben, mit dem unleugbaren Vorteil noch dazu, nicht nur persönlich anwesend, sondern einer der beiden feindlichen Feldherrn gewesen zu sein?

Übrigens war der Bruch mit Strauß keineswegs endgültig. Lanner war betrunken gewesen und wollte seinem »Stellvertreter und geliebten Primgeiger« nur eine Abschiedsansprache halten, da ihr Auseinandergehen angeblich schon besprochen und beschlossen war. Aus dieser Ansprache wurde dann anscheinend etwas anderes. Und Strauß, der sonst so stille, zurückhaltende, ja fast ein wenig schüchterne Mann, zeigte plötzlich, vielleicht auch für sich selbst völlig überraschend, sein anderes Gesicht: seinen jäh aufflammenden Jähzorn.

Nach einem Jahr trafen sich Lanner und Strauß nochmals beim *Bock*. Es war ein Benefizabend für den sich unaufhaltsam zu Tode sau-

* L. v. Beethoven, Wellingtons Sieg oder Die Schlacht von Vittoria, Opus 91.

fenden Meister Pamer, bei dem beide dereinst begonnen hatten. In ihrem Buch *Das Jahrhundert des Walzers* erzählen Max Schönherr und Karl Reinöhl, daß Lanner und Strauß ihrem einstigen Prinzipal zu diesem Anlaß Kompositionen gewidmet hatten, deren erstes Erklingen am heutigen Tag sie miterleben wollten.

Der Abend ergab jedoch ein trauriges Schauspiel. Mit Pamer ging es unaufhaltsam bergab. Lanner und Strauß mußten an ihre Lehrzeit denken. Was war der Pamer doch für ein prachtvoller Kerl gewesen, ein »Urviech«, wie's in Österreich und in Bayern heißt, und das ist absolut kein Schimpfwort, vielmehr Ausdruck rückhaltloser Bewunderung, mit einem Wort, ein großes Kompliment.

Nun gehörten beide, Strauß und Lanner, zu den bekanntesten Musikern des Wiener Vergnügungslebens. Die andern waren längst überholt, mochten sie nun Hirt, Morelly oder Feistenberger heißen. Die Vorliebe der Tanzlustigen, und diese wurden Tag für Tag mehr in der Stadt, teilte sich fast nur noch in die beiden populärsten Gruppen: Hie Lanner! Hie Strauß!

Strauß war einer der ersten, vielleicht der erste Orchestervorstand, der mit seinen Musikern richtige Arbeitsverträge abschloß. Eine Fülle von Punkten war darin geregelt, von denen sich nicht wenige auf die Disziplin bezogen. Niemand fragte den knapp zweiundzwanzigjährigen »Kapellmeister«, ob und woher er die Eignung zum Dirigenten eigentlich besaß. Er überzeugte einfach, denn in der kurzen Zeit, da er bei Lanner gedient, ja bei Teilung des Orchesters eine Gruppe selbständig geleitet hatte, war sein Name raketenhaft aufgestiegen. Die bei ihm eintraten, wußten nicht, was ihnen bevorstand. Sie ahnten das Gute, ja Großartige nicht, auch nicht die Sonderstellung, die sie sehr bald in Wien einnehmen sollten, wo die Bezeichnung *Johann Strauß Kapelle* bald zu einer Art Adelsprädikat wurde; oder die glanzvollen Abende in Palästen und höchsten Häusern, die triumphalen Reisen durch halb Europa, wo überall in ersten Hotels ganze Zimmerfluchten bewohnt und an feinsten Tafeln gespeist wurde — noch ahnten sie nichts von alledem.

Noch wußten sie aber auch nichts von den harten und schweren Zeiten, von aufreibenden Wochen und Monaten, von Nervenbelastungen, hervorgerufen durch den Umstand, einem Manne ausgeliefert zu sein, dessen Genie immer mehr in Dämonie ausartete, dessen unselige Unrast ihn monatelang weit fort von Wien durch fremde Städte und Länder jagte und den zu begleiten sie sich vertraglich verpflichtet hatten.

An Engagements fehlte es dem jungen Strauß-Orchester gewiß nicht.

Es gab viele und fast täglich neue Tanzlokale im Wien der Biedermeierzeit. Eine Chronik nennt die nahezu unglaubliche Zahl von zweihundertneunundsiebzig Bällen, die an einem einzigen Abend im Karneval hier stattgefunden haben sollen. Jedenfalls gab es noble und volkstümliche, elegante und einfache Bälle. Strauß hatte von Anfang an höhere Ambitionen. Bald stellte er seinen Tänzen einen richtigen Konzertteil voran, in dem die Werke der damaligen Klassiker sowie Bruchstücke aus berühmten beliebten oder auch neueren, in Wien noch unbekannten Opern eine liebevolle und eine — wie es heißt — »durchaus angemessene Wiedergabe« erfuhren. So manches wertvolle Werk der »großen« Literatur wurde den Wienern nicht in den dafür geschaffenen Räumen von Opernhaus und Konzertsaal erstmalig dargeboten, sondern »beim Strauß« in den Wiener Unterhaltungsstätten, den sogenannten Vergnügungsetablissements.

Am 12. Februar 1827 kündigt der Verleger Anton Diabelli & Co. in der *Wiener Zeitung* die Herausgabe der Klavierfassung des *Döblinger Reunion-Walzers* von Johann Strauß an. Er war für das Nobellokal *Finger* komponiert, das »draußen« in Döbling lag, einem der zahlreichen, aber dem vielleicht malerischsten Vorort Wiens. Er zog sich über die grünen Hänge des Kahlenberg und Leopoldsberg bis hinunter zur Donau; es bot sich ein weiter Blick aufs Marchfeld, in die Tiefebene hinein, die sanft überging in die ungarische Puszta. Wie nahe lag doch das »Fremde«! Es war im Grunde gar nicht fremd, verbrüderte sich doch im großen Wien Tschechisches und Slowakisches, Ungarisches und Slowenisches, Polnisches und Ruthenisches, Galizisches und Kroatisches, Italienisches und Alpenländisches mit dem Urwienerischen, es verschmolzen sich die Nationalitäten, bis alles »urwienerisch« war: ein Schmelztiegel von Völkern und Sprachen, die hier das Gemeinsame hervorkehrten und erkannten, einander suchten, brauchten, fanden, ergänzten und vertrugen wie kaum irgendwo sonst im übrigen Europa.

Der *Finger* lag also weit draußen und nannte sich Nobellokal, weil man mit dem Wagen eine beträchtliche Landpartie machen mußte, um hinzugelangen. Aber im Jahre 1826 mußte die Witwe Finger dem Zug der Zeit folgen, und der lief auf volkstümliche Veranstaltungen mit großem Orchester und allgemeinem Tanz hinaus. Das waren die sogenannten *Reunionen*, die vor allem die Jugend anlockten. Für die mußten gemeinsame Transportmittel aus der Stadt bereitgestellt werden, in erster Linie aber ein zugkräftiges Orchester. Die Witwe Finger hatte Glück. Sie engagierte den jungen Johann Strauß, der nun an jedem Dienstag hier zuerst konzertierte und hernach zum Tanz auf-

spielte; ihr Saal konnte die Menschen nicht mehr fassen, die herbei-
strömten.

Bald besaß Strauß seine täglichen Konzertverpflichtungen. Er spielte und komponierte. Dem Lokal *Zwey Tauben* widmete er seinen
Täuberlnwalzer, der später die stolze Bezeichnung Opus 1 erhält.
Viele Lokale bekamen so »ihr« Musikstück. Mochte ein solches Stück
bei der Erstaufführung mehr oder weniger begeistert aufgenommen
werden, seine Wiederholung richtete sich ganz nach dem Erfolg: gefiel
ein Stück, etwa ein Straußwalzer, gab es nicht selten drei bis acht,
vielleicht sogar zehn Wiederholungen. (Bei Strauß Sohn wird sich dieser Brauch noch stärker einbürgern.) Wurde aber umgekehrt ein Stück
nur ein oder zwei Mal wiederholt, galt dies als Mißerfolg, und sei's ein
Stück von Strauß! (Dem *Donauwalzer* ist das Jahrzehnte später wi-
derfahren.)

Am Titel dieser Kompositionen kann man viel Zeitgeschichte ab-
lesen. So weist der *Döblinger Reunion-Walzer* auf gewisse soziale Um-
wälzungen hin: so manches Nobellokal war inzwischen volkstümlicher geworden und hatte sich in »Reunionen«, die alle Schichten an-
sprachen, ein neues Publikum gesucht. Eine Kettenbrücke war in
Wien am 18. September 1824 eröffnet worden. »Der letzte Schrei der
Technik«, heißt es bei Schönherr — es handelt sich um die heutige
Rotundenbrücke. Bald schon hatte man mit dem Bau einer zweiten
Brücke über den Donaukanal begonnen. Sie war noch nicht fertig, da
hatte ein findiger Besitzer seinem nahegelegenen Gasthaus bereits den
Namen Kettenbrücke gegeben, was natürlich die Zugkraft erhöhte.
Und Strauß betitelte sein jüngstes Opus: *Kettenbrücken-Walzer*.

Wo und was immer gerade »Ereignis« sein mochte, Strauß war
sofort mit einem Tanz und einem bezeichnenden Titel zur Stelle. Am
17. November 1828 brachte Ferdinand Raimund sein Zaubermärchen
Der Alpenkönig und der Menschenfeind zur ersten Aufführung. (Zwei
Tage später starb, kaum beachtet, in der gleichen Stadt Franz Schubert.) Vier Wochen danach kündigt der Verleger Diabelli zwei Tänze
von Johann Strauß unter dem Namen *Alpenkönig Galoppe* an, in
denen Melodien aus der Bühnenmusik zu Raimunds Stück verarbeitet
sind. Sie stammen übrigens von einem Mann, den die »große Musikwelt«, aber auch die eigene Heimat ziemlich stiefmütterlich behandel-
te; gemeint ist Wenzel Müller, der inspirierte und bemerkenswerte
Schöpfer zahlreicher volkstümlicher Lieder aus dem damaligen Wien.

Im gleichen Jahr kam Paganini und behexte Wien. Schubert erlebte
ihn noch, beinahe fassungslos, wie es diesem Geigenvirtuosen gelang,
ganze Städte mit seinen Geigenkünsten in Ekstase zu versetzen. Und

sofort hat Strauß einen *Walzer à la Paganini* herausgebracht, in dessen Hauptteil das Rondo aus Paganinis zweitem Violinkonzert verarbeitet ist. Liszt hat dann später etwas Ähnliches getan. Er nahm diesen Einfall Paganinis in seine *Campanella* auf und führte dieses Klavierstück dank seiner eigenen virtuosen Wiedergabe zum Gipfel der Popularität. Das Konzertpublikum ganz Europas schwärmte davon. Aber Johann Strauß (übirgens auch Lanner, der dem Hexengeiger mit einem ähnlichen Einfall huldigte) war dem großen Liszt zuvorgekommen. Er hatte Paganinis Melodie in ganz anderen Kreisen populär gemacht, nämlich bei seinem Publikum in der Wiener Vorstadt, das von einem Paganinikonzert ja nur träumen durfte ...

Ein richtiges Feldlager war vor den Toren Wiens errichtet worden. Es gab Manöver, mit Kanonendonner und aufeinander losstürmenden Truppen, mit »allerhöchster« Besichtigung: Besuch des Kaisers Franz, einiger habsburgischer Erzherzöge und des preußischen Prinzen Wilhelm. Ganz Wien sprach davon, zumal einige Geschäftsleute auf dem simulierten »Schlachtfeld« Verkaufs- und Vergnügungsstände errichteten, die sich eines großen Zulaufs erfreuten. Bald war das Unternehmen nur noch als »Lust-Lager« in aller Munde, und bald darauf hatte Strauß seinen *Lust-Lager-Walzer* fertig, der als sein Opus 18 bei Haslinger erschien. Nun war er also bei den beiden großen Wiener Verlegern aufgenommen, die im Musikleben eine kaum zu überschätzende Rolle spielten und deren Haus immer häufiger zum Treffpunkt der musikalischen Welt wurde. Dort als gesuchter Komponist zu gelten, das bedeutete für den vierundzwanzigjährigen Musiker Strauß eine echte Eroberung. Um wieviel schwerer ist es doch, von den Vorstädten her ins Zentrum der eigenen Stadt vorzustoßen, als sie etwa aus dem Ausland kommend zu erobern. Beethoven mag als Beispiel für den letzteren Fall stehen, der — später — auch für Brahms zutrifft, Schubert gehört zum ersteren. Johann Strauß ist die Ausnahme, die diese Regel bestätigt. Er kommt aus der Vorstadt, von der Peripherie, aus den Armeleutequartieren, den volkstümlichen Tanzlokalen. Aber er durchlief den Weg »hinauf«, der ein Sturmlauf war ins Stadtinnere, in die hohe Gesellschaft, in die maßgeblichen Musikkreise. Laubes Vergleich, den wir zitiert haben, stimmt — die Parallele zu Paganini und Napoleon ist verblüffend.

Opus 29 *Tell Galopp*. Ein wichtiges musikgeschichtliches Ereignis verbirgt sich hinter diesem Titel. Am 3. August 1829 war in Paris Rossinis letzte (und größte) Opfer uraufgeführt worden, der *Guillaume Tell*, der zu einer europäischen Sensation wurde, während sein Komponist, zuerst unbemerkt, sich vom Musikleben zurückzog

— jung, reich und weltberühmt. Am 20. November des gleichen Jahres erscheint bei Haslinger der Galopp von Johann Strauß, in dem das berühmteste Thema der Rossini-Oper (sein Rhythmus ist dem Galopp sehr ähnlich) verarbeitet ist zu einem jener rasenden Tänze, die neben dem Walzer im Augenblick Wiens Vergnügungsleben beherrschten.

Es gab kaum eine bedeutende neue Oper, deren Hauptmelodien Strauß nicht schon sehr bald nach Erscheinen in seinen Tänzen verarbeitet oder wenigstens — wenn sie schon populär genug waren — zitiert hätte. Aber er tat daneben noch etwas, was uns wichtiger vorkommt: er führte in den Konzerten, die den Bällen vorausgingen, des öfteren neue Werke auf; in vielen Fällen war er es, der Wien mit bedeutenden Neuerscheinungen auf dem Gebiet von Oper und Sinfonik bekanntmachte, oft lange bevor diese Aufgabe von den hierfür bestimmten Institutionen des Musiklebens erfüllt wurde. So erlebten seine Abende nicht nur den Zustrom der Tanzlustigen, sondern in steigendem Maße auch die der echten Musikliebhaber.

Melodien aus des Franzosen Daniel F. E. Auber *Stumme von Portici*, einem der großen Erfolgsstücke jener Zeit, verarbeitete Strauß in einem »Cotillon«, also in einer zusammengefaßten Folge vieler Tänze, wie Frankreich sie erfunden und Wien wieder aktualisiert hatte. Es handelte sich um eine Art »Dauertanz«, länger als einzelne Walzer oder Galoppe, bei denen die Tanzwut der Kaiserstadt so recht auf ihre Kosten kommen konnte.

Die war seit den Tagen des Wiener Kongresses nicht mehr abgerissen. Damals stürzte man sich, aus Freude über den vermeintlich endgültigen Sturz Napoleons und über die Anwesenheit so vieler glanzvoller Gestalten der Weltpolitik, in Wien von einem Tanz in den andern, so daß der Kongreß als der »tanzende, der trotzdem nicht vom Fleck kam«, in die Geschichte einging. Mehr als anderthalb Jahrzehnte waren seit damals vergangen, aber die Freude am Tanz war in ganz Europa noch wesentlich gestiegen, vor allem in Wien, das zu einer Art Weltmetropole dieses Vergnügens geworden war.

Der *Leipziger Musikalische Anzeiger* vom 12. Juni 1830 schreibt: »Die ›Dansomanie‹ muß ihren Kulminationspunkt erreicht haben, wenn die Ameisenheere von Tanzmelodien ununterbrochen Absatz finden, welche allwöchentlich durch die Druckerpresse laufen.« Dansomanie! Ins Deutsche übertragen: Tanzwahn, Tanzwut. Sicher mochte den Leipzigern das, was in Wien vorging, als Wahnsinn erscheinen, aber sie irrten, wenn sie dachten, es sei bereits auf dem Höhepunkt angelangt.

In Wien erfuhr diese Tanzwut noch eine Art offizieller Förderung, die recht klug durchdacht war. Hier herrschte ein absolutes Regime, ein Polizeistaat, dem es noch gelang, Stadt und Land bis zum März 1848 in äußerer Ruhe zu halten. In diesem »Vormärz« also galt es, eventuell aufsteigende Wut in ihre harmloseste Form abzulenken, in die Tanzwut. Wer tanzt, rebelliert nicht. Metternich, Österreichs allmächtiger Kanzler, war viel zu klug, um nicht auch diesen Faktor in seine politischen Erwägungen einzubeziehen. Und so begrüßte er auch dieses jungen Johann Strauß' Aufstieg; konnte er doch hier gewissermaßen ohrenkundig beweisen, daß es in seinem Reich auch ein kleiner Mann zu etwas bringen könne, zu Ansehen und Stellung, wenn er nur arbeitsam und dem Regime treu ergeben war.

Wenn Strauß 1830 einen *Souvenir de Baden* betitelten Walzer verfaßte, so steckte dahinter viel mehr als ein persönliches Andenken an den lieblichen Ort vor den Südtoren Wiens (den übrigens Beethoven besonders geliebt hatte). Hier hatte der Kaiser seit 1811 eine Sommerresidenz, und so verwandelte sich das Dörfchen in einen gesellschaftlichen Mittelpunkt, in dem es an Vergnügungen nicht fehlen durfte. Und natürlich war eine Persönlichkeit dort besonders gefragt: Johann Strauß.

Viel Lokalchronik steckt im Titel des Walzers *Heiter auch in ernster Zeit*. (Daß dieser Titel uns Heutigen ein wenig geschmacklos dünkt, steht auf einem anderen Blatt. Aber hat man nicht noch im Ersten Weltkrieg die Lage in Berlin als »ernst, aber nicht hoffnungslos«, die in Wien hingegen als »hoffnungslos, aber nicht ernst« bezeichnet?) Damals ging es um die Cholera, die beängstigend vom Osten her vorrückte. In Wien entstand Panik. Viele flüchteten, trotz jenes Liedes, das damals unter dem schönen, ungemein trostreichen Titel verkauft wurde: »Vertrauet auf Gott und unsern Kaiser Franz und fürchtet die Cholera nicht!« Johann Strauß führte seinen Walzer *Heiter auch in ernster Zeit* bei einem feenhaften Sommernachtsfest am 24. August 1831 zum ersten Male auf. In Wiens beliebtestem Tanzlokal, dem heute fast legendären *Sperl* in der Leopoldstadt, versammelte er Tausende. Und des riesigen Erfolgs wegen wiederholte er das Fest zwei Wochen später, dieses Mal »zugunsten der durch die Zeitumstände Bedrängten und Hilfsbedürftigen«. Wieder warf Wien, wie in den Pestzeiten des *Lieben Augustin*, die Bedenken und Ängste über Bord, zumindest für die zwölf Stunden, die man auf dem Walzerfest »beim Strauß« verbrachte.

»Anna Maria Carolina, jüngere Königin von Ungarn«, steht als Widmungsträgerin über seinem Walzer *Hof-Ball-Tänze*. Das erinnert an ein historisches Ereignis und an ein persönliches in seinem Leben zugleich. Die Prinzessin von Sardinien war in Wien jubelnd begrüßt worden, wo sie mit dem (schwachsinnigen) Kronprinzen Ferdinand von Habsburg verheiratet wurde. Der Name des Tanzes aber sagt aus, daß Johann Strauß nun zur Leitung der Hofbälle herangezogen wurde, eine Ehre, die er mit Lanner teilte und die noch nicht die — erst Jahre später erfolgte — Verleihung des ersehnten Titels »Hofball-Musikdirektor« in sich schloß. Immerhin: er spielte nun bei Hof, auf den Bällen des Kaiserhauses; sein Sturmlauf in den Ruhm hatte im Karneval 1832 damit einen ersten, weithin sichtbaren Höhepunkt erklommen.

Im gleichen Fasching spielt er auch erstmals auf dem Ball der Hochlöblichen k. und k. privilegierten Gesellschaft der Musikfreunde. Das war die Vereinigung der bedeutendsten Musiker und Musikliebhaber Wiens. Sie spielte im Leben aller großen Meister — von Beethoven bis zu Brahms, ja heute noch — eine Rolle. Diesem Publikum aufspielen zu dürfen, das war der höchste Beweis für musikalische Fähigkeit.

Im Sommer dieses Jahres 1832 widmet Strauß erstmals einer bedeutenden ausländischen Persönlichkeit einen Tanz — keiner geringeren als der Zarengattin. *Alexandra-Walzer* heißt er. Eine Verbindung nach Osten wird da geknüpft. Im Leben der Dynastie Strauß wird sie noch eine besondere Bedeutung bekommen. Vorläufig ist es ein Anzeichen dafür, daß Johann Strauß nun, nach der Eroberung Wiens — wie jeder echte Eroberer übrigens — in größeren Dimensionen zu denken beginnt.

Daß am 18. Juli 1836 ein *Eisenbahn-Lust-Walzer* aus seiner Feder bei einem der großartigsten Sommerfeste, die er an verschiedenen Plätzen Wiens zu veranstalten pflegt, zur Uraufführung kommt, verwundert nicht. Übrigens gibt es dieses Mal tonmalerische Anklänge: hier das Rattern dieser neuen Eisenungeheuer, über die der Kaiser angeblich die Fiakerkutscher mit den Worten zu trösten suchte: »Aber die G'schicht mit derer Eisenbahn wird sich eh' net halten ...« Mit Paukenwirbeln, die an- und abschwellen, hat Strauß ihr Geratter für alle Fälle erstmalig musikalisch verewigt. Von Honeggers moderner Lokomotiv-Imitation *Pacific 231* trennt diesen Scherz des Wiener Walzerkomponisten fast ein Jahrhundert.

Ein Jahr später: Johann Strauß steht nun bei Opus 91, *Krönungswalzer*. Er bezieht sich auf die Zeremonie der Krönung des österreichischen Kaiserpaars zu »Königen von Böhmen« in Prag, hoch oben auf der historischen Schloßburg des Hradschin. Und dann wird es ganz »international« in seinem Leben, das einmal in der Bierschänke am Donaustrand begonnen hat. Strauß zieht mit seiner Kapelle zur Welteroberung aus. Die folgenden Titel wie *Paris, Der Karneval in Paris, Huldigung der Königin Victoria von Großbritannien* legen von seinen und seiner Musiker Reisen ein beredtes Zeugnis ab. Davon wird viel zu erzählen sein.

8

Von Siegen und Sorgen

Wir sollten vielleicht eines der großen Straußfeste noch einmal aus zeitgenössischer Sicht miterleben, um das Bild jener Epoche in uns zu verankern, als in der Walzerstadt noch Johann Strauß Vater regierte. Wir wollen das Bild also noch einmal festhalten, ehe es ins Wanken gerät, ehe es sich verändert oder eines Tages verlischt, um einem anderen Bild zu weichen. Dies wird dann das Bild einer veränderten Epoche sein: in dieser Stadt wird nun ein neuer Walzerkönig regieren. Es wird jedoch den gleichen Namen wie sein Vorgänger tragen.

In der *Wiener Theaterzeitung* vom 4. September 1830 steht zu lesen: »Es ist schon einige Male in diesen Blättern die Rede gewesen, wie sehr sich der talentreiche Hr. Strauß, Musikdirektor mehrerer öffentlicher Erlustigungsorte, um das Vergnügen des Publikums verdient gemacht habe. Am 25. August dieses Jahres fand nun im Sperl in der Leopoldstadt zu seinem Vorteil eine große Abendunterhaltung statt, bei welcher in beiden Sälen dieses großen Lokales, dann in dem schönen Garten daselbst ein förmliches Volksfest geboten wurde. In den großen Speisegarten war nämlich das aus 45 Individuen bestehende Musikkorps vom löbl. k.k. Graf Gyulayschen Infanterie-Regiment unter der Leitung des Kapellmeisters Resnitschek anwesend, welches die gewähltesten Piecen aus den besten Straußischen Kompositionen vortrug. Im Park daneben fand das Publikum den Prater im Kleinen. Außer dem Trompeterkorps des löbl. Regimentes Graf Auersperg hörte man noch in einer anderen Partie des Gartens ein Vokalquartett, ferner ein in der Entfernung angebrachtes ›Horn-Terzett‹ und auf einer Erhöhung im Hintergrund des Gartens die kleinen steirischen Alpensänger, welche mit theatralischen Szenen erlustigten. Ging man weiter im großen Garten, so produzierten sich ein Leiermann hinter einer Baumgruppe und ein Mann mit einer Drehorgel, der unter dickbelaubten Hecken stand. Beim Eingang wurden die lustigen Schaukeln in Bewegung gesetzt. Auch war ein Polizinell-Theater* unaufhörlich beschäftigt, die Jugend zu unterhalten. Doppelte Beleuchtung schmückte alle Bogengänge und um 11 Uhr wurde ein recht artiges Feuerwerk abgebrannt. Der Benefiziant, der des Publikums liebste Wünsche immer im Auge behält, fehlte nicht, bei dem alles belebenden Feuerwerk auch die Herzen in ein fröhliches Feuer zu bringen: Gott erhalte Franz den Kaiser! wurde angestimmt und die beiden Gärten hallten von tausendstimmigem Vivat wider. Für alle diese Unterhaltung ward ein Entrée von 30 kr. K. M. festgesetzt. Hr. Strauß erfreute sich eines Anteils von 2600 Personen. Der Zuspruch war bedeutend — aber noch bedeutender war die Zufriedenheit, welche das Publikum laut und unverhohlen aussprach, nämlich sich bei keinem was immer Namen habenden Volksfeste so gut wie bei dem Seinigen unterhalten zu haben ...«

Strauß geizte nicht. Vielleicht war er bereits ein Vorläufer des modernen Managertyps, der genau weiß, daß man investieren muß, um Erfolg zu haben. Einer seiner Getreuen, Hirsch mit Namen, avancierte vom Musiker zum »Beleuchter«, denn auf die Beleuchtung legte Strauß — auch hier ist er sehr modern — größten Wert. Hirsch arbeitete mit seinen Helfern schon Tage vor dem Fest, um überall, im Saal wie im Freien, überraschende Lichteffekte anzubringen, Farbenspiele, Reflexe, die das Publikum immer wieder begeisterten. Hirsch erhielt denn auch einen trefflichen Beinamen. In ganz Wien kannte man ihn als den »Lamperl-Hirsch«.

Strauß war unermüdlich im Erfinden neuer Attraktionen. Leierkästen- oder Drehorgelmänner, die — hinter Hecken versteckt — unentwegt Straußwalzer herunterleiern; uns Heutige mag dies kaum noch aus der Ruhe bringen, damals war es eine Sensation. Nette »Damenspenden«, die Strauß großzügig an alle Weiblichkeit verschenkte, waren als Spezialität »vom Strauß« stadtbekannt. Es war nun einmal seine Art, zu geben, ja, sich auszugeben — manchmal bis zum Äußersten. Woher bloß hatte dieser junge Mann aus dem Volk die Manieren eines Grandseigneur? Er hat seinem tausendköpfigen Publikum mit Vorliebe Feuerwerke geboten — nicht anders, wie die großen Herren der Barockzeit es ihren Gästen geboten hatten. Und wie selbstverständlich, lächelnd geht er umher, in diskreter Freude, wie sich's gehört. Aber er freut sich wirklich über die Freude, die er auslöst.

---

* Polizinell-Theater: Hanswurst, Kasperltheater, von »Polichinelle« und »Pulcinella« (Figur der italienischen Commedia dell'arte) abgeleitet und ins Wienerische transponiert.

Und Gäste waren es wirklich, die zweitausendsechshundert, die da zusammenströmten und nicht mehr zu bezahlen hatten als die erschwinglichen dreißig Kreuzer. Für das rauschende, berauschende Fest einer ganzen, langen Sommernacht, in der man tanzen konnte, tanzen, tanzen so viel man nur wollte und konnte, zu den Klängen des großen Magiers.

Zahllos sind die Zeugnisse über ihn, über sein tolles, ja dämonisches Geigen. Wie ein geborener Eroberer springt er auf die Estrade. Wo hat er das her? Von keinem andern ist etwas Ähnliches berichtet worden. Seine Augen leuchten und funkeln. So springt ein Raubtier in die Manege, dem sein tolles Kunststück Spaß macht ... Oder ist es am Ende gar kein Leuchten der Freude? Ist es der Widerschein eines inneren, verzehrenden Brandes, der nur durch Musik gelöscht werden kann? Wie still es ringsum wird, im Augenblick! Kaum wagt man ihm den jubelnden Willkomm zu bieten, zu dem es die Anwesenden drängt. Denn schon hat er Besitz ergriffen von allem, vom Saal, von den Lichtern, den Menschen, von seinen Musikern, die spielbereit dasitzen und in die nun sein Geigenbogen wie ein Blitz, wie eine Feuergarbe einschlägt. Noch ist es kein Walzer, nur ein Hinleiten dazu, ein zögerndes, tastendes Vorspiel. Man hält den Atem an. Jünglinge und Mädchen fassen einander bei den Händen. Sie zittern wie in Vorahnung eines alles überwältigenden Ereignisses. Unwillkürlich gehen sie alle auf Zehenspitzen, gespannter mit jedem Augenblick, geschlossen die Augen. Da oben beugt und neigt sich dieser junge Mensch — dunkelhaarig, dunkeläugig, irgendwie fremd und doch restlos vertraut; er rast und tobt mit seiner Geige, die singt und seufzt in immer neuen Melodien, hingerissen, wie eine Frau im Liebesrausch auf dem Gipfel der Wollust. Und wenn jetzt der Walzer losbricht aus der lastenden Spannung, so bricht er wie ein Sturmwind aus unbekannten Erdfernen in den Saal, der im Nu auf und ab wogt wie ein wildes, ungestümes und unbezähmbares Element.

Es ist klar, daß ein solches Phänomen wie das damalige Wien mit seinem Walzer und seinem Johann Strauß zahllose Chronisten geradezu herausfordert. Unter ihnen nicht wenige ganz berühmte. Wagner erzählt, es gäbe in Wien »eine originale, volksblütige Produktivität«; und dann berichtet er — selbst ein Magier! —, daß »der Dämon des Wiener musikalischen Volksgeistes beim Beginn jedes neuen Walzers wie eine Pythia auf dem Dreifuß erzittert«. Chopin, um 1830 in Wien, ist auf seine Bewohner nicht sehr gut zu sprechen, da es mit ihrem Ernst nicht allzu weit her sei: »Lanner, Strauß und ihre Walzer stellen alles in den Schatten ...« Wiederum anders sieht der feinsinnignaive Peter Cornelius die Stadt, der Komponist des *Barbier von Bagdad* und tiefpoetischer Lieder; er beobachtet »einen Frohsinn ohne Gemeinheit, einen Humor ohne Bosheit«.

Nun, an Bosheit hat es einigen Wiener Chronisten jener Zeit keineswegs gefehlt. Moritz Saphir — der seiner recht bösartigen Feder wegen sogar einmal aus der Stadt gewiesen wird — schreibt etwa, das »ganze Leben der Wiener sei ein rot angestrichener Freudentag im ewigen Kalender der Zeit«, in dem »der Fasching darin rot in rot steht, mit freudigen, doppelt durchschossenen Lettern aufgezeichnet«. Und setzt hinzu: »Das ganze Jahr sind sie so lustig und guter Dinge, als wäre es Fasching; kommt er dann, so ist es Pflicht jedes guten Christen, sein übriges zu tun und den Fasching nicht so einförmig und freudlos zu verleben wie die übrige Zeit im Jahr!«

Fast ein Jahrhundert später stellt Ernst Decsey, der das Leben der Straußfamilie so kunstreich wie liebevoll geschildert hat, eine mathematisch unbestechliche, bezaubernde Rechnung der Wiener Tanzlust zu Vater Strauß' Zeiten auf: Wien habe damals ungefähr 400 000 Einwohner gezählt, im Fasching 1832 hätten 772 Bälle mit insgesamt 200 000 tanzenden Menschen stattgefunden, also habe »die halbe Stadt« getanzt ...

Der gleiche Decsey ruft uns auch Altwiener Lokale ins Gedächtnis zurück: »Erstes Tanzlokal in der Kaiser-Franz-Zeit war der Apollo-Saal ... er bestand aus 5 Riesensälen, 44 weiten Gemächern, 3 kolossalen Glashäusern und 13 Küchen!« Dann zitiert er damalige Beschreibungen: »Die vielen Blumen und Bäume, die kühlenden Wasserfälle und Grotten, ein Bassin mit lebenden Schwänen, reizenden Girlanden, Blüten und Gebüsche mitten im Winter verwandelten das Ganze in einen Blumengarten ... in vielen brillant geschliffenen Glaslüstern, die mit ihren irisierenden Strahlen den Tanzsaal taghell beleuchteten ... man schritt durch antike Triumphbögen herab, die auf marmornen Säulen ruhten und die die Namenszüge des Kaiserpaares, das Stadtwappen trugen ...«

Die Monumentalität, die man zuerst im Paris Napoleons III. vorgebildet zu finden glaubte und deren erste Höhepunkte hernach in das aufsteigende Nordamerika verlegt wurden, ist hier schon weitgehend vorhanden. Der *Apollo-Saal*, im »Schottenfeld« gelegen, aus der Innenstadt durch das Schottentor zu erreichen (das heute nicht mehr vorhanden, immer noch im Namen seines Platzes weiterlebt), stand von 1808 bis ungefähr 1834. Er hat später im Zuge der Industrialisierung als Seifenfabrik ein höchst prosaisches Ende genommen.

Aber gerade da begann die große Zeit des *Sperl*, der seinen Vorgänger noch übertroffen haben soll. Und eine ebenfalls glanzvolle Blütezeit erlebte der *Tivoli* in Obermeidling, »am grünen Berg«, von wo man eine schöne Rundsicht über Stadt und Wienerwald hatte. Voll Begeisterung schildert ihn die *Wiener Theaterzeitung:* »Es laufen hier in vier aneinanderliegenden Gleisen zwölf bis sechzehn federleichte, bequeme und elegant angefertigte zweisitzige Wagen die wellenförmige Bahn hinab und wieder hinauf, welche Bahn gewiß 700 Fuß im Umfang hat; dieses geschieht mit einer solchen Schnelligkeit, daß man einen Flug durch die Luft zu machen glaubt. Solche Rutschbahnen sind zuerst in Rußland entstanden ...« Natürlich konnte auch der *Tivoli* (in vielen andern Städten »das« Tivoli) nicht ohne Johann Strauß auskommen. Er spielte dort am 19. September 1830 vor dreitausend, am 4. Oktober vor sechstausend Menschen, und da weitere Tausende keinen Einlaß mehr fanden, wurde das Fest am 9. Oktober wiederholt.

Ferdinand Raimund, der zu seinen rasch populär werdenden Couplets aktuelle Zusatzstrophen sang, wurde besonders gefeiert, als er in seine *Gefesselte Phantasie* eine Strophe über den *Tivoli* einlegte. Ungefesselt aber war die Phantasie der *Wiener Theaterzeitung*, die (nach Schönherr) ihren Lesern von Mäusen berichtete, die während eines Umbaus des Saals sich dort fröhlich im Tanze drehten — natürlich zu einem Walzer von Strauß.

So sahen einige Glanzpunkte jenes Reiches aus, das er in den dreißiger Jahren vollends als das seine betrachten durfte. Es war so groß, daß Mitregenten geduldet werden konnten. Lanner war deren Größter. Er hat seinen starken Anhang in Wien, ja es gibt eigentlich zwei wahre »Parteien«: die »Straußianer« und die »Lannerianer«. Lanners Bälle waren Tanzvergnügungen, bei Strauß gab es Tanzorgien. Denn Strauß besaß jene rätselhafte Dämonie, die ihn unter allen seinen Kollegen und Rivalen hervorhob; genialische Züge, die oft genug an Manie, ans Krankhafte grenzten. Im Laufe der Jahre kamen gerade sie immer stärker an die Oberfläche und ließen ihn eines nicht mehr fernen Tages die Herrschaft über sein Reich sterbend an einen echten Rivalen verlieren. Der trug allerdings seinen eigenen Namen.

Er wächst, während der Vater Wien erobert, im elterlichen Hause auf. Während der Jahre seiner frühen Kindheit ist wohl alles eitel Glanz und Freude. Das Heim belebt sich mit Kindern; er ist noch nicht zwei Jahre alt, als Brüderchen Josef am 20. August 1827 ankommt. Am 22. Dezember 1829 und am 29. September 1831 langen zwei Mädchen ein: Anne und Theresa. Und als Johann schon ein paar Jahre in der Schule ist und schon recht viel weiß, kommt am 15. März 1835 noch einmal ein neues Brüderchen: der Eduard.

Was Johann wohl noch nicht weiß: daß in den gleichen Monaten, da die Mutter den Kleinsten, den Eduard, in ihrem Leib trägt, eine andere, jüngere Frau in Wien ebenfalls ein Kind seines Vaters erwartet. Eine Frau, von der er bald durch Getuschel und Getratsche, aber auch sicherlich durch die seit einiger Zeit vorkommenden, nun immer heftiger und häßlicher werdenden Szenen zwischen dem Herrn Vater und der guten Mutter mehr erfahren wird, als einem Kindergemüt zuträglich ist.

Des Abends, bei Nacht, da ist Johann Strauß der große Magier. Wie ein Rausch kommt es da über ihn, ein Rausch von Musik, ein Rausch von Glanz und Jubel und Menschenmassen. Aber dieser Hypnotiseur, der Lebensfreude ausstrahlt und seine Welt in einen beseligten Taumel zu versetzen versteht, hat noch eine andere Seite, die nur wenige kennen. Da möchte er am liebsten sich selbst hypnotisieren, wenn er es nur könnte; möchte Lebensfreude spüren, mitgerissen werden in beseligten Taumel. Bei den meisten Menschen ist die Tagwelt in Ordnung, und die Dämonen kriechen erst in der Nacht aus und martern den Schlaf, das Unterbewußtsein. Bei Strauß ist es umgekehrt: seine Nächte sind in Ordnung, denn da steht er, der Herrscher, oben wie auf einem Throne und streut Klänge und Glück unter seine Untertanen; seine Tagwelt aber ist krank und wird immer kranker. Und weil er ihr entfliehen, sie vergessen, sie zurückdämmen will ins Unwirkliche, darum soll nur die Nacht gelten. Die Lichter beim *Sperl*, beim *Dommayer*, im *Tivoli*, die sind das wahre, das echte Leben für ihn.

Und nicht die enge, stinkende Stiege im Leopoldstädter Wohnhaus, wo, jemand hat es festgestellt, siebenundsiebzig »Parteien« hausen mit einer kaum feststellbaren Zahl kaum sauberzuhaltender Kinder, mit Keifen und Zanken auf jedem Gang. Nicht das fahle Morgengrauen, wenn er, todmüde, übernächtig und doch noch mit dem leisen Klingen im Körper und der Erinnerung an tausend bezaubernde Mädchengesichter und sich im Tanze graziös wiegender Körper hinaufsteigt in die eheliche Wohnung; nicht die Kälte, die seinen gar nicht so starken Körper zittern macht und die ihn nun die Welt als feindlich empfinden läßt, trotz der Siege, die er Stunden vorher noch in strahlendem Übermaß errungen.

Unwahr, unwirklich. Ein Alptraum. So empfindet er's. Den Alptraum überstehn, das ist's. Es wird ja wieder Abend werden; den Frack wird er wieder anziehen, den er, kaum daß er die Wohnungstür aufgeschlossen hat, abstreift wie ein schützendes Feengewand ... am Abend werden die Fiaker wieder vor dem Haus stehn, und sie werden ihn mit seinen Musikern zu neuen Siegen führen. Sie werden alle ganz andere Menschen sein, heut abend — die Nachbarn, die Passanten, andere Menschen innen wie außen, auch wenn's dieselben Leute sind wie heute morgen ... heut abend werden sie ihm alle begeistert zuwinken ...

Da liegt seine Frau im Bett, er sieht sie nicht, wenn er im grauen Dämmerlicht heimkehrt. Sie hat den ganzen vorhergehenden Tag gearbeitet, und sie wird auch diesen ganzen Tag wieder arbeiten. Sie hat die kleinen Kinder betreut, hat gekocht, gewaschen, die Wohnung sauberzuhalten versucht. Da liegt ihr Kopf auf dem Kissen, vielleicht wirft er einen Blick in ihr Schlafzimmer, das ihnen einmal gemeinsam war, das ihren Schlaf wie ihre Zärtlichkeiten beschirmte, abschirmte gegen die Außenwelt des lärmenden Viertels. Nun wankt er in einen anderen Raum der großen Wohnung, denn er hat es sich angewöhnt, allein zu schlafen: seine Schlafenszeit ist Annas Tag. Und wenn sie schläft, dann geigt und dirigiert er irgendwo. Längst nicht mehr nur an einem Ort am Abend; die Straußkapelle muß sich teilen, auch drei- und vierteilen, wenn der Fasching über Wien kommt. Und da jeder der Musiker mehrere Instrumente beherrscht und sie in Sekundenschnelle fast unbemerkt wechseln kann, entsteht selbst bei zwanzig Mann der Klangeindruck einer vollen, starken Kapelle mit wogenden Melodien und erregenden Gegenstimmen. Er selbst aber, der Magier, muß hastig weiter, muß beim donnernden Jubel, der seinen Walzer oder einen Galopp krönte, elegant durch eine Hintertür verschwinden, sich in den wartenden Wagen werfen und zum nächsten Lokal jagen, wo der »Johann Strauß persönlich« angekündigt ist. Und das gleiche mehrmals in einer Nacht. Und oft genug muß er auf dieser Wagenfahrt mit Mühe das völlig durchgeschwitzte Frackhemd durch ein frisches ersetzen, muß die Frisur neu ordnen, die Schuhe wischen, um dann rasch auf das nächste Podium zu springen, den Geigenbogen zu heben und so zu dirigieren, als käme er eben aus dem erfrischendsten Bad ...

Da liegt die Anna, er hat sie einmal geliebt, war sicher sehr verliebt in sie gewesen. Hat sie etwas »falsch« gemacht? Die fatale Frage taucht auf, die wohl fast alle Gefährtinnen eines Genies oder sonst eines ungewöhnlichen Menschen (warum nicht auch eines gewöhnlichen?) irgendwann einmal überfällt, überfallen muß. Falsch gemacht? Als ob jemand sagen könnte, was geschehen wäre, wenn sie es umgekehrt gemacht hätten.

Die Anna Streim. Wo hätte sie das Zeug zu einer Geniegattin herhaben sollen? Es ist die gleiche unbeantwortbare Frage, die Strauß selbst betrifft: Wo hat er das Genie hergehabt? Frau eines Genies zu sein, das lernt man nicht. Man kann es oder man kann es nicht. Anna Streim wäre möglicherweise begabt gewesen für diese Aufgabe: sie wurde später eine sehr gute Genie-Mutter. Aber diesem Magier, diesem Dämon, wie er von vielen Menschen genannt wird, Gefährtin sein, ihn ein Leben lang fesseln, verstehen, erfüllen, entspannen und doch auf Hochspannung halten, das ... nein, das hätte vielleicht keine Frau gekonnt.

Nun liegt sie da in ihren Kissen, das Gesicht längst nicht mehr so mädchenhaft liebreizend wie einst — nach so vielen Kindbetten und der wachsenden Sorge um seine immer fühlbarer werdende Entfremdung — die kleinbürgerlichen Wesenszüge sind noch ausgeprägter geworden. Arme Anna Streim. Und er kommt soeben heim aus den Ballsälen Wiens, wo die reizendsten Mädchen hinaufhimmeln zu ihm und seiner magischen Geige, sorgfältigst frisiert und gekleidet, mit einem Hauch Wohlgeruch, der sich dem sinnlich erhitzten Körper so verführerisch anschmiegt — die Augen voller Lichterglanz und die Wangen gerötet vom Taumel seiner Tänze ... Arme Anna!

Ein »unstetes Gemüt«: so haben die Menschen, die ihn näher kannten und vor allem die aus den Kreisen, zu denen er einst gehörte, zu denen Maria Anna aber immer noch zählt — unstet haben sie ihn genannt. Seine Fantasie aber hat seinen Rahmen längst gesprengt, bevor sein Leben ihn sprengte. Die Melodien, die ihm aus unbekannten Fernen zufliegen, haben ihn dem Alltag entrückt. Seine Harmonie durchschreitet klassentrennende Wände ohne Schwierigkeit, so wie in romantischen Erzählungen ein Zauberer durch die Wände geht, ohne anzustoßen.

Anna liebt ihn sicher immer noch. Sie tut ihre vielfachen Pflichten klaglos, aber sie kann immer weniger Anteil nehmen an seinem rasenden Leben, das ihn von Ekstase zu Ekstase hetzt. Ihm wird alles zu klein, zu eng. Er sprengt Fesseln, verlacht Grenzen; doch alles, was er tut, tut er unbewußt. Das Genie, der Dämon in ihm tut es. Paläste öffnen sich vor ihm, Fürsten neigen sich, Königinnen tanzen zu seinen Rhythmen, er jagt durch Wien, jagt durch Europa, und ein nicht endender Jubel betäubt die Augenblicke, da vielleicht eine Regung seines Gewissens ihm zuflüstern möchte: »Was tust du bloß denen an, die dir am nächsten stehen?«

Die Kinder wachsen heran. Der »Herr Papa« ist fast eine Legende für sie. Bis Mittag müssen alle im Haus auf den Zehenspitzen gehen, denn da schläft der Herr Vater, übermüdet von den Bällen der Vornacht. Dann kommen nach und nach die Freunde, die Musiker, der Lamperl-Hirsch. Programme und Noten für den heutigen Abend müssen vorbereitet, zusammengestellt, oft schwierige Einteilungen vorgenommen werden. Neue Gedanken des Komponisten müssen schnell in eine spielfähige Form gebracht, abgeschrieben, für jedes Pult eingerichtet werden. Dann wird manchmal sogar ein bißchen geprobt. Eigentlich kann man es nur ein flüchtiges Durchspielen nennen. Man spielt nur andeutungsweise, um Fehler zu entdecken, die sich etwa eingeschlichen haben könnten, oder um sich über ein *da capo*, Wiederholungszeichen, Fermaten und ähnliches schnell noch einig zu werden.

Von wirklichen Proben dürfte hier kaum die Rede sein. Warum auch, wenn selbst bei der ernsten, bei der hohen Kunstmusik die Dinge nicht anders lagen? Waren nicht noch ungefähr vor zwei oder drei Jahrzehnten des großen Beethoven Sinfonien nahezu probenlos vor das Publikum gelangt? Und gespielt wurden sie oftmals von zusammengewürfelten Orchestern, in denen neben Berufsmusikern zahlreiche Amateure saßen.

Die Strauß-Leute hingegen (und sie waren sich dessen wohl bewußt!) waren Musiker ersten Ranges, jeder ein wahrer Meister auf seinem Instrument und in der Tanzmusik bewandert nach allen Regeln der Kunst. Eine wahre Elitetruppe, sozusagen die Aristokratie unter den Unterhaltungsmusikern Wiens, populär jeder einzelne, hochangesehen in seinem Wohnquartier und in allen Lokalen der Stadt.

Das waren die Männer, die im Laufe des frühen Nachmittag den »Herrn Vater« aufsuchten. War der daheim, dann lauschten die Kinder hinter geschlossenen Türen. Manchmal aber machte er gerade einen kurzen Spaziergang, wenn die Musiker kamen; dann wagten sich Johann und der kleinere Josef aus ihrem Zimmer. Sie kannten die Herren natürlich alle, und die unterhielten sich gern ein wenig mit den aufgeweckten Jungen, die so kluge Fragen über Musik zu stellen wußten. Und manchmal, wenn sich eine Gelegenheit ergab, huschten die beiden in Papas Arbeitszimmer. Da standen immer Instrumente, denen man durch Zupfen oder Schlagen Töne entlocken konnte. Später auch, als sie schon ein wenig größer waren und genug Atemkraft besaßen, versuchten sie's mit dem Blasen. Sie erfaßten sehr schnell, worauf es ankam, wie dies bei Musikerkindern oft der Fall ist.

Papa Strauß lächelte, wenn er es merkte. Noch hatte er wohl keine festen Pläne für seine Söhne. Er war selbst mit seinem Aufstieg so sehr beschäftigt, daß er an das Leben seiner Söhne noch nicht denken konnte und wollte; er war ja, mit seinen dreißig Jahren, noch ein junger Mensch. Es erfüllte ihn mit Stolz und Freude, daß er für seine Buben ein Idol darstellte, auch wenn sie ihn selten zu Gesicht bekamen. Oder gerade deswegen? Denn er konnte oft sehr unruhig, nervös und überreizt sein. Aber wenn er gegen Abend mit einigen seiner Musiker, die den Nachmittag in angespannter Arbeit bei ihm verbracht hatten, die Treppen des alten Miethauses hinabstieg, im Frack oder in glitzernder Uniform, dann fühlte er, daß er von den hundert Insassen des Gebäudes bestaunt und bewundert wurde, gewiß am heftigsten aber von seinen eigenen Buben, denen er an der Wohnungstür über den Kopf strich und die ihm noch lange nachblickten, treppab, wenn sie nicht mitliefen bis zu den Wagen, die in eleganter Reihe vorgefahren waren; der erste für den Meister und vielleicht noch für den Lamperl-Hirsch, zwei oder drei für die Musiker, einer oder zwei für Instrumente. Und wenn rückwärts im Zuge einer oder auch mehrere leer mitfuhren, so machte das nichts aus. Im Laufe der langen Nacht, für die sie großzügig gemietet waren, würden sie schon noch Verwendung finden; immer wieder mußten, wie auf dem Schlachtfeld, Musiker, also »Truppen«, von einem Lokal ins andere »geworfen« werden, nach einem ganz genau ausgearbeiteten »strategischen« Plan.

Johann Strauß ahnte nicht, daß seine Frau hie und da einmal den ältesten Buben bei der Hand nahm und mit ihm zu einem der nahegelegenen Tanzlokale eilte, wo er spielte. Sie hätte nicht gewagt, einzutreten; Strauß achtete streng auf eine völlige Trennung seines privaten und öffentlichen Lebens. Sein öffentliches Wirken war Beruf und Arbeit, schwere Arbeit für ihn. Aber hätte er Maria Anna nicht einmal zu einem glanzvollen Feste mitnehmen können, die er veranstaltete? Sie ein bißchen nett herausstaffieren und sich mit ihr zeigen? War sie denn nicht immer noch jung und hübsch? Ob sie sich zurückgesetzt fühlte? Ob da die ersten Tränen fielen, die ersten Zerwürfnisse böse Worte hervorbrachten? Oder ob die erst später kamen, als Johann seine Gunst, seine Liebe und Leidenschaft einer anderen zuwendete ...?

Wie immer es sei: jetzt standen sie in der Eingangshalle eines Lokals, um einen Blick auf Saal und Podium zu tun, sooft der schwere Vorhang zur Seite ging: Maria Anna hatte den kleinen Johann mitgebracht, den *Schani*, wie man ihn nach wienerischer Art nannte, eine Namensform, die zweifellos vom französischen *Jean* abgeleitet war. Schani hatte es leichter. Er konnte durch einen niedriggelegenen Spalt an der Seite schauen, und er ließ kein Auge vom Herrn Vater, der da oben befehligte, ziemlich weit weg, aber doch ganz klar erkennbar. Schani konnte jede Bewegung in aller Genauigkeit verfolgen. Wahrscheinlich dauerte dieses ganze Spähunternehmen nur Minuten. Maria Anna hatte Angst, aufzufallen, und dem Schani war fest eingeprägt worden, daß er von diesen Eskapaden dem Herrn Vater niemals ein Wort sagen dürfe. Aber wie genau er ihn beobachtete, wie er einige Jahre später jede noch so kleine Geste des Vaters beim Geigen, beim Dirigieren, beim Verbeugen nachzuahmen wußte — das alles wird Vater Strauß eines schönen Tages in einer entscheidenden Sekunde seines Lebens offenbar werden.

9

Die Eroberung Europas

Im Jahre 1827 lebte Johann Strauß trotz seiner rasch wachsenden Bedeutung und Popularität noch tief mitten drin im Kleinbürgerlichen. Allabendlich zog er aus, um in Wiens Tanzlokalen zu spielen und zu dirigieren. Die Kontrakte häuften sich. Auch das Geld, das er einnahm. Er gab es zum größten Teil wieder aus. Er ging beim Engagement erstklassiger Musiker, bei deren Verpflegung und Unterbringung auf Reisen, bei der Ausstattung der Lokale, in denen er Bälle auf eigene Rechnung gab, sehr verschwenderisch mit dem Geld um.

Die Musiker umgaben ihren Strauß wie eine Phalanx ihren Anführer. Er verbrachte weit mehr Stunden mit ihnen als mit seiner Familie. In den Tanzlokalen fragten Heerscharen junger Mädchen nach diesem interessanten jungen Manne. War er eigentlich verheiratet? Gewiß. Warum zeigte er sich dann nie »mit ihr«? Achselzucken, Raunen. »Die« sei viel älter als er; eine »Jugenddummheit«, die ehrenhalber mit Eheschließung geendet habe. Anständiger Kerl, der Strauß, mag man in Wien gesagt haben; hat das Mädel nicht einfach mit dem Kind sitzen lassen ...

Anderthalb Jahre später kam wieder ein Bub zur Welt. Das Dokument seiner Geburtseintragung lautet folgendermaßen:

Jahr: 1827.
Name des Taufenden: Dominikus Bok.
Monath und Tag: August den 20ten.
Wohnung: Mariahilf No. 39
Name des Getauften: Joseph

Ehelich, männlich: 1
Religion: katholisch
Vaters Name und Stand: Johann Strauß, Musiklehrer.
Der Mutter Tauf- und Zuname: Maria Anna, Tochter des Josef
   Streim, herrschaftlichen Kutschers, und der Anna Rober ...

Dann ist noch die Hebamme aufgeführt und die Taufpatin, eine »Fi-schermeisterstochter«. Immer noch leben die Strauß »im Volk«, aus dem sie ja selbst stammen. Erst die nächste Generation wird deutlich den sozialen Aufstieg zeigen. Mutter Maria Anna Streim aber wird ihn dann mitmachen und sogar auskosten.

Wir haben gesehen, wie beim dringlichen Ehegesuch des jungen Musikers eine »bevorstehende Kunstreise« als Motiv für die schnell zu erteilende Dispense angeführt worden war. Aber das scheint damals wirklich nicht mehr als ein Vorwand gewesen zu sein, um den wahren Grund zu verschleiern. Die Reisetätigkeit des jungen Musikers beginnt 1833, nimmt dann aber an Intensität und Entfernungen rasch zu.

Die erste wichtige Fahrt erfolgte nach Budapest. In Ungarns Haupt-stadt gab es am 7. November 1833 ein Konzert, das im Triumph endete. Strauß hatte mit einem ungarischen Stück aus seiner Feder begonnen und die stolzen Magyaren damit von Anfang an für sich eingenommen. Der Korrespondent der *Wiener Theaterzeitung*, die Strauß seit jeher sehr gewogen war, berichtete: »Kaum erschien er in den Amazonensälen der Redoute, kaum betrat dieser Mozart der Walzer, der Beethoven der Cotillons, der Paganini der Galoppe, der Rossini der Potpourris die Tribüne, als ein reißender Bergstrom von Applaus aus allen Ecken heranstürmte. Herr Strauß hatte mit unge-wöhnlicher Erwartung zu kämpfen und siegte mit dem ersten Bogen-strich ...«

Das war für einige Musikfreunde in Wien doch zu stark. Am 10. Dezember erwiderte ein Johann W. Hofzinser in der Zeitschrift *Der Sammler:* »Und wer ist der geniale Künstler? Ein Geiger, der Walzer und Märsche komponiert und Quodlibets zusammenstellt! Ein gerech-ter Unwille muß jeden ergreifen, der, wenn Strauß spielt, den Namen ›Kunst und Künstler‹ solcherart frivol entweihen hört. So muß auch jeder stutzen, wenn Strauß seine Kompositionen ›Werke‹ nennt, die höchstens Fabrikate zu nennen sind ...«

Unbescheidenheit aber konnte Strauß wahrhaftig niemand vorwer-fen. Er hat sich selbst niemals mit den Meistern der Tonkunst auf eine Stufe gestellt oder verglichen. »Ich habe nichts dazu getan, daß sie mich, wofür ich mich nie ausgab, einen Künstler nennen. Die Harmonie aller zur Freude Vereinten ist mein einziges Ziel!« So hat er selbst es ausgedrückt und man könnte es kaum schöner sagen.

Am 30. Oktober 1834 liegt dem »Konskriptionsamt« in Wien das Gesuch auf Reisepässe für Johann Strauß und sein Orchester vor: »nach Prag, Dresden, Leipzig und Berlin« auf eine Kunstreise, Dauer 6 Wochen. Siebzehn Musiker werden angeführt, und die meisten sind jung wie ihr Dirigent. Nur einer ist 1788 geboren, ein anderer 1790, die anderen sind unter vierzig, ja unter dreißig Jahre alt. Unter ihnen sei einer besonders hervorgehoben: Franz Amon. Er ist ein Jahr älter als der Dirigent und — im Geheimen — zu einer Aufgabe berufen, von deren Wichtigkeit weder er noch sonst jemand etwas ahnen kann. Er führt den kleinen Johann Strauß, Schani, damals neun Jahre alt, in die erregenden Künste des Geigenspiels ein. Mutter Maria Anna hat ihn insgeheim darum ersucht, der Vater darf es nicht erfahren, Anspielungen auf solche Möglichkeiten haben schon einige Male zu Zeichen des Unwillens, ja des Zornes geführt.

Maria Anna ist auf keiner der Reisen ihres Gatten mit von der Partie. Sie bringt in Wien nach den beiden Mädchen Anna und Theresia einen Sohn Ferdinand zur Welt, der aber schon nach zehn Monaten Lebens »am hitzigen Wasserkopfe« stirbt. Sie hat viel zu tun im Hirschenhause, der Gedanke an Reisen kommt ihr wohl kaum in den Sinn. Wie sollte sie die Kinder versorgen? Sie ließe sie kaum in fremder Obhut, um ihren Mann zu begleiten. Konstanze Mozart hatte es getan und fand dann, als sie aus Prag heimkehrte, eines der Kinder nicht mehr lebend vor. Maria Anna Strauß wußte davon bestimmt nichts, aber auch ohne diese Kenntnis dachte sie nicht an die Möglichkeit, Johann Strauß auf seinen Blitzfahrten zu begleiten. Der hätte es auch bestimmt nicht erlaubt; so wie er es seinen Musikern verbot, hätte er es sich selbst verboten. Beruf und Familie, das war nach seiner Ansicht streng zu trennen.

Von den Fahrten des Orchesters sind wir teilweise durch Zeitungsartikel informiert. Von 1835 angefangen wird der Klarinettist Johann Thyam dann durch drei Jahre eine Art Reiseprotokoll verfassen, das wertvolle Aufschlüsse liefert. Das Orchester wird überall, wohin es kommt, begeistert empfangen. Die Deutschen verschiedenster Gaue sind gar nicht so kühl, wie man es ihnen in Wien nachsagt, die Stimmung in Straußkonzerten erreicht Siedegrade, die von jenen in Wien kaum zu unterscheiden sind. Die Zeitungen registrieren nicht nur den Besuch mit freundlichen Worten, sie stellen mitunter recht kluge Betrachtungen musikalischer, mitunter auch politischer Art an. Blättern wir ein wenig in ihnen.

Ein Münchner Blatt schreibt es, und die *Wiener Theaterzeitung* druckt es nach: »Nicht leicht kann ich mich einer so enthusiastischen Aufnahme eines Tonkünstlers erinnern und der Beifall war oft bis zum Rasen. Was man hier an seinen musikalischen Produktionen besonders rühmt, ist seine Präzision, die seltene Harmonie seiner Blasinstrumente, das Feuer und Leben in der Ausführung und das richtige Maß, das er überall zu beobachten weiß. Gestern wurde ihm, was hier äußerst selten ist, vor seinem Gasthofe eine militärische Serenade gebracht ...«

Eine Augsburger Zeitung läßt sich zu diesem Satz hinreißen: »Die Wiener haben recht, es gibt nur einen Strauß! So ein Mann war nicht und kommt nicht wieder ...«

In Karlsruhe schreibt ein Chronist diese bemerkenswerten Sätze: »Als Violinist erscheint Strauß im Konzertsaal rauh, eckig, bizarr, doch wenden sich diese Schattenseiten eines jeden anderen Violinspielers im Tanzsaale — Straußens eigentlichem Kronsaale — in unerläßliche Vorzüge. Unermüdlich setzt er durch klare, schneidende Bogenstriche seinem Tongemälde die scharfen Lichter auf, ergreift die Zuhörer und reißt die Tänzer mit dämonischer Gewalt in den wildverschlungenen Tanzwirbel! Dies ist sein Beruf! Er erfüllt ihn ganz. Man fordere nicht mehr von ihm!«

Zwei Zeugnisse liegen aus Stuttgart vor. Das erste lautet: »Man ist hier des Trefflichen gewöhnt. Dennoch mußte jedermann den reinen, sorgfältig gefühlten Vortrag der Musik lobend anerkennen und den geistigen Hauch wahrnehmen, der über dieser Leistung wie über allem Vollendeten schwebte. Strauß hat seine Kunst auf eine hohe musikalische Stufe gehoben. Die kleinen Bizarrerien seiner Walzer wird freilich nur der Chor seiner dienstbaren Kunstgeister so treu und unfehlbar ausführen. Die Drucker und Akzente der Walzer sind oft so eigensinnig fein zugespitzt, daß sie nur unter seiner Leitung alle Anmut und Niedlichkeit gewinnen ...« Das andere begibt sich auf zeitkritisches Gebiet: »... und dann saßen wir endlich im überfüllten Saal, den Mann mit dem Zauberbogen vor uns, den Traum uns zu verwirklichen, das Unerhörte uns hören zu lassen. Wie behaglich wurde es uns dabei zumute! Es ist gerade genug Erhabenes in dieser Musik, um den Gebildeten zu erfreuen, und genug Alltägliches, um nicht ausschließlich zu sein. Den Kopf zum Pfande, daß Strauß seine Musik nirgends hätte schreiben können als in Österreichs herrlichem Landesgarten. Sie steigert die Heiterkeit bis zur Lust und hört geschwind auf, wo Lust zum Exzeß werden könnte. Sie setzt Menschen voraus, die nicht voll bitterer Gefühle sind über Stadtratswahlen und Ständeverhandlungen, über Zunftzwang und freien Boden, republikanische Monarchie und nicht voll Mißtrauen gegen jeden, der in diesem oder jenem anders denkt. In Straußens Geige ist der Resonanzboden mit Luft vom Sperl und vom Prater gefüllt, wo die Leute sich freuen, wo sie sich freuen wollen, wo sie miteinander, nicht nur nebeneinander leben, mit einem Wort, wo es den Leuten behaglich, wohl ist. Der Strauß ist ein Wiener, er geigt, daß es die Leute freut, und weiß nichts von all dem politischen Gegenwartsplunder ...«

Hat der Mann recht? War Wien in jenen dreißiger Jahren des neunzehnten Jahrhunderts wirklich die »Phäakenstadt« der glücklichen Menschen, denen das Vergnügen, der Tanz, die Liebe um so vieles wichtiger waren als die ganz Europa in steigendem Maße erregenden Tagesfragen? Die unteren Schichten waren in der nach-napoleonischen Ära vorübergehend zum Rückzug gezwungen worden. Nun aber gärte es in weiten Teilen Europas, revolutionäre Geister schlossen sich zu Geheimbünden gegen die absoluten, absolutistischen Monarchien zusammen, gegen die Privilegien des Adels, des Militärs, der Kirche. Auch in Wien gab es Kreise, die von einer Lockerung des Polizeistaates träumten, ja von seiner Ersetzung durch ein liberales, durch ein soziales, vielleicht sozialistisches System. Aber die Mehrzahl der Wiener stand der Politik fern; sie vergaßen ihre Beschränkungen oder gar Nöte in Ballnächten. Metternich, der Kanzler des »ancien régime«, wußte das, förderte das, ließ seine Wiener sich bei Lanner und Strauß austoben, damit sie es nicht auf den Barrikaden taten.

Auch Johann Strauß wird eines Tages in den Wirbel der politischen Ereignisse hineingezogen werden. Er und sein gleichnamiger Sohn, und noch dazu auf entgegengesetzte Seiten. Aber es wird, recht wienerisch, »schon nicht so schlimm werden«. Und bis dahin ist noch ein gutes Jahrzehnt Zeit.

Immerhin stößt Johann Strauß, nun schon der berühmte Musiker, bereits jetzt einmal mit der Polizei zusammen. Das *Neue Wiener Tagblatt* zieht — am 19. Oktober 1925, zum 100. Geburtstag des Walzerkönigs — ein kurioses Dokument ans Tageslicht. Es ist das Protokoll einer Sitzung der Niederösterreichischen Landesregierung vom 22. Juli 1835 und trägt die Überschrift: »Betrifft: Schwere Polizey-Uebertretungen«. Der Magistrat der Stadt Wien hat acht Männer wegen verbotenen Glücksspiels zu Arrest oder neunhundert Gulden Geldstrafe verurteilt und verlangt nun »nach Paragraph 402« die »Bestättigung der Urteile« durch die vorgesetzte Behörde; zuerst werden die anderen sieben Fälle zitiert, zuletzt der des Musikers:

»Johann Strauß, 30 Jahre alt, in Wien gebürthig, katholisch, ver-

heurathet, Vater von fünf Kindern, Musikdirektor, in der Leopoldstadt No. 314 wohnhaft, hat selbst eingestanden, am heiligen Abend
und am Sylvesterabend 1833 beim Sperl Macao gespielt zu haben.
Auch hat er bei dieser Gelegenheit eingestanden, am 18. September
1834 und auch früher im Gasthausgarten ›zum Sträussel‹, in dessen
Nähe mehrere Schindeldächer sind, an der Oberlichte des Salons an
einem vorspringenden Kupferdache acht Feuerwerkskörper angebracht zu haben, welche beim Losbrennen leuchteten. Es wird von
ihm zur Entschuldigung angeführt, daß er glaubte, es sey hierdurch
keine Feuersgefahr vorhanden. Als erschwerend kommt vor, daß hier
zwey Übertrettungen zusammentreffen, als mildernd, daß er alles ein-
bekannte und das erste Mal in Untersuchung ist. Er wurde daher auch
zu 900 Gulden Wiener Währung verurtheilt und nebst dem verbothe-
nen Spiel auch einer feuergefährlichen Handlung als schwere Polizey-
Übertrettung für schuldig erkannt ...«

Trotz dieser »schweren« Verfehlungen gewährt man ihm zwei Monate später wieder einen Paß, dieses Mal für drei Monate nach München. Ruhmbeladen kehrt er auch von dieser Reise zurück; in
vierundfünfzig Tagen gab er siebenundzwanzig Konzerte und zwölf
Bälle. Die »eroberten« Städte waren München, Augsburg, Ulm, Heilbronn, Karlsruhe, Heidelberg, Mannheim, Mainz, Wiesbaden, Frank-
furt, Hanau, Offenbach, Darmstadt, Würzburg, Nürnberg, Regens-
burg und Passau. Nach der Heimkehr am 22. Dezember 1835 gönnt er
seinen Musikern und sich eine kurze Weihnachtsrast; dann aber geht
es voll hinein ins Wiener Vergnügungsleben, in den Fasching mit seinen ungezählten Bällen.

Die Wiener sind stolz auf ihn. Sie halten ihn bereits für den berühmtesten Musiker der Welt. Einige wenige Kenner der Tanzmusik in anderen Städten Europas verweisen vielleicht auf die Bedeutung von
Paris, erzählen vom Glanz des Quadrillenmeisters Musard, erwähnen
den Namen Dufresne. Mit denen sollte Strauß sich einmal messen
können! Und das Zauberwort »Paris« beginnt umzugehen.

Am 18. August 1837 wird Strauß eine neue Reiseerlaubnis erteilt;
sie gilt dieses Mal für sechs Monate, denn ihre Ziele sind viel weiter gesteckt: »Prag in Böhmen, dann nach Sachsen, Hamburg, Holland,
Belgien und Paris.« Eine Fahrt, die zu einem der Höhepunkte im Leben
des Meisters werden sollte.

Also wieder fort aus Wien! Die Musiker folgen ihrem Anführer
ohne Murren, obwohl da, neben vielem Ruhm und Geld, auch große
Strapazen und eine lange Abwesenheit vor ihnen lag. Gerade jetzt, da
in Wien so viel los war! Der Fortschritt war geradezu sichtbar. Gas-

beleuchtung gab es nun auf den Straßen der Innenstadt! Alle staunen, wenn der Laternenanzünder in der Abenddämmerung umhereilt und in Sekundenschnelle gelblich leuchtende Lampen aufflammen läßt. Und eine Eisenbahn gibt es — Johann Strauß hat ihr natürlich gleich einen Walzer gewidmet, den »Eisenbahn-Lust-Walzer« —, mit der man wohl bald einmal die Kunstreisen schneller und bequemer würde erledigen können.

Vorläufig stehen am Nachmittag des 4. Oktober 1837 noch einmal die altvertrauten Pferdekutschen in der Wollzeile, unweit des Stephansplatzes. Hunderte von Freunden und Schaulustigen rundherum. Johann Strauß erscheint als letzter, die Wagen sind schon hochbepackt, auch die Musiker sind untergebracht, und nun geht's ans Abschiednehmen. Tücherschwenken, begeisterte Rufe, Wünsche für Erfolg und gute Heimkehr. Man wird es dieses Mal besonders gut brauchen können. Es ist, als reise man zu einem Kampf aus. Niemand ahnt, daß die Reiseroute ein wenig geändert, die Pässe nicht nur einmal, sondern viele Male verlängert werden müssen. Unter Jubel fahren sie davon; siegreich, aber doch tieftraurig werden sie, nach langer Frist, wieder in Wien einfahren ...

Am 1. November 1837, nach einigen Gastspielen in Süddeutschland sowie in Straßburg, steht das Debut in Paris bevor. Die Wiener Musiker staunen: Was war das für eine Stadt! Sie wohnen in einem sehr guten Hotel, das ihr Dirigent, an großzügiges Reisen nun längst gewöhnt und auf sein Prestige wie auf die gute Stimmung seiner Kapelle bedacht, zur Gänze gemietet hatte. Schade, daß sie mit den Parisern und besonders den Pariserinnen so gut wie nichts sprechen konnten. Ihre Kenntnisse des Französischen — auch die ihres Leiters — waren rudimentär; und umgekehrt lagen die Verhältnisse mindestens ebenso schlimm.

Die Straußkapelle hatte ein Renommee zu verteidigen; nicht nur das eigene, auch das ihres Dirigenten und darüber hinaus das ihrer Stadt. Sie waren sich dessen wohl bewußt. Aber angesichts dieser Riesenstadt mit allen den berühmten Menschen, die sie in ihr wußten, wurden sie ein wenig kleinlaut. Nach Paris drängte in den dreißiger Jahren aus Musik- und Geisteswelt beinahe alles, was Rang und Namen besaß. Hier lebten die berühmtesten italienischen Komponisten: Cherubini und Spontini, Donizetti und Rossini. Bellini war kürzlich hier gestorben. Liszt und Chopin hatten hier ihre legendäre Freundschaft geschlossen. Meyerbeer war aus Deutschland gekommen, um den Franzosen eine Reihe großer Opernwerke zu schenken. Offenbach, ebenfalls über den Rhein eingewandert, stand im Begriff,

Paris mit einem neuen Genre, nämlich mit kleinen musikalischen Komödien, zu beglücken.

In den Salons traf man sich täglich; man hörte neue Musik, tauschte literarische Erfahrungen aus, schmiedete Pläne, lud zu Ausstellungen aufsteigender Maler ein. Hier wurde Kunstpolitik gemacht, Posten wurden vergeben, Premieren beschlossen. Es wurde geplaudert, gerühmt, verdammt, intrigiert.

In einem der ersten Straußkonzerte wurde auf einem versteckten Platz der alte Paganini entdeckt und unter Akklamationen auf das Podium geholt, wo er Strauß lange und bewegt umarmte. Dem mochte seltsam zumute sein unter dem Kuß einer so sagenhaften Berühmtheit. Aber da unten saßen sie ja, alle großen Musiker von Paris, und applaudierten ihm herzlich und ehrlich beeindruckt, die Auber, Halévy und Adam, und viele andere mehr. Und Hector Berlioz saß da, das »enfant terrible« der französischen Musik. Und gerade er, mit der halben oder ganzen Musikwelt verfeindet, wurde zum Herold und Propheten des Wiener Dirigenten und seines Walzerorchesters. Im *Journal des Débats* konnte man es schwarz auf weiß lesen, in der vielbeachteten Rubrik des Komponisten der *Sinfonie phantastique*, der an kaum jemandem ein gutes Haar ließ, es sei denn Beethoven, und der war seit zehn Jahren tot. Berlioz schreibt:

»Es ist merkwürdig, daß in einer Stadt wie Paris, wo sich die ersten Virtuosen und Komponisten Europas befinden, die Ankunft eines deutschen Orchesters, das eigentlich nur den Anspruch erhebt, seine Walzer gut vorzutragen, ein musikalisches Ereignis von solchem Range werden konnte . . . Wir kannten den Namen Strauß bisher dank jener Musikverleger, die seine Walzer in Tausenden von Exemplaren verbreitet haben; auch dank Musard, der uns einige von ihnen vorgespielt hat. Aber von der Vollendung, dem Feuer, der Intelligenz und dem tiefen Gefühl für Rhythmus, die dieses Orchester mitbringt, hatten wir bisher keine Ahnung. Es sind 26 Künstler, die Strauß von Wien nach Paris brachte. Vier erste, vier zweite Violinen, ein Violoncello, zwei Kontrabässe, zwei Flöten, zwei Klarinetten, eine Oboe, zwei Trompeten, zwei Hörner, ein Fagott, ein Kornett, eine Posaune, eine Pauke, eine Harfe, die große Trommel. Da aber die meisten dieser Künstler mehrere Instrumente besitzen und sie mit größter Schnelligkeit wechseln, so ergibt sich aus der raschen Folge, mit welcher Strauß Licht und Schatten verteilt, daß sein kleines Orchester oft doppelt so groß erscheint . . .

Denkt man an die Hilfsmittel, die unseren so teuren Konservatorien zu Gebote stehen, so wird man nicht glauben wollen, daß man in

Paris weder eine Baßposaune noch ein Kontrafagott auftreiben kann
... man wird nicht glauben, daß es uns gegenwärtig unmöglich ist,
Mozarts ›Requiem‹ so aufzuführen, wie es komponiert ist, oder Beethovens c-Moll-Sinfonie oder Haydns ›Schöpfung‹, wie die Meister sie
wirklich instrumentiert haben ... Doch kehren wir zu Strauß zurück!
Nicht nur das Können der Blechbläser scheint mir sehr bemerkenswert. Die Klarinetten erzielen Nuancen von außerordentlicher Weich-
heit, ohne daß der Ton je unrein würde. Die Oboe erhielt einen Solo-
Applaus, als sie exponierte Passagen blies. Die Flöten sind vielleicht
nur mittelmäßig, aber die Violinen besitzen, trotz ihrer so kleinen
Zahl, eine Modulationsfähigkeit, aus der die Ausbildung der Künstler
und die geniale Präzision ihres Bogenstrichs zu uns spricht ...

Trotzdem sind die geschilderten Vorzüge nicht das Hauptverdienst
der Wiener; sie würden auch, obwohl sie nicht alltäglich sind, kaum
genügen, das große Interesse zu erklären ... Es gibt aber in der Musik
ein Gebiet, das bisher alle vernachlässigt haben, die ausübenden gerade so wie die schaffenden Künstler, und dessen Bedeutung doch rie-
senhaft ist. Überall macht man Fortschritte, aber auf diesem Gebiet
bemerkt man kaum den Beginn einer Entwicklung. Wovon spreche ich
wohl? Vom Rhythmus! Alle italienischen und ebenso alle unsere
eigenen französischen Meister haben den Rhythmus stets unter dem
gleichen schiefen Standpunkt betrachtet: als Zubehör zur Melodie
und Harmonie, beinahe als Nebensache. Zumindest als ein Hilfsmittel, dem man kaum Veränderungen abgewinnen kann, ohne die
Melodie in Unordnung oder gar in die Barbarei abgleiten zu lassen ...«

Da ist nun Berlioz bei seinem großen Thema angelangt. Kämpfte er
doch seit Jahren einen einsamen Kampf um den Rhythmus, wie er ihn
versteht, um diese »neue Dimension« der Musik, die in sich mindestens genauso viele Möglichkeiten birgt wie Melodie und Harmonie.
Oh, wie sie ihn alle mißverstehen oder gar verlachen! Sie, die keine
Ahnung von Rhythmus haben, von diesem wahren Lebenselixier, in
dem es Konsonanzen gibt und Dissonanzen und Kombinationen ohne
Zahl! Er zitiert Monteverdi, der bei seinen harmonischen Neuerungen
damals so einsam und unverstanden geblieben war wie heute er,
Hector Berlioz! Er hält seinen Franzosen den Deutschen Weber unter
die Nase, dessen glänzende Durchbrechung der »klassischen« Symme-
trie — zu der er natürlich auch Rossini und Meyerbeer rechnet, nicht
aber Beethoven — den großartigen *Freischütz* ermöglicht habe. Berlioz ist in großer Fahrt. In dem Wiener Strauß, der nur ein Jahr jünger
ist als er, hat er sofort einen Bundesgenossen gewittert. Er überschüt-

tet ihn mit Lorbeer; er stellt ihn kühn in eine Reihe mit den größten Meistern. Berlioz noch einmal wörtlich:

»Strauß' Musiker sind viel geübter, Schwierigkeiten des rhythmischen Wechsels zu überwinden, als unsere Musiker! Die Walzer, die sie vortragen und in denen die Melodie sich darin gefällt, immer neue Rhythmen zu erzeugen, sind schwer zu spielen, aber die Wiener beherrschen das mit Leichtigkeit. Die pikanten rhythmischen Spielereien gewinnen durch sie höchsten Reiz. Das ist der Grund, warum der Erfolg Johann Strauß' mir als ein sehr glückliches Vorzeichen für die musikalische Entwicklung von Paris erscheint; ich glaube nämlich, daß er mehr den rhythmischen Akzenten seiner Walzer zu verdanken ist als ihrer melodischen Anmut oder dem Glanz ihrer Instrumentation. Strauß bewegt sich auf dem Felde, das Beethoven und Weber zuerst erschlossen haben. Es ist das weite Feld des Rhythmus; wer es bebaut, wird große Früchte ernten ...«

Es war nicht das einzige Mal, daß Berlioz zum *Phänomen Strauß* die Feder ergriff. Auch seine Kollegen tun es gern und oft. Die Pariser Presse ist den Wienern vom ersten Augenblick an offenkundig gewogen. Sie berichtet auch: »Die Walzer von Strauß erzielen ungeheuren Erfolg. Letzten Sonntag ließ der Künstler sie am Hofe hören und erntete solche Wirkung, daß der König ihm ein prachtvolles Schmuckstück nebst zwei Tausend-Francs-Noten überreichen ließ ...«

Johann Strauß siegte im Zeichen des Wiener Walzers, der die halbe Welt aus den Angeln hob und verrückt machte. Es war das neue Genre, das siegte, nicht so sehr das einzelne Werk. Es war der *Walzer* neben *Galopp* und *Quadrille*, es war der Walzerrhythmus, der Europa in Tanzraserei versetzte. Erst beim zweiten großen Strauß wird es dann das einzelne Stück sein: *Frühlingsstimmen*, *Wiener Blut* oder *An der schönen blauen Donau*. Von Vater Strauß verlangt und erwartet man einfach Walzer, Wiener Walzer. Vielleicht wußte überhaupt nur ein kleiner Teil des Publikums, daß er sie selbst komponiert hatte.

»Der Johann Strauß von Paris« hieß Philippe Musard. Er galt als der König der Tanzmusik in der Seinestadt. Aber auch Musard war mehr, viel mehr als ein Ballkapellmeister. Er war ein feinfühliger Musiker und ein Mann von weltstädtischen Manieren. Am 8. November, eine Woche nach dem Debut der Wiener und vier Tage nach dem Spiel vor dem König in den Tuilerien, standen die beiden Rivalen gemeinsam vor dem Publikum. Der Pariser mit seinen gewohnten sechzig Mann, der Wiener mit nur sechsundzwanzig. Aber die Johann Strauß-Kapelle machte an Intensität, Feuer und Schwung wett, was die Musardleute an Klangentfaltung voraushatten. Die beiden Anführer erwiesen einander alle nur denkbaren Ehren und Höflichkeiten. Von jetzt an spielten die beiden Orchester allabendlich miteinander, vier Wochen lang. Das Publikum strömte in wahren Massen zu Musards elegantem Lokal, wo das Treffen stattfand. Es gibt zwar Berichte, die davon wissen wollen, daß viele Besucher gleich nach den Darbietungen der Wiener heimgegangen seien, bevor noch die Franzosen angefangen hätten zu spielen, aber diese »Wiener Version« darf nicht allzu wörtlich genommen werden. Wahr ist jedenfalls, daß Johann Strauß das Tagesgespräch der französischen Hauptstadt bildete.

Man sprach aber nicht nur in Paris von ihm. Nun verlangten andere Städte des Landes ebenfalls den berühmten (und die Kassen füllenden) Gast zu hören. Johann Strauß unternimmt mit seiner Kapelle eine Blitztournee in die Provinz: Rouen und Le Havre sind die wichtigsten Ziele. Dann rasch zurück nach Paris, wo der Karneval begonnen hat. Das Strauß-Orchester, kaum anders als in Wien, steht nun Abend für Abend im Einsatz. Für einen Maskenball in St. Honoré hatte Strauß am 27. Januar 1838 einen Galopp komponiert: *Le Carneval de Paris*, den er mit der nicht übermäßig originellen Widmung »Aux belles parisiennes« zierte. Aber er ließ, und das war neu für Paris, jeder Dame (alle wurden galanterweise mit »schöne Dame« angesprochen) diese Noten mit handschriftlicher Zueignung als kleines Geschenk überreichen. Zudem hatte Strauß den Saal feenhaft ausstatten und beleuchten lassen. Hier konnte Wien dem fortschrittlichen Paris doch noch einiges zeigen. Stolz berichteten die Musiker an ihre Familien daheim in Wien. Johann Strauß selbst schreibt, soviel wir wissen, keinen Brief nach Hause. Vielleicht war die Entfremdung von Maria Anna schon zu weit fortgeschritten.

Ob er an »die Andere« schrieb, an Emilie Trampusch, der er nun in steigendem Maße seine Liebe, zumindest seine Leidenschaft, zuwendet, ist unbekannt. Doch seine innere Zerrissenheit trägt zweifellos dazu bei, daß er nicht sofort nach Wien zurückwill. Daß ihn der Wiener Fasching nicht zur Heimkehr lockt, gibt zu denken.

Vom Aufenthalt in der Seinestadt könnte man noch viele Episoden erzählen. Von zweien vornehmlich berichten Reinöhl und Schönherr. Da ist einmal der Brand der Italienischen Oper. Johann Strauß und seine Musiker werden durch den schreckenerregenden nächtlichen Feuerschein alarmiert. Sie helfen beim Löschen, so gut es nur geht. Am nächsten Tag berichten die Pariser Blätter voll Lob und Dank darüber, wie Strauß »die große Feuerspritze dirigiert habe, während seine Männer wie die Verzweifelten pumpten ...«

Besonders hübsch eine Anekdote, die wahr sein soll: Strauß hatte seinen Pariser Kollegen Musard darum gebeten, ab und zu in dessen Kapelle am Geigenpult mitspielen zu dürfen. Er wollte an Ort und Stelle, bei einem wahren Meister, die authentische Wiedergabe einer Quadrille erlernen, in der Musard als unübertrefflich galt. Die Quadrille wollte er seinen Landsleuten als Geschenk mitbringen.

Aber bis zur Überreichung des Geschenks sollte noch geraume Zeit vergehen. Nun hatte Strauß den wahrhaft internationalen Ruhm erfahren. Nach den Kronländern der Monarchie, nach Ungarn und Böhmen also, nach dem Siegeszug durch die deutschen Städte, nach dem rivalisierenden Berlin und dem preußischen Königshof hatte er nun das Zentrum Europas, Paris, erobert — nein, fasziniert, behext. Der Löwe hatte Blut geleckt.

Reisen war zu seiner Leidenschaft geworden. Er war von Natur unstet, unruhig. Nur ständiger Wechsel, neue Erregungen konnten ihn in Hochspannung halten, Hochleistungen vollbringen lassen. War es eine Flucht vor sich selbst? Vor irgend etwas in seinem innersten Wesen oder seinem Alltag? Wie gehetzt lebt er das letzte Jahrzehnt seines kurzen Lebens. Künstlerische Gründe sind hierfür nicht maßgebend: ist etwa das Publikum in Rouen, in Heidelberg oder irgendwo sonst »besser« als das beim *Sperl*? Es ist im Grunde genommen gleich, da oder dort, genauso anonym, genauso begeistert, genauso nah und doch ganz weit weg. Es tanzt und applaudiert, es lacht und läßt sich berauschen, es kommt aus hundert verschiedenen Wohnungen, und in jeder ist Glück, ist Leid, Mißgunst und Zuneigung. Nein, nicht das Publikum ist es, das Johann Strauß durch Europa jagt, damit er sich verzehre in immer wilderem Taumel, allabendlich im Lichterglanz des Ruhms.

Wien wartet auf ihn. Er weiß es, er spürt es. An jedem Abend, da er in der Fremde spielt, tauchen sie vor dem geschlossenen Auge auf: die Blicke der Seinen in Wien, wo sie nun von ihm sprachen, rätselten, wann er wohl heimkommen werde, und wo sie ihn, wie er genau wußte, sehr vermißten. Was trieb ihn »da draußen« herum, mochten sie fragen. Der Ruhm, das Geld? Nun, er war nicht gefeit gegen sie, warum hätte er es auch sein sollen. Beides war ja nur seine Bestätigung. Er, der kleine Geiger aus der armseligen Vorstadt; nun lag »die Welt« ihm zu Füßen. Er zog Zehntausende mit dem einfachen Heben seines Geigenbogens in den Bann. Ein leichtes Wiegen seines Körpers, und schon drehten sie sich ekstatisch im Tanze. Er war der große Hypnotiseur, der Magier, der statt des Zauberstabs einen Geigenbogen verwendete, um Menschen in Trance zu versetzen, damit sie ihr Ich, ihren Alltag eine Weile vergaßen.

Wo konnte er dieses überwältigende Gefühl besser auskosten als auf Reisen? Wo nichts ihn zurückriß in die Gewöhnlichkeit, in die Alltäglichkeit, die ihn in Wien auch nach den größten Triumphen immer und von überall angrinste. In Wien, da war er »zu Hause«, und das bedeutete, daß jeder ihn zu kennen glaubte, sein Handeln zu beurteilen sich erdreistete. In Wien war er ein Magier nur, solange er da oben stand, spielte und dirigierte, wo man aber hinter ihm hertuschelte: über die arme verlassene Gattin, die Buben, die ihn kaum mehr zu Gesicht bekämen, oder die »hübsche Schlampe«, die ihn einzufangen gewußt und nun, fast um die Wette mit der »Legitimen«, Kind auf Kind vom Herrn Musikdirektor bekam.

In Paris wußte das niemand, außer seinen Musikern, und das waren Freunde, die einzig wahren, die er vielleicht in seinem Leben gewonnen. In Paris war er der große Magier, ohne Einschränkung. Auch in Le Havre war er es und an hundert anderen Orten. Da war er groß. Es war übrigens ein Franzose gewesen, der diesen Zustand gekannt und mit wenigen Worten charakterisiert hatte: Napoleon wußte, daß »niemand vor seinem eigenen Kammerdiener groß sein könne« ...

Also: weiterreisen! Wohin aber? England lockte. Vielleicht weniger glanzvoll als Paris, doch irgendwie solider, weniger auf flüchtige Sensationen, dafür mehr auf bleibende Werte bedacht. Seit Jahrhunderten lag London so da, war Weltstadt und Kulturzentrum, Inbegriff von Tradition und Macht, fast unberührt von den Ereignissen des Tages. Eine moderne, eine weltbeherrschende Stadt, aus der tausend Fäden hinausliefen in ein täglich wachsendes Imperium, das dem Mutterland weit über ein Jahrhundert hinweg die wirtschaftliche und finanzielle Vorherrschaft der Welt sichern sollte.

In London stand ein Ereignis von damals noch kaum abzuschätzender Tragweite bevor: Ein junges Mädchen mit dem symbolhaften Namen Victoria wurde zur Königin von England gekrönt. Das *Viktorianische Zeitalter* begann. Johann Strauß war dabei, als es höchst feierlich unter Kanonendonner und Glockengeläut, unter Jubelrufen und Orchesterklängen eingeleitet wurde.

Die Chronik verzeichnet dies, und der gute Thyam, der ganz nüchtern alles notiert, was auf den Straußreisen geschieht, berichtet, wie der Kanal in der Nacht vom 11. zum 12. April 1838 bei Mondschein und ruhiger See gekreuzt wurde, und wie fünf Tage nach der Ankunft in London das erste Auftreten stattfand, »bei sehr geringem Interesse seitens der Engländer«. Wie aber am Tage darauf (18. April 1838) die *Morning Post* einen begeisterten Artikel publiziert, in dem es vor Superlativen nur so wimmelt: »perfection, accuracy, sharpness, exquisite precision«. Dies alles gilt dem Orchester. Hernach folgt eine wahre Hymne auf Strauß und sein Geigenspiel. Das Großartigste, so heißt es da, was man auf dieser Seite des Kanals je auf dem Gebiet gehört habe. Und darauf ist das zweite Konzert überfüllt; hohe und bald höchste Persönlichkeiten fördern das Orchester, laden es ein, ehren es. Am 10. Mai spielt Strauß zum ersten Mal im Königsschloß zum Tanz auf. Dort gibt es — die *Wiener Theaterzeitung* läßt sich alles genau berichten, denn sie weiß, wie sehr jede Einzelheit die Leser interessiert — ein Honorar von zweihundertfünfzig Pfund Sterling. Die Wiener schlagen die Hände überm Kopf zusammen. Als sie am Ende dieser Tournee von fünfzigtausend Pfund Einnahmen hören, können sie sich nicht fassen; diese Summe übersteigt ihr Vorstellungsvermögen.

Also ist er jetzt Millionär, der Strauß? Er ist es nicht, er wird es auch nicht werden. Denn er gibt mit vollen Händen aus, was er einnimmt. Zuerst für seine Musiker (von denen übrigens vier absprangen, bevor die Weiterreise nach England unternommen wurde). Das ist schön von ihm, meinen die Wiener; und auch klug, setzen andere hinzu, denn was wäre ein Feldherr ohne Truppe? Dann gibt er eine Menge Geld für das Auftreten selbst aus. Er umgibt es überall, genau wie in Wien, mit höchster Eleganz.

Am 28. Juni 1838 vermerkt Thyam lakonisch: »Musik bei der Krönung«. Neben anderen Musikkapellen spielt Strauß an einem Kreuzungspunkt, wo die Menge sich drängt und der Festzug vorbeikommt, unermüdlich seine Huldigungsmärsche, seine beschwingten Tänze. Am gleichen Abend hält der Chronist »Ball beim Herzog von Wellington« fest, und das ist ein wichtiges Ereignis. In den darauffolgenden Tagen gibt es einen feenhaften Ball beim Fürsten Schwarzenberg, der seinen Park so beleuchten läßt, wie Strauß es von seinem getreuen Lamperl-Hirsch von Wien her gewohnt ist. Ein sensationelles Feuerwerk beschließt den Abend. Von einem Ball im Palais des Marschall Soult wird berichtet, einer politisch seltsamen Erscheinung. Soult ist Herzog von Dalmatien von Napoleons Gnaden (den schon lange die Erde deckt, von der er so viel eroberte). Trotz allem ist er aber ein Grandseigneur im stets napoleonfeindlichen England geblieben. Es wäre zu viel, alle die Feste und Bälle aufzuzählen, bei denen das Spiel der Strauß-Kapelle aus Wien im Mittelpunkt stand. Er hatte wieder einmal restlos gesiegt.

Wieder, wie in Paris und in Wien, besiegelte Strauß seinen Triumph durch zweckentsprechende und klug verteilte Widmungen eigener Werke. In der Gesamtausgabe erscheint unter Opus 103 die *Huldigung*

Das »Hirschenhaus«, in das die Familie Strauß 1834 einzog.

Joseph Strauß

Eduard Strauß

an die Königin Victoria von Großbritannien. Es ist ein Walzer, dessen Apotheose im »God save the Queen« gipfelt. Und Victoria nahm den Walzer nicht nur huldvoll an — sie tanzte ihn sogar.

Was das damals bedeutete, kann man sich heute kaum noch vorstellen. Denn der Walzer kam, wie hundert Jahre später der Tango, von »unten«. Gewiß, unter seinen Vorformen hatte es auch solche »höherer« Abstammung gegeben. Während aber zumeist der Weg der Tänze umgekehrt verläuft (aus Hofkreisen und Aristokratie sickern sie ins Volk, werden dort vergröbert und vereinfacht, oft bis zur Unkenntlichkeit), erlebt der Walzer eine rasche und beträchtliche Rangerhöhung. Vielleicht war es die junge, liebreizende Victoria von England, die ihm damals, vielleicht sogar an ihrem Krönungstag, den Ritterschlag erteilte. Was kurz zuvor in höheren Kreisen noch als unannehmbar gegolten, das Einander-Umfassen der Paare, das an die Grenzen des Gleichgewichts vorstoßende Walzen, nun war es »von höchsten Füßen« geadelt, durch königliche Anmut hoffähig gemacht worden. Und die Bedenken gegen die »Unmoral« wurden gemäßigter. Das Jahrhundert lernte, trotz aller Klassenunterschiede, etwas vom Gemeinsinn kennen. Man umarmte, man verbrüderte sich bei gewissen Gelegenheiten — sozusagen ohne mit der Wimper zu zucken. Man tanzte, man drehte sich in immer schnellerem Tempo, bis man im glücklichen Hingerissensein nicht mehr wußte, was feststand und was sich bewegte.

Nun aber heim, sagen die Musiker zu ihrem Strauß. Schön war's gewesen, ja, nun würden sie als berühmte Leute nach Wien zurückkehren, beladen mit Geschenken und Andenken. Sie konnten berichten, wie man sie umschwärmt hatte in den fremden Ländern, leider in allzu fremden Sprachen oft. Nun jedenfalls heim! Es schien ihnen an der Zeit zu sein. Allerhöchste Zeit.

Aber Johann, der Besessene, will nicht heim. Er nimmt alle Einladungen in die englischen Städte an: Birmingham, Manchester, Dublin, Leamington, Cheltenham, Bath, Clifton, Southampton, Brighton, Portsmouth. Da beginnen die sonst so getreuen, ergebenen Orchestermitglieder zu murren, bald sogar offen zu meutern. Strauß will sie beschwichtigen. Er führt seine Schar über den Kanal zurück. Sie sollen den Kontinent wieder unter den Füßen haben und damit das Gefühl, sie könnten nun leichter und rascher heim nach Wien, ja, denken sollen sie, daß man schon auf halbem Wege dorthin sei.

Kaum aber hat sich die Stimmung gebessert — Konzerte in Boulogne, Abbéville, Le Havre, Rouen bringen glänzende Erfolge —, da scheint Strauß jedes Maß zu verlieren. Er jagt seine Musiker über das

Wasser zurück nach England und auf eine verrückte Tournee durch Southampton, Portsmouth, Reading, Cheltenham, Leamington, Worcester, Leicester. Daß er jeden Tag bleicher wird, daß seine Augen immer fiebriger, aber dabei immer fanatischer leuchten, wenn er ihnen vorgeigt, sie merken es. Vielleicht sprechen sie darüber untereinander, im Stillen, doch keiner riskiert ein offenes Wort. Strauß wird immer unergründlicher, unansprechbarer. So muß Napoleon seine Truppen immer tiefer nach Rußland hineingehetzt haben, von Sieg zu Sieg und doch keinem erreichbaren Ende nahe ...

Die Musiker beraten untereinander, was zu tun sei. Der Meister ist krank, darüber besteht kein Zweifel, wenn sie sich auch über die Art seiner Erkrankung im Unklaren sind. Und doch: sein Körper gehorcht ihm. Er besitzt noch eine ungeheure Energie. Ist sein Gemüt krank? Er spricht sich mit keinem aus, sie können nur raten, was da wohl an seiner Seele so zehrte, daß sie seinen Körper in einen Abgrund zu reißen droht. Seine Frau? Sie zucken die Achseln. Oder »die Andere«?

Aber der Mann, über dessen Zustand sie sich da den Kopf zerbrechen, steht doch jede Nacht vor ihnen, geigt wie rasend, dirigiert mit geballtester Kraft. Bis die Kräfte ihn dann doch eines Abends plötzlich verlassen: In Leicester kann er nicht mehr weiter. Er muß wankend vom Podium gehen, einer seiner Leute stützt ihn, ein anderer springt schnell in die Bresche. In elendem, fast gebrochenem Zustand schleppt er seine Musiker mit sich aufs Schiff und nach Calais hinüber, aufs Festland. Nun nur schnell heim, denken sie. Aber Strauß hat noch einen Funken Kraft, und solange er den hat, wird der Gesang seiner Geige nicht schweigen. In Calais steht er dann doch wieder auf dem Konzertpodium, aber nach der ersten Hälfte des Programms muß er abtreten, kreidebleich, sichtlich leidend. Ist es schon der endgültige Zusammenbruch? Kommt der Tod und nimmt diesen Mann jetzt zu sich, von fremder Erde, wo er nicht daheim ist und niemand ihn kennt, vierunddreißig Jahre alt, aber so verbraucht, als wären es doppelt so viele?

Die *Wiener Theaterzeitung*, Sprachrohr der beinahe märchenhaften Erfolge, verzeichnet nun die Leidensstationen dieser entsetzlichen Heimkehr. »Strauß war auf der Durchreise sehr leidend«, heißt es in einem Bericht aus Augsburg. München meldet: »Strauß ist hier, aber in welchem Zustand! Er kam am 16. Dezember mit 21 Musikern hier an und man trug ihn von der Post in das Gasthaus Gmächle, wo er zwei Tage verweilte ...« Zuletzt lesen die entsetzten Wiener: »Strauß ist endlich in Wien angekommen, aber so leidend, daß es einer geraumen Zeit bedürfen wird, ihn vollkommen gesund zu machen. So bald wird er öffentlich nicht spielen ...«

10

Die Kehrseite der Medaille

Er wird es doch tun. Sie haben ihn alle unterschätzt. Noch zehn Jahre lang wird er geigen und dirigieren und komponieren. Aber von dieser Fortsetzung seines Lebens nach dem Zusammenbruch von Leicester und Calais wollen wir später berichten. Nun gilt es einen Blick auf die Kehrseite einer »Welteroberung« zu werfen. Auf den Alltag, auf die rein menschliche Seite des Mannes, der da hinauszog durch halb Europa, wie ein sieggewohnter Feldherr. Denn auch sieggewohnte Feldherren leben — bei seltsamer Bewußtseinsspaltung allerdings — das Leben »gewöhnlicher« Menschen.

Während der Vater in zahllosen Städten bejubelt wird, wachsen in Wien seine Kinder auf, in der stillen Obhut von Anna Streim. Die beiden ältesten Buben, Johann und Josef, gehen ja längst in die Schule. Sie lieben die Schulbänke nicht, ihr ganzes Herz gehört jetzt schon der Musik. Der Vater, wenn er an sie denkt, wischt diesen Gedanken nervös, ja heftig von der Stirn. Nur das nicht! Sie sollen »solide Bürger« werden mit einem Beruf, der nicht von der Laune und Gunst der Menge abhängt, bei dem nicht alle Abende Höchstleistungen gefordert werden, bei dem einem nicht täglich was Neues einfallen muß, bloß um sich zu behaupten. Nein, Staatsbeamte! Überall angesehen, mit einer ruhigen, berechenbaren Laufbahn, einen Schreibtisch vor sich und Schriftstücke darauf — kurzum einen genau vorgezeichneten Weg mit ordentlichen Aufstiegsmöglichkeiten, wenn man treu und redlich diente ... oder Kaufleute vielleicht, keine Bierwirte natürlich, wie die Großeltern es gewesen — in diesem übelriechenden Lokal drunten im Elendsviertel am Fluß mit den Betrunkenen rundum —, nein, Kaufleute sollen sie werden, wie es sie nun in immer größerer Zahl gab, mit eigenem Comptoir, mit einem Buchhalter vielleicht, der die Zahlen einträgt, die Einfuhren und Ausfuhren, das Soll und Haben und wie diese Dinge alle heißen, ... das sollen sie einmal werden, so etwas erträumt Vater Strauß für seine Buben.

Wer weiß, warum es ihn so erschreckte, daß sie Musiker werden wollen. Warum treibt ihm der bloße Gedanke, daß der Schani, sein Ältester, ihm nacheifern könnte, Angstschweiß auf die Stirn? Es können die verschiedenartigsten Beweggründe gewesen sein, die ihn zu allen möglichen Gegenmaßnahmen greifen ließen. Wir neigen zur Auffassung, die wir oben dargelegt haben: Sie sollen es »besser« haben, als er selbst es hatte. Es ist der Wunsch jedes Vaters. Kämpfe, die er selbst durchstehen mußte, sollen den Kindern erspart bleiben. Vielleicht meint er, wie viele Väter, darum selbst so hart gearbeitet zu haben, um es den Kindern einmal leichter zu machen.

Aber es gibt auch eine entgegengesetzte Auffassung. Und wenn die Dinge dann auf ihrem Höhepunkt angelangt sein werden, wenn es schon klar zutage liegen wird, daß des Jungen Laufbahn seinem Herzen zutiefst entspricht und daß nichts, absolut nichts ihn abhalten kann — dann ist des Vaters Vorgehen mit »Liebe« zum Sohn, mit »väterlicher Vorsorge« nicht mehr zu erklären.

Sollte er doch eifersüchtig gewesen sein? Wollte er der einzige Johann Strauß bleiben? War der Altersunterschied zwischen ihm und seinem Sohn zu gering — einundzwanzig Jahre sind wenig —, als daß er das Gefühl des alternden Herrschers hätte haben können, der stolz und glücklich das Szepter eines eroberten und weise verwalteten Reiches in des Nachfolgers Hände legt?

Wir wissen es nicht, niemand weiß es. Wir wissen nur, daß er eifrig darüber wacht, daß die »Buben« keine engen Kontakte zur Musik bekämen. »Zuerst die Schule!« Das war sein Grundsatz. Und er suchte im Geist schon für die noch kleinen Jungen geeignete Schulen und Institute aus, in denen sie später für »solide« Berufe ausgebildet werden sollten. Gewiß, so ein klein wenig Klavierspiel etwa, das konnte nicht schaden; das war ja sogar »bürgerlich«, lag also genau in seinen Plänen. Er würde die Erziehung schon lenken, da hatte er, der gewohnt war, wesentlich größere »Ensembles« zu leiten, keinerlei Bedenken.

Aber das Schicksal durchkreuzte seine Pläne. Es nahm ihm die Erziehung seiner Söhne aus der Hand und legte sie in die seiner Frau. Und so geriet sie genau in die entgegengesetzte Richtung: Verständnis, Einfühlung, Klugheit ... oder Trotz? Was bewog Maria Anna Streim, ihrem Schani mit allen ihren mütterlichen Kräften den Weg zu ebnen, den der Vater verstellen wollte? Natürlich kannte sie ihre Kinder besser, ungleich besser, als der Vater sie kannte. Natürlich wußte sie, mit welcher Liebe — ja, man kann, obwohl es sich um ein Kind handelt, hier schon von Leidenschaft sprechen — Schani an der Musik hing. Die Musiker, die täglich ins Haus kamen, hatten Anna bestimmt auf das schon früh sich äußernde Talent ihres Ältesten aufmerksam gemacht. Aber hätte sie den zähen Kampf gegen die väterliche Autorität auch aufgenommen, wenn ihr Gatte bei ihr geblieben wäre? So aber, da die Dinge nun einmal anders gekommen waren, wurde das Musikertum ihres Schanibuben zu mehr als einer erzieherischen Frage. In ihm konnte sie vielleicht den großen Triumph erleben, der — wenigstens teilweise — ihre Niederlage als Frau gutmachen würde. Sie konnte sich, man muß es sehr direkt sagen, rächen. Dieser Gedanke war ihr, der einfachen Frau aus dem Volke, sicher nicht voll bewußt. Ja, sie hätte einen solchen Beweggrund wohl auch, hätte man ihn ihr auf den Kopf zugesagt, entrüstet geleugnet, und dabei nicht einmal gelogen. Aber tief in ihr, so tief, daß sie selbst es kaum deutlich erkennen konnte, brannte nun, da ihr Mann von ihr gegangen war, ein schmerzliches Leid, eine bittere Enttäuschung. Ihre wankende Welt konnte nur am Sohn Halt gewinnen. Aller Glanz, den sie nicht an der Seite ihres Gatten erleben durfte — wenn er sie überhaupt jemals daran hatte teilnehmen lassen —, sollte ihr vom Sohne zukommen. Das war wohl Maria Annas Traum. Der Traum einer liebenden Mutter, aber auch der Traum einer verratenen Frau.

Es muß zwischen 1833 und 1834 gewesen sein: da hatte der glänzende Herr Kapellmeister Johann Strauß, umschwärmt, umjubelt und populär wie kaum ein anderer in Wien, zum ersten Mal in das hübsche, echt wienerische Gesicht der Emilie Trampusch geschaut. Die neunzehnjährige Modistin hat wahrscheinlich, wie alle Mädeln aus dem Wiener Volk, leidenschaftlich gern getanzt und mit ein paar Kreuzern aus dem Ersparten den Wiener Fasching »mitgemacht«. Sie tanzte nicht nur bei diesen Bällen; allmählich gewöhnte sie sich an, lange an das Podium gelehnt zu stehen, auf dem Johann Strauß geigte. Sie schaute zu ihm hinauf, himmelte ihn an, wie hundert andere das auch taten, sie fühlte sich diesem seltsamen, irgendwie aus fremden Regionen kommenden Mann gegenüber so ganz anders, als sie es bei anderen Männern gewohnt war. Sie kannte das Wort Magier nicht, sie hätte ihn nie einen Eroberer genannt, weil ihrem kleinen Modistinnendasein so große Worte unbekannt waren. Aber sie war ihm erlegen, lange bevor er sie bemerkt oder gar ein Wort an sie gerichtet hatte. Emilie Trampusch.

Wäre sie zur Stammutter bedeutender Straußscher Kinder geworden, so müßten wir uns näher mit ihrer Herkunft befassen. Aber wir stehen vor einer eigenartigen Tatsache: die Kinder, die aus der Ehe mit Maria Anna Streim hervorgingen, erbten in der männlichen Linie das Talent, ja das Genie des Vaters. Die nahezu gleichzeitig aus seinem Verhältnis mit Emilie Trampusch Geborenen hingegen gingen in völliger Bedeutungslosigkeit, ja Anonymität unter. Gibt es Erklärungen hierfür? War Emilie ihrer »legitimen« Rivalin so unterlegen? Abstammungsmäßig müßte das nicht der Fall sein: Vater Trampusch (in Dokumenten auch als Trambusch oder Trambosch aufgeführt) war Wundarzt; kein echter Mediziner also, aber immerhin doch ein Mann von beruflichem Können und einer gewissen, wenn auch vielleicht rudimentären Bildung. Emilie soll in Saar, im damaligen Kronland Mähren, um 1814 auf die Welt gekommen sein.

Johann Strauß verliebte sich in die junge Emilie. Etwas zog ihn mächtig zu ihr hin. Ihn, der sonst flüchtigen Abenteuern, wie sie sich ihm täglich boten, abgeneigt schien, fesselte dieses Mädchen. Es gibt kein Bild von ihr. Aber wahrscheinlich wäre auch damit keine ausreichende Erklärung gegeben, warum Strauß langsam, aber unaufhaltsam seiner Gattin, seinem Heim, seinen Kindern entglitt und den Ruhepunkt seines Lebens bei Emilie suchte.

Vielleicht war es gerade das: der Ruhepunkt. Er, der ewig Gehetzte, der seine ungeheuren Energien in jedem Augenblick voll einsetzte, der unermüdlich tätig war, den ein innerer Trieb jagte, für den er keine Erklärung hätte finden können, er fand die ersehnte Ruhe in den Armen Emiliens. Sie mochte das »süße Wiener Mädel« sein, das diesen Namen allerdings erst Jahrzehnte später durch Arthur Schnitzler erhalten sollte: lieb und lustig, anmutig und sinnlich, anschmiegsam und zärtlich. Wenn er sie küßte, dann lockten ihre blitzenden hellen Augen ihn weit fort vom Alltag, dann war er nicht der Kapellmeister, sie nicht die Modistin, dann war er ein Märchenprinz und sie einfach das Mädel aus dem Volk, das er auf seinen Thron hob, und sei es auch nur für die seligen Stunden des Beisammensein, da der Alltag versank und alles, was »draußen« geschah, unwirklich und unwichtig wurde. Sie hatte nicht viel zu vergessen dabei, er aber vergaß den *Sperl* und die Hofballsäle, er vergaß das rasende Notenschreiben und die Aufregungen der Nächte. Er vergaß die tausend Kleinigkeiten, die seine Gedanken in jedem Augenblick forderten; aber er vergaß auch Maria Anna, die gemeinsame Wohnung, die Kinder.

In seinem Schauspiel *Anatol* schildert Schnitzler das »süße Wiener Mädel« folgendermaßen: »Sie ist nicht faszinierend schön, sie ist nicht besonders elegant, und sie ist durchaus nicht geistreich ... aber sie hat die weiche Anmut eines Frühlingsabends ... und die Grazie einer verzauberten Prinzessin ... und den Geist eines Mädchens, das zu lieben weiß ...« So war möglicherweise Emilie Trampusch. Für Johann Strauß war sie so. Ob nicht auch Maria Anna Streim acht oder zehn Jahre vorher das »süße Wiener Mädel« gewesen war?

Mit dem Verliebtsein, mit den flüchtigen Stunden im Dämmerschein ihres ärmlichen Zimmers, mit Wagenfahrten in den duftenden Wienerwald hatte es begonnen, und es wurde allmählich eine tiefe Leidenschaft daraus. Niemand hätte Emilie eine Magierin genannt: aber sie verzauberte den Magier. Niemand konnte behaupten, daß sie auf Eroberungen aus war, und doch hat sie den Eroberer Johann Strauß erobert.

Lange Jahre hindurch litt er, litten alle drei Beteiligten an der Unentschiedenheit der Verhältnisse. Strauß wohnte noch bei seiner Familie, aber die Stimmung war gereizt, der häusliche Frieden längst dahin. Maria Anna wußte, daß er »zur Anderen« ging, wenn er davonstürmte. Immer gab es Menschen, die ihr genau von jeder Ausfahrt, jedem Besuch eines Lokals berichteten, wo Strauß mit Emilie gesehen wurde; und vor allem erfuhr Anna von jeder Schwangerschaft Emiliens. Im Zeitraum von 1835 bis 1844 brachte Emilie sieben Strauß-Kinder zur Welt: vier Mädchen und drei Knaben. Zwei Knaben starben wenige Tage nach der Geburt.

Maria Anna Strauß reichte erst 1844 die Scheidung ein und erhielt sie 1846. Dann zog Strauß mit Emilie zuerst in ein Haus in der Leopoldstadt, 1848 in die Innere Stadt, in das heutige Haus Kumpfgasse 11, wo er ein Jahr später starb. Dann kam es, wie es in solchen Fällen zu gehen pflegt, zu erneuten erbitterten Auseinandersetzungen zwischen den beiden Frauen und ihren Rechtsberatern. Dieses Mal ging es nicht mehr um den Mann, sondern um sein Erbe, um das Maria Anna sich betrogen fühlte. Mit Unrecht wohl, denn Emilie scheint den Rest ihres Lebens in großer Armut verbracht zu haben.

Den Ruf einer »Schlampe«, eines leichtfertigen Weibes, den Wien ihr anhängte, schien sie zumindest nachträglich zu rechtfertigen: sie gebar ein gutes Jahr nach Johanns Tod, im November 1850, noch ein Kind. Ab 1857 verliert sich ihre Spur. Niemand weiß, was aus Emilie geworden ist. Gewiß ist nur, daß sie die »große Liebe« von Johann Strauß war.

11

Strauß ist noch lange nicht tot

Mit unglaublicher Energie überwindet der mühsam nach Wien Heimgebrachte seinen Zusammenbruch. In vierzehn Tagen ist er überm Berg. Schon am 10. Januar steht sein siegreiches Orchester auf dem Podium des *Sperl*. Es dirigiert ein Stellvertreter, der Meister bleibt noch unsichtbar. Aber die Stimmung ist festlich und erregt: Johann Strauß hat sein Wiedererscheinen für den 13. angekündigt!

An diesem Abend ist das Lokal brechend voll. Eine fühlbare Spannung liegt über dem Saal. Sie wächst von Stunde zu Stunde. Es wird immer später. Sollte er doch nicht kommen, nicht kommen können, nie wieder kommen? Vielleicht war die Ankündigung nur ihm zuliebe gemacht worden, um ihn selbst über seinen Zustand hinwegzutäuschen? Vielleicht lag er wirklich im Sterben, wie die in der Stadt kursierenden Gerüchte es immer wieder wissen wollten? Die Tausende flüstern nur, niemand wagt es, laut zu reden oder gar zu lachen. Es ist eine seltsame Stimmung für eine Ballnacht. Das Orchester spielt ab und zu einen Tanz, aber niemand hört so recht hin, niemand hat Lust, zu tanzen. Alle Blicke sind zur Tür gerichtet.

Und dann geht ein Sturm durchs Haus. Augenzeugen erzählen von orkanartigen Ovationen, die zehn Minuten anhalten. Strauß verbeugt sich immer wieder, hebt manchmal die Hände, als wolle er grüßen, winken, danken. Er ist blaß, noch blasser als in früheren Jahren. Es fällt auf, besonders den Frauen, die ihn so noch anziehender, noch interessanter finden. Blässe — das ist ja die große Mode der in ihrer Hochblüte stehenden Romantik. Ein echter Künstler vollends mußte blaß sein, mußte die Maske des Leidens tragen — so wollten es die Leute. Künstler sein ohne zu leiden, das schien unmöglich. Sie wußten gar nicht, wie recht sie im tiefsten Grunde hatten! Wer nicht litt, tat einfach so, als ob er leide.

Aber des Meisters Blässe war keine Maske und »Mode«. Er war von den Toten oder zumindest von den Halbtoten auferstanden. Seine Musiker schauen ihn voll Bewunderung an: sie erinnern sich in diesem Augenblick daran, wie er, wenige Wochen vorher, in der Fremde zusammengebrochen war, fast ohne Puls, ohne Herzschlag, ohne Blut im fahlen Gesicht. Wie sie ihn heimgebracht hatten, behutsam und beinahe ohne Hoffnung, daß er noch lebend in Wien eintreffen könnte. Und nun schwang er da vor ihnen wieder den Bogen, so meisterlich, so schwungvoll und energiegeladen wie eh und je. Ein Wunder war geschehen.

Sie wissen, daß Maria Anna ihn gesundgepflegt hat, aber sie wissen auch, daß das Zerwürfnis zwischen ihnen immer tiefer und unüberbrückbarer wird. Aber »die Andere«? Die hat ihm doch schon drei Kinder geboren? Es wird viel getuschelt rund um den bleichen Herrn Musikdirektor da oben, auch über seine Buben, die im »Hirschenhause«, die »legitimen« ... der Vater läßt sie »studieren«, sein Aufstieg ins Bürgertum soll in jeder Weise dokumentiert werden.

Doch er selbst ist kein Bürger und wird es nie werden. Seine Blässe ist die Folge der Krankheit, die er nicht geheilt, sondern nur mit gewaltiger Energie verdrängt hat. Aber sie ist auch die Folge dieses maßlosen Lebens, dieses Erobererdaseins, das sich wie in einer wilden Sucht selbst verzehrt. Es ist die Blässe eines Gehetzten. Wer hetzt ihn?

Ein Unsichtbares, Unerkennbares, das aus Ruhmsucht, Flucht vor dem Alltag, aus undefinierbarem Unbefriedigtsein, aber auch aus jenem Künstlertum zusammengesetzt ist, das tief innen brennt und die von ihm Besessenen zu Wesen außerhalb jeder Norm stempelt.

Nun steht der bleiche Mann wieder oben auf dem Podium, beim *Sperl*, beim *Dommayer*, in vielen anderen Lokalen, die er mit seiner magnetischen Zugkraft füllt. »Unter der persönlichen Leitung ...«, steht an manchen Wiener Abenden bei drei, räumlich oft weit auseinanderliegenden Auftritten. Seine Kapelle ist längst stark genug, um auf drei oder vier Gruppen verteilt zu werden; und jede Gruppe ist gut genug, um weltbekannte Musiker auf viele, viele Stunden des Zuhörens zu fesseln.

Ein leichträdriger Wagen fährt den Meister, von schnellen Pferden gezogen, von Lokal zu Lokal. Er schleudert einige Walzer, einen Galopp oder eine Quadrille in den Saal, und schon ist er wieder fort, während der Applaus noch zu den Musikern hinaufbrandet — fort, auf der Fahrt zum nächsten Ball, wo sein Eintreffen genau festgelegt ist. Genau berechnet ist alles; wie viele Stücke der Stellvertreter zu leiten hat; wie lange die Pausen zwischen den einzelnen Tänzen sein sollen. Auf die Minute genau weiß des Meisters Leibkutscher, zu welcher Auftrittszeit sein Herr in welchem Lokal sein soll; und dementsprechend fährt er, bald im Trab, bald im gestreckten Galopp durch die beinahe menschenleeren Straßen der Stadt. Das Personal jedes Lokals weiß, wann der Fiaker mit dem Meister eintreffen wird. Noch ehe die Pferde ganz zum Stillstand gekommen sind in der kalten Nachtluft, da ist schon der »Türlschnapper« bei der Hand und reißt den Schlag auf, als handle sich's wirklich um einen Feldherrn oder einen Fürsten. Zwei, drei Diener, die ihm den Weg durch einen Seitengang bahnen, ein Bursche, der ihm die Geige in die Hand drückt: Jetzt eilt er schon elastischen Schritts aufs Podium, er tritt vor sein Publikum, und ein einziger langer Jubelschrei ertönt. Dann dirigiert und geigt er, eine bestimmte Zahl von Tänzen, für die dem Lokalbesitzer kein Betrag zu hoch dünkt. Doch immer häufiger wird die Berechnung über den Haufen geworfen, es bürgert sich ein, daß ein neues Werk von Johann Strauß nicht nur einmal gespielt, sondern fünfmal, siebenmal zur Wiederholung verlangt wird, so stürmisch und bittend, daß an Widerspruch nicht zu denken ist, obwohl der gesamte Abendplan durcheinandergerät.

So vergehen Fasching und Frühling 1839 in einem wahren Taumel. Es gibt »gewöhnliche« Bälle, die aber schon durch Strauß aus dem alltäglichen Rahmen der zahllosen Wiener Tanzvergnügungen gehoben werden, und es gibt »Feste«, die rauschender, prunkvoller, feenhafter verlaufen als je. Ein »Maifest« beim *Sperl*. Am 10. Juni ein »Blumenfest« im gleichen Lokal und ebenfalls dort am 5. August das Sommerfest »Rübezahls Zaubergefilde im Festschmuck«. Und weil wieder einmal Tausende keinen Einlaß finden, folgt eine Woche später die Wiederholung. Bei jedem dieser Feste gibt es natürlich ein neues Werk von Johann Strauß; besonders erfolgreich ist der zu »Rübezahls Zaubergefilden« passende Walzer *Die Berggeister*.

Man kann diesem ungewöhnlichen Mann nicht annähernd gerecht werden, wenn man ihn »nur« als Tanzkomponisten und Dirigenten würdigt. Er hat, weit darüber hinaus, eine wahre Kulturmission erfüllt, die vom heutigen Standpunkt aus vielleicht ungewohnt sein mag oder gar auf Geringschätzung, auf Ablehnung stoßen könnte. Damals war von musikalischer Volkskultur keine Rede. Die Aristokratie hatte aus vergangenen Epochen, aus den Tagen Haydns und Beethovens, eine echte musikalische Tradition bewahrt. Aber die anbrechende demokratische und liberale Ära, das Massenzeitalter, besaß kaum eine kulturelle Grundlage. Die Aufwärtsentwicklung des Bürgertums ging allerdings über alle Maße rasch vor sich, vieles konnte von der sich verbürgerlichenden Aristokratie übernommen werden. Die unteren Stände aber waren ziemlich ungebildet. In Wien besaßen sie einen gesunden musikalischen Instinkt, sie liebten Musik, auch die sogenannte »ernste« oder »schwere«. Sie hatten sich für Beethoven begeistert, nicht so sehr allerdings für den Schöpfer der Sinfonien oder des *Fidelio*, wohl aber für den vom Wiener Kongreß mit hohen Ehren überhäuften Komponisten von *Wellingtons Sieg*. Sie fanden teilweise sogar Zugang zu Haydns Volks-Oratorien, zur *Schöpfung* und den *Jahreszeiten*, die so schön in Tönen ausmalten, was jeder kannte und empfand. Aber ansonsten war es mit Verbindungen zu schwierigeren musikalischen Äußerungen nicht weit her. Für die Oper gab es allenfalls noch ein Publikum aus den unteren Schichten, für Kammermusik oder Instrumentalwerke hingegen bestand nur ein kleiner Kreis von Liebhabern.

Johann Strauß spielte nicht nur zum Tanz auf. Bevor er den Einsatz zum ersten Walzer, zur ersten Quadrille eines Abends gab, absolvierte er ein ganzes Konzertprogramm. Darf man die Nase rümpfen, weil er nicht für alle Werke, die auf seinem Programm standen, die richtige, von den Komponisten vorgeschriebene Originalbesetzung aufbrachte? Man hat in einer späteren, von der sogenannten Werktreue besessenen Zeit abfällig über diese Konzerte gedacht und geschrieben: mit Unrecht. Gerade die Darbietungen der Salonorchester waren es oft genug, die den breiten Massen — aber nicht nur diesen! — die Bekanntschaft mit Meisterwerken vermittelten.

Übrigens waren auch die großen Konzerte für »Kenner« damals ganz anders, als wir sie heute zu verlangen pflegen. Sinfonien wurden nicht etwa so gebracht, wie wir es als selbstverständlich empfinden, also in der richtigen Reihenfolge ihrer Sätze, zwischen denen uns nicht einmal Applaus zu spenden erlaubt ist. Damals spielte man zum Beispiel den zweiten Satz einer Sinfonie, darauf folgte ein Harfensolo, hierauf eine Opernarie. Niemand nahm im Jahre 1840 Anstoß daran. Fehlende ungewöhnliche Instrumente wurden beispielsweise durch andere, mehr oder weniger ähnlich klingende ersetzt.

Wir wissen, wie liebevoll Johann Strauß Werke »bearbeitete«, die er nicht völlig originalgetreu bringen konnte. Und er besaß erstaunliche musikalische Kenntnisse! Diese Konzerte wurden von ihm sehr ernst genommen. War es sein Herzenswunsch oder sein Ehrgeiz, sich mit solchen Darbietungen auch einen Platz in der »höheren« Musik Wiens zu sichern? Wien verdankt ihm jedenfalls die Bekanntschaft mit so manchem Meisterwerk. Sehr oft waren es nicht die »großen« Konzerte — die es ja längst noch nicht in der späteren Fülle, Vollständigkeit und künstlerischen Vollendung gab —, sondern die den Bällen vorausgehenden musikalischen Darbietungen von Johann Strauß, die erstmalig Bruchstücke aus dem Gebiet der neueren Oper und Sinfonik vermittelten. Strauß dirigierte Werke von Beethoven, Schubert, Liszt, Rossini, Bellini, Donizetti, er setzte Jugendwerke von Verdi und Wagner auf seine Programme. Dazu natürlich viele Stücke, die heute vergessen sind. Auch in seinen Tanzweisen schlug er eine Brücke zwischen der »ernsten« und der »heiteren« Musik, er nahm immer wieder Melodien aus Meisterwerken auf, ob von Paganini, Meyerbeer oder anderen Meistern — nicht etwa, um sich mit fremden Federn zu schmücken, das hatte er nicht nötig, sondern um diesen Komponisten eine Huldigung darzubringen, in seinem Namen, im Namen der Stadt Wien. Im Namen des Publikums.

Sein Orchester muß also weit mehr als nur ein gutes Tanzorchester gewesen sein. Das hatte schon Berlioz entdeckt, und das stellten auch zahlreiche andere Beobachter mit musikalischen Kenntnissen fest. Und keiner stößt sich an dieser Mischung. Es war eine jener glücklichen Zeiten, in denen es keine unüberbrückbare oder gar eine bewußt und feierlich gehütete endgültige Kluft zwischen Volksmusik und Kunstmusik gab.

Die Kette seiner Triumphe reißt nun doch hie und da jäh ab, für kurze Zeit nur, aber unheildrohend: Strauß bricht mehrmals zusammen, nicht auf dem Podium, wie in England und Frankreich, seine wahrhaft eiserne Energie kann ihn davor bewahren. Es passiert in seinem Heim, wenn man das Haus so nennen kann, in dem Anna Maria mit den Kindern lebt. In diesem Haus hat er angeblich des öfteren schon einen Kollaps erlitten, und wer weiß, vielleicht auch schon in der Wohnung, die er mit Emilie teilt. Von dort aber dringen keine Nachrichten in die Öffentlichkeit. Und dann ereilt ihn ein solcher Zusammenbruch sogar auf einem Fest, wo er trotz seines schlechten Gesundheitszustandes nicht fehlen wollte: auf dem Ball der russischen Botschaft. Die Prognosen der Ärzte geben ein düsteres Bild, es sollen Nierenge-schwüre vorhanden sein. Die dem Patienten auferlegte Ruhe bedeutet ihm ein Unmögliches, genauso könnte man den Sternen verbieten, ihre Bahn zu ziehen nach ewigem Gesetz. Es treibt Strauß mit aller Macht aus dem Bett und dorthin, wo er wirklich zu Hause ist: in die Ballsäle Wiens.

Anfragen aus den verschiedensten Ländern, Angebote aus zahlrei-chen Städten häufen sich. Aber Strauß ist nun vorsichtiger geworden. Fühlt er sich zum Reisen zu krank, oder fürchtet er vielleicht auch eine offene Meuterei seines Orchesters? Er kann seinen Leuten nicht noch einmal zumuten, ein Jahr, und mehr, durch fremde Länder zu zie-hen. Trotzdem verhandelt er im Sommer 1839 wegen eines Gastspiels in Rußland. Es lockt ihn, nun einmal in den Osten zu reisen. Er denkt an den Sommer 1840, der mit Freiluftkonzerten und großen Bällen während der berühmten Weißen Nächte rund um St. Petersburg ge-feiert werden soll. Aber obwohl alle Bedingungen erfüllt werden, kommt die Reise nicht zustande. Erst sein Sohn wird sie, zwanzig Jahre später, unternehmen und siegreich bestehen.

Der Karneval 1840 bringt neue Höhepunkte. So unglaublich es klingt: Strauß hat allein in drei Lokalen einhundertzweiundzwanzig Bälle abgeschlossen: dreiundvierzig beim *Sperl*, einundvierzig in der *Goldenen Birn*, achtunddreißig beim *Goldenen Strauß*. Was sonst noch alles hinzukommt, kann kaum gezählt werden, obwohl er nur in großen Etablissements spielt, also etwa noch beim *Zögernitz* und beim vornehmen *Dommayer* draußen in Hietzing. Und Nacht für Nacht die Hetzjagd von einem Lokal zum andern, ein sich immer schneller dre-hendes, schwindelregendes Karussell ...

Wien erlebt eine seiner ganz großen Zeiten. Selten pulsiert das Leben so stark und so sichtbar, selten dürfte Lebensfreude so hohe, so mitreißende Wellen geschlagen haben. Selten auch ergibt sich ein

Gefühl der Gemeinschaft, wie es damals in Wien geherrscht haben dürfte. Natürlich gab es soziale Unterschiede, sogar recht deutliche, aber sie richteten keine sichtbaren Schranken im täglichen Leben auf, sie wurden fast nie zu Klassenhaß. Es gab einen allgemeinen Wohlstand, von dem ein damaliger Beobachter das folgende Bild entwirft:

»Der Wohlstand ist wirklich außerordentlich groß und gleichmäßiger und also viel beglückender verteilt als in jenen beiden Hauptstädten (Paris und London). Es ist ein angenehmes Schauspiel für einen Menschen, der gern Fröhliche und Glückliche um sich sieht, an Sonntagen die Versammlungsplätze der unteren Klassen, wozu ich Handwerksburschen, Tagelöhner, Handlanger, Handarbeiterinnen und Fabriksarbeiter zähle, zu besuchen. Zerrissene oder auch nur schadhafte oder beschmutzte Kleider zu sehen, ist eine außerordentliche Seltenheit. Man sieht beinahe kein Weib aus den unteren Ständen, das nicht irgendein seidenes und sehr sauberes Kleidungsstück, sei es nun Rock, Korsett oder Schürze hätte, die größte Anzahl hat sogar goldreiche Hauben ...«

Die Wiener Dichter schwelgen. Sie besingen ihre Stadt oft in sehr schönen, manchmal in etwas süßlichen, aber gutgemeinten Worten und Versen. Grillparzer schrieb, man müsse »vom Kahlenberg sich rings das Land besehen« haben, um ihn und seine Dichtungen verstehen zu können. Adalbert Stifter erzählt, wie er durch »die Güte des Türmers von St. Stephan« aus dessen luftiger Höhe das Erwachen des Tages über Wien beobachten durfte, und es ist ein Stück stimmungsstarker, meisterlicher Prosa geworden. In Versen schwärmt Anastasius Grün:

Ebenes Land liegt mir zu Füßen wie ein stilles Meer,
Weit hinaus wie Möwen, kreisen meine Blicke drüber her;
Gleich wie schmale lichte Furchen, die durchs Meer die Schiffe ziehn
Schlängeln Donaustrom und Straßen sich als Silberstreifen hin.

Jean Charles, dem wir manche Zeile über das alte Wien verdanken, beschreibt das *Literarische Kaffeehaus* um 1840 folgendermaßen: »Vor mir auf und ab schreitet ein kleiner Mann von einigen dreißig Jahren, von gedrungener Gestalt, etwas gebückt. Ein sehr schöner Kopf mit Adleraugen! Es ist Niembsch von Strehlenau, unter dem Dichternamen Lenau berühmt, der erste jetzt lebende Dichter Europas ... Grillparzer tritt ein. Er setzt sich, ringsum freundlich grüßend, an einen Tisch neben mir und sieht sogleich äußerst aufmerksam dem

Schachspiele zu; der Marqueur bringt ihm die lange Pfeife und Zukkerwasser. Ich habe Muße, ihn genau zu betrachten. Er ist ein Mann in den Vierzigern, von mittlerer Größe, hager, leidend ... Sieh da, wer tritt ein? Viele erheben sich und begrüßen ihn. Es ist der geniale Dichter Anastasius Grün. Ein hochgewachsener Blondin mit großen, blauen Augen ...«

Und noch zwei ganz Große haben jene Zeit mitgeprägt — jenes alte Wien, das längst zur Legende wurde, dessen künstlerische Leistungen aber unsterblich geworden sind: Ferdinand Raimund und Johann Nestroy. Ein anonymer Zeitgenosse hat geschrieben: »Wie anders ist Raimund, jener trübsinnige Mann, der langsam den Prater hinunterwandelt! Seine dramatischen Gemälde sind zwar skizzenhaft, ohne künstlerische Form, aber jeder Strich ist Poesie, jede Farbe ist die frische, wohltuende eines weltumfassenden Gemüts, eines schönen Herzens ... Je kindlicher ein Volk ist, je mehr müssen seine Dichter durch das Sinnbildliche Verstand und Herz anregen ... Das österreichische Volk ist noch ein kindliches, und Raimund ist sein einziger Dichter ...«

1836 führte die Schwermut Raimund zum Selbstmord. Drei Jahre vorher hatte Nestroy mit *Lumpazivagabundus* seinen ersten durchschlagenden Erfolg errungen. Nestroy war weitgehend von Melancholie verschont geblieben. Ein wenig melancholisch waren wohl alle Wiener Künstler des romantischen Jahrhunderts, ja, ohne einen Tropfen Schwermut ist Österreichs Dichtung und Musik kaum zu denken. Nestroy charakterisierte Österreichs Vorzüge und Schwächen ungemein scharf. Zahllose seiner Aussprüche sind geflügelte Worte geworden. Manche Gestalt Raimunds lebt als Symbol dieser Zeit weiter, beinahe so wie die Melodien von Lanner und Johann Strauß Vater. Wäre Wiens Vormärz ohne all diese Künstler denkbar?

Doch das Jahr 1848 rückt näher. Plötzlich tun sich Abgründe auf, von denen kaum jemand vorher etwas geahnt hat. Ab wann hat es mit dem »Jubel und Trubel« in Wien nicht mehr so ganz gestimmt? Noch lachte das Volk allabendlich über seine Spaßmacher, noch malte Waldmüller seine idyllischen Landschaften, noch geigten Lanner und Strauß in den Mauern der lebendigen, täglich wachsenden Stadt, in der »Leben und leben lassen« zur einzigen Devise, der Frohsinn zum einzigen wahren Herrscher erkoren schien. Zaubertheater, Volkspossen, Walzer, Galoppe, Quadrillen, Märsche decken — dies ist nicht einmal ihren Schöpfern und Interpreten, viel weniger noch ihren Anhängern bewußt — Unruhe, Unrast, Unzufriedenheit zu, die durch ganz Europa gehen, Throne bedrohen, Menschen zum Umsturz aufrufen, tiefgreifende Änderungen vorbereiten. Sie werden in wenigen Jahren auch vor der singenden, tanzenden »Phäakenstadt« an der Donau nicht Halt machen.

Johann Strauß steht noch mitten im Leben, im Wiener Vergnügungsleben. Er schafft unermüdlich Werk auf Werk. Als er beim *Sperl* am 11. Februar 1840 auf dem »Ball zum Vorteil des Vereins zur Unterstützung der erwachsenen armen Blinden« dirigiert, erklingt sein *Myrthen-Walzer* zum ersten Mal. Es sind die Hochzeitsblumen, die er seiner Gönnerin Königin Victoria flicht aus Anlaß ihrer tags zuvor stattgefundenen Eheschließung mit einem Prinzen aus dem Hause Sachsen-Coburg-Gotha, das übrigens Jahrzehnte später im Leben von Johann Strauß Sohn noch eine wenn auch gänzlich andersgeartete Rolle spielen wird.

In diesem Fasching spielt er auch auf dem Ball der Medizinstudenten. Ihnen widmet er einen Walzer mit dem Titel *Tanz-Rezepte*. Und da er nun auch zu der hohen Ehre eines »Ballmusikdirektors der *Gesellschaft der Musikfreunde*« gekommen ist, komponiert er für diese einen Walzer, in den er zwei Themen eines Ehrenmitglieds der Gesellschaft aufnimmt: Beethoven-Themen! Er nennt den Tanz *Cäcilien-Walzer*, womit er auf keine irdische Schöne anspielt, sondern auf die Heilige Cäcilie, die Schutzpatronin der Musik, die als frühe christliche Märtyrerin gestorben war.

Angeblich gibt es im Jahre 1841 eine Krise in Wien. Alles klagt über schlechten Geschäftsgang und Geldmangel. Es ist wieder einmal eine gute Zeit für die »Raunzer«, für die, die nicht das Gras, sondern das Unkraut wachsen hören, die in allem böse Zeichen zu erkennen glauben und mit dem größten Vergnügen noch schlechtere Zukunftsaussichten auszurechnen wissen. Das Wiener Blatt *Der Humorist* spöttelt darüber in seiner Besprechung des Künstlerballs, der in der *Goldenen Birn* abgehalten worden ist:

»O schlechte Zeiten! O Geldmangel! O überhandnehmende Verarmung! Ihr seid nicht zu verkennen. Alle diese Bälle und Reunionen und Conversationen und Fortuna-Bälle und Redouten und alle die Privatbälle und Soiréen und alle Kränzchen und Picknicks und alle Tabagien und Natursänger-Lokale, alles, alles ist überfüllt von Tanz- und Lebenslust, überall herrscht der blendendste Luxus in Toilette und Bijouterien, allüberall Schmaus und Champagnerzechen, allüberall an hundert Orten zugleich dieselbe Lustigkeit, dieselbe Kleiderpracht, derselbe Luxus; wohin man schaut, ist kein Plätzchen zu bekommen vor lauter Genießenden und Lebensfreudigen ...«

1841 bestreitet Johann Strauß Hunderte von Bällen (Schönherr zählt sie einzeln auf in seiner Biographie). Im Herbst folgt ein Abstecher nach Olmütz und Brünn. Die erste Novemberhälfte bringt eine Reise nach Preßburg (heute Bratislava) und Budapest. Nicht anders, eher noch voller, ist der Terminkalender des Jahres 1842. Am 21. Mai dieses Jahres dirigiert Strauß einen Festball aus Anlaß der Eröffnung des ungarischen Reichstags in Preßburg.

Im Jahre 1843 taucht unter den Namen der Lokale, in denen Strauß anscheinend besonders gern spielt, des öfteren der *Dommayer* auf. Er steht in Hietzing draußen, ganz in der Nähe der kaiserlichen Sommerresidenz Schönbrunn. Noch ahnt niemand, welches musikhistorische Ereignis im *Dommayer* ein Jahr später stattfinden wird, mehr noch: ein schwerwiegender Augenblick wird es sein, denn für Strauß Sohn und Vater Strauß wird die Schicksalsstunde schlagen.

12

Abschied von Lanner

Im Österreichischen Staatsarchiv liegt ein »Intimat an den k.k. Hofmusikgrafen«, ein Titel, der noch aus dem Mittelalter stammt; sein Träger war von Kaisern oder Königen eingesetzt, um alles, was auf die Hofmusik Bezug hatte, zu regeln. In diesem Intimat, oder sagen wir, Aufforderung, stehen folgende Sätze:

»Da bei großen Hofbällen bekanntlich Alles in Uniform erscheint und es also unangenehm auffällt, daß die Orchester-Individuen des Musikdirektors Strauß dabei allein in schwarzen Civilkleidern zugegen sind, ist es angemessen befunden worden, daß dieselben in Hinkunft bei diesen Bällen jederzeit in einem uniformartigen Dienstkleide erscheinen, wozu bereits über Rücksprache mit Strauß alle Einleitungen getroffen sind ...«

Und so spielen, ab 1843, also die »Orchester-Individuen« unter der Leitung von Johann Strauß in bunten Uniformen, er selbst hat natürlich die schönste davon an. Er besitzt auch noch andere, als Kapellmeister des Bürgerregiments darf er bei dessen Auftreten selbstverständlich ebenfalls nicht in Zivil erscheinen.

Im gleichen Jahr unterbreitet der k.k. Musikgraf Thadeus Amade — ein wirklicher Graf übrigens — dem Obersthofmeisteramt einige Rechnungen: »... über die Tanzmusikkosten der im diesjährigen Carneval beym allerhöchsten Hofe stattgehabten Hof-, Kammer- und Kinderbällen, mit der Bitte ... dem Musikdirektor Strauß 588 fl.

45 kr. ... und dem Kapellmeister Lanner 282 fl. 45 kr. ... flüssig zu machen.«

Lanner! Es ist sein letzter Fasching gewesen. Jung noch ist er dahingegangen, und so still, wie er seit Jahren schon gelebt hatte. Er leitete sein Orchester, und dieses schätzten viele Wiener keineswegs weniger als das seines ehemaligen Geigers und Freundes Johann Strauß. Und seine feinen Walzer erst! Es waren sicherlich die ersten, die diese Bezeichnung auch wirklich verdienten, und auch sie hatten zahllose Anhänger. Worin sich Strauß von ihm unterschied, das war im Grunde gewiß keine Frage der künstlerischen Qualität, es war eben eine Sache der völlig entgegengesetzten Charaktere und Temperamente.

Lanner und Strauß — Strauß und Lanner: sie waren, trotz ihrer Distanzierung, die beiden Dioskuren des *Wiener Walzers*. Weit hinter ihnen zurück sind die andern geblieben, Dutzende, die im Schatten der beiden Meister standen, die aber doch im Gesamtbild der damaligen Wiener Tanzmusik nicht fehlen dürfen; die Namen Fahrbach, Morelly, Ballin und Bendl zählten dazu.

Lanners Musik, soll ein kluger Beobachter einmal gesagt haben, schmeichle dem Herzen, die Musik von Strauß dagegen befehle den Füßen. Freilich, Lanners Musik ist vielleicht weicher, zärtlicher, vor allem sehr idyllisch ... ein sanftes Wiegen. Lanner war ja noch ganz dem Biedermeier verbunden. Im Grunde hat er Schubert nähergestanden als Strauß. Als er am 14. April 1843 starb, trauerte ganz Wien um ihn. Ein echter Liebling der Stadt war er gewesen, und anders, ganz anders als Strauß, um den stets eine seltsame Aureole von Fremdheit, Dämonie und Geheimnis war. Lanner jedoch war den Wienern ans Herz gewachsen wie ein naher Freund, wie ein Duzfreund, ein »Spezi«, wie man in Wien sagt. Strauß wurde vergöttert, bis zur Raserei bewundert. Lanner war geliebt worden.

Wien stand einen Tag lang still, als Lanner starb. Er war nur dreiundvierzig Jahre alt geworden. Merkwürdig: von den vier Größten des klassischen *Wiener Walzers* wurden Lanner und Josef Strauß nur dreiundvierzig, Johann Strauß Vater vierundvierzig Jahre alt. Einzig Johann Strauß Sohn, dem *Walzerkönig*, war ein langes Leben beschieden.

Auch Johann Strauß Vater trauert um Lanner. Er entsinnt sich seiner Anfänge. Zwanzig bewegte Jahre waren seit damals ins Land gegangen, einen Augenblick hält er inne und blickt zurück. Es war eine ununterbrochene Kette von Siegen gewesen, errungen in seiner eigenen Stadt und in unzähligen anderen, vor seinen Landsleuten, die er so genau kannte, daß er ihnen seine Tanzmusik gewissermaßen von den bewegungssüchtigen Füßen abschaute und abhörte. Und vor fremden Menschen, mit denen er nichts gemein hatte und die er doch in Minutenfrist in den Rhythmus zwang, den er einst von Lanner gelernt und in eigener Art vervollkommnet hatte. Das »Wien von Lanner und Strauß« gehörte ihm jetzt allein. Wie lange noch? Mit düsteren Gedanken sehen wir Strauß am 16. April 1843 hinter Lanners Sarg schreiten. Seine Ordre war, in der »Eigenschaft als Kapellmeister des ersten Bürgerregiments für die Veranstaltung des Leichenbegängnisses Sorge zu tragen«; dies war eine unmißverständliche Pflicht. Die Instrumente waren umflort, die feierlichen Trauerweisen, die sie spielten, waren das Echo, das aus den Herzen der Bürger, die den Weg säumten, zu dringen schien.

Doch der Tanz ging weiter. Weder Lanners Tod noch die verschlechterte Wirtschaftslage konnte ihm etwas anhaben. Es waren Zeiten, da »durchtanzte Schuhe oder erstaunliche Batterien geleerter Champagnerflaschen, nicht weniger erstaunliche Speisezettel oder die Tatsache, daß an einem Abend zugleich 279 große Tanzfeste geboten wurden, die Wiener begeisterten« (Otto Stradal).

Im Volksgarten dirigiert Strauß am 2. Juni 1843 zur Namensfeier Kaiser Ferdinands I. eine seiner bedeutendsten Quadrillen, die *Ferdinands-Quadrille*. Seit er in Paris beim Musard-Orchester gelernt hatte, wie man diese Tanzform meistert, gelangen ihm nun auch vortreffliche Quadrillen.

Vielleicht war die ruhigere Quadrille eine Reaktion auf den immer schneller werdenden, wild dahingewirbelten Walzer und den beschleunigten Galopp. Manche befürchteten schon, die große Zeit des Walzers sei vorbei; aber davon war keine Rede, auch nicht ein halbes Jahrhundert später. Aber vielleicht wollte man den Walzer auf die Weise noch mehr genießen, daß man ihn in der Tanzfolge eines Balles mit anderen Tänzen mischte. Die Wiener hatten eben einfach Lust auf etwas Neues. Das ist natürlich und begreiflich. Daß es dieses Mal kein noch rascherer Tanz war, wie damals, als der Galopp aufkam, sondern beinahe eine Rückkehr ins Rokoko, dies hatte seinen besonderen Reiz. Vielleicht war es nur eine der von Zeit zu Zeit zwangsläufig wiederkehrenden »Nostalgiewellen«, vielleicht aber auch eine Abkehr von der immer rasender werdenden Welt, die — wohl so mancher hat es geahnt — einer gefährlichen Entwicklung verfallen war.

Greifen wir wieder einmal zu unserer oft zitierten *Wiener Theaterzeitung*. Dort hat ein Leser folgenden Stoßseufzer drucken lassen:

»Diese Tanzkomponisten! (Sie werden in einer vorherigen Zeile Matadors genannt, also Töter, wobei man nicht klar ersieht, ob das im Ernst oder im Spaß gemeint ist.) Tausende junger, hoffnungsvoller Leben haben sie mit ihren Walzern und Galoppen sich gemacht und der Welt entrückt! Heil unserem jungen Geschlecht, das nun an gelasseneren Tänzen, an Quadrillen, Polonaisen usw. wieder Geschmack zu gewinnen scheint. In meiner nächsten Umgebung haben in diesem Carneval ein hoffnungsvoller Jüngling und ein schönes Mädchen ihr junges Leben einer Galoppade zum Opfer gebracht ... und ich selbst beklage schmerzlich den Verlust einer guten Tochter, der die unsinnigen Tempi der Walzer und Galoppaden Bluthusten, Lungensucht und den Tod gebracht haben ...!« Wenn dies ein Scherz ist, erscheint er uns reichlich geschmacklos. Konnte es Ernst sein?

Das Rascherwerden der Tänze war nicht von ungefähr gekommen. Im Biedermeier und seiner idyllisch ruhigen Atmosphäre bewegte man sich im langsameren Tempo des *Deutschen*, wie Schubert und Beethoven ihn komponiert hatten. Dann wurde das Zeittempo plötzlich schneller und schneller. Eisenbahnen wurden durchs Land gelegt, die Menschen bestaunten sie, fanden sich aber bald in das neue Fortbewegungsmittel. Strauß frühstückte in Brünn und spielte am Abend in Wien zum Tanz, die Zeitungen kommentierten diese »tolle« Möglichkeit ausgiebig.

Und gerade jetzt, bei dieser wachsenden Vorliebe fürs rasante Tempo, wurde die Quadrille große Mode! Wollte man im Tanz festhalten, was im Leben unrettbar entglitt? Strauß ließ am 21. Januar 1840 erstmals seine *Wiener Carnevals-Quadrille* erklingen, die er soeben komponiert hatte. An jenem Abend gab es (laut Schönherr) nicht weniger als sechs Quadrillen, von denen jede, dem französischen Vorbild gemäß, ein längeres, aus mehreren Teilen zusammengesetztes Musikstück darstellte.

Bald war Wien überzeugt, daß auch die Quadrille ein wienerischer Tanz sei. Berlioz, der an seinem eigenen Lande — dies beruhte auf Gegenseitigkeit — kein gutes Haar ließ, bestärkte Wien anläßlich eines neuerlichen Besuches noch darin: »Ich habe ganze Nächte damit zugebracht, diese Tausende unvergleichlicher Tänzer wirbeln zu sehen, die choreographische Ordnung dieser Contretänze zu bewundern, wo zweihundert Personen auf nur zwei Linien verteilt sind, ebenso die pikante Physiognomie der Charaktertänze, deren Eigenart und Präzision ich nur in Ungarn übertroffen fand. Bisweilen halten die Tänzer inne, um Beifall zu klatschen, die Damen nähern sich dem Podium, werfen Strauß ihre Buketts zu, man schreit ›Bis!‹ (›Noch einmal!‹) und ruft ihn am Ende der Quadrillen hervor. So ist der Tanz nicht eifersüchtig und gönnt der Musik ihr Teil an der Freude und an dem Erfolg. Das ist gerecht; denn Strauß ist ein Künstler ...«

Im Mai 1844 komponierte Johann Strauß einen Walzer, den er *Willkommen-Rufe* nannte. (Es war Opus 168. Er hatte damit ungefähr zwei Drittel seines Lebenswerks vollendet.) Dieser Walzer erklang am 20. Mai beim »Blumenfest und Ball«. Der Titel bezog sich auf die soeben auf einem Donaudampfer in Wien angekommenen neuvermählten »kaiserlichen Hoheiten Erzherzog Albrecht von Österreich und Erzherzogin Hildegard von Bayern«. Strauß wollte immer aktuell sein.

Am 16. Juli des gleichen Jahres spielte Strauß im *Volksgarten*, einem mitten in Wien gelegenen, ungeheuer populären Lokal. Zum ersten Mal erklang hier sein Walzer *Rosen ohne Dornen.* Es ist ein »Nächtliches Sonnenfest«, wie Strauß seinen Ball genannt hat; Tausende waren zusammengeströmt, wie immer, wenn »der Strauß« irgendwo spielte; man fand den Namen sehr passend, denn der Konzertgeber hatte, wie es stets seine Art war, keine Kosten gescheut, den weiten Garten mit unzählbaren Lichtern feenhaft zu erleuchten. Wahrhaftig, die Nacht war zum Tage gemacht. Auch der Name des neuen Walzers gefiel den Leuten, sie dachten wohl nicht weiter über ihn nach. Aber es gibt bekanntlich keine Rosen ohne Dornen. Ein Dorn saß immer im Herzen des Komponisten: es war wie ein Dorn im Fleisch eines edlen Pferdes, oder wie ein Sporn, der es zu immer rasenderem Laufe antrieb. Aber nun war gerade in diesen Wochen ein neuer Dorn dazugekommen, und der schmerzte. Die Rosen seines Erfolgs, seines Ruhms und Glanzes, seiner Musik — sie trieben Dornen um Dornen.

Längst waren die Gerüchte zu Johann Strauß gedrungen, nach denen sein eigener Sohn sich endgültig für die Musikerlaufbahn entschieden habe. Hatte er es ihm nicht oft und energisch genug untersagt? Doch wie sollte er, da er das Hirschenhaus kaum noch betrat, Einfluß nehmen auf den mißratenen Sohn? Er zeigte sich aufs heftigste irritiert, sein ohnedies arg herabgekommener Nervenzustand verschlechterte sich zusehends. Er beschäftigte sich in qualvollen Stunden fast nur noch mit dem Gedanken, wie der »Mistbub« von seinem Plan doch noch abzubringen sei.

Dreizehn Tage nach dem »Nächtlichen Sonnenfest« gibt Strauß, dieses Mal beim *Sperl*, wieder ein Sommernachtsfest. Er nennt es »Geheimnisse aus Tausend und einer Nacht«. Und im Mittelpunkt steht wieder ein neuer Walzer von ihm: *Wiener Früchteln.* Im Rück-

blick wirkt auch dieser Titel wie eine bittere Ironie, eine — sicher un-
bewußte — Anspielung auf die Lage, in der Strauß sich befindet, auf
die »Gefahr«, die sich über ihm zusammenzieht, ohne daß er ihre
ganze Dimension ermessen kann. Denn ein »Früchtel«, das ist in Wien
keineswegs eine kleine Frucht; es ist vielmehr ein junger Mensch, der
nicht so recht pariert. Oder nicht so tut, wie Papa es will und für
richtig erachtet. Sollten die »Früchteln« die eigenen Söhne sein, allen
voran Johann, der älteste?

Wieder ist der *Sperl* »bummvoll«, um im wienerischen Jargon zu
bleiben. Das bedeutet viele Tausende begeisterter und, im wahrsten
Sinne des Wortes, mitgerissener Tänzer, die sich da draußen in der
Vorstadt ein Stelldichein gaben. Ganz Wien schien vergnügungslustig
zu sein. Zehntausend Besucher bei einem Straußabend waren keine
Ausnahme. Wien aber zählte damals kaum mehr als dreihundert-
tausend Einwohner. Gäbe es heute einen vergleichbaren Andrang zu
einem ähnlichen Ereignis, kein Saal, kein Gebäude könnte ihn fassen.

13

Der 15. Oktober 1844

Die Ereignisse des 15. Oktober 1844 müßten eigentlich aus doppelter
Sicht dargestellt werden. Vor allem aus der seines Protagonisten
natürlich, also des jungen Johann Strauß, der da über Nacht in den
Ruhm katapultiert wurde. Dann aber wohl auch aus der Perspektive
seines Gegenspielers, also seines Vaters, Johann Strauß »des Älteren«,
wie er hernach zumeist genannt wurde und der zum Zeitpunkt dieser
Ereignisse erst neununddreißig Jahre alt war. Eine solche Gegenüberstellung erst ergäbe die entsprechende Dramatik, die dem 15. Oktober
1844 innewohnte. Vielleicht eine lockende Aufgabe für einen Filmre-
gisseur? Er könnte die beiden »Hauptquartiere« zeigen: das des Vaters, wo die Meldungen einlaufen und Pläne geschmiedet werden, den
Feldzug des Jungen zu verhindern, und zwar um jeden Preis! Dann das
»Quartier« des Sohnes, wo fieberhaft und ernst gearbeitet wird, um
bestehen zu können; vor Wien, vor der Welt, vor dem berühmten
Vater ...

Wenn auch ein Buch nicht so bildhaft sein kann wie ein Film oder
ein Theaterstück, so wollen wir doch versuchen, die Linien nachzuzeichnen, die sich am 15. Oktober 1844 im Nobellokal des Herrn

Dommayer in Hietzing bei Wien überschneiden. Legende und Tatsachen stimmen da nicht immer überein. Bei manchen ist nicht mehr genau festzustellen, wo die Wahrheit endet und wo die poetische Verklärung beginnt.

Johann, genannt Schani, der älteste Sohn des Herrn Hofball-Musikdirektors Johann Strauß, war zum Jüngling herangewachsen. Aus allerlei Schulen — wir werden später davon sprechen — war er ausgetreten oder ausgestoßen worden. Letzteres einmal, weil er in einer Unterrichtsstunde (es war keine Gesangstunde, denn so etwas gab es in der Schule, in die der Vater ihn gesteckt hatte, überhaupt nicht) zu singen begonnen hatte. Sein Schulkamerad Gustav Lewy, ein »Musiknarr« wie er (später der Verleger seines Freundes Schani), hatte ein neues Musikstück in die Schule mitgebracht. Unter der Bank sahen sich die beiden Jungen das Stück an. Sie begeisterten sich sofort dafür, summten die Melodie, woraus, kaum daß sie's merkten, ein lauter Gesang wurde. Worauf der Schulausschluß des jungen Strauß dekretiert wurde.

Musik war nun einmal sein Leben. Klavier spielte er, Geige selbstverständlich, denn das verstand sich so für den Sohn eines Johann Strauß, der dem leuchtenden Vorbild des Vaters nachzustreben suchte. Mit sechs oder sieben Jahren hatte er seinen ersten Walzer komponiert. Das klingt zwar ein bißchen hochtrabend für das, was wirklich geschehen war, denn der Schani hatte einfach auf dem Klavier der Großeltern, draußen im grünen Salmannsdorf, wo man manchen Sommer verbrachte, eine kleine Melodie zusammengesucht, und die Mutter hatte sie, nicht ohne Mühe, in Noten niedergeschrieben und mit *Erster Gedanke* betitelt. Dies war immerhin ein erster Kompositionsversuch gewesen, dem dann weitere folgten. Bis man den Jungen — heimlich wie alles, was mit ihm auf musikalischem Gebiet geschah, denn der Vater wurde wild, wenn er so etwas entdeckte — zu einem guten Meister in die Lehre gab.

Und so schrieb eines Tages ein alter Mann dieses bemerkenswerte Zeugnis: »Endesgefertigter bestätigt hiemit, daß Johann Strauß, Sohn des Kapellmeisters Johann Strauß, von mir im Generalbasse unterrichtet wurde, und daß die Fortschritte, welche er in der Kunst gemacht, nicht allein seinem Fleiße, sondern auch seinem angebohrenen Talente zuzuschreiben sind. Es stehet somit zu erwarten, daß Johann Strauß bei seiner leidenschaftlichen Vorliebe für dieses Studium selbst nicht auf dieser Stufe bleiben werde, sondern stets vorwärts schreiten werde. Da ich überdies Obangeführten als einen bescheidenen, sehr gebildeten Jüngling kennen lernte, so hege ich den aufrichtigen

Wunsch, daß man dieses aufkeimende Talent so viel wie möglich in dem von ihm selbst gewählten Stande unterstützen möge ...«

Die Unterschrift lautet: Josef Drechsler. Heute wissen nicht mehr viele, wer das war, auch wenn sicher der eine oder andere die Melodie kennt, die von ihm stammt: *Brüderlein fein* ..., ein leises, wehmütiges in echtestem Volkston wundervoll gelungenes Lied. Drechsler hatte das Lied zu einem Stück von Raimund komponiert; es ist rasch populär geworden. Aber für Drechsler war das eigentlich nur ein »Ausflug« in die Volksmusik gewesen; in Wahrheit war er vor allem Kirchenmusiker. Er spielte Orgel und schrieb Messen und andere heilige Gesänge.

Einmal, wir werden davon später noch sprechen, fantasierte Strauß auf der Orgel; er begann in Kirchentönen und ging dann, ohne es zu merken und weil sein Lehrer gerade abwesend war, auf weltliche Melodien und Rhythmen über: Unter seinen Händen entstand ein Walzer. Als er zu sich kam, stand Drechsler neben ihm und schüttelte den Kopf. Er soll gesagt haben: »Aus Eahna wird nix ...«, aber er meinte vielleicht nur: kein Kirchenkomponist. Und da hat er ja schließlich recht behalten, genau wie mit seiner schriftlich niedergelegten Prophezeiung, der »Obangeführte« werde »stets vorwärts schreiten«.

Drechsler dürfte dann nicht mehr erstaunt gewesen sein, als der Sohn von Johann Strauß ihm, möglicherweise unter Tränen, eröffnete, er könne das Studium nicht weiter fortsetzen, denn es ziehe ihn mit aller Macht zur Tanzmusik. Er meinte, dafür hätte der Junge nicht Kontrapunkt studieren müssen, aber eines nicht fernen Tages wird Johann Strauß Sohn alle die musikalischen Künste, in die Drechsler ihn eingeführt, glänzend zu verwerten wissen. Dann allerdings wird der alte gütige Lehrer nicht mehr am Leben sein.

Der Vater erfährt von dem Zeugnis. Er erfährt nun, beinahe täglich, Neuigkeiten über den Schani, den er kaum noch zu Gesicht bekommt. Seine Gattin hat die Scheidung gegen ihn angestrengt, gegen die er — es liegt Ehebruch und böswilliges Verlassen seinerseits vor — kaum etwas einwenden kann. Will er's überhaupt? Er lebt ja nun mit Emilie im gemeinsamen Haushalt, er läßt die Dinge treiben, wie sie laufen. Kränkt es ihn, daß er seine Buben verloren hat? Oder verletzt es bloß seinen Stolz, daß er keine Macht mehr über sie auszuüben imstande ist?

Andererseits steht er, und er fühlt es genau, jetzt erst im Zenith seiner Laufbahn. Tausende strömen zusammen beim *Sperl*, wenn er spielt, Tausende beim *Dommayer* oder im *Volksgarten*; über dreitausend sind es beim Promenaden-Fest auf dem Wasser-Glacis am 19.

August 1843, und das ergab viele hundert Gulden Reingewinn zugunsten des St. Joseph-Kinderspitals, für das Strauß den Abend arrangiert hatte.

Seine Werke werden stürmischer gefeiert denn je. Die Einfälle strömen ihm nur so zu, er kommt kaum nach, sie niederzuschreiben. Die *Loreley-Rhein-Klänge* gelten vielen Kennern als das Beste aus seiner Feder. Verleger Haslinger macht mit ihnen ein ungewöhnlich gutes Geschäft. Sie tragen die Opuszahl 154. In den kommenden fünf oder sechs Jahren, die ihm noch zum Schaffen gegönnt sind, wird er ein weiteres Hundert an Werken hinzufügen, wobei nur die gezählt werden, die der Meister einer solchen Zählung und Aufnahme in sein Gesamtwerk für würdig hält. Er ist im Vollbesitz seiner Kräfte, so wähnt er. Was will »der Bub« also? Will er ihn zu Lebzeiten beerben? Will er aus dem Kapital, das der Name Strauß bringt und das der Vater gesammelt und gehegt hat, Zinsen abschöpfen?

Im »Hauptquartier« des Vaters versuchen die Freunde, vor allem die getreuen Mitglieder seines Orchesters, alles Gerede über den Sohn Schani zu vertuschen. Sie fürchten seine Zornesausbrüche, aber mehr noch eine Verschlechterung seines Gesundheitszustands. Er wird sehr böse, wenn die Rede auf ihn kommt, selten hören sie ihn »der Schani« sagen oder gar »mein Sohn«, meist nennt er ihn bloß den »Mistbub«. Allerdings glaubt der eine oder andere so etwas wie einen stolzen oder gar zärtlichen Unterton herauszuhören, doch Vater Strauß hätte es, darauf angesprochen, bestimmt schroff geleugnet.

Trotz aller Vorsichtsmaßnahmen gelangt im Sommer 1844 die Kunde von einem neuerlichen »Zeugnis« für den Jungen zum Vater. Hier das Zeugnis im Wortlaut: »Ich Anton Kohlmann, Mitglied des k.k. Hofoperntheaters und Violinmeister, bestättige, daß mein Zögling Johann Strauß, Sohn des Capelmeisters Johann Strauß, ein guter Violinspieler sey, daß seine Kompositionen viel Talent verrathen, daher vermöge dieses Talentes die Fähigkeit in sich trage, einen Musik-Körper zu leiten. Übrigens habe ich den Obbenannten als einen bescheidenen, anspruchslosen, wahrhaft sittlich gebildeten jungen Mann kennen gelernt . . .«

Wenige Tage nach diesem am 18. Juli ausgestellten Zeugnis kommt ein neuer Schlag für den Vater: am 31. Juli erscheint Johann Strauß Sohn vor dem Wiener Magistrat und »zeigt an, daß er als Musikdirektor seinen Erwerb suchen wolle«, was eine Note des Magistrats an die Polizeioberdirektion zur Folge hat, »ob gegen die Gewährung der Bitte des Johann Strauß jun., als Musikdirektor seinen Erwerb suchen zu dürfen, in polizeilicher Hinsicht ein Bedenken obwaltet oder nicht«.

Kein Bedenken. Am 3. August erscheint der junge Mann persönlich vor dem Magistrat und erläutert seine Absichten. Das Protokoll sieht so aus: »Johann Strauß, von hier, St. Ulrich, 18 Jahre alt, katholisch, ledig, Musiker, in der Leopoldstadt No. 314 wohnhaft, gibt mit Bezug auf sein Gesuch an: Ich hielt mich stets bey meinen Eltern auf, welche in St. Ulrich bei der Eul durch 1 Jahr, in Mariahilf beym Kreuz und beym Ritter durch 1½ Jahre wohnten und sodann in die Leopoldstadt überzogen, wo sie Anfangs zum weißen Wolfen 1 Jahr, beym Einhorn am Karmeliterplatz durch 2 oder 3 Jahre wohnten und sich in dem jetzigen Wohngebäude No. 314 durch 11 Jahre befinden . . .«

Unterbrechen wir die Lektüre für einen Augenblick. Aus dem Protokoll geht hervor, wie oft der junge Musiker Johann Strauß mit seiner Gattin und der wachsenden Kinderschar die Wohnung wechselte. Der ganze Kampf und Aufstieg steht in diesem nüchternen, aus bürokratischer Ordnungsliebe abgefaßten Dokument: der Kampf um den Aufstieg ins Bürgertum. Doch was mußte erkämpft werden, damit jenes Haus Nr. 314, von dem zuletzt die Rede ist, erscheinen kann! Das Schriftstück enthält nebenbei eine für diesen Fall wohl unbedeutende Unwahrheit; im Kampf zwischen der Wahrheit und einer großzügigen Kavaliersgeste siegt — das ist echt wienerisch, echt straußisch — die letztere. Der junge Strauß verheimlicht die Eheaffäre seiner Eltern, vielleicht weil er den trotz allem hochverehrten »Herrn Papa« nicht verletzen will. Denn es stimmt nicht, daß er sich »stets bey den Eltern aufgehalten« hat; der Vater hat die Mutter bereits verlassen und lebt »bei der Andern«, die ihm Kinder geschenkt hat. Doch weiter im Protokoll:

»Ich habe die 4 Grammaticalklassen und 2 Jahre Technik absolviert und mich seit meiner Jugend mit Musik beschäftigt, worin ich es laut beyliegenden Zeugnissen so weit brachte, daß ich nun selbst im Stande bin, als Leiter und Musikdirektor aufzutreten, indem ich noch den Generalbaß studirte und bereits mehrere Sachen komponierte. Ich habe bisher in der Kirche am Hof, aber nie in öffentlichen Örten, wohl aber in Privatzirkeln die Violine gespielt und jederzeit den Beyfall der Zuhörer erhalten. Ich bin gesonnen, mit einem Orchester von 12 bis 15 Personen zu spielen, in Gastlokalitäten und zwar beim Dommayer in Hietzing, welcher mir bereits die Zusicherung machte, daß ich, sobald mein Orchester in Ordnung ist, dort Musikunterhaltungen abhalten könne. Die übrigen Lokalitäten weiß ich derzeit noch nicht zu bestimmen, glaube aber, daß ich hinreichend Beschäftigung und Verdienst erhalten werde . . .«

Dann folgen Angaben über die Erwerbssteuer, die der junge Orchesterleiter entrichten zu können glaubt. Schließlich bemerkt er, daß er »außer Tanzmusikstücken auch Opernstücke und Concertsachen aufführen werde, je nachdem es die Unterhaltung erfordert«.

Dieses Dokument steht mit einigen der bekanntesten Strauß-Legenden in Widerspruch. Einmal, weil in ihm der oft zitierte Passus, der Junge brauche die Erlaubnis, um seine vom Vater verlassene Mutter unterstützen zu können, nicht vorkommt. Zum andern, weil hier schon, zweieinhalb Monate vor dem schicksalhaften 15. Oktober, als Ort des ersten Auftretens das Nobellokal *Dommayer* genannt wird. Die Legende aber will es anders wissen.

Sie erzählt, wie Vater Strauß, von einem möglichen Debut seines Sohnes unterrichtet, seine Getreuen, allen voran den Lamperl-Hirsch, ausgeschickt habe, um die Wiener Vergnügungsstätten aufzusuchen und ihren Besitzern gütlich oder mit sanfter Drohung davon abzuraten, für einen solchen Zweck ihr Lokal zur Verfügung zu stellen. Die Drohung bestand ganz einfach in der Bemerkung, der berühmte Strauß werde bestimmt in einem Lokal, in dem sein Sohn auftrat, nicht mehr musizieren. Die Legende weiß nun weiterhin zu berichten, daß alle Besitzer zustimmten, daß der Lamperl-Hirsch aber gerade einen nicht besuchte: den *Dommayer*. Ob aus Vergeßlichkeit oder in der Annahme, der »Bub« könne sich unmöglich derart versteigen, darüber gehen die Erzählungen auseinander. Sie stimmen aber auf keinen Fall: der *Dommayer* stand längst fest.

Ob Vater Strauß das allerdings wußte, ist unklar. Vielleicht erfuhr er wirklich bis knapp vor dem Debut nicht, was sein Sohn vorhatte. Denn der Magistrat unterließ es, ihn zu verständigen. Und das kam so: am 5. September sendet diese Behörde ein Schreiben an die Polizei-Oberdirektion. Sie bestätigt deren Note vom 27. August, in der festgehalten wird, »daß gegen die Ertheilung einer Musiklicenz an Johann Strauß kein Anstand obwaltet, jedoch noch dessen Vater vernommen werden dürfte«, und man knüpft daran längere Erwägungen, die in folgenden Feststellungen gipfeln: »Da jedoch dieser Erwerbszweig eine freye Beschäftigung ist und deshalb weder die Großjährigkeit, noch im Falle der Minderjährigkeit die väterliche Einwilligung hiezu erfordert wird, und die Polizeybehörde sich nur in betreff der Moralität des Bittstellers und in öffentlichen Polizey-Rücksichten zu äußern hat, so dürfte gegen dieses Gesuch weiter kein Bedenken obwalten ...«

Es kam im Magistrat zur Abstimmung darüber; das Protokoll ist erhalten: »Herr Rath Raicich spricht sich für die vorläufige Einvernehmung des Vaters des Bittstellers aus. Da jedoch die übrigen Herrn

Räthe« — neun sind es insgesamt, sei hinzugefügt — »mit dem Antrag des Herrn Referenten einverstanden waren, so ergab sich das Conclusum per majorem ...« Also eine überwältigende Mehrheit von acht zu einer Stimme für Johann Strauß Sohn. Verwunderlich? Je nachdem man es betrachtet. Die wahre Situation im Hirschenhaus muß den Herren Räten bekannt gewesen sein, denn sie war wohl Stadtgespräch. Johann Strauß war ein Idol, daran war nicht zu zweifeln. Aber auch einem Idol waren gewisse Grenzen gesteckt. Johann Strauß hatte sie, nach Ansicht vieler Bürger, überschritten. Der Fall spricht immerhin für einen allgemeinen Liberalismus, der sich, trotz Vormärz, Polizeistaat, Zensur und ähnlichem, doch recht schnell in Wien durchgesetzt hatte. Das Idol behielt alle seine Positionen und Stellungen bei, darunter die höchsten im Staate; er dirigierte die Hofbälle in kaiserlicher Uniform, er leitete die Bälle aller vornehmen Institutionen Wiens. Niemand rügte ihn wegen seines Privatlebens, das längst bis »zum Skandal gediehen« war. Aber ihm einen möglichen Einspruch gegen die Laufbahn seines »ernsten, strebsamen, fleißigen und sittlich einwandfreien« Sohnes einzuräumen, das ging zu weit. Zumal es gesetzlich nicht vorgeschrieben, höchstens üblich war.

Zur gleichen Zeit, da diese Entscheidungen fallen, ziehen sich auch noch andere Gewitterwolken über dem Haupt des Beherrschers der Wiener Unterhaltungsmusik zusammen. Sie sind nicht etwa jetzt erst aufgetaucht. Sie stehen seit Jahren am Horizont. Strauß selbst hat sie ja heraufbeschworen. Nun findet seine Gattin, nach langen Jahren des Harrens und Duldens, die Lage nicht mehr tragbar und reicht am 10. August 1844 — alles ereignet sich im gleichen Sommer — die Scheidungsklage ein. Sehr lange hat Anna gezögert. Sie hat den berühmten Gatten schrittweise verloren, hat unzählige Nächte um ihn geweint, den sie immer noch liebt. Hat die Kinder allein großgezogen, das Haus sauber und anständig bestellt. In dieser Zeit ist der große Johann Strauß auf weite Reisen gegangen, wohl nicht nur von beruflichen und künstlerischen Beweggründen getrieben, auch weil er nicht mehr heimwollte zu ihr; und da er nun schon Jahr um Jahr eine andere hatte, einen Haushalt mit ihr und Kinder — darum wollte Anna Streim nun nicht länger zusehen und warten, oder vielleicht gar auf ein Wunder harren, geschweige denn einer längst informierten »Welt« gegenüber einen sinnlos gewordenen Schein aufrecht erhalten.

Hinzu kam, und das war für die Mutter vielleicht ausschlaggebend, das Flüggewerden des ältesten Sohnes. Vielleicht hätte sie alles so belassen — so unerfreulich, so bitter es war —, wenn Schani seine Karriere mit Hilfe und Wohlwollen des Vaters hätte starten können. Aber er mußte sie gegen den Vater beginnen, der während vieler Jahre alles getan hatte, um eine solche Laufbahn des Sohnes zu verhindern. Da die Mutter sich also entscheiden mußte, während ihr bisher die undankbare, passive Rolle derer zugeteilt war, über die entschieden wird, so entschied sie sich klar und deutlich für den Sohn.

Der Achtzehnjährige hatte nun die Bewilligung. Und er hatte, wie wir später, wenn wir sein Leben nachzeichnen, feststellen werden, längst sein Orchester, sein Probenlokal. Am 8. Oktober, schon angesichts der ersten Schlacht, schließt er mit denen, die ihm zu folgen gewillt sind, einen Vertrag ab. Es ist ein merkwürdig strenger und umfassender Vertrag für einen achtzehnjährigen »Kapellmeister«, der eigentlich noch gar keiner ist. Hat er ihn dem Vater abgeschaut? Wahrscheinlich war er unter den Wiener Unterhaltungskapellen schon zu einer Norm geworden. Was ein Orchester aber wirklich zusammenschweißt, das war die Persönlichkeit des Dirigenten, waren die gemeinsam erkämpften Siege.

Wie verschieden waren doch die Ebenen, von denen aus sie starteten, Vater und Sohn! Zwar schwelte ein unschöner Kampf zwischen den Eltern, der sich gelegentlich, wie immer in solchen Fällen, auch aufs Materielle erstreckte. Aber Anna lebte mit ihren Buben trotzdem »gutbürgerlich«. Man hatte keine Sorgen mehr um das tägliche Brot noch ums Dach überm Kopf. Wie anders hatte der Vater beginnen müssen ... Sein Aufstieg hatte die Lage der Familie verändert. Schani konnte nun ausbauen, was der Vater geschaffen hatte. Auch die Zeiten hatten sich geändert. Musiker sein im Jahre 1824, das hatte noch etwas von Pioniergeist an sich, von Rastlosigkeit, ja, oft war es nicht allzuweit von Vagantentum entfernt. Die Musiker des Jahres 1844 hingegen kamen bereits in eine geordnetere Welt des Vergnügens. Es gab genug beachtenswerte Lokale, die Dauerverträge, Sicherheit und Verdienstmöglichkeit bieten konnten. Wien war größer geworden, es war gutbürgerlich und zugleich weltstädtisch. Das alles zusammen bewirkte, daß ein Musiker — erst recht ein tüchtiger, außergewöhnlicher und namhafter — es zu Wohlstand, Ansehen, Sicherheit bringen konnte. Johann Strauß hatte es bewiesen. Und sein Sohn konnte von dieser Ebene aus ins Musikerleben starten. Ihm ist deshalb vieles erspart geblieben von dem, was der Vater, zwanzig Jahre vorher, auf sich hatte nehmen müssen.

Kurz vor Mitte des Monats Oktober 1844 erschienen Anschläge an den Mauern Wiens, Anzeigen in den Zeitungen: »Einladung zur Soirée dansante, welche Dienstag, 15. Oktober 1844 selbst bei ungünstiger Witterung in Dommayer's Casino in Hietzing stattfinden wird.

Johann Strauß (Sohn) wird die Ehre haben, zum ersten Mal sein eigenes Orchesterpersonal zu dirigieren und nebst verschiedenen Ouverturen und Opernpièces auch mehrere seiner eigenen Kompositionen vorzutragen. Der Gunst und Huld des hochverehrten Publikums empfiehlt sich ergebenst Johann Strauß jun. ...«

Auch Vater Strauß las es. Auf einem Spaziergang am Sonntag soll er das Plakat gesehen und sich daraufhin in seine Wohnung begeben haben ... zu Emilie natürlich, wo nun sein Heim war, und wo er sich regelrecht verschanzte, als würde er belagert. Die Getreuen kamen, suchten die Stimmung nicht noch zu verschlechtern, beschwichtigten, sagten wohl auch eine Menge Dinge, an die sie selbst nicht recht glaubten: daß der Junge sicher bald einsehen, bereuen, aufgeben werde, und wer weiß ... im tiefsten Innern müssen sie die Wahrheit geahnt, ja von ihren Musikerkollegen gewußt haben, wie glänzend beschlagen der Junge war, der da debutieren wollte.

Vater Strauß dirigiert an den folgenden Abenden; er erfüllt seine Pflicht, eilt aber sofort zurück in die Wohnung, als wollte er sich verbarrikadieren. Die Kinder lärmen und weinen; die älteste, Emilie nach der Mutter genannt, ist zehn Jahre alt, Johann, nach ihm benannt, neun; Clementine ist siebenjährig, Maria macht, einjährig, erste Gehversuche, Theresia, eben auf die Welt gekommen, liegt in der Wiege. Plötzlich empfindet Johann Strauß einen ungeheuren Lebensüberdruß. Seine Lage kommt ihm voll zum Bewußtsein, doch erkennt er sie aus einem neuen Gesichtswinkel.

Bitterkeit überkommt ihn. Da machen seine »legitimen« Kinder, was sie wollen, und es ist das Gegenteil von dem, was er für sie gewollt. Hat er es vielleicht nicht gutgemeint mit ihnen, wenn er verhindern wollte, daß sie Musiker würden? Plötzlich sah er in seiner eigenen Laufbahn nur das Unbefriedigte, Unbefriedigende, die Unrast, das Verzehrende. Fürsten hatten den Arm um seine Schulter gelegt, während sie das Programm einer Soiree in ihrem Palast mit ihm besprachen. Aber nun schien ihm gerade diese vertrauliche Geste den Abstand, den Abgrund zu unterstreichen, der zwischen ihnen lag und unüberbrückbar war. War er nicht doch »nur ein Musikant« geblieben, und der war eben irgendwo doch dem Zigeunertum verwandt. Johann Strauß erlebte wieder einmal diesen entsetzlichen inneren Flug durch Höhen und Tiefen, den er manchmal im Wachen oder im Träumen erlebte und der ihm ein heftiges Schwindelgefühl verursachte.

Da hatte er nun die Kriegserklärung seines eigenen Sohnes. Wahrscheinlich legte er sich gar keine Rechenschaft darüber ab, daß er es selbst gewesen war, der diesen Krieg heraufbeschworen hatte. Sicher dachte er nicht mehr daran, daß auch ihm vom »Herrn Vormund« eine ganz andere Laufbahn zugedacht gewesen war, und daß es für ihn gar keine Wahl gegeben hatte: wie er sich bedingungslos der Musik in die Arme hatte werfen müssen ...

Die Getreuen stimmen ihm zu, um ihn nicht noch mehr zu reizen. Daß die Bezeichnung »Sohn« und »jun.« nach dem Namen Johann Strauß viel zu klein gedruckt sei, daß der Mistbub also das Publikum täuschte. War nicht vor Jahren in Paris etwas ganz Ähnliches geschehen, als ein französischer Musiker namens Strauß vom Ruhm des großen *Wiener Strauß* profitiert hatte? Nun wollte der Sohn, der eigene Sohn, offensichtlich dasselbe tun!

Am Nachmittag des 15. Oktober bewegen sich Karawanen von Wagen und Fußgängern aus Wien in westlicher Richtung. Ihrer aller Ziel ist der *Dommayer*. Die Anzeige des Debuts eines zweiten Johann Strauß hatte wie eine Bombe eingeschlagen. Der Sohn des »großen« Strauß! Und, die ganze Stadt wußte es, *gegen* den Willen des Vaters! Das mußte eine Sensation geben, vielleicht sogar einen Skandal. Vielleicht erschien der Vater am Ende auch noch, und man konnte ein großes Drama erleben — ganz wie im Burgtheater.

Johann Strauß Vater erschien nicht. Die Legende will wissen, daß er seine Getreuen nach Hietzing schickte, daß sie wohlvorbereitet kamen und sich strategisch geschickt ums Podium verteilten und Zeichen verabredet hatten: etwa daß der Lamperl-Hirsch sein großes buntes Taschentuch ziehen sollte, wenn der Augenblick gekommen war, um mit Protestrufen, Pfui-Schreien, Gelächter oder Pfiffen dem Jungen das Debut so gründlich zu versalzen, daß er nie wieder öffentlich aufzutreten die Lust verspüren würde. Aber es kam anders, ganz anders.

Der Lamperl-Hirsch zog nämlich das große bunte Taschentuch lange vor Beginn des Konzerts. Denn auch er stand eingekeilt in einer vieltausendköpfigen Menge, er stöhnte, schwitzte und staunte. Hunderte mußten vor den Toren bleiben, denn der Andrang war zu gewaltig. Die Schar der Anhänger des Vaters wechselte verzweifelte Blicke, soweit sie einander überhaupt erspähen konnten im herrschenden Gedränge. Und als endlich das Konzert begann, da wußten sie, erfahrene Musiker wie sie waren, daß es da nichts zu pfeifen, nichts zu lästern gab. Ein junger Meister stand vor ihnen.

Wir werden den Ablauf des 15. Oktober 1844 beim *Dommayer* später noch einmal aus der Sicht des Sohnes nachzuzeichnen haben. Verfolgen wir ihn hier, wie ihn der Vater, aus einiger Entfernung, aber wohl mit jeder Faser seines Gefühls ganz dabei, mit seinen Getreuen erlebt haben muß.

Die Stimmung beim *Dommayer* ist nun aufs höchste gespannt. Als der Junge erscheint, macht er einen bescheidenen, aber sehr sicheren Eindruck. Die Musiker des Vaters spüren das sofort. Dem Publikum kann ein Dirigent ja einiges vormachen, nicht aber »denen vom Fach«. Der Schani kann sein Handwerk wirklich. Sie spüren es. Dann geigt er. Die Anhänger des Vaters können nicht anders: sie nicken beifällig mit den Köpfen. Und dann stellt er sich als Komponist vor. Donnerwetter, wer mit achtzehn oder neunzehn so komponiert, der kann's weit bringen.

Und im Morgengrauen, nach einer langen, ereignisreichen musikalischen Nacht, spielt der Schani noch immer, weil das Publikum einfach nicht weichen will, obwohl es Dutzende von Wiederholungen erzwungen hat. Er spielt eine Melodie seines Vaters. Nicht nur den »Getreuen« schnürt es die Kehle zu. Und sie gehen heim, vom Jungen Strauß bezwungen, bezaubert.

Der Lamperl-Hirsch aber macht, wie er's versprochen, noch den Umweg zu Johann Strauß, zu Johann Strauß Vater, wie man jetzt wohl wird sagen müssen, weil es ja auch einen Johann Strauß Sohn gibt, denkt er. Er steigt nachdenklich die Stiegen hinauf, es ist eine ungewöhnliche Besuchsstunde, aber er weiß, der »Alte« sitzt da oben, hat wahrscheinlich die ganze Nacht kein Auge zugetan und wartet auf Nachricht. Will er hören, daß der Sohn durchgefallen sei, Schimpf und Schande geerntet hat? Will er erfahren, daß nichts »Besonderes« zu berichten sei — halt ein Unterhaltungsmusiker mehr im großen Wien, wo es schon Dutzende gibt? Der Lamperl-Hirsch überlegt, kommt aber zu keinem Entschluß.

Dann steht er dem Vater Strauß gegenüber, und der blickt ihn nur fragend an, mit dem durchdringenden Blick, mit dem er sonst das Geschehen auf dem Orchesterpodium leitet. Und Lamperl-Hirsch bringt nichts weiter hervor als: »Der ... der Mistbub ... hat gefallen, sogar sehr gut hat er gefallen, der Mistbub ...«

Und als Johann Strauß hernach, Stunden später, die Zeitung öffnet, liest er — und mit ihm Tausende von Wienern — den Satz, den der Chronist Wiest an den Schluß eines langen Artikels über den Abend beim *Dommayer* gesetzt hat und der zum geflügelten Wort werden sollte:

»Gute Nacht, Lanner! Guten Abend, Johann Strauß Vater! Guten Morgen, Johann Strauß Sohn!«

14

Die letzten Jahre

War es wirklich Abend geworden für den erst vierzigjährigen Strauß?
War er nicht immer noch der Beherrscher der Wiener Tanzstätten, des
Wiener Vergnügungslebens, der Melodien- und Freudenspender ohnegleichen? Er war es ohne jeden Zweifel, niemand machte es ihm strei-
tig. Was allerdings innen in ihm vorging, das weiß niemand. Es gibt
keine verbürgten Äußerungen aus seinem Mund, es gibt keine Briefe,
die irgend etwas darüber aussagen könnten.

Am 17. Oktober — noch war das Echo auf das Debut des jungen
Strauß nicht verrauscht — da erschien, wie schon dutzendemale vorher, in der *Wiener Zeitung* die Ankündigung eines neuen Walzers. Der
altbewährte Verlag Haslinger brachte ihn heraus, dessen Gründer
Tobias zu Beethovens engem Kreis gehört hat und von diesem oft
recht derb angepackt und verhöhnt worden war. Die Erben, Witwe
und Sohn, hatten sich entschieden auf Johann Strauß eingestellt und
waren dabei glänzend gefahren. Der neue Walzer, den Haslinger jetzt
ankündigt, heißt *Frohsinn-Salven*. Er muß wohl schon ein paar
Monate früher komponiert worden sein, denn der Titel wirkt am 17.
Oktober wie eine leibhaftige Parodie; da war es Johann Strauß bestimmt nicht nach Frohsinn zumute. Und am 20. November erscheint
schon wieder ein Walzer aus seiner Feder: *Aurora-Festklänge*. Auch
dieser Titel mutet heute seltsam an, denn wenn auch Wiests »Guten
Abend, Johann Strauß Vater« keineswegs unfreundlich gemeint war,
so bekam dieses Bekenntnis zu Aurora, der Göttin der Morgenröte,
doch einen leicht wehmütigen Beigeschmack. Nun, auch dieser Walzer
war Monate früher entstanden und schon am 1. Mai im Augarten bei
einer »Matinée musicale« zugunsten eines Kinderspitals erstmals erklungen. Es war also gar nichts Besonderes am Titel; erst der Zeitpunkt
des Druckes gab ihm eine sonderbare Nebenbedeutung.

Am 11. November, vier Wochen nach dem ersten Auftreten des
Sohnes, ist auf der Anzeige der Katharinen-Redoute zu lesen: »Kapellmeister Strauß, Vater, dirigiert die Musik.« Tags darauf reist er nach
Böhmen und Schlesien, dirigiert in Troppau, Teschen, Neutitschein —
natürlich ohne den lächerlichen Zusatz. Die Welt kennt vorläufig nur
einen Strauß, und das ist er, der Johann Strauß.

Aber in Wien kennt man jetzt zwei, das ist nicht mehr wegzuleug-
nen. Zwar liest man in der *Wiener Theaterzeitung* vom 29. November
1844 noch folgende Worte: »Strauß Vater ist noch immer der auser-

Ferdinand Raimund (1790—1836)

Johann Nepomuk Nestroy (1802—1862)

Jetty Treffz, die erste Frau von Johann Strauß Sohn.

Angelika Dittrich, die zweite Frau von Johann Strauß Sohn.

wählte Liebling der Wiener, wenn auch noch so viele neue Musik-Direktoren und Compositeure auftreten ...« Aber wenige Wochen später läßt sich das gleiche Blatt doch zu einem beachtlichen Lob des jungen Strauß herbei. Es heißt nun: »Der junge Strauß ist ganz die neue, elegante Auflage des Papas. Alles hat er von ihm: Gesicht, Haltung, Bewegung. Was noch fehlt, wird Fleiß und guter Wille nachtragen ...«

Und es erscheint noch ein Artikel (Schönherr zitiert ihn in seinem Buch), und dort wird bedeutungsvoll gefragt: »Wird Strauß Vater alleiniger Walzer- und Quadrillen-Regent bleiben? Wird er die Herrschaft mit dem kühn aufstrebenden Sohn teilen müssen?« Das Blatt stellt allerdings zugleich fest, daß der Vater eine wohl unschlagbare Position in Wien einnehme, überall dirigiere, so auf den Bällen der Juristen, der Künstler, der Techniker, im Musikverein, in Adelshäusern, auf Hofbällen, in den vornehmsten Lokalen, von denen der *Sperl*, die Redoutensäle und das neue, am 8. Januar 1845, natürlich mit Johann Strauß Vater eröffnete, ungeheuer elegante *Odeon* genannt werden. Dort strömten am 23. Januar fünfzehntausend Besucher zusammen, um zu tanzen und ein paar Stunden lang froh und lustig zu sein. Die Musik besorgte natürlich Strauß Vater. Nur er konnte solche Massen anlocken.

Sein Terminkalender war immer noch randvoll: am Dienstag spielte er im *Volksgarten*, am Mittwoch im *Odeon*, am Donnerstag im *Großen Zeisig*, am Freitag wieder im *Volksgarten*, am Samstag noch einmal im *Odeon*, außerdem bei den *Sieben Churfürsten*. Am Sonntag beim *Unger*. Der Montag war für Sonderveranstaltungen frei, die sich regelmäßig einstellten. So ging es den größten Teil des Jahres 1845.

Am 13. Oktober dieses Jahres trat Johann Strauß Vater eine fünfwöchige Auslandsreise an. Er dirigierte in Prag, Reichenberg, Zittau, Dresden, Magdeburg und am 28. Oktober endlich in Berlin. Hier erlebte er Triumphe, die nahezu alles, was er bisher erlebt, in den Schatten stellten. Die »kühlen« Preußen bescherten ihm am 14. November einen Fackelzug mit Serenade, das Herrscherhaus besuchte seine Konzerte, der *Kroll'sche Wintergarten*, von dem selbst die Wiener zugeben mußten, daß er an Feenhaftigkeit ihre besten Lokale erreichte, wenn nicht gar übertraf — beim Kroll war es stets überfüllt, wenn Strauß auftrat.

Der Fasching 1846 machte die Wirtschaftskrise, die schon lange schleichend umging, offenkundig. Die zeitgenössische Presse jammerte, man gefiel sich in Schwarzmalerei. Doch für Johann Strauß Vater gab es keine Krise, im Gegenteil, kaum je ist er so gefragt gewesen, kaum je drängten sich die Wiener zu ihm in solchen Scharen. Man setzte sich über Teuerung, schwachen Geschäftsgang, politische Spannungen und andere leidige Fragen hinweg, so gut es ging. Man tanzte die Nächte hindurch, als wäre die Welt in schönster Ordnung.

Es werden sogar neue Lokale eröffnet, immer noch. Der großartige *Sophienbad-Saal* wurde am 21. Januar 1846 durch Vater Strauß eingeweiht. Wenige Tage vorher war der Sohn berufen worden, um den *Graziensaal* zu eröffnen, genauer, die umgebaute *Goldene Birn*. Dabei kam es zu einer gehässigen Pressekampagne, da die Ankündigung dieses Balles das Wort »Sohn« nur sehr klein, beinahe unsichtbar enthielt.

Am 27. Januar 1846 erhält Johann Strauß die heißersehnte Ernennung zum »k.k. Hofball-Musik-Direktor«, die höchste Auszeichnung, die es auf seinem Gebiet gab. Längst war seine Mitwirkung bei den Bällen in der Hofburg eine Selbstverständlichkeit, aber nun ehrte man ihn offiziell mit dem Titel. Es spricht für die doch recht weitreichende Vorurteilslosigkeit der damaligen Behörden, daß ihm eine solche Ehrung inmitten seines Scheidungsprozesses zuteil wurde, und das in einem erzkatholischen Lande und unter einer absolutistischen Monarchie. Hier war die Ehescheidung ein höchst ungern gesehener, nur in unabwendbaren Fällen gewährter Schritt, der zudem keine völlige Auflösung des Ehebandes bedeutete und keine neue Heirat zuließ.

Wenige Tage zuvor, am 5. Januar, hatte eine Verhandlung in Sachen »Strauß Anna contra Strauß Johann« vor dem Zivilgericht stattgefunden. Ein Kurator für die minderjährigen Kinder war bestellt worden, und der berühmte Musiker mußte als Angeklagter ziemlich unangenehme Szenen über sich ergehen lassen. Die unangenehmste blieb ihm erspart: Es kam zu keiner Begegnung mit seinem Sohn Schani.

Als Opus 188 publiziert er seinen *Österreichischen Festmarsch*, der bei der feierlichen Enthüllung des Denkmals für den verstorbenen Kaiser Franz I. zum ersten Mal erklingt. Lange hatte die Frage nach einem geeigneten Standort die Gemüter erregt; mit der Wahl des Inneren Burghofes (es ist dies einer der schönsten Plätze Wiens, wenn nicht der Welt) hatte man schließlich eine gute Entscheidung gefällt. Die Einweihung fand in besonders feierlicher Weise am 16. Juni 1846 statt. Es gab, so berichten Reinöhl und Schönherr, Kanonensalven, Glockengeläut, Trompetensignale.«... die Bürgergarde stand auf dem Judenplatz, auf dem Stephansplatz, auf dem Platz am Hof, auf dem

Kohlmarkt und auf dem Graben in strammer Habt-Acht-Stellung. Dann defilierte sie, das erste Bürgerregiment mit besonderem Elan, denn es marschierte heute nach einem neuen Marsch, dem österreichischen Festmarsch seines Kapellmeisters Strauß.«

Opus 199 erhält den Titel *Neujahrs-Polka*. Sie erklingt am Silvesterabend 1846 in einer »Fest-Soirée« zum ersten Mal beim *Sperl*, denn sooft Strauß auch dort seinen »Abschied« gefeiert hatte, er war immer wieder in dieses alte, ihm aus tausend Gründen ans Herz gewachsene urwiener Lokal zurückgekehrt. Sogar jetzt, da hier seit dem letzten Sommer Strauß Sohn den Taktstock schwang ...

Strauß Vater ist nach wie vor der Ballkönig, Liebling und Idol der Wiener. Es war kein Nachlassen bei ihm zu spüren. Er blieb auch immer aktuell, immer auf der Spur alles Neuen, wofür die Wiener sich interessierten. Am 9. Februar 1847 dirigiert er zum ersten Mal im *Sophienbadsaal*, dessen Schwimmbecken mit einem riesigen Tanzboden überdeckt worden war, da die Wiener, wie die zeitgenössischen Chronisten recht boshaft bemerkten, viel lieber tanzten als badeten. Der neue Walzer heißt *Schwedische Lieder*. Dieser Titel bezog sich auf die »Schwedische Nachtigall«, die weltberühmte Sängerin Jenny Lind, die auch Wien im Sturm erobert hatte. Sie war 1846 dagewesen und hatte die begeisterte Huldigung ihrer unzähligen Verehrer entgegengenommen; diese waren in Scharen zum *Theater an der Wien* gepilgert, hatten weithin die Straßen verstopft und kaum den Musikkapellen Platz gelassen, die zu Ehren des illustren Gastes konzertieren wollten. Unter ihnen war auch Strauß gewesen, und das Ständchen seines Orchesters war Jenny Lind als besondere Ehrung gepriesen worden. Hernach verarbeitete Strauß einige Melodien aus den Glanznummern der »Schwedischen Nachtigall«, und der so entstandene Walzer wurde beim zweiten Wiener Gastspiel der Sängerin aus der Taufe gehoben.

Wien schien sich inzwischen an das Nebeneinanderwirken von Strauß Vater und Strauß Sohn gewöhnt zu haben. Auch die beiden Männer hatten sich offenbar mit der peinlichen Situation abgefunden. Doch da kam es im März 1847 zu einer häßlichen Kontroverse. Plötzlich standen sie sich — wer weiß zum wievielten Male — feindlich gegenüber. Was war der Grund? Nun, Carl Haslinger, der Freund und Verleger von Vater Strauß, hatte für Wien die Aufführungsrechte einer Oper von Meyerbeer erworben. Das Werk, in Berlin unter dem Titel *Das Nachtlager in Schlesien* sehr kühl aufgenommen, sollte nun an der Donau unter dem Namen *Vielka* herauskommen. Der in aller Welt gefeierte Meyerbeer, der schon damals im internationalen

Opernbetrieb eine führende Rolle spielte, war persönlich nach Wien gekommen. Auch hier wurde er allenthalben geehrt und umschwärmt — bei Empfängen und Gesellschaften, bei den Aufführungen im *Theater an der Wien*. Haslinger überließ die *Vielka-Ouverture* Johann Strauß, und dieser nahm sie in sein Konzertprogramm auf. Sie hatten es mit zahlreichen neuen Werken so gemacht, weil die Wiener auf diese Weise unbekannte Stücke aus der Opern- und Instrumentalliteratur kennenlernen konnten. Kurzum, die *Vielka-Ouverture* wurde zu einem ausgesprochenen »Schlager« (das Wort Schlager gab es damals noch nicht). Nun aber ereignete sich etwas ganz Unerwartetes: Besagte Ouvertüre erschien eines Tages im Konzertprogramm von Johann Strauß Sohn. Haslinger machte energisch seine Rechte geltend. Die Polizei wurde eingesetzt, damit die Wiedergabe des umstrittenen Stücks ». . . durch einen anderen, vom Verleger nicht ausdrücklich autorisierten Konzertgeber« verhindert werde.

Was dann geschah, ist traurig, unverständlich, beschämend. Sollte man Grund zum Zweifel am Charakter des jungen Strauß haben? Angeblich soll er den Journalisten Wiest (es handelt sich um denselben Wiest, dessen geflügeltes Wort über den 15. Oktober 1844 wir zitiert haben) veranlaßt und bezahlt haben, einen abschätzigen Artikel über Strauß Vater zu schreiben.

Nun griffen die Freunde ein, auf beiden Seiten. So weit durfte der Generationenkonflikt im Hause Strauß nicht führen! Solche Formen sollte der sicher seit Jahren angestaute Haß, hervorgerufen durch die unglücklichen Familienverhältnisse, nicht annehmen. Es kommt zu schwierigen diplomatischen Verhandlungen der beiden Lager. Ein Treffen wird vereinbart. Der Sohn hat nichts dagegen, zum Vater zu gehen.

Was Vater und Sohn miteinander gesprochen haben, wissen wir nicht genau. Wieder einmal ist die Legende anschaulicher als die wenigen nüchternen historischen Tatsachen. Vater Strauß hat wohl gehofft, daß der Sohn, sein größter Rivale und Gegenspieler, nun in sein Orchester eintrete. Er selbst hat es, damals als er zum Lanner in ein renommiertes Orchester gegangen war, so gemacht, und es war gut gewesen. Strauß will jetzt dem Sohn den Posten eines Konzertmeisters und Vizekapellmeisters anbieten — eine Position des »zweiten Mannes« zwar, doch bei der notorischen Beanspruchung der Straußkapelle, bei all ihrem Ruhm eine beachtliche Position, denn kein Kapellmeister in Wien besaß soviel Geltung und ein solches Honorar wie der »zweite Mann« bei Strauß.

Aber da ist noch jemand im Spiel. Die Mutter, Anna Streim. Kann

Schani ihr das antun — Frieden mit dem Manne schließen, der ihr Leben zerstört hat? Kann er denn vergessen, daß sie es war, die ihn gegen den fanatischen Willen des Vaters mit ebenso fester Energie zu dem gemacht, was er nun war? Jean (der Vater hat ihn so genannt, es klang vornehmer, aber richtig populär war eben nur »Schani«) schüttelte den Kopf. Als der Vater ihm die Stellung anbietet, sagt er nein. Langsam, aber deutlich und entschlossen.

Die Männer erheben sich aus den Fauteuils, der Vater reicht dem Sohn die Hand. Er soll ihm eine Zigarre angeboten haben, von der teuersten Sorte, die nur für ganz besondere Besucher bestimmt ist. Schani nimmt sie, obwohl er nicht raucht; er will den Vater nicht kränken. Auf einmal fühlt er starke Anteilnahme für ihn: er hat ihn während der Unterredung mehrmals heimlich angeschaut. Der Vater dünkt ihn alt, verbraucht. Nicht so alt, wie ein Vierzigjähriger einem Zwanzigjährigen immer erscheint, nein so, als lägen wirklich Welten zwischen ihnen, Meere des Nichtverstehens, des Fremdseins.

Sie schütteln einander die Hände, gehen auseinander. Sie ahnen nicht, daß sie einander in diesem Leben nicht mehr begegnen sollen.

Der Vater blickt ihm nach. Er weiß, der Sohn spielt immer häufiger seine, des Vaters Walzer. Zuerst nahm er diese Nachricht mit grimmigem Lächeln auf. Natürlich, der Filou, womit denn könnte er solchen Erfolg haben? Und wahrscheinlich will er ins väterliche Orchester eintreten! Nun aber weiß er, daß Schani seine Stücke spielt, weil er sie schätzt und liebt. Ohne Nebengedanken spielt er seine Walzer.

Er hat da einmal, rein zufällig, ein paar Walzer seines Sohnes angeschaut. Vor kurzem sagte er noch: »Jetzt will der Bub, der Schani, auch Walzer schreiben, wo er doch keinen Dunst davon hat und es selbst mir Mühe macht, in zwölf oder acht Takten etwas Neues zu bringen ...« Aber nun denkt er anders. Er ist viel zu sehr Musiker, um nicht zu spüren, daß »der Bub« tatsächlich in zwölf, in acht Takten Neues sagen kann, und daß er obendrein auch noch einen neuen Walzertypus kreieren wird. Er weiß nur zu genau, daß seine eigenen Walzer dem Biedermeier, der Frühromantik angehören; daß auf allen musikalischen Gebieten die Formen unendlich erweitert, vergrößert werden, daß in der Orchesterbehandlung eine neue Zeit angebrochen ist, deren Ende noch niemand erkennen kann. Er selbst wird es nicht mehr erleben, das spürt er. Aber der Schani ...

Wien erfuhr von der Unterredung zwischen Vater und Sohn. Der Klatsch bauschte die Dinge auf, wußte alles Mögliche hinzuzufügen, was mit Sicherheit erfunden war. Immerhin: die Befürchtung wuchs, Vater Strauß könne, da ihm in der eigenen Stadt ein ernstzunehmender Rivale erstanden war, an eine Verlegung seiner Tätigkeit in eine andere große europäische Metropole denken.

Gerade jetzt macht der Vater wieder Konzertreisen. Am 11. Oktober 1847 beginnt die Fahrt, die nach Berlin, Hannover und Hamburg führt. Preußens König ist von Strauß begeistert und erklärt seinen *Österreichischen Defiliermarsch* zum Parademarsch seines Heeres, »für immerwährende Zeiten«, wie das Dekret sagt. Bei seiner Rückkehr nach Wien wird Strauß gefeiert wie ein König, der Jubel im Volksgarten will kein Ende nehmen. Die *Wiener Theaterzeitung* schreibt dazu den besorgten Satz, der damals vielen Wienern aus dem Herzen gekommen sein dürfte: »Wird das alles die Versprechungen, die Lockungen vergessen machen, die er da und dort erfahren? Wird er es über sich vermögen, die glänzende Stellung, welche sich ihm in der Fremde bietet, zu opfern?«

Strauß ging nicht fort. Er konnte sein Wien nicht verlassen. Hatte er daran überhaupt je gedacht? Es war nun einmal »seine Stadt«, ohne ihre Straßen und Plätze, ihre Wälder und Auen, ohne die Wiener Luft konnte er doch nicht leben. Den Freunden fiel auf, daß er noch ernster, ja düsterer geworden war. Die unbändige Fröhlichkeit, die er so meisterlich entzünden konnte, strahlte ja immer von seiner Geige aus, nicht von seinem Herzen. Nun lachte er nur noch ganz selten. Man sah ihn fast nie mehr lächeln. War es »die Sache mit dem Sohn«, die ihn noch schweigsamer, noch verbitterter machte? War es das Gefühl, sein Leben nie mehr ganz »in Ordnung« bringen zu können?

Hing er noch an Emilie? Hielt der Rausch, den er in ihren Armen gefunden und der ihn seine rasende Tätigkeit für Stunden selig vergessen ließ, noch an? Am Tag vor seiner Abreise nach Deutschland, am 10. Oktober 1847, hatte er ein Testament geschrieben: »Letzter Wille. Kraft dessen ich Endesgefertigter Johann Strauß zu Erben meines Nachlasses die Emilie Trampusch, k.k. Kameral-Arztens Tochter zu einem, und deren Kinder Johann, Emilie, Klementine, Marie und Therese Trampusch zum anderen Theile einsetze. Meine Kinder aus meiner Ehe mit Anna Strauß geborene Streim sollen auf den Pflichtteil eingeschränkt sein ...«

15

Da leg' ich meine Geige hin ...

Das Jahr 1847 neigte sich seinem Ende zu. Eine allgemeine, doch ungreifbare Unruhe lag über Wien. Politische Unrast, Unzufriedenheit mit Althergebrachtem, Widerstand gegen polizeistaatliche Bevormundung, großdeutsche Sehnsüchte, Träume von Republik und Sozialismus, Unabhängigkeitswünsche mancher Völker des Vielnationenstaats, Rufe nach Revolution, Aufstand, Anarchie und neuer Weltordnung. — Vielerlei geisterte in den Herzen und Hirnen vieler Menschen jener Tage. Die obersten Klassen sahen der Zukunft mit steigender Besorgnis entgegen.

Johann Strauß war einer der letzten festen, ruhenden Pole im täglich aufgeregter werdenden Leben der rasch wachsenden »k.k. Hof- und Residenzstadt«. Ihm jubelten alle in seltsamer Einstimmigkeit zu, die Aristokraten und die einfachen Leute, für die man nun den Namen »Proletariat« gefunden hatte. Doch wer bei einem Straußfest Ausschau gehalten hätte, um diese Extreme gebührend auseinanderzuhalten, der wäre in Verlegenheit gekommen. Da ging es zu wie in einem Werk, das erst ein Vierteljahrhundert später erscheinen wird: Im zweiten Akt der *Fledermaus*, der unübertroffenen Meisteroperette des jüngeren Strauß, herrscht eine unterschiedslose »Einstimmigkeit«: Aristokraten, die Bürgerlichen und die »kleinen Leute« verbrüdern sich auf einem Maskenfest so vergnüglich, als gäbe es, zumindest solange diese Nacht und ihre herrlichen Walzer dauern, keine sozialen Fragen, keine Standesunterschiede und — außer rein sentimentalen — keine Probleme.

Das Jahr 1848 beginnt, die Unruhe verstärkt sich, doch nur wenige ahnen, daß man ein geschichtsträchtiges, weltbewegendes Jahr vor sich hat. Das rasch vorschreitende Maschinenzeitalter brachte viel Umschichtung und manche Not. Menschen wurden brotlos, Existenzen vernichtet. Das politische Interesse nimmt zu, die Arbeiterschaft sucht erste Zusammenschlüsse, um gemeinsam ihrem Schicksal, ihren Klassengegnern gegenüberzutreten.

Am 1. März spielt Strauß beim *Sperl* auf einem Ball des »Kreuzer-Vereins«, der ein Jahr zuvor gegründet worden war; da hatten sich Hunderte, vielleicht Tausende von Bürgern Wiens zusammengetan, um mit der wöchentlichen Spende eines einzigen Kreuzers (die damals kleinste Münze, der hundertste Teil eines Guldens) soziale Notstände zu mildern. Wie immer bei größeren Bällen hatte Johann Strauß auch für diesen Abend ein neues Musikstück komponiert, die *Wiener Kreuzer-Polka.* Und es ging hoch her, wie immer, wenn der Strauß etwas Neues aus seiner Feder zu Gehör brachte. So tanzlustig die Wiener auch waren, so sehr es sie in den Füßen riß, wenn Strauß geigte, so pflegten sie doch seinen neuen Werken zuerst regungslos zu lauschen. Sie umlagerten das Podium in dichten Scharen und blickten hinauf zum großen Magier, der sie alle in Bann hielt. Und erst nachdem man ihm minutenlangen, tosenden Beifall gespendet, löste sich der Knäuel und die Menge stürzte sich — wahrlich, sie stürzte sich! — in den Tanz.

Das nächste Werk, das Strauß komponieren sollte, trug einen ganz anderen Charakter — und traf auf ganz andere Begleitumstände. Seine Uraufführung erfolgte am 19. März. Eigentlich merkwürdig, daß es am 19. März 1848 in Wien überhaupt zum Erklingen eines neuen Strauß-Stückes kommen konnte. Denn wenige Tage vorher war die Revolution in den Straßen aufgeflammt. Am 13. März brach der Sturm los. Er richtete sich kaum gegen den Kaiser Ferdinand, der auf die Meldung vom Aufstand seiner Wiener erstaunt gefragt haben soll: »Ja, dürfen's denn das?« Vielmehr richtete er sich mit voller Schärfe gegen den Repräsentanten des verhaßten vormärzlichen Regimes, gegen Staatskanzler Metternich, der Österreich seit Jahrzehnten — schon auf dem Wiener Kongreß 1815 war er tonangebend — mit harter, aber sicherer Hand regiert hat. Metternich legte sein Amt am gleichen Tage noch nieder. Er ging ins Exil nach England. Der Kaiser gab dem politischen Drängen der Masse nach, verhieß eine »beratende Versammlung« und berief eine rasch gebildete »Bürgerwehr«, in der neben Bürgern auch Arbeiter und Studenten standen, um die neuen Errungenschaften zu verteidigen. Das Volk ging auf die Barrikaden und schrie »Freiheit und Gleichheit!«, woraus, echt wienerisch, im Nu die Parole »Freiheit, und gleich heut!« geworden war. Für die Bürgerwehr meldete sich so ziemlich jedermann, um zu zeigen, daß er »für die neue Zeit« war. Da stand Johann Strauß neben Nestroy und dem populären Komiker Wenzel Scholz, der offen und prompt auf die Frage, was sie im Dienst an jenen Tagen gemacht hätten, geantwortet hat: »Gezittert hamma ...« Auch das wieder echt wienerisch.

Echt wienerisch, daß zwei Tage nach der Beerdigung der Toten, die für die Revolution — oder im Kampf gegen sie — gefallen waren, die Bürger im *Volksgarten* zusammenströmten, um ihrem Liebling Johann Strauß zuzuhören. Man hatte »Pressefreiheit« erreicht, von der die große Mehrheit der Volksgartenbesucher wohl nicht einmal hätte sagen können, was sie ihnen bedeutete. Man besaß das Versprechen auf eine Verfassung. Warum also sich nicht wieder amüsieren? Strauß dirigierte, und das neue Stück, das er mitgebracht hatte, hieß *Österreichische National-Garde*, und das war natürlich ein Marsch.

Johann Strauß, dem »Vormärz« zutiefst verpflichtet und bestimmt kein Revolutionär von Gesinnung, schwamm mit der Strömung. Er konnte gar nicht anders. Zudem, tanzen würde »die neue Zeit« genauso, wie die alte es getan, das war sicher, was sollte er also gegen sie haben? Noch im Schicksalsmonat März erschien sein neuer Marsch im Druck. Haslinger arbeitete besonders schnell, wenn es sich um die Werke seines Freundes Strauß handelte, zudem waren sie am besten zu verkaufen, wenn sie sozusagen noch »frisch« waren. Aber diesmal fehlten auf dem Titelblatt zwei Dinge: Der Doppeladler Österreichs, der sonst patriotische Werke zu zieren pflegte, und der Titel »k.k. Hofball-Musikdirektor« hinter dem Namen Strauß: vorübergehende Konzessionen an die Revolution und die neue Ära.

Es gibt noch andere Konzessionen. Am 30. April spielt Strauß seinen neuen *Marsch der Studenten-Legion*. Studententum bedeutete in jenem Augenblick ein Bekenntnis zum »großdeutschen Gedanken«, zu Schwarz-Rot-Gold, dem Banner eines erträumten, geeinten Deutschland. Schwarz-Rot-Gold stand gegen Schwarz-Gelb, die Farben Habsburgs, das sich von den politischen Entwicklungen getrieben mehr und mehr aus Deutschland zurückgezogen und in seinem Vielvölkerstaat ein neues Ideal gefunden hatte. Die Aufständischen Wiens hatten Schwarz-Gelb mit Metternich identifiziert; Schwarz-Rot-Gold bedeutete für sie »Freiheit«, ein großes geeintes Vaterland aller Deutschen. Aber die Fronten waren keineswegs klar. Am 2. April wurde auf dem Stephansdom, dem Wahrzeichen Wiens, die schwarz-rot-goldene Fahne gehißt. War die Kirche, stets ein Bollwerk Habsburgs, zur Revolution übergegangen? Und dann schwenkte Kaiser Ferdinand die gleichen Farben vom Balkon seiner Hofburg! Situationen, die genau zu Nestroys ironischem Couplet gepaßt hätten: »Die Welt steht auf kein' Fall mehr lang, lang, lang, lang ...«

Aber sie blieb stehen. Und Wien blieb nicht nur bestehen, es änderte sich dort nicht einmal viel. Die Habsburger regierten weiter, wenn auch in der Gestalt eines jungen, modern denkenden Kaisers, der den unfähigen Ferdinand ablöste. Die Vereinigung mit den deutschen Ländern wurde nicht vollzogen. Österreich blieb Österreich, ein komplizierter, aber eine Idee verkörpernder Vielvölkerstaat, ein aus Liberalismus, Traditionsliebe und Fortschritt seltsam gemischtes Unikum. Friedrich Hebbel schrieb damals aus Wien ein glänzendes Wort, dessen ganze Wahrheit erst im Laufe der Zeit zutagekommen sollte:

»Die lieben Österreicher! Sie sinnen jetzt darüber nach, wie sie sich mit Deutschland vereinigen können, ohne sich mit Deutschland zu vereinigen ...« Und Österreichs Nationaldichter Franz Grillparzer, zuerst ein begeisterter Anhänger der Revolution mit ihren idealistischen Forderungen, notiert nur wenig später, besorgt über den Lauf der Dinge: »Kann Österreichs Aufgabe wirklich — die Aufgabe Österreichs sein?«

Warum sollte also Johann Strauß am 30. April 1848 keinen schwarz-rot-goldenen Studentenmarsch bringen? Zumal er damit ja kein »Großdeutscher« sein mußte, zumindest nicht mehr, als es der Kaiser und Wiens Erzbischof waren. Daß sein Sohn viel revolutionärer war, verstand sich von selbst, es lag schon in ihrer Zugehörigkeit zu zwei verschiedenen Generationen. Was Schani in jenen bewegten Wiener Tagen tat, soll später ausführlich erzählt werden.

Die Unruhen dauern noch bis zum Herbst. Der Kaiser verläßt am 17. Mai, nach neuerlichen heftigen Zusammenstößen, seine Residenzstadt und nimmt »aus gesundheitlichen Gründen« in Innsbruck Aufenthalt. Überraschend schnell verschwinden die kaiserlichen Embleme aus der Hauptstadt, so schnell wie sie vom Titelblatt des Strauß-Marsches verschwunden waren. Aber Strauß blieb in Wien. Am 26. Juli dieses Revolutionsjahres 1848 spielte er bei einem Sommerfest auf dem Wasserglacis seinen neuen *Marsch des Einigen Deutschland.*

Und gerade in diesen bewegten Tagen und Wochen gelang ihm ein Meisterstück, dessen Glanz bis heute nicht verblaßt ist und das sicherlich noch weitere Generationen begeistern wird. Es ist der *Radetzky-Marsch.* Der alte Feldmarschall der Monarchie, längst im Ruhestand, war noch einmal an die Spitze der ihn vergötternden Truppen zurückgekehrt und hatte in mehreren Schlachten auf den Ebenen Norditaliens den Abfall Venetiens und der Lombardei von Österreich verhindern können. Am 31. August 1848 gab es in Wien ein »Siegesfest zu Ehren der tapferen Armee in Italien und zur Unterstützung der verwundeten Krieger«. Es erreichte seinen Höhepunkt, als Johann Strauß seinen »der k. k. Armee« gewidmeten, mitreißenden Marsch dirigierte, der den Namen des Feldherrn trägt.

Nördlich der Alpen stellt der *Radetzky-Marsch* wohl das einzige musikalisch berühmte Zeugnis dieses Kampfes um Norditalien dar. Aber erinnern wir uns daran, daß er in mehreren großartigen Werken Italiens einen bleibenden Niederschlag gefunden hat. War doch Giuseppe Verdi zum Symbol des Kampfes um die Einheit der Halbinsel und die Unabhängigkeit der besetzten Gebiete geworden. Mit dem Gefangenenchor in seiner Oper *Nabucco*, mit den Kreuzfahrergesängen der *Lombarden* hatte Verdi Melodien geschrieben, die seine Landsleute in helle Begeisterung für die angestrebten Ziele versetzten.

Im Augenblick feierte Österreich den Sieg Radetzkys; doch einige Jahre später werden Venetien und die Lombardei ihre Unabhängigkeit von Habsburg erkämpfen und zu Kernstücken des geeinten Italiens werden.

Der *Radetzky-Marsch* (von dem Eduard Kremser, der bedeutende Wiener Volksmusikforscher, festgestellt hat, daß Strauß ihn älteren Melodien »nachempfunden« hat) ist zum Idealmarsch Österreichs geworden. Seine schneidige Eleganz trifft, besser als Traktate oder Fotografien dies könnten, das Bild der »k.k. Armee«. Es ist kein militaristischer Marsch geworden, denn Österreich war nie von militaristischem, chauvinistischem, nationalistischem Geist beherrscht, auch in seinem Heer nicht. Was Strauß da geschaffen hat, das vibriert vor Erregung, man meint, das Tänzeln eines edelsten Pferdes, das Wehen der Fahnen und Standarten im Winde, das Blitzen von Sonnenstrahlen auf blanken Knöpfen und hellen Farben zu sehen. So defiliert eine Elitetruppe vor dem Kaiser im Manöver; so leicht — *leger* sagt man in Wien — so nonchalant und gespannt zugleich, so ruhig und doch so erregend, so gehalten und doch so feurig.

Der Kaiser kam nach Wien zurück, aber er dankte ab. Alles vollzog sich in geordneten Bahnen, als er am 2. Dezember seinem achtzehnjährigen Neffen Franz Joseph I. Krone und Herrschaft übergab. Er soll es mit den folgenden Worten getan haben: »Nix zu danken, is' scho' recht, is' ja gern g'schehn ...« Und die Menge jubelte ihrem strahlenden neuen Kaiser zu, der ein gerechtes, freiheitliches Regime verhieß, der Volksrechte und eine Verfassung versprach.

Und dann beginnt das Jahr 1849. Auf die »Große Wachablösung« in der Hofburg wird bald die kleinere in den Vergnügungslokalen folgen. Auch hier wird ein Herrscher durch einen anderen ersetzt werden, aber er legt sein Szepter erst im Tode nieder. Merkwürdig nur, daß Johann Strauß den Fasching und den größten Teil des Frühlings nicht in Wien verbringt. Vielleicht spürt er, daß die Stimmung in der Stadt eine Zeitlang nicht so sein wird, wie er es liebt und gewohnt ist; vielleicht zieht es ihn auch einfach wieder fort, hinaus, in die Freiheit, wo ihn keine erniedrigenden Erinnerungen bedrücken und wo er noch einmal ein ganzer Eroberer sein kann.

Am 7. Januar reist das Strauß-Orchester in Richtung Norden, es folgt einer Einladung nach Prag und kehrt über Olmütz zwei Wochen später wieder zurück. Dann gibt es in Wien einige Veranstaltungen, auffallend wenige übrigens, den einen oder andern Ball beim *Sperl*, ein paar »Sonntag-Nachmittag-Conversationen« im *Volksgarten*. Am 6. März wird eine neue, ganz große Reise angetreten. Will Strauß vielleicht am Jahrestag der Revolution nicht zugegen sein? Er geht übrigens ruhig vorüber, trotz einiger stürmischer Anzeichen. Langsam wird deutlich, daß die Revolution auf halbem Wege stehen- oder steckengeblieben war. Überall sieht man das »k. und k.« wieder, man wird wieder »kaiserlich-königlich«, wieder schwarz-gelb. Nur Ungarn revoltiert noch, kämpft heldenhaft um Gleichberechtigung. Den Wienern imponiert das, wie ihnen die Ungarn stets zu imponieren wußten. (Später, zur Glanzzeit der Wiener Operette, wird das deutlich zum Ausdruck kommen.) Aber als sie im Sommer schließlich besiegt werden, atmet man doch erleichtert auf in Wien.

Am 13. Februar hat Strauß sich im *Sophienbad* mit seinem neuen Walzer *Des Wanderers Lebewohl* verabschiedet. Ein wohlklingender, ein bedeutungsvoller Titel, der auf die bevorstehende Reise anspielte. Freilich, manche hätten anstatt »Lebewohl« vielleicht »Auf Wiedersehen« gewünscht. Hatten sie ein ungutes Gefühl? Schon einmal war dem Johann Strauß eine Reise fast zum Verhängnis geworden. Und wieder geht es nach England!

Auf dem Weg durch Deutschland gibt es viele Konzerte. Strauß dirigiert in München, Augsburg, Ulm, in Heilbronn und Heidelberg. Große Erfolge überall, wie immer. Doch es verfolgten ihn (laut Schönherr) »... selbst da die Gespenster der Revolution; deutsche Studenten beschimpften und verhöhnten ihn als ›Schwarz-Gelben‹, der er im Herzen ja wirklich war.« Es geht weiter durch Holland. Ende März: London!

Über seiner nächsten Komposition — sie erhielt die Nummer 238 — steht *Alice-Polka* mit dem Zusatz: »Für den großen Hofball Ihrer Majestät Victoria, Königin von England, eigens komponiert.« Der Hofball fand am 30. April im *Buckingham Palace* statt. Die englische Presse begrüßte den Gast freundlichst und stellte, nicht ohne Ironie, fest, daß die »Wiener Revolution« auf diese Art ihre gute Seite für London gehabt habe. Es gibt auch wieder Abstecher in die Provinz. Das Gastspiel verläuft zur vollsten Zufriedenheit aller.

Die englische Hauptstadt verabschiedet den Gast Anfang Juli mit einem großen Fest, das ein Komitee aus den höchsten Kreisen organisiert »... als Beweis für die Genugtuung über die bewundernswerte Art, in der er Bälle und Soireen geleitet hat«. So schreibt *Morning Post* am 5. Juli. Zuvor schon hatte die *Times* ihm höchstes Lob gespendet, für die ernsten Darbietungen seiner Konzerte (darunter viel Musik des von ihm hochverehrten Rossini und andere Opernbruchstücke) genauso wie für seine Walzer und Polkas. Auch für den Marsch, den er für den preußischen König komponiert hatte und der auch den Engländern so gut gefiel, daß sie ihn wiederholt haben wollten.

Am 15. Juli 1849 war er wieder in Wien. Er spielte vor überfülltem Saal beim *Unger* in Hernals, wo er nun regelmäßig sonntags eine *Conversation* gab. Dies ist eine der vielen Bezeichnungen für bestimmte Tanzvergnügungen und gilt vor allem für Nachmittagsveranstaltungen. Am Dienstag und Freitag war *Soiree* im *Volksgarten*, am Donnerstag *Soiree* beim *Großen Zeisig.* »Strauß, dieser gute Geist unserer Heiterkeit, ist zur rechten Zeit heimgekehrt.« Dies stand in der *Wiener Theaterzeitung*, und es war die Wahrheit — leider jedoch nur noch für ganz kurze Zeit.

Im August feierte man den Geburtstag des jungen Kaisers. Das Fest, aus dem Volk geboren, ist für die kommenden siebzig Jahre zu einer liebevoll gepflegten Tradition der Wiener geworden. Strauß gibt heuer aus diesem Anlaß einen besonders glanzvollen Ball. Im Mittelpunkt steht sein neuer Walzer *Soldaten-Lieder*, in den er altösterreichische Militärsignale eingeflochten hat. (Die österreichischen Signale gehören zu den schönsten aller Heere, sie stammen zum guten Teil von Michael Haydn, dem Bruder Joseph Haydns. Michael, Mozarts Freund in Salzburg, war ein ausgezeichneter Musiker des achtzehnten Jahrhunderts.) Das Publikum jedenfalls jauchzte vor Freude und Strauß hatte so recht das Gefühl, daheim zu sein.

Im September kam Radetzky nach Wien. Der Feldmarschall besaß in ganz Österreich eine fast schon legendäre Popularität. Es gab fast täglich Feste zu seinen Ehren. Am 22. bot die Stadt ihm ein Bankett im großen *Redoutensaal.* Uniformen blitzten, von prächtigen Kronleuchtern angestrahlt. Wiens Frauen überboten sich an Schönheit, Anmut und Eleganz: zumindest eines dieser drei Attribute hatte jede Frau aufzuweisen. Für die beste Musik war gesorgt worden. Wer sonst als Johann Strauß hätte bei so glanzvoller Gelegenheit die Ohren, die Herzen ergötzen sollen? Alles wartete gespannt auf den Augenblick, da Strauß die längst vertrauten Anfangstakte des *Radetzky-Marsches* in den Saal schleudern würde.

Doch Strauß erschien nicht. Er kam auch nicht am 25. September zum Fest im *Volksgarten*, zu dem Plakate tagelang eingeladen hatten. Hartnäckig erhielten sich Gerüchte von einer schweren Erkrankung. Und im Morgengrauen, als sich die Tänzer, erhitzt von der Ballnacht und immer wieder das Fehlen des großen Musikers bedauernd, auf den Heimweg machten, da liefen schon die ersten Nachrichten von seinem Tode durch Wien. Tiefe Trauer fiel über die Stadt, als die Morgenblätter des 26. September die Anzeige verbreiteten, die von Anna, seiner geschiedenen Frau, aufgegeben worden war. Sie lautete:

»Anna Strauß, geborene Streim, gibt hiermit in ihrem und im Namen ihrer Kinder, als: Johann, Josef, Anna, Theresia und Eduard, sämtlich geborene Strauß, so wie auch im Namen seiner Schwester Ernestine Fux, geborene Strauß, Nachricht von dem sie höchst betrübenden Hinscheiden ihres innigst geliebten Gatten, respective Vaters und Bruders, Herrn Johann Strauß, k.k. Hof-Ballmusik-Direktors, Kapellmeisters und Ehrenbürgers in Wien, Ehrenmitglied mehrerer philharmonischer Gesellschaften, welcher nach einer kurzen Krankheit, am 25. September 1849, um $^1/_4$ auf 3 Uhr, im 45. Jahre seines Lebens selig in dem Herrn entschlafen ist. Der Leichnam wird Donnerstag den 27. d. M. um 3 Uhr nachmittags, aus dem Hause (No. 817—829) Stadt, Kumpfgasse (Riemerstraße) in die Dom- und Metropolitan-Kirche zu St. Stephan getragen, und nach erfolgter feierlicher Einsegnung auf dem Friedhof in Döbling, im eigenen Grabe, zur Ruhe bestattet . . .«

Eine auf den ersten Blick völlig »normale« Todesanzeige. Aber wieviel Verwirrung, wie viele Tränen, ja, welch ein Drama lag für den Eingeweihten in ihr verborgen! Daß Anna ihren Johann, nach jahrelangem Getrenntsein durch das Dazwischentreten einer anderen Frau, immer noch »innigst geliebt« nennt: wer weiß, ob es nicht sogar, trotz allem, der Wahrheit entsprach? Daß sie den Mann, von dem sie sich in einem jahrelangen Gerichtsverfahren hatte scheiden lassen, ihren Gatten nennt — sie, die gläubige Katholikin, empfand es als natürlich so, denn das wahre Band der Ehe löst nur der Tod. Ob sein Hinscheiden sie wirklich »aufs höchste betrübte«? Niemand kann es beantworten. Vielleicht stiegen in diesem Augenblick nur die schönen Erinnerungen auf, an die Zeit der Liebe, die sie jung erlebt und genossen, oder an manchen schönen Augenblick, der nachher noch gefolgt sein mochte. Wie schmerzlich muß es für diese Frau gewesen sein, das »Todeshaus« bekanntzugeben, denn »die Kumpfgasse«, das war nicht ihr vertrautes »Hirschenhaus«, nicht die Wohnstätte, wo sie mit den Kindern lebte. Es war das Heim, das Strauß nun seit Jahren mit der »Anderen« bewohnte. Dort würde man ihren Gatten abholen und hernach in den Dom bringen, in die ehrwürdige Stephanskirche, und ihn — trotz allem — hernach »im eigenen Grab«, in Döbling draußen, beerdigen, das wohl auch das ihre werden sollte.

Die Wiener, die das lasen, hatten nun Gesprächsstoff in Menge. Sie trauerten ehrlich um diesen Mann, der sie fast ein Vierteljahrhundert in Ekstase versetzt hatte. Vielleicht bewunderten sie ihn mehr als sie ihn liebten, ganz im Gegensatz zu Lanner, den sie vielleicht mehr geliebt als bewundert hatten. Sie versuchten sich auszumalen, wie die beiden Frauen einander gegenüberstanden, in wilder Feindschaft ... so etwas kam ja in allen möglichen Geschichten vor, in den Heldensagen, im Roman oder in Stücken, wie man sie in der *Burg* spielte. Eine große Szene: der Tote zwischen den Frauen, die Kinder ...

Aber sie irrten sich, das Schicksal bewahrte alle Beteiligten vor einer solchen Szene. Die letzten Stunden des Meisters sind in ein unaufhellbares Dunkel getaucht. Eines der Kinder aus seiner Verbindung mit Emilie bekam Scharlach, und Strauß war angesteckt worden. Da scheint, wohl um größeres Unheil zu vermeiden (wir wissen nicht einmal genau, ob Emilie ahnte, daß Strauß bereits an dieser Krankheit litt), die verzweifelte Frau mit den Kindern davongelaufen zu sein. Jemand muß den toten Strauß dann gefunden und die Nachbarschaft alarmiert haben, da niemand sonst in der Wohnung war. Man hat vielleicht einen Arzt geholt, gewiß den Totenbeschauer, dessen Protokoll vom 25. September 1849 also lautet: »Johann Strauß, k.k. Hofball-Musik-Direktor, Kapellmeister, Ehrenbürger von Wien und Mitglied mehrerer philharmonischer Gesellschaften, katholisch, verheiratet, hier gebürtig, 45 Jahre alt, Stadt 829, an Übersetzung des Scharlachs auf das Gehirn ...«

In das Haus Annas drang die Nachricht wohl erst einen Tag nach dem Tode. Johann, der Sohn, soll auf der Straße einen Bekannten getroffen haben, der ihm die Kunde vom Ableben seines Vaters brachte. Der Sohn eilte sofort in die Kumpfgasse, wo er — und hier bleibt nichts anderes, als dem allgemein verbreiteten Bericht zu folgen — den Leichnam seines Vaters »... in einem leeren Zimmer der nahezu völlig ausgeräumten Wohnung vorfand. Niemand war anwesend, im Hause herrschte Totenstille, und der Mann, der allabendlich zahllose blühende Menschen um sich versammelt hatte, lag da wie ein Bettler. Niemand wachte an seinem Totenbett, keine Kerze brannte, die Frau, der zuliebe er vor Jahren seine Familie verlassen hatte, war in fliegender Hast mit Sack und Pack davongelaufen ...« (Schönherr).

Schon einmal war die Frau eines großen Musikers davongelaufen, als der Tod ihren Gefährten holen kam: Constanze Mozart. Auch sie war geflüchtet, wahrscheinlich von ebensolchem panischen Schrecken getrieben, in einem Akt höchster Verzweiflung. Nun, da das Schicksal Emilie herausforderte, auch im Tode die Gefährtin eines großen Mannes zu sein, wurde sie wieder ganz zum kleinen Mädel aus der Vorstadt, das dem Leben wie dem Tod gegenüber zu schwach und hilflos ist. Mit diesem Mann war alles, was sie eigentlich besaß, fort-gegangen. Wer kann Liebe messen? Sie hatte sicherlich nicht das Gefühl, ihren Gefährten zu verlassen; eher mochte es umgekehrt sein: er verließ sie, und da ist sie zusammengebrochen. Sie nahm mit, was sie konnte. Sie lief mit ihren Kindern davon, wie von den Furien gehetzt, vor sich nichts als das Bild völliger Verlassenheit und Einsam-keit. Sie konnte nicht an der Seite des bleichen toten Mannes bleiben, inmitten der schreienden Kinderschar. Es trieb sie fort, in die Nacht hinaus. Man soll keinen Stein auf sie werfen — auf Emilie Trampusch, jenes »süße« Wiener Mädel, das vielleicht nur Zärtlichkeit zu geben hatte, und sonst nichts. War das wenig?

Diese bestimmt nicht bedachte, geschweige denn berechnete Hand-lung ersparte ihr und dem *Hirschenhaus* ein peinliches Zusammentref-fen an der Seite des Toten. Anna hatte es nun leicht, für die Öffent-lichkeit wieder in die Rechte der legitimen Gattin zu treten, trotz ihrer vor bald drei Jahren ausgesprochenen Scheidung. Sie war es, die bei der feierlichen Seelenmesse in St. Stephan am Sarg kniete. Hinter ihm schritt Anna in vorderster Reihe, als man ihn durchs große Tor des Doms, das nur bei seltenen Gelegenheiten geöffnet wird, hinaustrug. Anna Streim war's, vor der die Chöre am Schottentor ihre Abschieds-lieder erklingen ließen; Anna war es, die ihrem einstigen Gatten die letzten Ehren auf dem Döblinger Friedhof erwies und die, in schwar-zer Witwentracht und mit tief verschleiertem Gesicht, die Beileids-kundgebungen ungezählter Personen entgegennahm.

Emilie Trampusch hingegen war nirgends zu sehen. Sie lag, selbst krank und völlig verzweifelt, irgendwo. Sie pflegte, so gut sie konnte, ihr scharlachkrankes Kind (das wieder genas, aber dem sie, die Primi-tive, jahrelang nicht verziehen haben soll, den Vater angesteckt zu haben). Und Emilie sah das leibhaftige Nichts vor sich.

Die »Amtshandlungen« der nächsten Tage wurden von den Männern der Behörden erfüllt. Das Testament lag vor, Emilie und ihre Kinder sollten die Erben sein, das »Hirschenhaus« nur die gesetzlichen Pflicht-teile erhalten. Schon am 26. September ergeht vom Wiener Zivilge-richt folgende Anweisung:

»Es wird ... dem Herrn Sekretär Umlauf und Sperrkommissär Borrn ... aufgetragen, sie haben den Todesfall des Herrn Johann Strauß unverzüglich aufzunehmen, bei dieser Gelegenheit die enge Sperre mit Zuziehung des Dr. v. Mühlfeld nomine Emilie Trampusch und des Herrn Dr. Perger nomine Anna Strauß zu eröffnen, und jene Effekten, welche der Emilie Trampusch und ihren Kindern zum Ge-brauche und welche zur Bekleidung des Leichnams notwendig sind, gegen Empfangsschein an selbe auszufolgen, sohin die enge Sperre wieder anzulegen und Sperrelation unter Anschluß dieses Empfangsscheins längstens binnen 24 Stunden zu erstatten ...«

Am gleichen Tag erfolgte die erste Bestandsaufnahme des zurückgelassenen Vermögens. An Steuern ergab sich ein »Rückstand von 93 Gulden 20 Kreuzern«. Im Ganzen war nicht annähernd soviel vorhanden, wie »man« angenommen hatte. Anna Strauß, laut eigener Angabe: »seit 3 Jahren gerichtlich geschieden, mit 5 minderjährigen Kindern: Herrn Johann Strauß, 23 Jahre, Kapellmeister; Josef Strauß, 22 Jahre, Architekt; Anna Strauß, 19 Jahre; Theresia Strauß, 18 Jahre; Eduard Strauß, 14 Jahre, alle fünf bei ihrer leiblichen Mutter«, Anna Strauß also ficht das Testament an. Das hinterlassene Vermögen soll, nach ihren Angaben, umfassen: Barschaft, Obligationen, Privataktien, Prätiosen, Silber, Kleider, Wäsche, Einrichtung, Bilder, Uhren, wertvolle Instrumente und Musikalien, sonstige Effekten. Der Kampf um das materielle Erbe wird noch viele Jahre dauern. Aber es stellte sich bald heraus, daß Strauß zwar ein kleines Vermögen gesammelt, aber keineswegs reich gewesen war. Erst sein Sohn wird eines Tages ein reicher Mann sein.

Wie anders verhielt es sich mit dem künstlerischen Erbe! Noch Jahrzehnte später wird der Sohn hervorheben, daß er diesem Erbe seine eigene Tätigkeit verdanke, daß seine Kompositionen im wesentlichen nur »Erweiterungen« der Form, wie er sie vom Vater übernahm, bedeuteten. Das künstlerische Erbe war keinem Testament unterworfen. Es konnte, ohne jeden Widerspruch, von den Kindern des Hirschenhauses allein angetreten werden. Und sie traten es an! Johann zuerst, und später auch die Jüngeren, Josef und Eduard, eine wahre Phalanx von überdurchschnittlichen Künstlertalenten. Mit einem Genie an der Spitze. Und es wird noch darüber zu reden sein, ob dieser Ehrentitel nicht auch dem zweiten Sohn, Josef, gebühre.

Der große Vater war tot. Die Presse der ganzen Welt — soweit sie für musische Dinge überhaupt Interesse zeigte — brachte nicht nur die Nachricht seines Todes; viele veröffentlichten ausführliche Würdigungen. Aus prominentester Feder las man in Paris:

»Wien hat einen seiner Lieblinge zu Grabe getragen: Johann Strauß ist aus dem Leben geschieden, der bleiche Balldirektor, dessen Orchester in den lustbewegten Tanznächten so viele glühende Melodien ertönen ließ, aus denen übermütig jauchzende Lust und schmachtend verlangende Leidenschaft auf zauberhafte Weise klang. Strauß hat den Geigenbogen des Künstlers und die Feder des Komponisten für immer niedergelegt. Noch sehe ich ihn, wie er auf der Galerie des glänzenden Redoutensaales sein Orchester dirigierte, wie Hunderte von schönen Wienerinnen, in bacchantischer Tanz- und Melodienlust befangen, ihm taktmäßigen Gehorsam zollten und, des Entzückens voll, in den Pausen begeisterten Beifall spendeten. Wien hat mit Strauß eine seiner schönsten Zierden verloren.«

Es war Hector Berlioz, der das schrieb, ein Mann, der stets seiner Bewunderung für Strauß Ausdruck gegeben, ihn als wahren Meister des Rhythmus gepriesen hat. Rhythmus, das war es, was Europas Musik, nach Berlioz' Auffassung, am dringendsten nottat.

Die Wiener sprachen über den Tod ihres Lieblings noch lange. Nach ihrer Meinung war er wie ein aussätziges, verstoßenes Tier gestorben, woran das glänzende Leichenbegängnis nicht viel hatte ändern können. Wie hatte er gelebt? Sie fragten es sich eigentlich jetzt erst; Jahr um Jahr hatten sie ihn gesehen, wie er strahlend und dämonisch da oben stand vor seinem Orchester, wie er mit einer unnachahmlichen Bewegung seines Körpers die Geige unters Kinn riß und zu spielen begann wie der Teufel. Sie hatten sein Leben gesehen, soweit es sich in der Öffentlichkeit abgespielt hatte; von Johann Strauß, dem Privatmann, hatten sie im Grunde genommen keine Ahnung. Nie war er mit einer Frau bei seinen Festen erschienen: Nicht mit Anna. Nicht mit Emilie. War er glücklich gewesen?

Er hatte am Leben gehangen, obwohl das Leben ihn gehetzt hatte. Der Tod hatte ihn ab und zu schon gemahnt, aber er konnte ihn immer wieder beiseiteschieben, wie man einen vordringlichen Hund beiseite schiebt, der mit dem Stupsen seiner Schnauze auf sich aufmerksam machen will. Wie hatte Raimund doch so herrlich im Hobellied seines *Verschwenders* gesungen? Man muß nur eine winzige Veränderung anbringen, damit es an diese Stelle paßt:

> Zupft mich der Tod einst, mit Verlaub,
> Und sagt mir: Brüderl, kumm!
> So stell' i mich am Anfang taub
> Und dreh' mich gar net um.
> Doch sagt er: Lieber Johann Strauß,
> Mach keine Umständ, geh!
> Dann leg' ich meine Geige hin
> Und sag' der Welt Ade …

II

DER SOHN

1

Der Erbe

»Mein Vater war ein Musiker von Gottes Gnaden. Wäre sein innerer Drang nicht ein unwiderstehlicher gewesen, die Schwierigkeiten, die sich ihm in der Jugend entgegenstellten, hätten ihn gewiß in eine andere Bahn gedrängt ...« Das schreibt, eines noch fernen Tages, Johann Strauß, den man den Walzerkönig nennen wird, über seinen Vater. Ob er sich dann noch erinnert, daß sein eigener Lehrer, der alte Drechsler, ganz ähnlich vom unwiderstehlichen Drang zur Musik gesprochen hatte, der den Jungen beseelte? Darin waren sie einander ähnlich, der Vater wie der Sohn. Und beide hatten gewichtige Widerstände zu überwinden, um ihrem Ideal folgen zu können.

Noch eine Äußerung des Sohns über seinen Vater sei zitiert: »Seine Kunst hat manche Sorgen verscheucht, manche Falten geglättet, vielen den Lebensmut gehoben, die Lebensfreude zurückgegeben, sie hat getröstet, erfreut, beglückt, und darum wird die Menschheit ihm ein Andenken bewahren.« Wahrlich, das konnte man von der Musik des Vater Strauß behaupten, und es war nichts als gerecht, daß sein Sohn, der Nachfolger und Erbe, es voll anerkannte.

Bevor wir mit der Erzählung dieses zweiten Künstlerlebens beginnen, sei an ein Wort von Adele Strauß, der idealen Lebensgefährtin und dritten Gattin des Walzerkönigs, erinnert: »Über den Künstler Johann Strauß ist viel geschrieben worden — den Menschen kennen nur wenige. Und doch hat dessen persönliche Wesensart vielleicht mehr als sonst auch die künstlerische bestimmt. Echte Liebenswürdigkeit, vom Wiener Grundton durchzogen, nahm alle gefangen, die ihm begegneten. Sein Lächeln, sein schalkhaft blitzendes Auge, sein bezaubernder Humor übersonnten alle Nichtigkeiten des Alltags, alle Banalitäten des Lebens. Naiv wie ein Kind, war er doch ernst und bedacht in Fragen seiner Kunst. In seiner wahrhaft übertriebenen Bescheidenheit war er der strengste Beurteiler seiner Arbeit, am glücklichsten in der Einsamkeit seines Studios und engsten Häuslichkeit ...«

Der Gegensatz zum Vater springt sofort in die Augen. Trieb es den hinaus in die Welt, so verlangte es den Sohn vor allem nach der Ruhe seines Arbeitszimmers. War der Vater ein geborener Eroberer, so hatte der Sohn eher etwas von einem liebevollen Bewahrer an sich. Vater Strauß schien die ununterbrochene Bestätigung durch die Welt zu brauchen, um an sich selbst zu glauben. Der Sohn war ein eher stiller, in sich gekehrter Mensch, den ein gelungenes Werk beglückte, unabhängig davon, ob die Menschen es verstehen oder gar bejubeln.

Das Imperium des Walzers, das der Vater an der Seite Lanners vorbereitet, begründet und in vielen Eroberungszügen über Europa verbreitet und befestigt hatte, fiel dem Sohn beinahe von selbst in den Schoß. Es ging vor sich wie in einer wahrhaften Dynastie, oder anders ausgedrückt, wie seit Urzeiten, wenn der Vater etwas von ihm Geschaffenes dem Sohn zur Fortführung, zum Bewahren übergibt. Daß die Thronfolge im Falle Strauß gegen den Willen des Herrschers geschah, war eine Eigenheit, aber sie dürfte bestimmt nicht einmalig, ja nicht einmal so selten gewesen sein.

Der Sohn konnte das Reich des Vaters ausbauen, ihm große neue Bereiche erschließen. Aber auch innerlich formte er es um, im Sinne der neuen Zeit und einer sich verändernden Gesellschaft. Schließlich wußte er den künstlerischen Rang seiner Musik so zu steigern, daß sie bald über die Vergnügungsstätten und Ballsäle hinauswuchs, um in den Hochburgen bürgerlichen Musikglanzes, in Opernhäusern und Konzertsälen, Einlaß zu finden. Dies ist sein unsterbliches Verdienst.

Wir fragten uns, nachdem des Vaters unbändiger Drang zur Musik durchgebrochen war, woher er kommen mochte, woher das Talent? Woher diese Musikalität? Bei keinem einzigen seiner Ahnen waren solche Anlagen zu entdecken. Beim Sohn erübrigt sich die Frage, er hat es in direktester Folge vom Vater. »Vererbung oder Beispiel?« könnte man sich fragen. Man müßte wahrheitsgemäß antworten: beides. Lag es dem Jungen schon im Blut von Geburt an, oder war es vor allem das Vorbild des Vaters, dem er unbewußt, schon als Kind, nacheifern wollte?

Die Geheimnisse der Vererbung sind letzten Endes unergründlich. Manchmal erscheint ein starkes Talent, ja ein Genie, gewissermaßen aus dem Nichts, ohne Vorbereitung irgendeiner Art, ohne Anzeichen dafür in früheren Generationen. So war es wohl beim Vater Strauß. Beim Sohn aber kommt die Musikalität offenkundig vom Vater, dessen Talent stark genug war, um sich in dreien seiner Söhne deutlich zu manifestieren, ja sogar noch in späteren Generationen Spuren zu hinterlassen.

Mit sechs Jahren schrieb der kleine »Jean«, wie Vater Strauß ihn mit Vorliebe nannte, seinen ersten Walzer. Ein nettes, winziges Musikstückchen von nur wenigen Takten. Ein Nichts, wenn es nicht von einem Kinde stammte, das zu Größtem berufen war; so aber findet man schon den Keim künftiger Qualitäten darin. Die Mutter schreibt das Stück — wir haben es bereits erwähnt — ab und nennt es *Erster Gedanke*. Sie ahnt natürlich nicht, daß achtzehn Jahre später ihr Mann sein umfangreiches Werk mit einem unvollendeten Stück abschließen wird, dem in der Gesamtausgabe der Titel *Letzter Gedanke* gegeben werden soll. Sie ahnt noch gar nichts, dies ist anzunehmen; nicht einmal, daß Schani, Josef und Eduard einmal in die Fußstapfen des Vaters treten würden. Der ist ja selbst noch jung. Hat er denn nicht gerade erst die Mitte der Zwanzig überschritten?

Der kleine Schani setzt sich oft ans Klavier, zumal in der Ferienzeit draußen in Salmannsdorf, einem Dörfchen vor den Toren Wiens. Es war eine glückliche Zeit, zwischen den weinbekränzten Hängen, zwischen Wiesen und Wäldern. Es war Sommer, alles blühte und duftete ringsumher, das Herz konnte einem richtig aufgehen beim Morgenkonzert der Vögel, beim Sonnenuntergang über den dunkler und dunkler werdenden sanften Bergrücken. Vater Streim hatte das nette Häuschen im Jahre 1826 um bare zwölfhundert Gulden gekauft. (Es trägt heute die Adresse: Am Dreimarkstein 13.) Er hatte sich das Geld mühsam verdient und sorgfältig zusammengespart, als »herrschaftlicher Kutscher« zuerst und hernach als Gastwirt *Zum roten Hahn* im Liechtental.

Johann und Josef gingen zur Schule. Mit elf Jahren kam der Ältere dann ins Schottengymnasium, eine der angesehensten und auch vornehmsten Wiener Lehranstalten. Der schnell ins Bürgertum aufgestiegene Strauß konnte es sich »leisten«, seinen Sohn unter die Bürgerkinder aus »guten« Häusern zu mischen. Der Vater hatte seine Pläne mit den Buben. Jean sollte Kaufmann werden, vielleicht Beamter. Josef, den Jüngeren, hatte er zum Studium bestimmt. Beide waren aufgeweckte Jungen und recht gute Schüler. Bei vorbildlicher Aufmerksamkeit konnten sie sogar sehr gute Leistungen vollbringen. Ihre Zeugnisse beweisen es. Die Wiener Stadtbibliothek bewahrt unter anderen ein Zeugnis des vierzehnjährigen Josef auf. Es stammt vom 7. August 1841. Da gibt es nur beste Noten, die in lateinischer Sprache niedergelegt sind: »primae« hieß es da, und »acced. ad eminent«, in Geographie und Geschichte sogar das Allerhöchste: »primae eminenter«; ein fleißiger und begabter Junge. Und Johann ist es nicht minder.

Mit Vaters Erlaubnis dürfen die beiden Buben nun das Klavierspiel erlernen. Die Mutter hat es durchgesetzt. Es kostet nicht einmal viel

Mühe, denn Klavierspielen gehört zum guten Ton bei den feinen Leuten. Johann Strauß legte großen Wert darauf, mit seiner Familie zur »Gesellschaft« zu gehören.

Schani begnügt sich damit nicht. Er will ununterbrochen musizieren, doch zugleich lassen seine Leistungen im Gymnasium stark nach. Was da gelehrt wird, verblaßt gegenüber der Musik, die den Jungen täglich mehr und mehr erfüllt. Herzlich wenig Musik wurde im Gymnasium gemacht! In den spärlichen Musikstunden war Johann natürlich der Erste. Die Kameraden fanden das ganz natürlich beim Sohn des berühmten Johann Strauß.

Einmal trat die Mutter in sein Zimmer und erschrak, als sie ihren Schani vor dem Spiegel stehen sah, die Geige unters Kinn gepreßt, ganz in der schwungvollen Haltung des Vaters! Sie erinnert sich, daß sie den Buben einmal, weil er so gebettelt hatte darum, in ein Tanzlokal mitgenommen hat, wo der Vater gerade spielte. Natürlich nicht in den Saal selbst, das hätte der gestrenge Herr Papa nicht verziehen. Nur aus dem Vorraum hatten sie schnell ein paar verstohlene Blicke durch einen Spalt des dicken roten Vorhangs geworfen, der sie vom Gewühl der Tanzenden trennte. Und auf dem Podium, allesbeherrschend, der Dirigent! Schanis Augen leuchteten, als er da seinen Vater beobachten konnte. Der hatte die Geige in der linken Hand, ganz lässig hielt er sie, während er mit dem Bogen in der erhobenen Rechten seine Musiker lenkte.

Die Mutter hatte zum Heimgehen gedrängt. Aber Schani war nicht zu bewegen. Wie gebannt blickte er auf seinen Vater. Er erkannte ihn eigentlich kaum — nicht etwa wegen der großen Entfernung. Nein, weil der Vater so bleich war, so fremd. In seinen Augen brannte ein unbekanntes Feuer, aus seiner Rechten zuckten Blitze, die auf das Orchester niedersausten. Und dann hatte der Vater mit einem Ruck die Geige an die Schulter gerissen und der Bogen sauste auf die Saiten nieder, als wolle er Melodien aus ihnen herauspeitschen. Noch wilder war das Tanzen im Saal geworden, Schani bekam fast ein wenig Angst; ihm war, als gebôte der Vater, wie ein Zauberer im Märchen, über geheimnisvolle Kräfte, die Menschen in willenlose Puppen verwandeln konnten.

Er atmete erst auf, als der Tanz mit einem prächtigen Akkord zu Ende gegangen war und der blasse dunkelhaarige Mann auf der Estrade, sein Vater, sich unter stürmischen Rufen »Hoch Johann Strauß!«, unter Applaussalven und einem Meer von wogenden Tüchlein verbeugte. Die Mutter stand neben ihm. Sie blickte nicht durch den Vorhangspalt. Schani sah sie fragend an und sie lächelte, aber ihr

Gesicht schien nicht froh. Er begriff dies nicht, doch war er viel zu erregt, um der Frage, die in ihm aufkeimte, nachzugehen.

Und daheim hatte Schani eine von Vaters vielen Geigen genommen und vor dem Spiegel versucht, seine Haltung nachzuahmen. Die Mutter war hinzugekommen und machte ein erschrockenes Gesicht. Warum, er hatte doch nichts Böses getan? Dann, in den folgenden Wochen, war sie seine Vertraute geworden. Gemeinsam hatten sie beraten und beschlossen, daß Schani nun neben dem Klavier auch das Geigenspiel erlernen sollte. Sie sprach mit einem der Musiker ihres Gatten: Herr Amon wurde Schanis Lehrer. Aber es mußte geheimgehalten werden, alle drei wußten es; niemals hätte Vater Strauß dazu seine Einwilligung gegeben.

Johann machte erstaunliche Fortschritte. Die Musik wurde immer entschiedener zum eigentlichen Inhalt seines jungen Lebens. Er übte unentwegt, obgleich das gar nicht einfach war, denn er mußte es tun, wenn der Vater nicht daheim war. Der kam zum Glück sehr häufig erst im Morgengrauen, und dann mußte er bis Mittag schlafen. Später kamen die Musiker, die Freunde. Es gab Pläne zu besprechen. Die Noten neuer Kompositionen mußten kopiert werden. Schani wußte schon, wie man die Stimmen ausschrieb: Erste Violinen, Zweite, vielleicht sogar Dritte Violinen — Violoncelli, Kontrabässe, Flöten und die übrigen Blasinstrumente ... für Schani war dies alles längst kein Geheimnis mehr. Wenn der Vater und die Musiker aus dem Haus waren, nahm er den kleinen Josef bei der Hand, und sie schlichen ins Arbeitszimmer des Vaters, um all die Zauberdinge zu bestaunen, die es hier gab.

Fünf oder sechs Fiaker waren im Laufe des späteren Nachmittags vor dem Hause vorgefahren. Die Instrumente wurden vorsichtig über die Stiegen transportiert. Dann gingen die Musiker, oder besser, sie »schritten«, denn sie waren sich ihrer Würde als Mitglieder des Orchesters Johann Strauß wohl bewußt. Und wenn einer der Nachbarn aus der Wohnung trat, um diesem fast feierlichen Auszug zuzusehen, dann hörte Schani, wie die Musiker auf neugierige Fragen zu antworten pflegten, daß es an diesem Abend wieder drei oder vier Bälle an den verschiedensten Punkten, in den nobelsten Lokalen der Stadt gäbe.

Schani entsann sich auch des Tages, da die Vorbereitungen noch viel umfangreicher, das Gepäck gewaltiger waren als bei den früheren »Kunstreisen« des Vaters. Mutter weinte bei der Abreise. Dieses Mal ging es ganz weit fort, bis nach Paris! Und wer weiß, wie lange der Vater wegbleiben würde! Früher hatte er von seinen Fahrten Briefe geschrieben, so wie die anderen Musiker es an ihre Familien taten, die dann die Mitteilungen untereinander austauschten und sich gemeinsam über die großen Erfolge freuten. Doch bei den letzten Reisen war kaum noch ein Brief gekommen. Und die Mutter ging zu den Frauen befreundeter Musiker, um, wie sie sagte, »noch zusätzliche Neuigkeiten« zu erfahren, obwohl ihr etwas wortkarger Gatte alles Wichtige ohnedies mitgeteilt habe. Oder sie sagte, daß vielleicht wieder ein Brief verlorengegangen sein müsse. Schani wußte oder ahnte, daß da Vorwände im Spiel waren. Warum verstellte sich die Mutter so? Er hatte zum ersten Mal das Gefühl, daß es da ein Geheimnis gab, etwas, das der Mutter Kummer verursachte, das ihr wehtat im Innern.

Dann kam — es war über ein Jahr vergangen — der Vater wieder. Er war schwer krank und mußte aus dem Wagen in die Wohnung getragen werden. Hier lag er dann, und alle gingen auf Zehenspitzen. Man flüsterte, wenn man in die Nähe seines Zimmers kam. Für Schani und seinen Bruder wurde das Üben nun plötzlich ein Problem, nachdem sie es Monate hindurch hatten tun können, wann immer sie wollten.

Vielleicht konnte man so leise spielen, daß es nicht bis hinüber zu Vaters Zimmer drang? Schani hielt es nicht aus, er mußte die Geige unters Kinn legen. Zur Sicherheit setzte er den Dämpfer auf, so würde es der Vater bestimmt nicht hören. Und wenn er doch etwas vernahm, so konnte er immer noch annehmen, es käme anderswo her, es gab ja viele Parteien im Haus, und auf den Hof zogen mehrmals täglich die »Werkelmänner«, um auf ihren Drehorgeln mehr oder weniger verzerrte Musikstücke zum Besten zu geben und besonders für die Wiedergabe Straußscher Kompositionen viele in Papier eingewickelte Kreuzer einzuheimsen, die aus den Fenstern flogen.

Aber der Vater hört es. Es erscheint ihm zuerst wohl wie eine Fieberfantasie. Angestrengt lauscht er. Wer spielte da, und so begabt? Von seinen eigenen Musikern konnte es keiner sein. Mehr als einmal glaubte er, sich selbst wie in früheren Tagen zuzuhören ... jetzt schüttelte er den Kopf. Er weiß nicht, ob er schläft und träumt. Doch nein, das ist kein Traum. Er steht mit großer Anstrengung auf, geht zur Tür und öffnet sie. Da wird der Geigenklang sofort klarer. Er tastet sich durch den finsteren Gang, dem Klang nach; war es möglich, kam der aus dem Zimmer der Buben? Dann reißt er die Tür auf. Er traut seinen Augen nicht. Sein Sohn Johann spielte Geige! Er bricht zwar sofort ab, als er den Vater erblickt, steht stumm da, aber Johann Strauß hat in einem einzigen Augenblick vieles eingesehen. Es dauert eine geraume Weile, bis das Gespräch in Fluß kommt, von dem die Biographen so oft schon erzählt haben.

Woher diese Geige, woher vor allem dieses Geigenspiel, an dem ganz offenkundig schon längere Zeit gearbeitet worden war? Ah, der Herr Amon! Und das Geld, von der Mutter gestiftet zum Ankauf des Instruments? Und woher das Geld für den Herrn Amon? Schani stammelt, er verdiene sich ein wenig. Wieso denn das? Seit wann verdiene man im Gymnasium Geld? Nein, nicht im Gymnasium natürlich; der Herr Vater müsse wissen, daß er Klavierstunden gebe ... dem Schneider unten im ersten Stock ... für sechzig Kreuzer die Lektion ...

Der Vater wird wütend. Klavierstunden! Geigenunterricht! Schluß mit alledem, und zwar sofort! Johann Strauß nimmt die Geige seines Sohnes fort. Zu lernen habe der, was der Vater ihm befehle. Schani hält den Kopf gesenkt, hört das Toben des Vaters mit an und wird traurig, unendlich traurig. Musik ist doch das Schönste auf der Welt! Würde er ohne sie leben können? Als er sich die Frage stellt, ist sie auch schon beantwortet: nein.

In seinem Innern wächst, vielleicht zum ersten Male, der Trotz. Er ist kein widerspenstiges Kind, ist es nie gewesen. Aber nun empört sich etwas in ihm, denn er glaubt zu wissen, es sei ungerecht, was der Vater da fordert. Er weiß, daß er diesen Wunsch seines Vaters nie wird erfüllen können. Er ahnt aber auch, daß er in seinem Widerstand eine treue und starke Bundesgenossin besaß.

Und diese Bundesgenossin, die Mutter, kauft ihm gleich am nächsten Tag eine neue Geige. Sie nimmt sich vielleicht vor — wir wissen allerdings nicht genau, ob Anna Streim solche Entschlüsse bewußt und klar gefaßt hat —, das Leben ihrer Kinder nicht so zerstören zu lassen durch den Mann, der im Begriff stand, das ihre zu vernichten.

Allerdings mußte sie ohne Einspruch zusehen, wie der Vater den Ältesten aus dem Gymnasium nahm und ihn in eine Handelsschule steckte, die man ihm als besonders streng geschildert hatte. Nun sollte der Junge Kaufmann werden; das war ein angesehener bürgerlicher Beruf, versprach Erfolg im Leben und lag weit weg von den quälenden Ungewißheiten einer künstlerischen Laufbahn. Zugleich dachte der Vater, die Beschäftigung mit »lebendigeren« Gegenständen werde den Jungen vom Musikwahn abbringen.

Schani ging nicht lange in die Handelsschule. Und das Angebot eines Freundes des Vaters, ihm nach erfolgreichem Abschluß seiner Studien eine Stelle in der Bank zu geben, wurde nie spruchreif. Denn Schani wurde hinausgeworfen, richtig hinausgeworfen aus der Handelsschule. Und schuld daran ... ist die Musik.

Er hatte sich — wir haben es schon vorweggenommen — mit einem Mitschüler besonders angefreundet. Das war ein lustiger, ungewöhnlich kleiner Junge namens Gustav Lewy. Der liebte die Musik und liebte Schani wegen seines musikalischen Talents. Er spielte selbst Klavier, wie es eben jeder Junge aus »besserem« Hause in Wien spielte, also höchstens schlecht und recht. Um so mehr bewunderte er Schani, der das Klavier mit unbegreiflicher Selbstverständlichkeit beherrschte und der dazu noch so elegant und mit glühendem Ton Geige spielte, als gehöre auch das zu den natürlichsten Dingen der Welt. Gustav Lewys kaufmännische Laufbahn war vorgezeichnet, sie lag in der Familie, und für sie zeigte der Junge zwar keine allzugroße Vorliebe, aber doch unleugbare Fähigkeiten. Er nahm sich vor, sie irgendwie mit Musik zu verbinden. Als Musikalienhändler vielleicht? Oder gar als Verleger?

In den langen, langweiligen Schulstunden flüsterte er mit Schani, fragte nach dessen neusten Kompositionsversuchen, versprach, die zu drucken und richtig zu verlegen, wenn ... eines Tages ... Gustav hatte große Pläne. Er versprach Schani eine Laufbahn mit viel Geld und Ruhm, die er ihm schaffen wolle. Schani lächelte über Gustavs Eifer, der dem seinen irgendwie verwandt war. Er war gerne mit Gustav zusammen. Der brachte immer häufiger Noten in die Schule mit, die er irgendwo aufgestöbert hatte. Nicht für den Gesangsunterricht, denn etwas Derartiges gab es in der Handelsschule überhaupt nicht. Sondern um Schani zu fragen, ob es sich um ein Stück handle, das er später in seinem Laden verkaufen solle oder nicht. Schani sah die Noten nur an, und schon wußte er, wie sie klangen! Es war fabelhaft! Gustav schüttelte den Kopf und sah seinen Freund mit großen Augen an. Einmal brachte er wieder ein Lied. Schani besah es unter der Bank, nickte beifällig und begann, als Gustav ihn darum bat, die Melodie leise zu summen. Vielleicht riß ihn die Begeisterung einfach mit: er wurde lauter. Um so leiser wurde die Klasse, denn des Lehrers Gesicht verfinsterte sich. Es dauerte eine kleine Ewigkeit, bis er die Sprache wiedergefunden hatte, um den ungewöhnlichen Gesang dort hinten in den letzten Bankreihen zum Schweigen zu bringen.

Nach allerhöchstem Beschluß ist Strauß danach von der Schule gewiesen worden. So hat ihn schließlich das Schicksal vollends auf die Bahn befördert, der er längst mit Haut und Haar verfallen war. Allerdings war da zunächst noch ein kleines Hindernis, denn so leicht gab der Vater nicht auf. Man engagierte, bevor er wieder auf Reisen gehen mußte, einen Hauslehrer, der seinem Sohn die fehlenden kommerziellen Kenntnisse beibringen konnte.

Doch dieser Hauslehrer, Gustav Scheyrer mit Namen, war für eine solche Aufgabe bei dem jungen Johann Strauß ungefähr so geeignet wie der verkleidete Almaviva für den Gesangsunterricht bei seiner geliebten Rosina, mit einem Wort, überhaupt nicht. Scheyrer war zwar Buchhalter, in erster Linie aber war er ein großer Musikliebhaber, vielleicht sogar ein verhinderter Musiker, der dem unerreichbaren Ziel mit glühender Liebe anhing. Jedenfalls verstand er sich mit Schani hervorragend. Nach dem Tode von Vater Strauß hat Scheyrer übrigens (gemeinsam mit dem Flötisten Reichmann) die erste Strauß-Biographie herausgebracht. Sie hat den Titel »Johann Strauß' musikalische Wanderungen durch das Leben«. Das Buch enthält viele Einzelheiten, die der Verfasser aus eigener Beobachtung schildern konnte. Ahnte wohl Mutter Strauß, wen sie da als Hauslehrer ihres Sohnes engagierte? Hat sie damit vielleicht bewußt den Befehl des Vaters, daß »Soll und Haben« weiterhin und jetzt erst recht studiert werden muß, durchkreuzt? Aus den Gesprächen mit Schani wußte sie zweifellos längst, daß Schani niemals Kaufmann werden wollte. Sie lebte ja im ständigen Kontakt mit den Kindern, sie kannte den Jungen aus einer Nähe, die der Vater nie erreichen konnte, selbst wenn er's gewünscht hätte. Anna Strauß kannte jede Regung im Herzen des Jungen. Noch jahrzehntelang wird sie, dank dieser genauen Kenntnis, auf die natürliche mütterliche Weise den Buben lenken, führen und ihn bei wichtigen Entscheidungen beeinflussen, wenn nicht gar bestimmen.

Mit den Jahren hat die Mutter immer entschlossener den Kampf gegen den Vater aufgenommen, der sich zunächst teilweise, später dann ganz von der Familie zurückzog. Sein »schlampertes Verhältnis zur Trampusch« — so hieß es in Wien, so sagten vor allem diejenigen, die zu Anna standen —, dieses Verhältnis soll ihn, wenn man den Gerüchten glauben darf, Unsummen an Schmuck und Toiletten gekostet haben. Dies ist aber noch nicht das Schlimmste gewesen. Mit seinem Wegzug hatte Johann Strauß seiner Frau Anna eine unheilbare Wunde beigebracht.

Schani sollte Musiker werden, das stand für die Mutter nun fest. Erstens, weil er wirklich alle Vorbedingungen und Talente dazu mitbrachte, zweitens, weil der Vater es in seiner Starrköpfigkeit verboten hatte. Oder vielleicht war es umgekehrt: erstens, weil der Vater es verboten hatte ...? Nun, es spielte keine Rolle, Schani hätte um keinen Preis etwas anderes werden können. Sein Herz verlangte es, seine Fähigkeiten bestimmten es eindeutig und klar.

Nun sollte er jedoch ein »richtiger« Musiker werden, was der Vater eigentlich nicht gewesen war, denn er hat eine »ernste Lehre« ja nicht gehabt. Ein Musiker sollte er werden; kein Musikant, wie alle die Tanzgeiger Wiens. Merkwürdig: was andere auf Akademien und bei Lehrern jahrelang studieren mußten, das konnten die Tanzmusiker von selbst, einfach so ... das Leben war ihr Lehrmeister, in der Praxis erlernten sie alles, was man können mußte, und so war es stets ein solides, handwerkliches Können.

Doch die Zeiten hatten sich gewandelt, oder hatte sich nur die Lage der Straußfamilie geändert? Des berühmten Vaters Sohn sollte »richtig« studieren, ob es nun das Kaufmannstum, das Bankwesen oder die Musik waren. Mutter Strauß wollte ihn also zu einem Meister in die Lehre geben. Der »alte Drechsler« fiel ihr ein. Er war »Kapellmeister«, war Organist an der Stephanskirche, in deren Nähe er eine kleine Wohnung mit malerischem Blick auf Dom und Stadtdächer bewohnte. Drechsler hatte früher einmal am Theater dirigiert und fürs Theater komponiert. Von ihm stammt das unvergängliche Kleinod *Brüderlein fein*, das er für ein Raimundstück geschrieben hat. Nun hatte er sich der Kirchenmusik ergeben; auch dies war eine Laune des Schicksals, den jungen, von Walzerruhm träumenden Strauß zu einem Meister der geistlichen Musik in die Lehre zu schicken.

Schani lernte, Bässe zu setzen auf gegebene Melodien; er lernte den »vierstimmigen Satz«, also ein Musikstück für vier Stimmen — Sopran, Alt, Tenor, Baß — zu bearbeiten. Er lernte, wie man bezifferte Bässe improvisatorisch, meist auf einem Tasteninstrument klangvoll zu reichen Harmonien ausgestaltet. Drechsler freute sich, wie rasch der Junge begriff, welch feinen Geschmack er besaß. Er glaubte, einen Kirchenkomponisten gefunden zu haben, wie Wiens Gotteshäuser sie immer wieder brauchten. Er gab ihm einen geistlichen Text zu vertonen: »Tu qui regis totum orbem«, zu deutsch: Du, der Du die ganze Welt regierst. Der junge Strauß fand sofort eine entsprechende Melodie und Harmonie dazu. Sein Lehrer dachte an eine öffentliche Aufführung, hieß den Jungen in die Kirche kommen und auf der Orgel das Werk ausprobieren. Er ließ ihn dort allein, um selbst noch irgendwo einen kurzen Dienst zu versehen.

Da saß Schani an der Orgel, in der leeren, dämmerigen Kirche. Die Freude am Musizieren packte ihn mehr und mehr. Er lauschte den Klängen, die seine Finger hervorbrachten und die sich mit jedem Register, das er zog, veränderten. Wie ein ganzes Orchester! fuhr es ihm durch den Sinn. Es war seit langem sein Traum, vor einem Orchester zu stehen, den Klang anschwellen und wieder verebben zu lassen. Er mußte eine eigene Kapelle haben, das stand für ihn fest. Hatte sein kleiner Freund Gustav nicht immer davon gesprochen?

So denkt und träumt er, während seine Finger immer erregter in die Orgeltasten greifen. Es braust im Kirchengewölbe. Längst ist Schani aus *Tu qui regis totum orbem* hinausgeglitten, ohne es zu merken. Er fantasiert frei und es erfüllt ihn mit immer größerem Glücksgefühl. Musik! Allmächtige, übermächtige Musik! Auch sie von Gott gesendet, denkt er vielleicht, während seine Blicke über die bunten Fenster streifen. Immer schwungvoller, immer froher und freudiger wird sein Spiel.

Da kommt der alte Drechsler zurück, geht mühsam die schmalen Stufen zur Empore hinauf und steht dann lange da, ohne daß Schani ihn wahrnimmt. Dann sind nur noch wenige Worte zwischen Lehrer und Schüler notwendig. Ein Walzer in der Kirche? Strauß ist ehrlich erstaunt, er hat es selbst gar nicht bemerkt, wie Finger und Füße in einen wiegenden, weichen Walzerrhythmus hinüberwechselten. Es ist nun einmal sein Rhythmus, in dem er geboren wurde und den er während seiner Kindheit in sich aufnahm. Drechsler spürt seine Verwirrung. Er verzeiht ihm sofort. Hat er eigentlich etwas zu verzeihen? Ist Gott wirklich beleidigt worden, wie er im ersten Augenblick glaubte? Aber warum sollte Gott durch einen aus dem Herzen kommenden Dreivierteltakt beleidigt sein? Drechsler erinnert sich an seine eigenen Dreivierteltakte, an das kleine Lied vom *Brüderlein fein*. Das Liedchen hat ja auch einen Dreivierteltakt, wenn auch keinen von der Art, wie man ihn bei diesem unerhörten Walzertempo heutzutage erlebt. So nickt Drechsler wohl ein paarmal mit dem schneeweißen Kopf: der Junge soll seine Noten nehmen und gehen, wohin sein Herz begehrt ... zum Walzer, warum auch nicht! Einen Kontrapunkt freilich hätte er dazu nicht gebraucht, meint er ein wenig traurig. Was hat wohl der Alte bald darauf gesagt, als schon in den frühen Walzern seines ehemaligen Schülers da und dort ein leibhaftiger Kontrapunkt auftauchte, melodiöse Gegenstimmen, die das Tongeflecht reizvoll anreicherten. Die Meisterwalzer seines Zöglings erlebte er nicht mehr. Er hätte wohl seinen einstigen Ausspruch revidiert ...

Ob sich Schani bei jener Szene in der Kirche schon darüber den Kopf zerbrach, daß der Walzer ja nicht immer so einfach bleiben müsse, wie Lanner und der Vater ihn komponierten? Warum sollte er keine Gegenstimmen erhalten, wie es bei den Werken der ernsten Musik selbstverständlich war? Warum sollte man ihn nicht zu einem größeren, kunstvolleren Gebilde ausgestalten können, einem richtigen Musikwerk, das höchstes Können erfordert neben dem unerläßlichen Einfall? Wenn es ihm einfiel, so hätte er es noch kaum in Worte fassen und erklären können. Drechsler und Schani schieden als Freunde. Das

Zeugnis — wir haben es an anderer Stelle schon zitiert — ist dafür der schönste Beweis.

Der Tag rückte näher, unerbittlich, ersehnt und doch zugleich gefürchtet, da der junge Strauß sein Leben in die geplante Bahn bringen mußte. Über die amtlichen Schritte haben wir schon im Buch über den Vater gesprochen, denn sie griffen, obwohl sie nur zwischen Schani und den Behörden hin- und herliefen, doch tief in dessen Leben ein. Schani ersucht den Magistrat, sein Leben als Musiker verdienen zu dürfen. Der Magistrat macht die vorgeschriebene Rückfrage an die Polizei. Es liegt nichts gegen den Antragsteller vor. Musikmachen ist zudem ein »freier« Beruf, zu dem es einer besonderen Bewilligung nicht bedürfe; auch dann nicht, wenn der Bewerber, wie in diesem Falle, minderjährig ist. Eine Andeutung der Oberbehörde, den Vater darüber zu befragen, wird vom Magistrat mit überlegenster Mehrheit in den Wind geschlagen. Wahrscheinlich war der Magistrat sehr wohl darüber informiert, wie etwa des Vaters Antwort hätte lauten können. Hätte man dem Jungen dann wirklich den Musikerberuf verbieten können oder wollen, zumindest bis zur Großjährigkeit? Es war auch klar, daß der Junge mit dem Erlös seines Musizierens der Mutter beistehen wollte, wenn auch dieser Punkt im Gesuch nicht erwähnt wird. Zwar war nicht davon die Rede, daß Vater Strauß seiner Familie den Unterhalt verweigert hätte, aber die unvermeidlich gewordene Scheidung und die ganz der Mutter anheimfallende Pflicht der Erziehung von fünf zum Teil noch kleinen Kindern war kein erfreuliches Los für die im Hirschenhaus. Der Magistrat wollte dieses Los nicht noch erschweren.

Wenn die Sorge um die Mutter auch im amtlichen Gesuch nicht niedergelegt ist, in einem anderen Schreiben steht sie ganz obenan. Denn Schani setzt sich hin und richtet einen Brief an seinen Vater. Wie schwer ihm dabei ums Herz ist, das erkennt man schon aus den gewundenen Sätzen, aus der Sprache, die gleichzeitig sachlich und doch nicht gefühllos, bestimmt und doch bescheiden sein will. So wird es ein recht verworrenes Schriftstück, das der Neunzehnjährige abfaßt.

»Innigst geliebter Vater!« beginnt er, und es kommt ihm sicherlich, trotz allem, aus dem Herzen. Er habe beschlossen, fährt er fort, im schweren Herzensstreit, in den er durch den Gegensatz zwischen Rechtsgefühl und kindlicher Liebe geraten, seine Talente ausbilden zu lassen, was der Mutter zu verdanken sei, die nach den jetzigen Verhältnissen ohne Schutz und Hilfe dastand und der er mit seinen geringen Kräften in seinem Erwerbszweig den Dank abstatten möchte ...
So geht es weiter, und man spürt Schanis Herzensnot. Auch seine

Anständigkeit. Seine Zerrissenheit in einer Situation, die er nicht verschuldet hat und unter der er leidet. Aber man spürt auch seinen festen Entschluß, den »Erwerbszweig« zu ergreifen, zu dem er sich geboren glaubt.

Es steht kein Wort in dem Brief über die Erfolgsaussichten, kein Wort über mögliche Erfolge. Kein Wort über die unabweisbare Berufung, die er in sich fühlt und die ihm einfach keine andere Wahl läßt. Von der Unterstützung der Mutter ist die Rede, die für ihn das wichtigste sei. Musik als Notwendigkeit oder als Notwehr?

Die Mutter und ihre fünf Kinder feiern den Tag, da der Magistrat wohlwollend Schanis Gesuch beantwortet. Auch der Kleinste, Eduard, muß mitfeiern. Ein Glas Wein muß er in die Hand nehmen, an dem er, der Neunjährige, nippen darf. Er ahnt noch nicht, daß der heutige Entschluß eines Tages auch ihn betreffen wird. Nicht einmal Josef, der zweitälteste Sohn, ahnt das. Seine Architektenlaufbahn scheint gesichert. Und doch werden sie beide, Josef und Eduard, mit in den Strudel der Musik gerissen werden, der das Hirschenhaus nun, nach dem Fortgang des Vaters offen für alle, erfaßt hat.

Schani hat längst seine Kapelle zusammengestellt. Im nahen Gasthaus *Zur blauen Gans*, dessen Besitzer zu den frühesten Freunden und Förderern des jungen Musikers gehörte, waren nun allabendlich Proben im Gang — hinter verschlossenen Türen. Es ging recht geheim und geheimnisvoll zu. Noch sollte niemand in Wien etwas davon wissen. Der junge Strauß war streng zu seinen Musikern, so heißt es. Er forderte viel. Er wollte nicht einfach irgendein Tanzorchester zusammenstellen und einstudieren, sondern eines, das dem Namen Johann Strauß, und sei es auch mit dem Beiwort »Sohn«, zur Ehre gereichte. Er hatte große, weitreichende Pläne. Die Klänge, die allabendlich aus dem hinteren Saal der *Blauen Gans* drangen, ließen die Besucher der Gaststätte, soweit sie sie vernehmen konnten, aufhorchen: das klang ja manchmal wie in einem »richtigen« Konzert!

Anfang Oktober 1844 schließt Strauß mit den nun endgültig ausgewählten Musikern einen Vertrag ab. Vielleicht hat er ihn mit erfahreneren Freunden besprochen, vielleicht war ein solcher Vertrag bei Wiener Orchestern allgemein üblich — immerhin zeugt es von einer bemerkenswerten Autorität, daß sehr geschätzte, ausgezeichnete Musiker ihrem knapp neunzehnjährigen Dirigenten ein solches Dokument unterzeichneten:

»Vertrag. Zwischen dem Herrn Kapellmeister Johann Strauß und den unterzeichneten Orchester-Mitgliedern sind am Endes gesetzten

Jahre und Tage nachstehende bestimmte Punkte verabredet und abgeschlossen worden.

Die gefertigten Orchester-Mitglieder verbinden sich bei den von Herrn Kapellmeister Strauß zu bestimmenden Proben und Produktionen zu den festgesetzten Stunden pünktlich einzufinden und die ihnen übertragene Dienstleistung mit Eifer und Fleiß zu vollziehen und zur Beförderung des günstigsten Erfolges nach ihren besten Kräften mitzuwirken.

Die benannten Unterfertigten Orchester-Mitglieder sind ferner verpflichtet, sich während der Dauer der abzuhaltenden Proben und Produktionen mit Beobachtung der größten Ruhe und des erforderlichen Verstandes zu verhalten. Sie haben das Orchester mit der vor dem Publikum erforderlichen Stille zu betreten und dasselbe ebenso wieder zu verlassen und überhaupt während der zum Stimmen der Instrumente oder zum Ausruhen bestimmten Zeit durch keine beunruhigende Störung, weder durch Gespräch, noch auch irgend eine andere Betätigung zu stören.

Gerechten Beschwerden und Anforderungen von Seite der Herren Orchester-Mitglieder wird Herr Kapellmeister Strauß stets und bereitwilligst Ohren leihen und denselben, insofern es die Umstände erlauben, Abhilfe leisten. Widrigenfalls dagegen Herrn Kapellmeister Strauß auch jederzeit frei steht, in Beziehung auf Ordnung und geregelte Dienstleistung in der Folge noch seine Anordnungen zu treffen, welche der Zeit und den Verhältnissen angemessen sind, zu deren genauer Befolgung sich die gefertigten Orchester-Mitglieder hiemit unter einem verbindlich machen.

Keinem der in diesem Kontrakt Unterfertigten Herren Orchester-Mitglieder ist es gestattet, seinen Platz im Orchester, weder bei Proben noch bei Produktionen durch einen Substituten zu besetzen, wenn er hiezu nicht während angemessener Zeit die ausdrückliche Bewilligung des Herrn Kapellmeisters Strauß angesucht und erhalten hat.

Von der Verbindlichkeit der aufgetragenen Dienstleistung überhaupt ist kein Orchester-Mitglied außer im Falle einer wirklichen, durch ärztliches Zeugnis erwiesenen Krankheit befreit.

In allen auf die Erfüllung gegenwärtiger Kontrakt-Verbindlichkeiten sich etwa ergebenden Streitfragen steht die Entscheidung ausschließend dem Herrn Kapellmeister Strauß zu, welchem auch alle angezeigten Herren Orchester-Mitglieder unbedingt Folge zu leisten haben.

Alle von Herrn Kapellmeister Strauß den Herren Orchester-Mitgliedern zur Ausübung des Dienstes anvertrauten musikalischen Instrumente sowie die bei den Proben und Produktionen aufzulegenden

»Der große Galopp« von Johann Strauß (Wiener Theaterzeitung).

Die drei Brüder Joseph, Johann und Eduard Strauß (zeitgenössische Karikatur).

Joseph Lanner (1801—1843)

Jacques Offenbach (1819—1880)

Musikalien sind von denselben mit der größten Sorgfalt und Aufmerksamkeit zu behandeln. Jede durch Unachtsamkeit oder Mutwilligkeit herbeigeführte Beschädigung oder Verunreinigung verpflichtet den Betreffenden zum vollen Ersatz des beschädigten Gegenstandes.

Ist die Dauer des gegenwärtigen Vertrages auf ein Jahr von dem Tage der Unterzeichnung desselben festgesetzt. Jedoch steht beiden Teilen während dem Laufe dieses Jahres ein vierzehntägiges Kündigungsrecht zu.

Erwiesene, wiederholte Dienstesvernachlässigung, unruhiges Betragen oder Widerspenstigkeit gegen die Anordnungen des Herrn Kapellmeister Strauß so wie der nicht zu gewärtigende Fall der Trunkenheit eines Orchester-Mitglieds während einer Probe oder einer Produktion berechtigt den Herrn Kapellmeister Strauß zu alsogleicher Entlassung des Fehlenden.

Wien, am 8. Oktober 1844.«

Das Dokument trägt einen Dreißig-Kreuzer-Stempel und den Vermerk, am nächsten Tag, dem 9. Oktober, dem Amt vorgelegt worden zu sein. Unterschrieben haben vierundzwanzig Musiker, die ersten Mitglieder des Orchesters von Johann Strauß Sohn. Wie viele stolze Mitglieder wird es im Lauf der nächsten Jahrzehnte zählen?

2

Der große Sprung

Es kam der 15. Oktober 1844, der entscheidende Tag, von dem wir erzählt haben. Seine Ereignisse sind genau überliefert, wir können ihn, Stunde für Stunde, miterleben. Wie da Freund und Feind beim *Dommayer* versammelt sind, und wie die Freunde nach wenigen Augenblicken, die im »feindlichen Lager« vielleicht etwas später und widerstrebender, dann aber bald ebenso gründlich überzeugt sind, daß hier ein ganz ungewöhnliches Talent sein Debut feiert.

Die Chronisten haben die Einzelheiten genau verzeichnet und der Nachwelt überliefert: Das Massengedränge, die vorfahrenden Wagen, die Hochspannung; das gefährliche Gedränge an den Kassen, am Saaleingang, im Saal selbst, in dem nach kürzester Frist kein Tisch mehr zu haben, kein Stück Boden mehr zu sehen ist, auf das man einen Stuhl hätte stellen können. Das Schließen von Kasse und Eingang lange vor der für den Beginn angesetzten Zeit, das Murren der Leute, die keinen Einlaß mehr fanden. Das Auftauchen von Musikern und Freunden des Vaters, die vom versammelten Publikum mit recht gemischten Gefühlen betrachtet werden. Der Lamperl-Hirsch und der junge Haslinger, was wollen denn die hier? So geht das Raunen von Tisch zu Tisch. Warum nicht, warum sollen sie nicht hören, was der »Junge« kann? Beide schwitzen, und die Menge lacht vor Vergnügen darüber, dabei vergessen sie, daß alles schwitzt, denn im überfüllten, bis in den letzten Winkel besetzten Saal steigen die Temperaturen fast bis zum Siedepunkt. Ein Entrinnen ist unmöglich. Was immer die Zeitungen über diesen Abend berichten werden — an die Hitze und das fast lebensgefährliche Gedränge zu erinnern vergißt kein Chronist.

Von dem Wiener Kritiker Wiest, den wir schon einmal zitiert haben, besitzen wir einen sehr ausführlichen Bericht über das Ereignis. Nach einer fantasiereichen Schilderung der äußeren Umstände, etwa daß heute ein Tisch beim *Dommayer* schwieriger zu erkämpfen war als ein Sitz im englischen Parlament, geht er zum wesentlichen Teil über: »Ja, da taucht er empor, Strauß-Sohn! Er wird mit einem Orkan empfangen, aber Strauß-Sohn scheint sehr fest zu stehen, der Orkan wirft ihn nicht um, im Gegenteil, er erhebt ihn nur; man applaudiert jetzt schon die Ähnlichkeit mit dem Vater im Physiognomie-Ausdruck; jetzt schwingt er den Bogen, jetzt setzt er ihn an; jetzt ein, zwei, drei Risse, jetzt durchzuckt es uns elektrisch, vom Scheitel zur Zehe, jetzt arbeitet er droben funkensprühend, wie eine galvanische Batterie — jetzt hallt ein Ruf durch die Säle hin: ›Das ist der würdige Sohn seines Vaters!‹ Selten, daß sich die Talente der Väter auf die Söhne forterben, doch von Strauß-Sohn kann man wirklich sagen: er ist ein geborener Walzer!«

Der »Orkan«, der den jungen Strauß an jenem Abend empfing, scheint nicht nur aus dem erwähnten Applaus bestanden, sondern eine gute Dosis Zischen und Pfeifen eingeschlossen zu haben; ja möglicherweise machte ihn gerade diese »Justament«-Opposition so lärmend, da die Anhänger alle Hände- und Lungenkraft anspannen mußten, um sie zu übertönen. So schildern es einige Chronisten, insbesondere neuere Biographen, die zum Teil, wie Ernst Decsey oder der auf ihm aufbauende Heinrich Eduard Jacob, äußerst lebendige, ja dramatische Bilder des damaligen Abends entwerfen.

Als Johann Strauß Sohn den Geigenbogen zum ersten Mal hebt, da wird es langsam ruhig im Saal. Er führt seinen Geigenbogen als Taktstock. Die Anfangsakkorde der Ouverture von Aubers damals sehr beliebter Oper *Die Stumme von Portici*, in heftigstem Fortissimo komponiert, krachen in den Saal. Die Menge hält den Atem an: So mitreißend war dieses Musikstück in Wien wohl kaum je gespielt worden; so meinen einige, doch in Wahrheit gehören sie nicht zu den Opernhabitués, die das hätten beurteilen können. *Die Stumme von Portici* war eine Revolutionsoper. Ihre erste Aufführung in Brüssel, zweieinhalb Jahre nach der Pariser Premiere, führte 1830 zum Aufstand der durch dieses Werk erhitzten Zuhörer; es gab anschließend Kundgebungen auf den Straßen und schließlich kam es zur Losreißung Belgiens von den Niederlanden. Daran dachte wahrscheinlich heute beim *Dommayer* niemand, ja, das wußte wohl kaum jemand unter den Anwesenden. Aber alle spürten eine ungeheure Kraft in dem jungen Dirigenten, einen Schwung, den man hätte revolutionär nennen können, der aber nur aus der Musik zu kommen schien. Das Publikum schrie »Bravo!« und »Hoch!«, als das Stück — wuchtig, aber auch äußerst genau im Zusammenspiel des Orchesters, einheitlich in den Bogenstrichen der Geigen, stark und wohlklingend in den Bläserakkorden, steinhart im Paukenschlag — zu Ende ging.

Entschieden wurde der Abend aber erst später, als der junge Strauß eigene Werke brachte. Darauf waren die Kenner, und wer zählte sich nicht dazu, besonders gespannt. Hier galt es zu bestehen, wenn man in Wien mehr sein wollte als irgendein Tanzgeiger oder Kapellenleiter. Und Schani bestand. Er führte seinen *Gunstwerber-Walzer* vor (der ursprünglich *Das Mutterherz* hätte heißen sollen, was aber rechtzeitig durch den noch persönlich gefärbten, aber keinerlei Spitze enthaltenden Titel *Gunstwerber* ersetzt worden war). Es folgte seine *Herzenslust-Polka*, die *Debut-Quadrille*. Jedes dieser Stücke gefiel, mußte wiederholt werden, das war so üblich. *Die Gunstwerber* viermal. Ein erfreulicher Anfang!

Viele dachten wohl an Lanner, der so oft hier oben stand und in seiner ruhigen, gewinnenden Art Walzer dirigiert hatte. Alle dachten an Vater Strauß, manch einer schaute sich um: ob er es nicht vielleicht doch über sich gebracht haben mochte, dem Debut seines Sohnes zuzuhören. Ja, um ihm, seinem Ältesten, vielleicht seine Hand, die berühmte Hand hinzustrecken? Doch nein, er war nicht da. Mit einer gewissen Wehmut hatte es wohl schon lange der Sohn festgestellt.

Das letzte Stück des umfangreichen Programms war wieder ein Walzer des jungen Strauß: *Sinngedichte*. Augenzeugen sollen berichtet haben, daß der Jubel kein Ende nehmen wollte. Neunzehn Mal mußte das Stück wiederholt werden, heißt es, und das muß bereits in den frühen Morgenstunden des 16. Oktober 1844 gewesen sein. Neunzehn Mal, das überstieg sogar noch die Erfolge beim Vater Strauß! Von den Chronisten scheint keiner diese ewigen Wiederholungen der *Sinngedichte* überstanden zu haben. Viele waren schon früher weggegangen, von der Hitze vertrieben, aber sie waren längst vom Sieg des Jungen überzeugt und brachten das in ihren Berichten zum Ausdruck.

Doch immer noch war das Konzert nicht zu Ende. Als die rasende Menge Musik und immer wieder Musik verlangte, da soll Johann Strauß Sohn noch einmal die Geige angesetzt haben. Er intonierte, mit größtem Zartgefühl, wie es hieß, den berühmtesten Walzer seines Vaters, die *Loreley-Rhein-Klänge.* Und bei den ersten Takten bereits versank der Saal in ein unbeschreibliches Delirium. Die vor vielen Stunden gekommen waren, um zu stören oder zu verdammen, umarmten einander jetzt in tränenseliger Rührung. Alles sang mit, alles wiegte sich im Takt dieser so volkstümlich gewordenen Klänge. Das Meisterstück war nun etwa ein Jahr alt. Decsey nennt es mit Recht ein »tondichterisches Werk« und »ein romantisches Erlebnis im Walzertakt«. Der Sohn spielte es vielleicht gar nicht seiner Popularität wegen, sondern weil er es ganz besonders liebte. Ahnte er schon, daß hier der Ansatz für seine eigenen großen Walzer lag?

Wie Vater Strauß die Nachricht von diesem Abend aufnahm, haben wir erzählt. Schani kam selig heim, immer wieder umarmte er seine Mutter. Anna war in dieser Nacht von der Gattin eines »Walzermeisters« endgültig zur Mutter eines Walzerkönigs geworden.

Und von diesem Tage an besaß Wien noch einen zweiten Johann Strauß. Schmerzlich dabei war nur, daß die beiden bitterbös aufeinander waren.

3

In den Wirren der Revolution

Es dauerte nur wenige Wochen, und das frischgebackene Strauß-Orchester hatte sich einen festen Platz im Wiener Unterhaltungsleben gesichert. Die Zusätze »Vater« oder »Sohn« auf den Ankündigungen eines Konzerts oder Ballabends waren inzwischen zu einer Selbstverständlichkeit geworden. Bereits im Jahre 1845 wurde Johann Strauß junior Kapellmeister des Zweiten Bürgerregiments. Er bekleidet diese Position drei Jahre lang, also bis zu den bewegten Tagen der Revolution. (Strauß Vater war Kapellmeister beim Ersten Bürgerregiment.)

Im Oktober 1847 beantragte der junge Strauß Pässe für sich und sein Orchester, in dem übrigens nur noch wenige jener Musiker saßen, die den großen Sieg vom 15. Oktober 1844 erfochten hatten. Die Reise nach Preßburg, Ungarn und Konstantinopel stand bevor. Der Plan ließ sich allerdings nicht vollständig verwirklichen: erst ging es nach Preßburg, damals fast noch ein Vorort Wiens, dann nach Budapest und zuletzt nach Rumänien.

Hätte Schani in den Sternen lesen können, dann hätte er jetzt schon von seinen künftigen Weltreisen gewußt, die des Vaters Fahrten weit in den Schatten stellen sollten. Es bestand allerdings ein wesentlicher Unterschied in ihrer Art zu reisen, nicht nur im Äußerlichen. Der Vater reiste noch mit Postkutsche und Pferdegespann, der Sohn dagegen, bereits ziemlich komfortabel, in der Eisenbahn. Aber daneben gab es noch bedeutendere Unterschiede. Den Vater Strauß trieb es buchstäblich in die Fremde, wahrscheinlich hätte er gar nicht sagen können, ob er wollte oder nicht. Er mußte einfach reisen, so als warte irgendwo, auf irgendeinem Fleckchen Erde, »das Glück« auf ihn. Es muß so etwas wie ein geheimnisvolles Licht gewesen sein, dem er nachjagte — nicht der »Erfolg«: diesen heimste er überall mit vollen Händen ein, der stellte kein Problem dar, war greifbar da, wohin er auch kam, wo immer er die Geige ansetzen mochte. Nein, »das Glück« hat er gesucht in irgendeiner kaum geahnten Form, als tausendfältige Möglichkeit ... irgendwo mußte es doch dieses Glück geben, das die stets gehetzte, eingeengte Brust weit werden ließ und jenes beseligende Gefühl schenkte, von dem er in quälenden Augenblicken träumte, das sich nicht in Worte kleiden ließ und das er doch deutlich fühlte. Irgendwo wartete es auf ihn ...

Ganz anders der Sohn; für den ist Reisen zwar eine Abwechslung, eine freundliche Möglichkeit, mit neuen Menschen in Berührung zu kommen. Aber es ist auch eine Unbequemlichkeit und vor allem ein Zeitverlust: denn Zeitverlust ist für ihn alles, was ihn aus seinem Arbeitszimmer lockt. Dirigieren ist schön, er freut sich über das Publikum, das ihm zu Füßen der Musik lauscht oder durch die lichterglänzenden Säle walzt. Aber müßte er wählen zwischen diesen Stunden im Jubel der Öffentlichkeit und den stillen Augenblicken daheim, wenn ihn die Inspiration zu neuen Melodien überkommt, er hätte zweifellos die letzteren gewählt.

Nun steht er ganz in den Fußstapfen des großen Vaters. Die Lokale reißen sich um ihn. Täglich muß er auftreten, nicht selten an mehreren Orten im Laufe eines Abends. Mehrmals kommt es zu Reibereien, obwohl Vater und Sohn einander aus dem Wege gehen. Einmal gibt's Streit, weil der Vermerk »Sohn« zu klein ausgefallen ist auf den Plakaten, und der »Sohn« konnte gar nichts dafür. Ein andermal kommt es

Das Theater an der Wien um 1830.

zum Krach, weil Strauß junior die *Vielka-Ouverture* dirigieren will. Meyerbeers *Vielka* ist gerade populär in Wien. In dieser Oper feiert im *Theater an der Wien* Jenny Lind gerade Triumphe; alle Welt pfeift und singt *Vielka*, wieso soll er das Stück nicht dirigieren dürfen? Der Vater läßt es ihm verbieten, er kann's, weil sein Freund und Verleger Haslinger die Rechte der *Vielka* besitzt. Schani wird böse. Ein bitterer Zeitungsartikel gegen den Vater erscheint — »Jean« soll der Anstifter dazu sein.

Freunde legen sich ins Mittel: schmutzige Wäsche wäscht man zu Hause, Familienstreitigkeiten gehören nicht in die Öffentlichkeit. Schani tut es leid, er ist kein zum Streiten aufgelegter Mensch. Er folgt der Einladung, die ihm durch Dritte vermittelt wird, und geht zum Vater, spricht sich mit ihm aus. Die Unterredung endet mit einer Art Versöhnung, zumindest mit einem Waffenstillstand, wenn auch nicht mit der Verschmelzung ihrer beider Orchester, wie der Vater es anscheinend gewollt und vorgeschlagen hat. Schani, weich nach außen, fest jedoch im Innern, wenn es um Dinge ging, die ihm als unveräußerlich gelten, lehnte ab. Zu weit war er schon auf seinem eigenen Wege vorgeschritten. Mit einem Handschlag scheidet er vom Vater. Für immer.

Wie verschieden sind die beiden doch im Grunde! Welche Vereinfachung, zu sagen, Schani habe das Genie vom Vater geerbt! Ihre Charaktere, ihre Temperamente klaffen so weit auseinander, daß sogar die Frage auftauchen könnte, ob es sich wirklich um ein vergleichbares Genie bei beiden handelte. Vielleicht waren es doch zwei völlig verschieden geartete Talente, die nur eines gemeinsam hatten: die Musik. Oder war der Sohn doch die Fortsetzung des Vaters, ererbtes Genie, aber durch verschiedene persönliche Umstände anders gestaltet? Daß der Lebensweg des Jungen im Anfang dem des Vaters so verblüffend glich, das lag an den Gegebenheiten von Zeit und Ort; es lag auch daran, daß Strauß Vater seinen Kindern, trotz aller Zerwürfnisse, als leuchtendes künstlerisches Vorbild galt.

Der Sohn war, mit seinen zwanzig Jahren, freiheitlich gesinnt. Kein »Bombenleger«, kein Anarchist — versteht sich. Kein radikaler Umstürzler, aber ein junger Idealist, der mit den Revolutionären sympathisierte und die Ungerechtigkeiten des alten Regimes beseitigt wissen wollte. Sein Herz schlug für »nationale« wie für »soziale« Fragen, für demokratischen Fortschritt, für vernünftige Lösungen des aufkommenden, durch die Industrialisierung täglich verschärften »Arbeiterproblems«.

Als der Sturm im März 1848 auch in Wien losbrach, da stand nicht nur der Sohn Strauß »bei der Revolution«. Sogar der Vater hegte für einige ihrer Forderungen Sympathie. Die Revolution siegte — oder wurde sie etwa besiegt? Man konnte das im damaligen Wien nicht genau unterscheiden. Metternich mußte fliehen, der Kaiser abdanken: also siegte sie. Doch ein neuer Kaiser kam, und im Verhältnis der Gesellschaftsschichten zueinander änderte sich nichts: also wurde sie besiegt.

Am 6. Dezember des Revolutionsjahres 1848 wurde in der Stadthauptmannschaft ein kurioses Protokoll aufgenommen: »Im hohen Auftrage bei der Stadthauptmannschaft in Wien mit dem Musikdirektor Johann Strauß Sohn, aus Anlaß seiner letzten im Saale beim grünen Tor in der Josefstadt am 3. d. abgehaltenen musikalischen Abend-Unterhaltung.

Nach geschehener Erinnerung zur Angabe der Wahrheit gibt der Vernommene an: Es ist allerdings wahr, daß ich während der am 3. dieses Monats beim grünen Tor abgehaltenen musikalischen Abendunterhaltung die Marseillaise gespielt habe und sogar zweimal wiederholen mußte. Die Sache hat sich folgendermaßen zugetragen. Wie sich von selbst versteht, ist es mir ganz gleichgültig in Beziehung auf politische oder National-Interessen, welche Stücke ich aufzuführen habe, weil bei mir jede Nummer am Repertoire ist und nur als Ausfüllungsstück dient. Doch sagt mir mein politischer Takt, daß ich bei dieser schwer bewegten Zeit und besonders während des Belagerungs-Zustandes alle Piecen zu vermeiden habe, welche irgendwelche politische

Aufregung erregen oder Nationalsympathien berühren. Aus diesem Grunde spiele ich aus eigenem Antriebe jetzt gar nie dergleichen Musikstücke.

Doch gibt es Orte, wo man gar nicht genug in dieser Beziehung ausweichen kann, und wollte man das Verlangen des Publikums nicht befriedigen, so steht zu befürchten, daß man vielleicht einen Exzeß provoziert, welcher viel bedeutender und unangenehmer wäre, als wenn man dann und wann notgedrungen dem Verlangen des Publikums nachgibt.

So geschah es auch bei der letzten Soirée am 3. d. beim grünen Tore. Zuerst verlangte ein Teil des Publikums das Lied ›Das deutsche Vaterland‹. Um auszuweichen, ließ ich die Volkshymne aufführen und die Sache legte sich.

Später wurde die Marseillaise verlangt, was ich wiederholt ablehnte. Da in mich diesfalls immer mehr und heftiger gedrungen wurde, und ich anderweitiges unangenehmes Aufsehen oder einen Exzeß fürchtete, mußte ich nachgeben, und dieselbe sogar wiederholen. Sie wurde stark applaudiert, aber auch ausgezischt. Das Fuchslied ist gar nicht verlangt worden, und wurde auch nicht gespielt.

Ich werde mich zwar wie bisher besonders hüten, ähnliche Piecen vorzutragen, muß aber bitten, daß wenn ein diesfälliges Verbot streng gehandhabt werden soll, wir als Musikdirektoren vor Insulten und Exzessen durch eine Inspektionswache geschützt werden, weil unsere Weigerung, dies oder jenes nicht zu spielen, nach Beschaffenheit des oft sehr gemischten Publikums nicht hinreicht.

Dieses mir vorgelesene Protokoll ist der Wahrheit und meiner Aussage voll gemäß aufgenommen. Strauß Sohn.«

Es ist heute nicht mehr festzustellen, ob und wie weit dieses Schriftstück wirklich »der Wahrheit voll gemäß aufgenommen« wurde. Gewiß, seine Aussage ist hier in ihrem Sinn und auch Wortlaut richtig wiedergegeben. Aber hat er die Wahrheit, die ganze Wahrheit und nichts als die Wahrheit zu Protokoll gegeben? Mußte man ihn wirklich zwingen, die Marseillaise zu spielen? Daß er anstelle eines vom Publikum gewünschten deutsch-nationalen Liedes, das also in jenem Augenblick »revolutionär« war, die gute alte Haydnsche Volkshymne, also ein österreichisch-kaiserliches Lied spielte, »um auszuweichen« noch dazu, wie er behauptet, also schwarz-rot-gold durch schwarz-gelb ersetzte, mutet wie eine Verhöhnung der Behörde an. Ob er das nicht überhaupt nur angab, um seine »Unparteilichkeit« zu erweisen? Dazu, erklärt er, sei er wegen seiner öffentlichen Tätigkeit verpflichtet.

Doch der neue Kaiser, der gerade zu dieser Zeit in sein Amt eingeführt wurde, Franz Joseph I., wurde sehr schnell bei allen — oder fast
allen — seiner Untertanen sehr beliebt. Man fühlte seine unbestechliche Gerechtigkeit, seine kluge Zurückhaltung, seine unbedingte
Pflichterfüllung. Seine Ausstrahlung war ungewöhnlich stark, er
wirkte auf »das Volk« gerade so wie auf die höchsten Kreise Europas.

»Es liegt viel Gemüt und Kühnheit in seinen warmen blauen Augen,
und er zeigt eine gewisse liebenswürdige Fröhlichkeit, wenn er dazu
Gelegenheit hat. Er ist schlank und graziös, und selbst im Gewirr von
Tänzern und Erzherzögen, alle in Uniform, kann er stets als ihr Haupt
erkannt werden. Seine Umgangsformen sind vorzüglich und frei von
Großspurigkeit oder Unbeholfenheit. Sie sind einfach und, wenn er
freundlich aufgelegt ist, wie er es zu mir war, sehr herzlich und natürlich. Er hält jedermann im Zug, ohne daß er sich dabei den Anschein
stark hervorgehobener Autorität gibt; er ist aber der Meister, und ihn
umgibt ein gewisses Etwas, das Autorität verleiht und das oft diejenigen, die Autorität besitzen sollten, sich nicht aneignen oder ausüben
können. Ich glaube, er kann streng sein, wenn es die Gelegenheit
erfordert; er hat etwas sehr Mutiges an sich ...«, so schrieb Leopold,
König der Belgier, über Franz Joseph I.

Ohne daß sie beide es ahnten, trat mit Franz Joseph ein anderer
junger Mensch seine Herrschaft an: Johann Strauß Sohn. Sie waren
seltsam miteinander verbunden, der Kaiser von Österreich und der
König der Walzer. Wahrscheinlich brauchte einer den anderen. Ohne
dieses nochmalige volle Aufleben eines kaiserlich-königlichen Österreich-Ungarn, einer aus Aristokraten, Bürgern und »Volk« in so uner-
klärlichem wie einmaligen Gleichgewicht gehaltenen Gesellschaft hätte Johann Strauß Sohn nicht den Nährboden gefunden, den seine
Kunst benötigte, um zu reifen und zum Symbol dieser Epoche und
dieses Reiches zu werden. Und ohne die durch Strauß-Musik immer
wieder angefachte Lebenslust der Wiener, die schwerste Schläge über-
wand und aus tiefsten Enttäuschungen emporzutauchen wußte, um
noch strahlender zu leuchten und freudiger zu genießen denn je, ohne
die Faschingsnächte und Sommerfeste, ohne die Soireen und Redouten
und Wäschermädelbälle, die Praterfahrten und Volksgartennächte, zu
denen Strauß unermüdlich aufspielte und seine eigenen Weisen frei-
giebig in die Ohren aller geigte — wer weiß, ob dieses ungeheure
Reich der zwei Dutzend Sprachen und der mannigfachen völkischen
Eigenheiten nicht früher zerbrochen wäre. Als schließlich der Walzerkönig starb und nur noch der alte, sehr alte Kaiser zurückblieb, da
merkte man auf einmal, wie morsch das Reich geworden war. Und

doch mußte zu seiner Vernichtung eine ganze Welt in Brand geraten. Den Walzer aber, den hat auch dieser Brand nicht vernichten können ...

Im Grunde war auch der junge Strauß kein echter Revolutionär, so wenig wie der Vater es war. Zwar sah es eine kurze Zeit so aus, als würden die beiden einander gegenüberstehen — in der Musik wie auf dem Gebiet der Politik und der Tagesgeschehnisse. Der eine, der Junge, in den Farben der »Großdeutschen«, der Alte auf Seiten der Monarchie. Doch es kam nicht so weit. Im Herzen waren sie wohl beide in erster Linie Musiker; und Musik ist, ganz ernst genommen — beide haben dies stets getan — eine eigene Religion und eine eigene Partei. Mit einem Wort, eine Weltanschauung.

Österreich wurde nach einigen Jahren der Unsicherheit und Spaltung — oder waren es nur Monate gewesen — wieder »kaisertreu«, wieder schwarz-gelb. Ein Strauß schuf die Melodie dazu: der Vater mit seinem *Radetzky-Marsch,* diesem erregendsten und vielleicht liebenswürdigsten aller Märsche. Doch auch der Sohn huldigte sehr bald »seinem« Kaiser, und dies war kein Verrat an seinen Gefährten von 1848, kein Gesinnungswechsel. Denn was sie alle gewollt hatten, das war der junge Kaiser im Begriff zu verwirklichen — so schien es wenigstens. Und so komponierte der junge Strauß einen *Kaiser Franz Joseph-Marsch,* der am 15. Juli 1850 erstmals erklang. Beim *Dommayer* übrigens, wo er ja nun ständig spielte.

Vater Strauß war dahingegangen, abberufen vom Tod aus fieberhafter Tätigkeit. Wien feierte ihn ein letztes Mal bei der Beerdigung. Seit Beethovens Grablegung hatte die Stadt so etwas nicht mehr gesehen. Der Sohn stand erschüttert am Grab. Nun war er der »einzige« Johann Strauß.

Die Männer aus dem Orchester des Vaters standen weinend und ratlos vor dem Sarg. War das nun zu Ende? Sie konnten sich nicht vorstellen, wie es weitergehen sollte. Sie berieten, nachdem der Schmerz der ersten Tage stiller geworden war. Verschiedene Meinungen waren zu hören, und jede hatte etwas für sich. Da sprach der alte Amon; er hatte dem Vater treu gedient, aber er hatte — es war seine einzige »Untreue« wohl — dem Sohn das Geigenspiel beigebracht. Amon meinte, es sei nur natürlich, wenn die Johann Strauß-Kapelle auch weiterhin von einem Johann Strauß geleitet würde. Zumal der neue Johann Strauß wahrlich kein unwürdiger Nachfolger des Verstorbenen sei. Langsam überzeugte er die Kameraden. Am nächsten Tag begab sich eine Abordnung des Orchesters in die Wohnung. Es war noch immer dieselbe, in die mancher von ihnen täglich gegangen, als

Testament von Johann Strauß Vater.

Vater Strauß dort noch mit Gattin und Kindern gelebt hatte. In einem kostbaren Behälter, auf Samtgrund, trugen sie den Dirigentenstab des Vaters — seinen Geigenbogen —, um ihn feierlich dem Sohn zu überreichen.

Der junge Strauß war sichtlich gerührt. Er umarmte den Freund Amon, schüttelte die Hände, die sich ihm entgegenstreckten. Er war bereit, die ehrenvolle Aufgabe anzunehmen. Aber er entließ sein Orchester keineswegs. Die beiden Klangkörper bildeten gemeinsam die neue Johann Strauß-Kapelle. Sie trat zum ersten Male am 2. Oktober 1849 im *Volksgarten* vor die Wiener Öffentlichkeit.

Etwa einen Monat später veranstaltete der junge Musiker Johann Strauß in den *Sophiensälen* eine Gedenkfeier für den Vater. Das Programm war ausschließlich seinen Werken gewidmet. Es war eine würdige Gedenkfeier.

Doch es gab in Wien nicht nur Menschen, die sich darüber freuten, daß es nun wieder einen »jungen Strauß« gab, einen strahlenden Mittelpunkt des frohen Lebens der Tanzstätten. Es gab auch böses Gerede: daß der Sohn sich da einfach in den Ruhm des verstorbenen Vaters dränge, nachdem er ihm das Leben verbittert, ja möglicherweise seinen frühen Tod mitverschuldet habe. Schani erfuhr von diesem Gerede. Wenn er bei der Trauerfeier in den *Sophiensälen* nur Werke des Vaters gespielt hatte, so war das für ihn eine kindliche Huldigung ohne jede Nebenabsicht gewesen. Er ließ des Vaters letztes, nicht mehr vollendetes Werk, eine Skizze betitelt *Radetzky Bankett-Marsch*, als Geschenk im Saale verteilen. Und er schloß den Abend mit dem zündenden *Radetzky-Marsch*. Er ließ das Modell zu einem Denkmal für seinen Vater ausstellen. Die Gegner sahen in alledem nur die »Reklame«, die der Sohn für eigene Zwecke veranstaltete.

Schani, gewohnt den Bogen zu führen, aber auffallend unbeholfen mit der Feder, wenn es um Innerstes geht, sucht sich zu verteidigen. In der *Wiener Zeitung* steht bald nach dem Abend im *Sophiensaal* eine lange Zuschrift von ihm abgedruckt. Sie zeigt, wie schmerzlich in ihm immer noch das Familiendrama nachwirkt. Die häßliche Auseinandersetzung um das Erbe, von dem sich nun zeigte, daß es kaum einige tausend Gulden betrug — viel weniger als angenommen —, war in vollem Gange. Was sollte den »Illegitimen« gehören, denen der Vater »alles« zugesprochen hatte, wieviel war der Pflichtteil, der auf die »Legitimen« entfiel? Es war nicht leicht, das Bild des großen Künstlers rein zu erhalten, den die ganze Stadt, die halbe Welt verehrt hatte; nicht leicht, dies abzugrenzen gegen das Bild des Mannes, der seiner Umwelt viel Gelegenheit zu Tratsch und Kritik gegeben hatte, als

Haustyrann, der seinen unberechenbaren Willen seinen Nächsten aufzwingen wollte, als Ehebrecher und Vater unehelicher Kinder. All das bricht im Schreiben des jungen Strauß durch:

Meine Mutter »... zu unterstützen und zu nähren, wagte ich mein schlichtes Talent anzuwenden. Ein schwacher Hebel, doch er sollte drückende Last heben ... Nicht messen wollte sich der Sohn, im Bewußtsein seiner Schwäche, mit der bewährten Stärke seines Vaters! Gott sei mein Zeuge, nein! Doch des neunzehnjährigen Jünglings Pflicht war es geworden, kein unnütz Mitglied in einem Familienschoß zu bleiben, dessen Oberhaupt und natürliche Stütze ein beklagenswertes Geschick moralisch seinem Wirken entrissen ... Mich aber umschwebe der segnende Geist meines treuen Vaters, er führe mich der heiteren Muse zu, die jetzt an seinem Grabe weint, und lasse mich einst des Vaters würdig zeigen ...«

Bald ging die Stadt, mit anderen Dingen mehr als hinreichend beschäftigt, über diese Familiengeschichten zur Tagesordnung über. Es gab noch politisch bewegte Zeiten, in denen Blut floß. Revolutionäre wurden hingerichtet, Gebäude abgebrannt, Menschen verfolgt. Im Hirschenhaus gab es eine polizeiliche Durchsuchung. Entweder fand man wirklich nichts oder man wollte nichts finden. Die Berichte gehen hier auseinander. Verdächtige Stücke, etwa die Uniformen der Jungen, oder Gewehre, die sie daheim versteckten, seien so gut verborgen gewesen, daß sie dem Auge der Obrigkeit entgingen, heißt es gelegentlich. Oder auch: Mutter Strauß habe die ganze Angelegenheit echt österreichisch mit Trinkgeldern erledigt. Es geschah nichts. Die »Tagesordnung«, zu der die Tratschmäuler Wiens bald wieder zurückkehrten, war überraschend schnell wiederhergestellt.

Es geschah auch nichts, oder besser, es geschah nicht das, was Strauß sich wünschte, nachdem er um den nach dem Tod des Vaters freigewordenen Posten des Hofballmusikdirektors angesucht hatte. Anscheinend grollte der Hof immer noch, weil er die *Marseillaise* aufgeführt hat? Es mochte ein verhaltener Groll sein, indes blieb unmißverständlich, daß dem jungen Strauß jetzt nicht so ohne weiteres der Zutritt in die höchsten Sphären gewährt werden konnte. Es gab auch noch einige andere Punkte: weniger einschneidend die vorübergehende »schwarz-rot-goldene Begeisterung«, die ja vom Kaiser schließlich sanktioniert worden war, dafür um so gewichtiger die bleibenden Titel seiner Kompositionen aus der Aufruhrzeit: *Freiheitslieder-Walzer, Revolutionsmarsch, Ligurianer-Seufzer-Polka* und andere mehr. Mit einem Wort: Strauß war ein wenig »suspekt«. Seine wachsende Popularität ließ Klugheit geraten sein, zudem lebte man nicht mehr im

»Vormärz«, aber allzuviel jugendlicher Leichtsinn konnte immer noch unangenehme Bekanntschaft mit der Polizei verursachen.

Es gibt ein Aktenstück zu diesem Thema. Es stammt aus dem Jahre 1856 und liegt in den Archiven des Obersthofmeisteramts verwahrt, an das sich das Schreiben der k.k. Obersten Polizei-Behörde richtet: »Wien, am 20. Mai 1856. In Beantwortung der sehr geschätzten Zuschrift vom 5. vorigen Monats beehre ich mich, das Resultat der bezüglich des hiesigen Kapellmeisters Johann Strauß eingeleiteten Erhebungen dem löblichen Obersthofmeisteramte im Nachfolgenden zu eröffnen.

Johann Strauß ist von Wien gebürtig, Sohn des bereits verstorbenen Hofball-Musikdirektors desselben Namens, 30 Jahre alt, katholisch, ledig, und nun schon seit vielen Jahren in der Leopoldstadt No. 314 mit seiner Mutter und vier Geschwistern wohnhaft, welche letztere von ihm unterstützt werden. Er war früher Kapellmeister eines Bürgerregiments, trat aber nach dessen Auflösung im Jahre 1848 in gleicher Eigenschaft bei der Nationalgarde ein, zu welcher Zeit er, beiläufig 22 Jahre alt, bei mehreren Gelegenheiten sich fortreißen ließ, mit seiner Musikbande revolutionäre Märsche zu produzieren, so wie er auch während des Belagerungszustandes von Wien an öffentlichen Orten ein Quodlibet mit Reminiszenzen an derlei Tonweisen aus dem Jahre 1848 vorgetragen haben soll.

Außerdem hat er wohl auch mit Mitgliedern der akademischen Legion zu jener Zeit verkehrt und ist öfters in ihrer Gesellschaft gesehen worden, doch kann ihm eine anderweitige tätige Mitwirkung bei den damaligen revolutionären Bewegungen nicht zur Last gelegt werden; er ist nie der Gegenstand einer polizeilichen oder gerichtlichen Untersuchung gewesen.«

Bis hierher ist das Schriftstück gerecht, es registriert, es scheint sogar einmal, bei der Erwähnung der außerordentlichen Jugend Johanns, gewissermaßen um wohlwollendes Verständnis seiner revolutionären Gesinnung zu werben. Aber da ist noch ein letzter Absatz und darin stehen Dinge, die auf die ausstellende Behörde — »Kempen, Feldmarschalleutnant« lautet die eigenhändige Unterschrift — ein ziemlich trübes Licht wirft:

»Er war, seitdem er Musikdirektor geworden, ein leichtsinniger, unsittlicher und verschwenderischer Mensch und führt erst seit kürzerer Zeit eine mehr geregelte Lebensweise.«

Leichtsinnig, unsittlich, verschwenderisch? Leider wissen wir nicht, was die k.k. Oberste Polizeibehörde dazu bewogen haben kann, ein derart hartes Urteil zu äußern. Von den Augenzeugenberichten aus seiner Zeit müßte man sich ein gerade entgegengesetztes Bild über Johann Strauß Sohn zusammenstellen können. Seine Bedächtigkeit in Gelddingen ist, allerdings erst durch Zeugnisse aus späteren Jahren, erwiesen; doch schon die ordnende Hand der Mutter, die sein Leben weitgehend gestaltete, hätte »Leichtsinn« wohl von vorneherein ausgeschlossen. Hat die Polizei Gelegenheit gehabt, irgendeine kleine oder größere Liebelei des gutaussehenden Herrn Kapellmeisters Strauß als »Unsittlichkeit« zu qualifizieren? Und »verschwenderisch«? Er lieferte, noch als dem Jünglingsalter Entwachsener, seiner Mutter das Geld ab, das er in steigendem Maße verdiente. Die Familie lebte manches Jahr davon. Der Pflichtteil nach dem Vater war recht armselig ausgefallen, andere Vermögenswerte besaß Mutter Anna nicht, deren Vater 1837 gestorben und deren Mutter arm zurückgeblieben war. Auf Schani lastete alles, und er trug die Last, verantwortungsbewußt und ernst. Wo mag seine »Verschwendungssucht« gelegen haben? Wo sein »Leichtsinn«, seine »Unsittlichkeit«?

Nun kann auch Bruder Josef zum gemeinsamen Haushalt beitragen. Er ist seinem brennenden Wunsche gemäß Architekt geworden. In den Jugendtagen hatte er mit Schani vierhändig auf dem Klavier gespielt, aber nicht einmal Geige erlernt, ein klares Zeichen dafür, daß er dem Vater und dem um zwei Jahre älteren Bruder Johann keineswegs nachzufolgen gedachte. Die Technik hatte ihn frühzeitig fasziniert, ihr wollte er nun sein Leben weihen.

Anders stand es mit Bruder Eduard, dem jüngsten, den ganze zehn Jahre von Schani trennten. Er wollte Musiker werden und lernte mit Hilfe der Mutter alles, was dazu nötig war. Ein Schriftstück unterrichtet uns darüber. Frau Anna richtet es im Jahre 1855 an das k.k. Bezirksgericht der Stadt Wien, Sektion I:

»Löbliches k.k. Bezirksgericht, mein noch minderjähriger Sohn Eduard Strauß, über welchen ich zum Vormunde bestellt bin, obliegt dem Studium der Tonkunst und genießt unter anderem auch den Unterricht im Pedalharfenspiele. Bisher genügte ihm die von seinem Bruder, dem Kapellmeister Johann Strauß, geborgte einfache Pedalharfe. In der Voraussicht jedoch, sich bei dem bekannten Mangel an tüchtigen Pedalharfenspielern ein mehr als ausreichendes Einkommen für die Zukunft zu sichern, ist er nun bestrebt, sich auf diesem Instrument vollkommen auszubilden, was ihm jedoch nur durch den Besitz einer französischen doppelten Pedalharfe ermöglicht wird. Die Anschaffung einer solchen ist jedoch mit dem bedeutenden Kostenaufwand von 1400 fl. C. M. verbunden ...«

Und so stellen Anna Strauß »als Vormund« und Andr. Siersch,

Magistrats-Sekretär, als »Mitvormund« den Antrag, »vom Sparkasse-büchel No. 167970 den dort erliegenden Betrag« von 308 Gulden abheben zu dürfen, um das wertvolle Instrument zu kaufen. Den Rest dürfte wohl Bruder Johann aufgebracht haben.

Dessen »Arbeit« ist nun der Tätigkeit des verstorbenen Vaters überaus ähnlich geworden. Bälle jeden Abend, oft zwei, drei oder sogar vier, zwischen denen er hin- und herrasen muß, um, wie es auf den Plakaten jedesmal heißt, »persönlich die Musik zu dirigieren«. Und die Tagesstunden? Kaum hat er sich von den nächtlichen Strapazen ein bißchen erholt, greift er zum Notenpapier und komponiert: Immer wieder neue Einfälle brechen, wie der Sturzbach aus dem Felsen, aus ihm hervor. Und schon kommen die ersten Perlen zum Vorschein; Melodien, vom Hauch der Unsterblichkeit berührt.

4

Wie der Vater so der Sohn: Strauß der Jüngere erobert Europa

Der nun Dreißigjährige, der Wien erstaunlich schnell von sich überzeugt hat, beginnt über die Grenzen der Heimat hinauszudenken. Nicht anders als der Vater. Ist das wirklich erst zwanzig Jahre her? Und doch ganz anders. Nach außen ist das Bild allerdings fast wie damals beim Vater: Auch er macht Kontrakte mit anderen Ländern, auch er schreibt Werke, die er hohen und höchsten ausländischen Persönlichkeiten widmet. Manchmal kommen überraschende Antworten:

»München, am 14. Januar 1856. Werter Herr Kapellmeister! Ich habe die mir überschickten Exemplare Ihres Walzers ›Gedanken auf den Alpen‹ mit großem Vergnügen erhalten. Daß Sie Mir dieselben zu widmen die Aufmerksamkeit hatten, freut Mich um so mehr, als dieses neue Erzeugnis Ihrer Muse nicht bloß eine schöne Partie von Walzern bildet, sondern das Ganze eine gediegene, musikalisch schöne Komposition ist, in welcher Mich der zweite und vierte Walzer ganz besonders angesprochen haben. Ich bitte Sie nun, nebst dem Ausdruck Meines vollen Beifalls und Meines Dankes zugleich als ein Merkmal derselben beifolgende Andenken, so wie die Versicherung der Wertschätzung entgegenzunehmen, mit welcher Ich Ihnen stets wohlgeneigt verbleibe. Maximilian, Herzog in Bayern.«

Die »beifolgenden Andenken« sind Tabatieren, Schnupftabakdosen und Schmuckstücke verschiedener Art. Die ersten, die der junge

Strauß erhält, sind aus Silber; bald werden es goldene, schließlich mit Brillanten und Diamanten besetzte sein. Und die Orden mehren sich zusehends. Johann Strauß wird in seiner halbhundertjährigen Ruhmesbahn eine beträchtliche Anzahl von Ehrenzeichen zusammentragen, so daß er auf großen Empfängen kaum von einem hohen Diplomaten zu unterscheiden sein wird, wenn er sie (oder ihre kleinere Nachbildung) anlegt.

Vorläufig aber wird er als Hofballmusikdirektor abgelehnt. Zwanzig Tage nach jenem Gutachten, worin die Polizeibehörde ihn »leichtsinnig, unsittlich und verschwenderisch« nennt und nur versöhnend hinzufügt, er habe »seit kürzerer Zeit« eine »mehr geregelte Lebensweise« angenommen, legt das Obersthofmeisteramt dem Kaiser den Antrag auf Ablehnung des Straußschen Gesuchs vor:

»Allergnädigster Herr! In dem anruhenden, allerhöchst bezeichneten Gesuche stellt der hiesige Kapellmeister Johann Strauß die Bitte um allergnädigste Verleihung der Stelle eines Hofballmusikdirektors. Nach meinem unmaßgeblichen Dafürhalten stehen der gnädigsten Willfahrung dieser Bitte zwei Bedenken entgegen. Erstens beabsichtigt Strauß ohne Zweifel, sich den Anspruch auf die Abhaltung der Tanzmusiken bei Hofbällen für die Zukunft zu sichern, weswegen er wohl auch nicht um den Titel, sondern um die Stelle eines Hofballmusikdirektors bittet, welche Stelle übrigens am allerhöchsten Hofe gar nicht besteht, sondern für ihn erst kreiert werden müßte. Nun ist es aber keineswegs gewiß, daß er immer der vorzüglichste Tanzmusikdirektor sein werde, und es ist also auch kein Grund vorhanden, sich eben an ihn bleibend zu binden, sondern scheint es vielmehr das einfachste zu sein, ihn fortan wie bisher — ohne ihm irgendwie ein wirkliches oder scheinbares Vorrecht einzuräumen — gegen jedesmalige Bezahlung in so lange bei Hofbällen zu verwenden, als man nicht Ursache haben wird, eine andere Wahl zu treffen.

Dieses Verfahren scheint aber gerade der Persönlichkeit des Bittstellers gegenüber besonders rätlich zu sein, da zweitens seine bisherige staatsbürgerliche und sittliche Haltung durchaus keine Bürgschaft gewährt, daß er — falls er den Hoftitel erhalten sollte — sich dieser Gnade immer würdig benehmen werde ...«

Hierauf zitiert das Obersthofmeisteramt wörtlich alle gegen den jungen Strauß vorgebrachten Beschuldigungen aus den »Erhebungen« der Polizeibehörde, setzt auch hinzu, daß sein »Lebenswandel sich erst seit kurzer Zeit mehr zu regeln« begonnen hätte. Und fährt dann fort:

»Ob aber diese kaum begonnene Besserung andauern werde und man nicht vielleicht bald genötigt sein werde, ihm bei einem Rückfall den Hoftitel wieder abzunehmen, ist unter den obigen Umständen sehr unsicher und könnte ich mir daher nicht erlauben, zu seinen Gunsten eine Auszeichnung anzutragen, für welche eine bloße Fachgeschicklichkeit nicht zu genügen, sondern welche grundsätzlich nur solchen Individuen verliehen zu werden pflegt, deren Loyalität und anständige Aufführung ebenfalls bewährt ist.«

Auf dieses Schriftstück setzt der Kaiser eigenhändig den ihm angeratenen Entscheid: »Sie haben dieses Gesuch im Sinne Ihres Antrags erledigen zu lassen. Laxenburg, den 10. Juni 1856. Franz Joseph.«

Nun, vom heutigen Standpunkt aus können wir getrost sagen, daß des Obersthofmeisters Fürst Liechtenstein Vorsorge unnötig gewesen ist. Strauß blieb, solange er sich diesem Beruf widmete, »immer der vorzüglichste Tanzmusikdirektor« (was ihm immerhin bereits in diesem Dokument zugebilligt wird); und »seine kaum begonnene Besserung« hielt an, man kann sich unter den Genies kaum ein »bürgerlicheres«, nach allen Moralauffassungen einwandfreieres Leben vorstellen als das seine. Er wurde zur treuesten Stütze seines Kaisers und Reichs, die ihm hier mit so viel Einwänden begegnen. Aber Kaiser und Reich werden es ihm auch im höchsten Maße danken, sie werden ihm schon in allernächster Zeit alle Ehren zu Füßen legen, die sie zu vergeben haben, um »Loyalität« und »Fachgeschicklichkeit« zu belohnen. Offenbar besitzt dieser Liechtenstein kein treffenderes, gerechteres Wort. Er sagt »Fachgeschicklichkeit«: Begriffe wie Talent oder Genie scheinen ihm fremd, oder aber es hat sich dem Bürokraten die Feder gesträubt, als er sie niederschreiben wollte.

Strauß geht seinen Weg unbeirrt weiter. Er ist jetzt Wiens »erster Tanzkapellmeister«, und dies wird sogar bei Hof anerkannt. Am öffentlichen Erfolg gemessen ist er aber bereits weit mehr als das. Seine Konzerte sind inzwischen zu wahren Ereignissen im Wiener Musikleben geworden. Gerade im Jahr der oben zitierten Ablehnung bringt er ein bahnbrechendes Werk zeitgenössischer Musik zur Wiener Erstaufführung. Es handelt sich um eine Tondichtung Franz Liszts, *Mazeppa*, die vor sieben Jahren entstanden war. Häufig ist Strauß der Oper und den Konzertvereinigungen voraus, wenn er in seinen Veranstaltungen Werke aufführt, die ganz modern sind und sozusagen zur damaligen »Avantgarde« gehören. Strauß besitzt einen nahezu unfehlbaren Instinkt für den Wert eines musikalischen Werkes. So hat er zum Beispiel schon 1853 Wagners *Tannhäuser-Ouvertüre* in Wien aufgeführt (sie war derzeit knapp acht Jahre alt). Bereits am 31. August 1861, also ganze vier Jahre vor der Uraufführung des Werkes, lernt eine erregte Öffentlichkeit durch Johann Strauß (nicht durch die

Die Hofoper in Wien.

Wiener *Hofoper*, die das Werk nach vielen Proben als »unaufführbar«
zurückgeben wird) Auszüge aus Wagners *Tristan und Isolde* kennen
— ein ungeheuer schwieriges, für die damalige Musikwelt ein geradezu umwälzendes Werk, an dem sich bald die Geister des Jahrhunderts scheiden sollten.

Diese Tatsache wirft natürlich eine Reihe von Fragen auf. Vor allem
jene nach der Befähigung von Dirigent und Orchester für solche
Aufgaben. Vielleicht war man in damaliger Zeit weniger anspruchs-
voll als ein Jahrhundert später; zweifellos waren auch die Maßstäbe
bei der künstlerischen Wiedergabe wesentlich anders als heute. Doch
die bedeutendsten Musiker und Kritiker — unter ihnen der gefürchtete, doch bedeutende Eduard Hanslick, Wagners Gegenspieler in
Wien und Prophet Brahms' — waren von Strauß und seiner Wiedergabe
zeitgenössischer Werke entzückt und ehrlich begeistert. Strauß dürfte
demnach wesentlich mehr als nur ein Unterhaltungsmusiker, ein
Walzerdirigent gewesen sein. Auch diesen Hang zur »ernsten« Musik
hatte er vom Vater. Aber gelernt, richtig gelernt hat er deren Ausübung eigentlich nie. Den Seinen gibt's der Herr im Schlaf.

Doch zurück zum Jahr 1856. Strauß wird einunddreißig, und es entsteht ein weiteres wichtiges, dieses Mal aber durchaus positives Dokument seines Lebens. Es legt davon Zeugnis ab, wie rasch sein europäischer Ruhm wächst.

Rußland muß Eisenbahnen zur Bewältigung seiner ungeheuren Entfernungen kreuz und quer durch das Land bauen lassen. Sie werden zum guten Teil von einem deutschstämmigen Ingenieur namens Meck gebaut, dessen reiche Hinterlassenschaft seine Witwe, Nadjeschda von Meck, in die Lage versetzt, zur bedeutenden Mäzenin der Musik und zur eigentlichen Entdeckerin Tschaikowskys zu werden. Die Zarskoje-Selo-Linie, die von der Landeshauptstadt und Zarenresidenz St. Petersburg in den vornehmen Sommersitz Pawlowsk führte, war eine der ersten russischen Eisenbahnen. Um dieser anfänglich nicht recht frequentierten Route zu besseren Ergebnissen zu verhelfen, erdachten Kur- und Bahnverwaltung einige besondere Attraktionen. Vor allem sollte an schönen Sommerabenden und in den berühmten *Weißen Nächten* eine zugkräftige Musikkapelle am Werk sein. Man schuf hierzu einen Pavillon, den man »Vauxhall« nannte, nach dem bekannten Londoner Vorbild, wo unter vielen anderen der große Georg Friedrich Händel ein Jahrhundert vorher konzertiert hatte. Nun suchte man den geeigneten Mann, der »Vauxhall« mit zugkräftiger Musik füllen konnte.

Er mußte einen klangvollen Namen besitzen, mußte in geschickter Mischung heitere und ernste Kunst bieten, mußte persönliche Sympathien zu wecken verstehen. Die Wahl war nicht leicht. Ein Russe kam nicht in Frage; erstens war seine Zugkraft zu beschränkt, weil man ihn bereits während des Winters zur Genüge hören konnte, zweitens war da eine neue Richtung aufgekommen. — eine »nationale«, die bald von den oberen Kreisen »Kutschermusik« getauft wurde. Ihr hingen viele junge Leute an, aus Schichten vor allem, bei denen man nie genau wußte, ob sie nicht vielleicht Anarchisten waren, und die man von einem Ort wie Pawlowsk, wo sich die feine Gesellschaft traf, lieber fernhielt. Also kein Russe! Möglicherweise wäre ein Italiener der geeignete Mann gewesen? Für lange Zeit waren italienische Komponisten Günstlinge am Zarenhof und somit die Beherrscher des russischen Musiklebens gewesen. Aber nun hatten die Italiener mit den Franzosen und Engländern (und natürlich mit den verhaßten »Ungläubigen«, den Türken) gemeinsame Sache gemacht. Sie waren in die Krim eingefallen und belagerten Sebastopol. Also auch keinen Italiener!

Da warf jemand den Namen Johann Strauß in die Debatte um den zu engagierenden Musiker. Walzer! Polkas, Märsche, Quadrillen, dazu Stücke aus beliebten Opern! Strauß soll das alles glänzend beherrschen, heißt es. Außerdem war er Österreicher, also mit Rußland nicht verfeindet, und obendrein ein eleganter junger Mensch, was für Konzerte an lauen Sommerabenden nicht zu verachten war. Kurz, er schien der richtige Mann zu sein. Die Zarskoje-Selo-Bahn schickte einen Unterhändler nach Wien und der bewog Strauß, einen vorläufig zweijährigen Vertrag für je fünf Sommermonate nach Pawlowsk abzuschließen. Und so lautete dieser Vertrag:

»1. Herr Johann Strauß verpflichtet sich, im Auslande eine Kapelle, gebildet aus nicht weniger als dreißig tüchtigen, geübten Musikern, von denen einige aus seiner in Wien bestehenden Kapelle zu wählen sind, für seine Rechnung zu engagieren und mit derselben unter persönlicher Leitung und Vorspiel vom zweiten Mai oder nach Ankunft des ersten Dampfbootes aus Stettin bis 2. Oktober während der folgenden zwei Sommer 1857 und 1858 im Vauxhall in Pawlowsk täglich Konzerte zu geben, und zwar a) an den Wochentagen von sieben Uhr abends bis zum Abgang des letzten Bahnzuges um 9 3/4, b) an Donnerstagen von sieben bis elf Uhr abends, nach einem von Herrn Strauß zusammengestellten Programm, c) an Sonn- und Feiertagen von sieben bis elf und ein Viertel abends. An diesen Tagen spielt in den Zwischenakten ein zweites von der Eisenbahndirektion besoldetes Militärorchester, d) im Monat September, während des Aufenthalts der kaiserlichen Familie in Zarskoje-Selo, bei schönem Wetter, außer den Abendkonzerten noch von zwei bis vier Uhr nachmittags in Pawlowsk Vauxhall oder auf der Galerie.«

Außerdem wird im Vertrag genau festgelegt, daß höchstens fünf in Rußland ansässige Musiker im Orchester mitwirken dürfen, und das womöglich nur aushilfsweise. Die Kapelle soll, wie ihr Leiter, als völlig »international« gelten. Ein weiterer Punkt überläßt Herrn Strauß »die Wahl der klassischen Opern, Garten- und Tanzmusikstücke«, wobei er sich »nach dem Geschmack des hiesigen Publikums richten ... und außer seinen eigenen Kompositionen auch die beliebtesten und neuesten anderer berühmter Meister vortragen« soll. Vertreten lassen darf Strauß sich höchstens an Freitagen, »wenn solche nicht auf Feiertage fallen«, und nur von einem seiner ersten Mitglieder. Sechs Wochen vor Eintreffen des Orchesters müssen die genauen Listen seiner Mitglieder im Besitz der Eisenbahndirektion sein: eine Sicherheitsmaßnahme, auf die wohl die Staatspolizei großen Wert legte. Zudem ist noch festgehalten, daß »Herr Strauß für die moralische Führung seiner Kapelle verantwortlich« sei.

Nach vielen und vielerlei Verpflichtungen dieser Art folgt der angenehmere Teil des Vertrags: eine Summe von achtzehntausend Rubel jährlich, dazu den Erlös aus vier Benefiz-Konzerten, und eine Wohnung im Vauxhall-Gebäude, versteht sich, sowie freie Fahrt auf der Bahn. Dieser Vertrag, so steht noch zu lesen, ist »von beiden Teilen heilig und unverbrüchlich zu halten«. Dann folgt das Datum des Abschlusses, 23. November 1856, die Unterschrift (Johann Strauß) und deren Beglaubigung durch den Legationssekretär der k.k. österreichischen Gesandtschaft in der zaristischen Hauptstadt.

Und so verbringt nun Johann Strauß in den kommenden Jahren den Sommer fern von Wien in Rußland. Der Vertrag wird des großen Erfolges wegen mehrfach verlängert. Die Rechnung der Bahn ging auf: das Geschäft zog an, die Züge füllten sich besonders zur Zeit der Abendkonzerte. Strauß wurde zur großen Parole. Sein Bild war überall zum Verkauf ausgestellt, schon im Petersburger Bahnhof konnten seine Verehrer es um zehn Kopeken erstehen. Es mutet uns geradezu fantastisch (und unglaublich »modern«) an, wenn wir hören, daß die erste Auflage dieser Fotografien sage und schreibe hunderttausend Stück betrug!

Die Begeisterungsausbrüche des Publikums waren echt slawisch; sie galten besonders den melancholischen Stücken, den schwärmerischen Instrumentalsoli. War die Romantik auch in ganz Europa Trumpf, so herrschte in Rußland eine Art »Über-Romantik«. Johann Strauß wurde angehimmelt, angeschwärmt, wie er es kaum je in einem solchen Ausmaß in seiner Heimatstadt erlebt hatte. Es gab ein wahres Delirium bei seinen Melodien und einen Souvenir-Rummel ohnegleichen. Zum Glück war Strauß ein ziemlich nüchterner, vor allem aber sehr bescheidener Mensch. Er beobachtete alles genau, aber die Bewunderung glitt von ihm ab, als gälte sie einem andern. Sie machte ihn nicht stolz, nicht eingebildet, nicht überheblich.

Der Zar zählt bald zu den regelmäßigsten Besuchern. Immer wieder verlangt er sein Lieblingsstück, die *Bauernpolka.* Strauß berichtet darüber in einem Brief nach Wien: »... ein Beifallssturm, wie noch kein Beethovenscher Sinfoniesatz ihn erhalten konnte, da selbst die Orchestermitglieder einstimmten und, wie das Publikum, vergaßen, daß die Komposition ein elender Schmarrn ist. Ich glaube nicht, daß diese Polka so viel in Wien machen wird, als dies hier der Fall ist. Das Publikum in Pawlowsk brennt förmlich auf dieses Zeug und macht solches zu einem Wunderding ...«

In Wien liest das der Verleger Haslinger, wer denn sonst? Er druckt vorsorglich ein paar Exemplare mehr von diesem Stück. Bald hat er, gemeinsam mit Strauß, herausgefunden, daß dessen Schaffen sich fortan in zwei ganz verschiedene Teile zu gliedern hatte: da der Wiener Geschmack vom russischen ziemlich weit entfernt war, so schrieb Strauß, mit sichtlichem Spaß, im Winter für Wien, im Sommer für St. Petersburg. Daß sich später bei vielen Werken die Verwendbarkeit an beiden Orten erwies, war eine angenehme Zugabe für Autor und Verleger, und dies beruhte auf des ersteren ständig wachsender Fähigkeit, die Menschen auf eine einmalige Weise anzusprechen.

Es sind aus dem russischen Vertrag insgesamt zwölf Gastspiel-Sommer in Pawlowsk geworden. Indes wartete Strauß sehnlichst auf eine Gelegenheit zu eigenem Schaffen. Also ließ er sich manchmal von Bruder Josef vertreten. Doch davon später.

Anekdoten und Geschichten rund um diese russischen Sommer gibt es in nicht geringer Zahl. Hierzu gehört in erster Linie die Liebe zu Olga, einem schwärmerischen russischen Mädchen. Zum ersten Mal in seinem Leben schreibt Strauß echte Liebesbriefe. Olga war gerade zwanzig Jahre alt, als sie sich in Strauß verliebte. Sie hatte sofort gespürt, daß auch der Meister aus Wien Feuer gefangen hatte. Da sie aus höheren Gesellschaftsschichten stammte, war sie streng behütet; sie war gegen ihren Willen mit einem ungeliebten Mann verlobt und außerstande, ihrem »Jean« mehr zu gewähren als die heimlichen Briefchen mit den Liebesschwüren. Die steckte sie, in Bonbons gewickelt (so die Überlieferung), in einen hohlen Baum im Park; der Kammerdiener Leibrock (»... der Leporello eines Don Juan, der keiner war«, wie H. E. Jacob so hübsch sagt) mußte Olgas »Schwur« holen und ihn sogleich ersetzen durch seines Herren »Schwüre«. Strauß packte in seine Bonbons Schwärmereien, die ihm keiner zugetraut hätte:

»Ich glaube immer mehr und mehr, daß Du das von Gott für mich bestimmte Wesen bist, und der Gedanke, ohne Dich zu leben, findet keinen Raum mehr in mir ...« Aber im Verlauf der Zeit überwiegen die Sorgen und Bedenken, denn auf beiden Seiten tauchen schwere und, wie sich herausstellen wird, unüberwindliche Hindernisse für eine Verbindung auf. Daß die Eltern Olgas eine solche Möglichkeit von vorneherein und rundweg für völlig undenkbar hielten, war zu erwarten gewesen. Merkwürdigerweise aber ist auch Mutter Anna dagegen. Das hatte Jean zwar nicht erwartet, aber es spricht für seine starke Mutterbindung, daß er, bevor ihre Antwort auf seine Frage um Einwilligung eintrifft, keine Entscheidung treffen will. Er bittet Olga, ein entscheidendes Gespräch mit ihren Eltern zu verschieben, bis er »Nachricht von ... Mama« erhalten habe. Als diese eintraf und klar aussprach, daß Jean mit dem mütterlichen Segen nicht rechnen dürfe, als zudem in einer unerwarteten Aussprache Olgas Mutter Strauß von der völligen Unglaubwürdigkeit ihrer eigenen Tochter zu überzeugen suchte, da erhielt diese Sommerromanze zwei heftige Stöße auf einmal, von denen sie sich nicht mehr erholen sollte.

Was mag Mutter Anna bewogen haben, ihrem Jean von einer solchen Partie abzuraten, die doch aus vielerlei Gründen als äußerst vorteilhaft erschien? Olga war aus bestem Hause, fein, wohlerzogen, Jean liebte sie, sie liebte ihn, wenn auch die russische Mama Olgas Gefühle für völlig verworren und kindlich unernst erklärte. In Wien hätte eine derart vornehme Verbindung zweifellos Aufsehen erregt und Jeans Ansehen gesteigert. Warum also war Mutter Anna gegen diese Partie? Es gibt verschiedene Antworten darauf, aber keine einzige, die als authentisch angesehen werden kann. Die Mutter kannte ihren »Buben«, und zwar besser, als irgend jemand auf der Welt ihn kannte. Olga kam aus einer fremden Welt, wie würde sie sich in Wien ausnehmen und eingewöhnen? Jean brauchte nicht nur eine Geliebte — die konnte er dank Beruf, Sympathie und Ausstrahlung leicht haben — er sollte sich einer wahren Gefährtin verbinden, einer Frau, die ihn zutiefst verstand und sein Schöpfertum zu fördern wußte. Alles das wären mögliche Hypothesen für die Haltung der Mutter. Aber es könnte auch ganz einfach ... Eifersucht gewesen sein. Sie war gewohnt, daß ihr Junge bei ihr lebte, daß sie die einzige Frau war, die auf ihn wirklichen Einfluß besaß. Wenn er schon heiraten mußte — Anna hielt nicht allzuviel von der Ehe, was begreiflich ist —, dann am besten ein Wiener Mädel, das die Mutter eines Tages würde in den häuslichen Pflichten ersetzen können. Vorläufig aber mußte diese Frau bereit sein, sich gemeinsam mit Jean dem Willen der »Königin-Mutter« zu unterwerfen (was bei Olga jedenfalls mehr als fraglich war). Dies sind freilich nur Annahmen, doch könnten sie einiges für sich haben.

5

Ein tragisches Los: Josef Strauß

Der erste der »Strauß-Buben«, der vor den Altar trat, war nicht Johann, der Älteste, sondern Josef. Für manchen Straußkenner war er der interessanteste Sproß der Familie.

Er ist am 20. August 1827 zur Welt gekommen, also rund zwei Jahre nach Johann. Alles Helle, Strahlende, Unbeschwerte, das diesem in den Schoß gefallen war, alles Leichte und Sonnige hatte sich beim jüngeren Bruder in etwas Dunkles, Schwerblütiges und Schwermütiges, nächtig Gedankenvolles verwandelt. Für Johann war des Vaters Musikverbot kein ernstes Hindernis, im Gegenteil: es wurde fast zum Anreiz, die Kräfte nun erst recht zu erproben. Die Musik lassen? Dies ist ihm gar nicht in den Sinn gekommen. War sie doch, wie er schon als Bub immer sagte, »das Schönste auf der Welt«. Josef aber nahm des Vaters Wort ernst. Bei ihm lag die Musik sozusagen unter vielen anderen Begabungen versteckt. Ihn lockte vor allem das neue Zeitalter, das sich in technischem Fortschritt überall kundtat, das ungeheure Möglichkeiten erschloß und die Menschen, dank ihres unerschöpflichen Erfindergeists, zu Herren nicht nur der Erde, nein, des gesamten Universums machen würde.

Das Musizierverbot hatte Josef zur Kenntnis genommen, doch dem Gebot einer militärischen Laufbahn, wie der Vater sie von ihm forderte, konnte er nicht Folge leisten. Josef war der weichste, empfindsamste aller Strauß-Söhne. Auch bei ihm ist es die Mutter gewesen, die ihn auf die Bahn lenkte, die er sich sehnlichst wünschte. Hatte sie bei Johann die Musik gefördert, so schickte sie den Zweiten aufs Polytechnikum (im Gymnasium war er, im besten Sinne, ein Musterschüler gewesen). Josef machte auch eine Lehre in der Maurer- und Steinmetzzunft durch, und dabei mochten vor allem »praktische« Erwägungen eine Rolle gespielt haben. Eine rein akademische Laufbahn war aus finanziellen Rücksichten und wegen fehlender gesellschaftlicher Verbindungen nicht möglich. Der Vater hatte zwar Zugang zu den besseren Kreisen. Der Sohn jedoch besaß keinen Anspruch darauf, wenn er gegen seinen Willen handelte.

Als der Vater, der nicht mehr bei der Familie wohnte, Josef wieder einmal zur militärischen Laufbahn zwingen wollte, schrieb dieser, ganz wie sein Bruder es tat, ihm einen Brief, der aus tiefstem Herzen kam: »... ich fürchte den Tod nicht, aber ich will weder zum Krüppel werden noch andere zu Krüppeln machen. Lassen Sie mich doch, wo ich bin; lassen Sie mich, was ich bin; entreißen Sie mich nicht einem Leben, das mir Freuden bringen kann, einem Leben voll Zufriedenheit. Stoßen Sie mich nicht in jenes unstete, rauhe, allen Sinn für das Menschliche zerstörende Treiben hinaus, zu dem ich nicht tauge, zu dem ich nicht geboren bin. Ich will nicht Menschen töten lernen, will nicht durch Jagdmachen auf Menschenleben ausgezeichnet werden mit einem militärisch höheren Rang, ich will den Menschen nützen als Mensch und dem Staat als Bürger ...«

Mit dreiundzwanzig Jahren ist Josef Strauß bereits Bauzeichner. Dann leitet er die Anlage eines Wasserdamms, wird technischer Leiter einer Textilfabrik, erfindet eine Straßenreinigungsmaschine, die der Wiener Magistrat erwirbt. Er soll im Jahre 1853 zwei Häuser bauen und denkt an die Erwerbung des Ingenieurgrades. Ist es das, wofür er »geboren« ist?

Da kommt, nach dem Tode des Vaters, sein älterer Bruder, der Schani, und will ihn herausreißen aus dem »Leben, das ihm Freude bringen kann« — hinaus in ein völlig anderes Leben. In eines, das vor allem anderen Menschen Freude bringen soll. Ihm selbst am Ende auch? Zuerst sieht es nach einem schweren Opfer aus. Josef wehrt sich heftig dagegen. Es erscheint ihm absurd, was der Bruder da vorschlägt: er soll die Kapelle, das »Orchester Johann Strauß« leiten! Ihn, der nicht einmal geigen kann, auf jenes Podium zu stellen, auf dem Vater und Bruder mit ihrem Geigenspiel geglänzt haben! Doch die Königin-Mutter pflichtet ihrem »Jean« bei; der mußte unter allen Umständen entlastet werden, denn er schien angegriffen und seine Gesundheit machte der Familie Sorge. Eduard war noch zu jung; daß auch er einmal »drankommen« wird, war klar. Aber im Augenblick war die Reihe an Josef. Er sollte nun so schnell wie möglich auf diese Laufbahn vorbereitet werden. Die Tage, da er mit Schani vierhändig Klavier gespielt, liegen weit zurück. Um so erstaunlicher, daß gerade der ihm zurief: »Du bist der Begabteste von uns allen!« Josef war völlig verwirrt.

Ein mit dem 16. März 1857 datiertes »Zeugnis« liegt vor uns: »Ich Endesgefertigter bestätige hiermit, daß Herr Josef Strauß bei der mit ihm am heutigen Tage vorgenommenen Prüfung aus den Grundsätzen des Generalbasses und der Komposition die vorzüglichsten Resultate mir geboten, überhaupt die größte Befähigung für ausübende Musik an den Tag gelegt hat, so daß ich mich berufen fühle, ihm dieses günstige Zeugnis mit voller Gewissensfreiheit auszustellen. Franz Dolleschall, Professor der Harmonielehre und autorisierter Musikschul-Inhaber, Stadt 259.«

Das ist nicht überraschend. Überraschend ist höchstens das Datum dieses Zeugnisses. Denn der »die größte Befähigung für die ausübende Musik an den Tag« legende Josef hatte bereits am 28. August 1853 als Dirigent sein erfolgreiches Debut abgelegt. Damals trug er an der Spitze der Strauß-Kapelle (wenn auch mit dem Dirigentstab, nicht mit der traditionellen Geige in der Hand) seinen ersten eigenen Walzer vor, dem er in angeborener Schüchternheit den Namen *Die Ersten und Letzten* gegeben hatte. Glücklicherweise ist es nicht sein letzter Walzer geblieben: die Welt wäre um viele schöne Klänge ärmer ohne die bezaubernden *Dorfschwalben aus Österreich*, ohne die lieblichen

Sphärenklänge, ohne den beinahe schubertisch anmutenden *Aquarellenwalzer,* ohne den außerordentlich beliebten Walzer *Mein Lebenslauf ist Lieb und Lust,* ohne die entzückende *Pizzicato-Polka,* die er gemeinsam mit dem »großen« Bruder geschrieben hat.

Von Herrn Amon, dem Geiger aus Vaters Orchester, der einmal dem Bruder Johann heimlich das meisterliche Geigen beigebracht hatte, lernte nun auch Josef dieses Instrument, sonst wäre er wohl kein echter Strauß, kein echter Wiener Volksmusikant gewesen. Bald stand er, nun mitgerissen auch er, allabendlich vor dem »Orchester Johann Strauß« — immer dort, wo sein Bruder es nicht persönlich leiten konnte oder wollte.

Daß der bleiche, in sich gekehrte und wohl zu Anfang schüchterne Josef nicht jedermanns Geschmack war, versteht sich von selbst. War doch selbst Johann keineswegs von bösen Kritiken verschont! Da schrieb zum Beispiel 1856 die *Klemm'sche Zeitschrift für Theater und Musik:* »... Als Dirigent gibt sich Herr Johann Strauß viel Mühe, ohne seinem Orchester eine besondere Energie und ein schwungvolles Markieren des Tanzrhythmus mitteilen zu können. Was aber sein Bruder, Herr Josef Strauß, im Sinne führt, wenn er sich vor das Orchester hinstellt und einige phlegmatische Handbewegungen macht, das haben wir noch nicht ergründen können ...«

Vielleicht ist Josef wirklich kein mitreißender Dirigent gewesen. Aber Johann war es doch? Auch er möglicherweise nicht im Sinne des Vaters, kein Dämon, kein Magier mehr; ihre Zeit war zu Ende, in der zweiten Hälfte des Jahrhunderts konnte kein Paganini mehr geigen, Liszts hypnotische Ausstrahlung begann ein Anachronismus zu werden. Mit dem aufkommenden Zeitalter der Technik hatte ein großer Teil jenes Mysteriums, das in der Musik lebt, seine Kraft eingebüßt.

Aber Josef war ein Musiker von hohen Graden: feinfühlig, nobel in seiner Inspiration wie in seinem Wesen überhaupt, poetisch, träumerisch. Er war auch als Mensch weich im Empfinden, überaus gütig und verständnisvoll. Es ist kaum verwunderlich, daß er als erster eine Gefährtin fand: sein verträumtes, dem Alltag irgendwie entfremdetes Wesen zieht Frauen besonders stark an. Sie fühlen sich von seiner Schutzbedürftigkeit offenbar angesprochen. Er heiratet lang vor Johann. Am 8. Juni 1857 führt er, dreißigjährig, die sechsundzwanzigjährige Karoline Josefa Pruckmayer zum Altar, in der Pfarre St. Johann in Wiens zweitem Gemeindebezirk, in dem er sein Leben lang wohnte. Sein starkes inneres Glücksgefühl brach sich manchmal in seiner Musik Bahn: *Mein Lebenslauf ist Lieb und Lust* heißt einer seiner Walzer. Dieser Walzer ist unter dem Titel *Das muß ein Stück vom Himmel sein* zum Haupterfolg eines erfolgreichen Tonfilms der dreißiger Jahre geworden; der Film hatte aus dem Strauß-Walzer einen Schlager gemacht. Aber das Reißerische, die großen Worte lagen der Zurückhaltung eines Josef Strauß fern. Er liebte das Leben um derer willen, die er liebte. Schade, daß das Leben ihm nur wenig Zeit ließ, daß es ihm seine Liebe kurz nur erwiderte: er starb am 22. Juli 1870, erst dreiundvierzig Jahre alt. Doch was sind Jahre, was ist Zeit? Man kann Minuten, Tage, Jahre nun einmal nicht zusammenzählen wie Äpfel oder Gulden und Kreuzer, denn jedes Leben hat seine eigene Intensität und seinen eigenen Wert. Eine Summe von Jahren und Daten sagt nichts. Doch eine Stunde, da eine Melodie von der unendlichen Innigkeit der *Sphärenklänge* entsteht, wiegt ungezählte Tagesabläufe auf, in denen die Leere wohnt.

6

Der Walzerkönig des neuen Wien

Zu Ende des Jahres 1857 erging aus der Hand des Kaisers Franz Joseph ein wichtiges Dekret: »... Es ist Mein Wille, daß die Erweiterung der inneren Stadt Wien mit Rücksicht auf eine entsprechende Verbindung derselben mit den Vorstädten ehemöglichst in Angriff genommen und hiebei auch auf die Regulierung und Verschönerung Meiner Residenz- und Reichshauptstadt Bedacht genommen werde. Zu diesem Ende bewillige Ich die Auflassung der Umwallung der Fortifikationen der inneren Stadt sowie der Gräben um dieselbe. Mit der Wegräumung der Umwallung der Fortifikationen und der Ausfüllung der Stadtgräben ist die Stelle von der Biberbastei bis an die Umfassungsmauer des Volksgartens in der Art zu beginnen, daß längs dem Donaukanale ein breiter Quai hergestellt und der vom Schottentore bis zum Volksgarten gewonnene Raum teilweise zur Regulierung des Exerzierplatzes benützt werden kann. Der Platz vor Meiner Burg nebst den zu beiden Seiten desselben befindlichen Gärten hat bis auf weitere Anordnung in seinem gegenwärtigen Bestande zu verbleiben. Die fernere Erweiterung der inneren Stadt ist bei dem Kärntnertor, und zwar auf beiden Seiten desselben, in der Richtung gegen die Elisabeth- und Mondschein-Brücke bis gegen das Karolinentor vorzunehmen. Auf die Herstellung öffentlicher Gebäude, namentlich eines neuen General-Kommandos, einer Stadt-Kommandantur, eines Opernhauses, eines Stadthauses, dann der nötigen Gebäude für Museen und Galerien ist Bedacht zu

Schottenring mit dem Ringtheater.

nehmen und es sind die hiezu bestimmten Plätze unter genauer Angabe ...«

Eine große Stadt wurde zur Weltstadt. Das erwähnte Stadthaus wurde zum eindrucksvollen Rathaus, das Opernhaus, das der nicht sonderlich musisch veranlagte Franz Joseph unter den Zivilbauten an erster Stelle nennt, steht auf dem Platz des alten Kärntnertores, die beiden riesigen Museen wurden dem Heldenplatz gegenüber errichtet. Da waren nicht nur fachkundige Architekten am Werk; es müssen Männer von Vision gewesen sein, vor allem begabt mit dem untrüglichen Gefühl, einem Kaisersitz, einer Kulturmetropole, einem Reichszentrum und einer echten Pflegestätte der Künste den würdigsten Rahmen zu geben.

Längst waren die »Vorstädte« fast so wichtig, zumal viel volkreicher geworden als die »eigentliche«, die »innere« Stadt, die diesen Namen bis heute als Bezirksbezeichnung führt. Man mußte diese in sich so verschiedenen Bestandteile nur miteinander verbinden, um den Weg zur Millionenstadt freizulegen. Aus dem Wien der großen Barockepoche wurde das Wien der Gründerzeit. Harmonisch erwuchs es, wie selten eine Stadt. Aus dem Wien der engen winkligen Gäßchen erstand das Wien der Ringstraße und des Quais, die wahrhaft, wie der Kaiser es gewollt, einen goldenen Reifen um das Innere, um das Herz der Stadt legten, Verbindungen schufen zur fernen Zukunft und doch die Enge, die Winkel liebevoll bewahrten, nicht als Museum — das ja nur eine tote Stadt sein könnte —, sondern als lebendige Vergangenheit. Wollte man einem jungen Menschen von heute einen bewegten, mit buntem Leben erfüllten Einblick in die Hochblüte jenes liberalen, von Harmonie zwischen Menschen, Klassen und Völkern erfüllten neunzehnten Jahrhunderts bieten, man müßte ihn in die Mitte des Heldenplatzes zu Wien führen und seinen Blick in die Runde schweifen lassen: von des Kaisers Burg mit ihrer monumentalen, doch nicht überladenen, in klassischer Harmonie prangenden Fassade über das Burgtor, zu den Riesenkuppeln der beiden, der Kunst und Natur geweihten Museen, danach weiter zum hellenischen Parlament, zum neugotischen Rathaus, zur imposanten Universität, zu der in wundervoller Schlankheit zweitürmig aufragenden Votivkirche, zur jahrhundertealten Kultstätte des Burgtheaters, das hier seinen endgültigen, würdigen Standplatz fand; dann weiter zu den schönen aus Renaissance- und Barockelementen über Jahrhunderte hinweg entstandenen Bauten des Ballhausplatzes, wo einst über das Los weiter Gebiete Europas entschieden worden ist. Endlich wieder zurück zum Kaiserpalast, vorbei am Burgtor, das den idyllischen Michaelerplatz gerade noch ahnen läßt ...

Das neue Wien wird von einer neuen Gesellschaft bevölkert, ja bewundert und genossen. Neben den Aristokraten, der zu seinem Stadtpalais noch Landgüter sein eigen nennt und sein Dasein zwischen diesen beiden so verschiedenen Polen teilt, tritt nun immer mehr der »Geldadel«. Symbol einer Epoche des Handels, der Industrie und des plötzlich aufblühenden Geld- und Kreditwesens. Gemeinsam sitzen sie alle nun im rotgoldenen Rund des neuen Opernhauses, der Herr Graf und der Baron neben dem Kaufmann, dem Industriellen, dem Handelsherrn oder dem Bankier.

Außer den Theatern Wiens gab es nur noch einen Ort, wo die Verschmelzung einer heterogenen Gesellschaft so unbemerkt wie selbstverständlich Tatsache wurde: »beim Strauß«. Wo Johann Strauß spielt, da trifft sich »Wien«; nicht nur eine bestimmte Klasse oder Gruppe, nicht nur eine bestimmte Altersschicht traf sich hier, und politische Unterscheidungen gab's hier erst recht nicht. Hier war »ganz« Wien, so wie im Kaiserpalast das »ganze« Österreich war.

Aus dem Wien eines Schubert und Beethoven, aus dem Wien des älteren Johann Strauß wird nun das Wien von Johannes Brahms, Anton Bruckner, von Hugo Wolf und Gustav Mahler, vor allem aber das Wien des jüngeren Johann Strauß erstehen und es wird ein anderes, ein neues, gleichwohl ein klingendes, singendes und musizierendes, von Musik berauschtes und beseligtes Wien.

Der Kaiser hat dieses Wien geplant. Johann Strauß erfüllte es mit

Leben. So singt, so tanzt und liebt vielleicht nur die Epoche, die ihren strahlendsten Glanz tanzt, singt und liebt. Vielleicht ahnen es alle, daß dies ein Glanz ist, der bald vergeht, vielleicht ist er der letzte seiner Art? Wien erlebte eine neue Morgenröte, aber ließ sie nicht schon die süße, schwere Reife des Abends ahnen? Bald schlich sich Wehmut in ihre Freuden, bald die Melancholie in ihren Übermut. Und wer hat diese Stimmungen je getreuer in Melodien umzusetzen gewußt als Johann Strauß, der Walzerkönig? Wie traurig, daß sich dies im Wort nicht festhalten läßt. »Das Wort«, sagt Thomas Mann einmal, »... kann die sinnliche Schönheit nur preisen, nicht wiedergeben.« Schade. Für wenige Zeitalter wäre dies so erwünscht, ja um des heute Unvorstellbaren willen so notwendig wie für jenes, in dem die Wiener und die Österreicher mehr denn je zum »Volk der Tänzer und der Geiger« (wie der österreichische Dichter Anton Wildgans einmal sagte) geworden sind. In dieser Epoche lag viel Unsagbares, Unaussprechliches — die Menschen hatten es hinter Tanzen und Musizieren versteckt. Nur Musik kann ein solches Übermaß an Gehalt und Gefühl ausdrücken, insbesondere jene Musik, die im Rhythmus schwingender Freude hinabtauchte in die geheimsten Seelengründe: die Musik von Johann Strauß.

Schauen wir uns, auf den Boden der Tatsachen zurückkehrend, ein wenig in der unmittelbaren Umwelt des Walzerkönigs um. Er hängt weit mehr als der Vater an seiner Stadt. Das ist seine Heimat, sein einzig möglicher Lebensraum, der Nährboden seines Schöpfertums, nicht nur Geburtsort und letzte Ruhestatt. Wien und Strauß: außer seinem Namen und dem Franz Schuberts gibt es wohl keinen Komponistennamen mehr, der so eng mit dieser Stadt verwachsen ist. Doch wie kommen wir nun auf die Spur des Meisters?

Das Geburtshaus im damaligen Stadtteil St. Ulrich steht nicht mehr, das kleine Haus in der Lerchenfelderstraße ist 1893 abgebrochen worden. Begeben wir uns also in den zweiten Bezirk, oder sagen wir, in die Leopoldstadt, Taborstraße 17. Dort befindet sich das ehemalige Wohnhaus der Familie Strauß; es ist ein Wohnblock, bekannt unter dem Namen »Hirschenhaus«. Dieser zweite Bezirk liegt, von der Inneren Stadt aus gesehen, jenseits des schmalen Donaukanals. Er zieht sich bis zur »großen« Donau hin, über den ganzen Prater hinweg. Jetzt sind wir mitten in Wiens Park und Lustgarten, oder besser noch, im Volks- oder Wurstlprater, der populärsten Vergnügungsanlage mit allerlei Buden, Panoptikum, Gasthäusern und »Ringelspielen«. Im Prater wird sich nun auch bald ein neues Wahrzeichen der Stadt erheben: das Riesenrad.

Doch zurück zum Hirschenhaus. Es hat seinen Namen von einem goldenen Hirsch, der es seit dem Baujahr 1803 zierte. Von hier aus zog Vater Strauß, als er die Familie verließ, zunächst in die nahegelegene Lilienbrunngasse, und später mit Emilie Trampusch in die Kumpfgasse. Der Wiener Oberbaurat Eduard Hofmann hat Nachforschungen angestellt, die Ernst Decsey in seinem Strauß-Buch verwertet: demnach lag im »Großen Rahmhof« die gemeinsame Wohnung des Paares. Dort ist vermutlich die Mehrzahl ihrer Kinder zur Welt gekommen, und dort hat Vater Strauß seinen offenbar einsamen Tod erlitten. Der »Große Rahmhof« ist ein Haus mit Eingängen von zwei Straßen her, also von der Kumpfgasse 11 und der Riemergasse 14. Es steht keins der beiden Häuser mehr, die Vater Strauß nach seiner Flucht vor Anna und dem bürgerlichen Leben bewohnte.

Der Sohn ist lange im Hirschenhaus, in der Obhut seiner Mutter geblieben. Erst seine Eheschließung wird ihn in die Weihburggasse 2 bringen, schon bald (1865) zog es ihn aus dem viel »vornehmeren« Stadtteil zurück in den alten Heimatbezirk der Leopoldstadt, wo er in der Pratergasse 54 ein angenehmes Haus mit Garten beziehen wird. Hier, in allernächster Nähe der Donau, entsteht dann auch jenes Werk, das die Welt unmittelbar mit seinem Namen identifiziert: der Walzer *An der schönen blauen Donau*. Im Jahre 1870 ziehen die Eheleute Strauß nach Hietzing, in einen ganz entgegengesetzten Stadtteil, der damals zu den begehrtesten Wohnvierteln gehörte. Die Adresse lautet: Hetzendorfer Straße 18, später wird sie umgeändert und heißt nun Maxingstraße. Nicht weit davon entfernt liegt der *Dommayer*, wo Strauß seinen ersten durchschlagenden Erfolg errang. In Hietzing entsteht in späteren Jahren *Die Fledermaus*.

Zuletzt wird Strauß in ein eigenes Haus ziehen. Er hatte verschiedene Baugründe auf der Wieden gekauft, dem späteren vierten Wiener Gemeindebezirk, einem der elegantesten Viertel der Innenstadt. In der Igelgasse 4, 6 und 8 ließ er bauen. Er selbst bezog das Haus Nummer 4, ein richtiges Palais, wie es Musiker damals im allgemeinen nicht zu besitzen pflegten. Hier wird er einen glücklichen Lebensabend mit Adele, der dritten Gattin, verbringen und hier wird er auch einmal sterben. Heute sucht man den Namen Igelgasse vergeblich: Längst heißt sie Johann Strauß-Gasse.

Die Wiener Nationalbibliothek besitzt eine Fülle von Bilddokumenten, die mit dem Leben der *Strauß-Dynastie* zusammenhängen. Da sind die Wohnstätten, vor allem des jüngeren Johann, zu sehen, aber auch das kleine Häuschen in Salmannsdorf, wo seine erste Komposition entstanden war. Zahlreiche Bilder führen uns den Meister vor

Augen: den Zwanzigjährigen mit Schnurrbart, den Dreißigjährigen mit Vollbart, den Vierzig- und Fünfzigjährigen mit Backenbart, den Sechzigjährigen wieder mit einem Schnurrbart wie in den Jugendtagen, und immer noch mit rabenschwarzem Haar übrigens. Um keinen Preis hätte er das »Ergrauen« hingenommen. Altwerden war ihm ein Greuel.

Strauß mit langer Pfeife, Strauß am Arbeitspult stehend (von Zasche, einem glänzenden Porträtisten, gezeichnet); Strauß beim geliebten Tarockspiel, einem typisch österreichischen Kartenspiel, dem er leidenschaftlich anhing; Strauß im offenen Wagen, nach Wiener Art, vielleicht zur frohen, entspannenden Praterfahrt gerüstet. Man findet unter den Bilddokumenten eine Zeichnung Zasches vom historischen Debut beim *Dommayer;* daneben Dokumente seines Wirkens in vielen anderen Wiener Vergnügungsstätten: hier etwa an der Spitze seines Orchesters, dort in der Pariser Oper, da bei der Jahrhundertfeier der USA in Boston. Auf Bildern aus späteren Jahren sieht man ihn wieder beim Kartenspiel: zwei berühmte Partner hat er bei sich, Johannes Brahms und den Dirigenten Hans Richter. Bilder über Bilder: Strauß beim Billardspiel im eigenen Palais, Strauß mit Freunden und Bekannten, mit Jetty, der ersten, dann mit Adele, der dritten Frau. Und immer wieder in Gesellschaft des Freundes Brahms und der Brüder Josef und Eduard. Da gibt es ein Großbild mit dem Titel: *Abend bei Strauß,* daheim im Palais: Strauß sitzt am Klavier, umgeben von Brahms, von Alfred Grünfeld, dem berühmten Pianisten, der Klavierparaphrasen zu einigen Strauß-Walzern geschrieben hat. Auf diesem Bild ist auch Karl Goldmark zu sehen, ein damals berühmter Komponist, dessen Oper *Die Königin von Saba* lange Zeit ein Zugstück der *Wiener Hofoper* gewesen ist. Schließlich fehlt auf dem Bild auch Bruder Eduard nicht, denn auch er gehörte zu den »Persönlichkeiten des Wiener Kunstlebens«, die diese festliche Abendgesellschaft bei Strauß vereint.

Auch Dokumente von den Aufführungen seiner Bühnenwerke sind vorhanden. So manches Bild, das dem flüchtigen Betrachter kaum etwas zu sagen scheint, beschwört in Wirklichkeit eine ganze Theaterepoche. Wir sehen »die Geistinger«, die erste Wiener Operettendiva, die Wien in einen Begeisterungstaumel versetzt hat; sie war auch die erste Diva, die mit dem Zurschaustellen ihrer Reize nicht geizte. Außerdem ist Marie Geistinger Mitdirektorin des *Theaters an der Wien* gewesen, wo sich damals, mehr als irgendwo anders, große Operettengeschichte abgespielt hat. Neben dem Bild der Sängerin das Bild eines ganz großen Komödianten der damaligen Zeit: Alexander

Girardi, der unvergeßliche Volksschauspieler, der wie kaum einer den Wienern zum Inbegriff des Theaters geworden ist. Girardi ist ein enger Freund des Walzerkönigs gewesen. In fast allen Strauß-Operetten ist er aufgetreten, in Rollen, die ihm (leider mehr oder weniger trefflich) »auf den Leib geschrieben« waren. Schließlich sehen wir die bedeutende Opernsängerin und Opernregisseurin Maria Gutheil-Schoder (sie ist noch bis weit in unser Jahrhundert tätig) in der Hosenrolle des *Prinz Methusalem.* Doch wir sind zu weit vorausgeeilt.

Wir sind erst dabei, zu erzählen, wie Johann Strauß Sohn, nach seinen ersten glanzvollen Jahren als Tanzdirigent, sich als Komponist einen immer geachteteren Namen zu machen weiß. Seine Produktivität erreicht schon jetzt, in den russischen Sommern, die wir schilderten, Zahlen, die seines Vaters Werke weit hinter sich zurücklassen. Im Jahre 1860, mit fünfunddreißig Jahren also, ist er beim ersten Vierteltausend angelangt. Aus manchen Titeln sprechen uns, ganz wie beim Vater, Zeitereignisse an, aus anderen lokale Begebenheiten. Wenn er für den Ball der Technik-Studenten komponiert, so nimmt er den dafür passenden Titel *Schallwellen. Erhöhte Pulse* heißt ein entsprechendes Stück für die Medizinstudenten. Die *Myrthenkränze* entstehen zur »allerhöchsten Vermählungsfeier seiner k.k. Majestät des Kaisers Franz Joseph I. mit ihrer königlichen Hoheit der Herzogin Elisabeth von Bayern«, gemeint ist die damals noch blutjunge, lebenslustige Sissy, deren Dasein später im Laufe der Jahrzehnte sich mehr und mehr verdüsterte, um schließlich sinnlos zu enden unter dem Dolch eines Anarchisten.

Am 27. April 1854 dirigiert Strauß die *Myrthenkränze* persönlich im Zeremoniensaal der Hofburg. Vielen Mächtigen dieser Welt hat er seine Werke gewidmet: dem Prinzen von Sachsen die *Vermählungs-Toaste,* Napoleon III., Kaiser der Franzosen, einen *Napoleon-Marsch,* dem Zaren Alexander II. einen *Krönungsmarsch,* der Zarin *Souvenir de Nizza,* einen beschwingten Walzer.

Wie einst der Vater, so feiert nun der Sohn mit Kompositionen manchen prominenten Künstler, der zu Gast in Wien weilt. Er entbietet am 28. Januar 1856 »Herrn Dr. Franz Liszt« mit den *Abschiedsrufen* sein bewunderndes Lebewohl. Er widmet der großen Tänzerin Maria Taglioni (ihr hatte schon der Vater einen Walzer verehrt) eine Polka. Er entnahm, wie der Vater es getan, populäre Melodien aus zeitgenössischen Opern und verwandelte diese in kostbare Tanzrhythmen, was damals keineswegs als Sakrileg galt, sondern den Komponisten als Beweis ihres Erfolges bei den Massen zumeist sogar sehr willkommen war.

Strauß scheint unerschöpflich: Immer wieder neue Melodien, neue Tänze erklingen aus seiner Feder. Die meisten müssen bei ihrem ersten Auftauchen wiederholt werden, zweimal, dreimal. Aber viele verklingen auch wieder, werden kaum noch hervorgeholt, fallen der Vergessenheit anheim, denn schon sind neue Walzer, neue Quadrillen und Märsche und Polkas da, neue Galoppe und Mazurken — Einfälle in solchem Überfluß, daß der Verleger Carl Haslinger kaum Zeit findet, sie zu drucken und auf den Markt zu bringen.

Am 24. Januar 1860 erklingt im *Sophiensaal* der neue *Lebenswecker-Walzer*, sinngemäß für die Medizinstudenten bestimmt; eine Woche später feiern die Juristen an gleicher Stelle ihr Fest mit Strauß: *Sentenzen-Walzer*. Am 14. Februar findet, wieder am gleichen Ort, der Technikerball statt, und für ihn hält Strauß ein Meisterstück bereit: seinen genialen Walzer *Accelerationen*. Am 20. Februar gibt es sogar zwei Uraufführungen am gleichen Abend, beim Sperl den Walzer *Immer heiterer!*, und im *Volksgarten* die *Orpheus-Quadrille*. Sechs Tage später, ebenfalls im *Volksgarten*, die Polka française *Taubenpost*. Das sind sechs neue Kompositionen in einem knappen Monat.

Und das neben seiner »gewöhnlichen« Beschäftigung, der er immer noch voll obliegt, wenn auch nun schon von den Brüdern unterstützt: viele Stunden täglicher Ballmusik müssen »geleistet« werden in verschiedenen Sälen. Er ist gesünder, als der Vater es in seiner Glanzzeit gewesen ist. Es macht ihm nichts aus, Nacht für Nacht im Fiaker von Lokal zu Lokal zu fahren, um ein paar Tänze zu dirigieren, bevor er zum nächsten eilte. Vielleicht verzehrte er sich beim Spielen und Dirigieren auch nicht so, wie der Vater es getan. Für diesen war es eine ungeheure Anspannung, ja wahrscheinlich ständige Überforderung der Nerven gewesen, eine Besessenheit des Geistes, die den Körper zu dauernden Hochleistungen zwang. Der junge Strauß aber wirkte gelöster, dadurch vielleicht auch weniger faszinierend, aber eleganter, geschmeidiger. Und wenn er heimkam, sorgte die Mutter dafür, daß er bis über die Mittagsstunden hinaus nicht gestört wurde.

Er war zu einem ruhigen, völlig »normalen« jungen Menschen herangewachsen. Hinter ihm lagen die romantischen Ausbrüche, wie Olga sie im Baum des Pawlowsker Parks gefunden hatte: »... Warum kann ich nicht wie ein anderer Mensch sein? Olga, wie bin ich unglücklich! Nie habe ich mich beweint; heute — ich gesteh' es nur Dir — geschah es ...«. Schumanns Musik hatte ihn damals, im Gleichklang mit dem schwärmerischen Gefühl für die junge Russin, in diesen übererregten Zustand versetzt. Er litt unter Melancholie, beklagte sein Schicksal und fühlte sich von den andern jungen Männern verschieden. In der täglichen Routine Wiens war er ruhiger geworden. Für Schwermut gab es kaum noch Zeit. Wenn sie ihn dennoch überkommen wollte, dann nahm er das Notenpapier zur Hand.

So stellt Johann Strauß Sohn eigentlich das Gegenteil dessen dar, was seine immer noch romantische Zeit sich unter einem Genie vorstellte. Aber hat man denn das Genie einem Mozart angesehen? Oder einem Schubert? Das Genie hat zahlreiche Gesichter. Es kann sich jede beliebige Gestalt aussuchen. Man kann als völlig normaler, als gewöhnlich scheinender Mensch durchs Leben gehen und doch ein Genie sein. Wir erleben es bei Johann Strauß.

7

Der erste Ehebund

Freund und Verleger Haslinger erhält am 26. August 1862 ein Brieflein durch Boten zugestellt, das ihn — der bei seinen Komponisten einiges gewöhnt ist — in höchstes Erstaunen versetzte. Da schrieb ihm sein bester Autor Johann Strauß: »Willst Du morgen um 7 Uhr morgens bei mir erscheinen, um — mein Beistand bei der eine Stunde darauf folgenden Vermählung zu sein? Antworte sogleich, angeschmierter Notentandler!«

Der »angeschmierte Notentandler«, weniger wienerisch gesagt: der »hereingelegte Notenhändler«, wollte natürlich. Freund Strauß war offenbar glänzender Laune, ja übermütig. Nun, wann sonst hätte er's sein sollen, wenn nicht am Vorabend seiner Hochzeit? Und so lächelte Haslinger beim »angeschmierten Notentandler«, dachte vielleicht an seinen eigenen Vater und andere Wiener Verleger, die von Beethoven ganz andere Brocken einstecken mußten, wenn der wieder einmal — und das kam oft genug vor — aus Wut nicht wußte, wen er beschimpfen sollte. Wer lag dann näher als der Verleger, der von Beruf aus geduldig sein mußte und der als »Ausbeuter« schließlich auch hart im Nehmen war?

Strauß heiratete. Alle fanden, es sei Zeit dazu; insgeheim hatten die Freunde schon längst nach einer geeigneten Braut Ausschau gehalten. Doch dieses Heiratsprojekt war fast über Nacht in die Tat umgesetzt worden. Hier der schriftliche Beweis:

»Die 27. Augusti 1862 ... Herr Johann Baptist Strauß, Kapellmeister und Musikdirektor, ledigen Standes, von Wien, Pfarre St. Ulrich gebürtig, des Herrn Johann Strauß, k.k. Hofballmusikdirektors selig, und der Frau Maria Anna geborenen Streim, noch am Leben, beide katholischer Religion, ehelicher Sohn. Wohnung: Pfarre St. Joseph in der Leopoldstadt, Taborstraße No. 314, länger als ein Jahr, laut Zeugnis, katholisch, im 37. Lebensjahr, den 25. Oktober 1825 geboren, hat Taufschein, unverehelicht; Henriette Carolina Challubetzky, ledigen Standes, von Wien. Pfarre Maria Treu in der Josefstadt, des Herrn Joseph Challubetzky, befugten Gold- und Silberarbeiters, katholischer Religion, selig, und der Frau Henriette Trefz, Augsburgischer Konfession, noch am Leben, eheliche Tochter. Wohnung: Pfarre St. Stephan, Kärntnerstraße No. 1076, seit mehreren Jahren, laut Zeugnis, katholisch, 44 Jahre, den 1./2. Juli 1818 geboren, laut Taufschein, unverehelicht. Beistände: Carl Haslinger, k.k. Hofmusikhändler, katholisch, Stadt 667; Dr. Franz Scholz, k.k. Primar-Arzt ...«

Dann wird noch erwähnt, daß die »heimatsbehördliche Ehebewilligung« ebenso wie der Verkündschein beigebracht worden sei. Erstere ist vom 23. August datiert, letzterer vom 26. Das Aufgebot war am 24. geschehen und mit besonderem Dispens am 25. »... unter einem zum zweiten und dritten Male«. Am 27. August traten die Brautleute schon vor den Altar, also eine wahre Expreßhochzeit!

Auch Vater Strauß hatte einst eine überaus eilige Heirat abgeschlossen, doch diese entsprang anderen Gründen. Der Sohn und seine »Jetty«, wie man die Braut überall nannte, wollten so schnell wie möglich miteinander verbunden werden, weil sie eine lange Brautzeit in ihrem Alter einfach für sinnlos hielten; weil der Hochsommermonat die Stadt Wien wie gewöhnlich entvölkert hatte und so der Zeremonie eine viel geringere Resonanz sicherte, als es im Herbst oder im Winter der Fall gewesen wäre.

Denn sie waren auf die Kommentare der Wiener Öffentlichkeit überhaupt nicht neugierig. Jetzt hatte der Tratsch wieder einmal Gelegenheit, sich voll auszuleben. Vor allem, weil es sich eben um Johann Strauß handelte, Wiens populärsten Musiker. Dann aber, weil die Braut um mehr als sieben Jahre älter war als der sehr jugendlich wirkende Bräutigam und zudem aus einem viele Jahre währenden eheähnlichen, mit Kindern gesegneten Verhältnis zu einem der bekanntesten Wiener Geldbarone kam.

Henriette, genannt Jetty, hieß, wie im Dokument richtig bezeichnet, Challubetzky, auch manchmal Challupetzky geschrieben. Aber sie nannte sich stets mit dem Zunamen ihrer Mutter: Trefz oder häufiger Treffz. Das war ihr Künstlername gewesen. Denn Jetty, aus kleinen Verhältnissen stammend, hatte eine ungewöhnlich erfolgreiche Sängerinnenlaufbahn hinter sich. Sie war in Wien, später in Deutschland und schließlich in England eine gefeierte Künstlerin geworden. Schönheit und Stimme hatten ihr gleichermaßen zur bedeutenden Karriere verholfen, von der sogar Berlioz anerkennend berichtete.

Als sie nach Wien heimkehrte, wurde sie die Lebensgefährtin des Barons Moritz Todesco, dessen Hausfrau in seinem prächtigen Palais und die Mutter seiner Kinder. Die hohe Wiener Gesellschaft, liberal geworden, sanktionierte die stadtbekannte Liaison und tat, als betrachte sie Jetty als eine legitime Baronin Todesco.

Eines Abends befand sich Johann Strauß unter den Gästen des Barons im Palais. Er musizierte dort mit dem weltberühmten Geiger Henri Vieuxtemps, spielte aber auch eigene Sachen am Flügel. Sein Auge kommt auf einmal nicht mehr los vom Blick der schönen Dame des Hauses. Es war wie ein Blitz, der an zwei Enden zündete. Jetty spricht offen mit Todesco. Der gibt sie frei, beläßt die Kinder in seinem Haus und macht die langjährige Geliebte durch ein ansehnliches Geschenk zur reichen Frau.

Vorsorglich ist Johann in diesem Sommer nicht nach Pawlowsk gereist, wo die *Strauß-Konzerte* immer noch die große Attraktion der Saison bilden. Er hat Bruder Josef dorthin geschickt, denn er fühlt, daß sich in Wien für ihn die entscheidende Stunde vorbereitet. Und da diese Stunde rasch eintrat, ist für Brautstand und ähnliche Gepflogenheiten keine Zeit, keine Geduld vor allem. Beide sind Künstler und können sich glänzend über Normen und Gebräuche hinwegsetzen. Und wenn es schon Tratsch geben wird — das ist in Wien so unvermeidbar wie anderswo —, dann lieber nach vollzogener Eheschließung.

Jetty war um gute sieben Jahre älter als Johann. Damals gab es das Wort vom »Mutterkomplex« noch nicht, aber Johann dürfte ihn gehabt haben. Ein frühes Bild Jettys als Sängerin zeigt sie schlank, fast zerbrechlich; so hat der gut beobachtende Wiener Maler Kriehuber sie gesehen, dem manches gelungene Porträt aus der Musikwelt zu danken ist. Ihr bekanntestes Bild hingegen ist die Fotografie, die sie an der Seite ihres Gatten zeigt, und da sitzt sie als würdige, füllige Matrone neben dem viel jünger wirkenden Strauß, der sie liebevoll an der Hand hält. Von ihrer einstigen Schönheit ist auf diesem Bild, das 1867 gemacht wurde — nach nur fünf Ehejahren — nichts mehr zu sehen. Und doch spricht aus dem Paar eine Zuneigung, die wahrhaft ergreift. Bei ihrer Hochzeit dürfte Jetty dem Idealbild von Johann Strauß wohl am allernächsten gewesen sein — eine Frau, anziehend für den Mann, der in ihr die Reife, das Mütterliche, das Ruhige und Erfahrene, den Schutz und die Fürsorge sucht. Strauß zieht seine Jetty all diesen blühenden, reizenden jungen Mädchen vor, die ihn allabendlich umschwärmen und nach denen er nur die Hand, ja einen einzigen Finger auszustrecken brauchte. Er zieht Jetty auch allen Frauen fremder Länder vor, die ihm offen oder heimlich zu verstehen geben, daß sie ihn anziehend, interessant, liebenswert finden.

Und Jetty wird genau die Frau, die er ersehnt hat und braucht: eine Dame von Welt, von gesellschaftlicher Vollendung und erlesenem Geschmack, drei Vorzüge, die seinem äußeren Leben zugutekamen, da sie zur Wahl und Ausgestaltung eines Heimes verwendet wurden, wie der kleinbürgerliche Strauß es sich bis dahin kaum hatte ausmalen können. Dazu kam Jettys tiefes künstlerisches Empfinden, eine echte Einfühlungsgabe in das Wesen und das Genie ihres Gatten. Mit kluger und tätiger Liebe hat sie sein Leben umgestaltet, hat ihm höheren Ehrgeiz eingeflößt, ihm neue Horizonte erschlossen. Aus Johann Strauß, dem Leiter der berühmtesten Unterhaltungskapelle Wiens, aus dem derzeit beliebtesten Walzerkomponisten, wurde Johann Strauß, der Schöpfer unsterblicher Meisterwerke.

Einige Monate nach der Eheschließung hält Johann Strauß — oder ist es nun Jetty? — den Zeitpunkt für gegeben, einen alten Wunsch an geeigneter Stelle wieder vorzubringen. An das Obersthofmeisteramt geht dieses Schreiben: »Untertänigst Gefertigter wagt es hiermit, um die gnädigste Verleihung des Titels eines k.k. Hofball-Musik-Direktors — womit auch weiland sein verstorbener Vater Johann Strauß allerhöchst huldvollst ausgezeichnet wurde — ehrfurchtsvoll zu bitten und diese gehorsamste Bitte mit Nachstehendem zu begründen ...« Das Gesuch ist höchst umfangreich. Es zählt unter neun ausführlich dargelegten Punkten auf: Alter und Religion, den »glücklichen Ehestand und eigenen Herd«, die »gründlichen musikalischen Kenntnisse«, wobei als Beweis »weiland Professor Drechslers Generalbaßlehre« als »mit eminentem Erfolg studiert« angeführt wird; erwähnt werden die großen Verdienste des Vaters; die bereits seit elf Jahren genossene »Gnade, in derselben Sphäre wie weiland sein Vater beim allerhöchsten Hofe und hohen Herrschaften wirken zu dürfen«, seine »zahlreichen mannigfaltigen Tanzkompositionen als auch seine präzise Ball-Musik-Exekutierung«, die auch im Ausland höchst anerkannt sei; seine bereits im »Druck erschienenen 270 Werke, die wohl einen günstigen Einfluß auf das heitere Wiener Leben geübt haben dürften«, sein getreuliches Sorgen für Erhaltung und Wohlstand von Mutter und Geschwistern, die ihm zu verdankende musikalische Ausbildung der jüngeren Brüder ... »damit selbe, so wie er selbst, noch in der Folge dem heiteren Wiener Musik-Genre frönen und so im Geiste unseres leider zu früh verstorbenen Vaters dann fortwirken können«; und schließlich die oft bewiesene Wohltätigkeit, »mit möglichster Hintansetzung seines eigenen Interesses«, der Wunsch, in Zukunft persönlich nur noch bei »allerhöchsten« Bällen und Konzerten mitzuwirken, alles andere aber den Brüdern zu überlassen, um sich vermehrt dem Schaffen widmen zu können, mit einem Wort: handfeste Gründe genug.

Sicherlich war in persönlichen Vorsprachen an maßgebender Stelle längst alles besprochen, die Zusage in Aussicht gestellt. Denn schon fünf Tage später, am 25. Februar 1863, halten Jetty und Jean die so lange von ihm ersehnte Ernennung in Händen. Nun ist von charakterlichen oder polizeilichen Einwänden keine Rede mehr, das Jahr 1848 liegt so unendlich fern, als sei alles in einem anderen Jahrhundert oder einem andern Lande geschehen ...

Der Bescheid des Ersten Obersthofmeisters Seiner k.k. apostolischen Majestät schließt mit einem — zweifellos unfreiwilligen — Witz: »Von diesem Beschlusse wird der nunmehrige k.k. Hofballmusikdirektor Johann Strauß mit dem Beifügen in die angenehme Kenntnis versetzt, daß mit diesem Titel weder ein Gehalt oder Emolument, noch ein Anspruch auf die jeweilige Leitung der Hofballmusik verbunden ist ...«

Nun, wenn auch die Mitteilung, kein Gehalt zu bekommen noch irgendeinen Anspruch zu besitzen, kaum unter die »angenehmen Kenntnisse« zu rechnen sein dürfte, so muß doch gleich betont werden, daß Strauß an eine materielle Verbesserung seiner Situation nicht mehr denken mußte. Er verdiente als Leiter der Kapelle, vor allem aber aus dem Erlös seiner Kompositionen beträchtliche Summen. Und Jettys geschickt angelegtes Vermögen — nicht umsonst hatte sie so lange in einem Bankiershaus gelebt — enthob das Paar jeder Notwendigkeit, an Tageseinnahmen denken zu müssen.

Strauß bedankte sich für die Ernennung mit einem großzügigen Wohltätigkeitskonzert im *Sofienbad-Saal*. In den vielen darauffolgenden Jahren und Jahrzehnten, da der Kaiser und der Hofballmusikdirektor nebeneinander wirken werden — jeder erfolgreich in seinem Reich und doch gezeichnet von ungewöhnlicher Bescheidenheit —, werden gegenseitige Aufmerksamkeiten des öfteren hin- und hergehen zwischen der Hofburg und dem Straußschen Domizil. Am 23. Mai 1864 erhält der Komponist »durch kaiserliche Entschließung« die Goldene Künstler-Medaille; und manch andere Auszeichnung wird noch folgen. Im gleichen Jahre, am 21. Oktober, stellt ein russischer Orden sich ein, als Anerkennung »für das von ihm zum Besten der

Verwundeten und der Familien der von den polnischen Aufrührern getöteten russischen Krieger gegebene Konzert«.

Einige Jahre früher wäre Johann Strauß eher auf Seiten der »polnischen Aufrührer« gewesen, die ja nur aus dem Aspekt des Zarenreiches als Rebellen erschienen. In Wirklichkeit haben sie um die Wiederherstellung der polnischen Freiheit gekämpft. Nun stand er, er wußte selbst wahrscheinlich gar nicht, wie es gekommen war, auf der anderen Seite, bei den Herrschenden. Kaiser Franz Joseph schien ihm fortschrittlich, überall gab es Reformen. Für die Armen, für die untersten Volksschichten wurde viel getan. Sie schienen auch lustig und vergnügt, wo immer Strauß mit ihnen in Berührung kam. Sie sangen und tanzten, wo er sie sah, sie wanderten sonntags in den Prater, sauber und adrett gekleidet. Wien erlebte eine seiner glanzvollsten, strahlendsten Zeiten. Vielleicht war hier »der richtige Weg« gefunden worden, die Probleme der Zeit ohne Heftigkeit, ohne Gewalt, ohne Blut aus der Welt zu schaffen. Jetty und Jean glaubten, aus ihrer Perspektive, fest daran. Beiden konnte man nichts vom angeblich »unmöglichen Aufstieg« der unteren Klassen erzählen: beide hatten ihn erfolgreich bewältigt, Jetty in einer einzigen, Jean innerhalb zweier Generationen. Sie ahnten wohl nicht einmal, welche Ausnahmen sie darstellten.

Strauß war im tiefsten Grunde, ganz im Gegensatz zu Beethoven etwa, ein unpolitischer Mensch. Unrecht und Gewalt empörten ihn freilich, doch das hatte mit Politik nichts zu tun, das war rein menschlich. Er war ausschließlich Musiker. Kein weltfremder Künstler zwar, dies hat er hundertmal bewiesen, aber einer jener typischen Österreicher des romantischen Jahrhunderts, die der Welt mit einer gewissen Naivität und Lauterkeit gegenüberstanden und nur das Wunder ihrer Schönheiten sahen. Da saß er nun in einer behaglichen, ja vornehm eingerichteten Wohnung. Auf sein Klingelzeichen betrat ein dienstbarer Geist den Raum und fragte nach seinem Begehr. Nein, das Leben war gar nicht so übel, wenn man es zu meistern wußte.

Auch bescheidenere Anerkennungen treffen in seinem Hause ein. Am 7. Juni 1864 greift der »Prämonstratenser-Chorherr und Pfarrer zu Harth im niederösterreichischen Viertel ober dem Manhartsberg« zur Feder und dankt dem Wohltäter Strauß für ein »... sehr schönes Meßkleid samt Stola«, er dankt für »sechs Stück große Bouquets von Kunstblumen für den Hochaltar«, sowie dafür, daß er »unsere Schuljugend der Gemeinden Harth, Schiermansreith, Sighartsreith und Hötzesdorf durch Geschenke von Prämien und Bildern zum Fleiß aufzumuntern bestrebt ist, um so mehr als diese Gaben Kindern mittelloser Gemeinden zukommen, die ihren Wohltäter gar nicht kennen, doch im Gebete ihre schuldige Dankbarkeit zu bezeugen nicht unterlassen werden«.

Die Post bringt täglich Berge von Dank, Anerkennung und Bewunderung ins Haus. Vielleicht manchmal auch weniger Angenehmes, aber Jetty hält es von ihm fern. Sie macht ihm das größte Geschenk, das man ihm bieten kann: sie sorgt für Zeit und ungestörte Ruhe.

8

Der Walzerkönig

Im letzten Punkt seines Gesuchs um den Hofballdirektor-Titel hat Strauß angeführt, daß er, außer bei »allerhöchsten« Bällen, sich allmählich von der Dirigententätigkeit zurückzuziehen wünsche. Er konnte dies nun um so beruhigter tun, als seine beiden Brüder inzwischen zu vollwertigen Leitern der Strauß-Kapelle herangewachsen waren. Neben Josef konnte nun auch der Jüngste, Eduard — in Wien alsbald »der schöne Edi« genannt — dirigieren und vorgeigen wie ein echter Strauß. Es ist an der Zeit, ihm einige Zeilen zu widmen.

Eduard, am 15. März 1835 geboren, hat als einziger der Familie, »Erinnerungen« geschrieben. Es ist also leicht, seinen Lebensweg nachzuzeichnen. Was jedoch Eduards Verhältnis zum Bruder Johann betrifft, so ist größte Vorsicht geboten. In diesem Fall dürfen wir uns nicht einseitig auf die Memoiren Eduards stützen. Zwischen den Brüdern gab es heftige Spannungen, wie aus späteren Briefen hervorgeht.

Eduard erzählt, daß er sich sein Leben ganz anders vorgestellt hatte. Also wiederholt sich das Schicksal des Bruders Josef? Er träumte von der »Orientalischen Akademie«, nicht nur wegen der dort gelehrten »klassischen Bildung«, sondern vor allem, weil er hernach vielleicht eine konsularische oder diplomatische Laufbahn ergreifen möchte. Er erwähnt, daß er sich in Latein und Griechisch vervollkommnet habe, »ohne nebenbei die romanischen Sprachen: Französisch, Italienisch und Spanisch in irgendeiner Weise zu vernachlässigen«, fügte er hinzu. Für die Orientalische Akademie muß der Bewerber sich zwei Jahre vor Abschluß des Gymnasiums anmelden. Edi tut es. Vielleicht wäre er ein perfekter Gesandter Österreichs an einem fremden Hof geworden, denn seine Umgangsformen galten als besonders liebens-

Johann Strauß, der Walzerkönig.

würdig, sein Auftreten als besonders sicher, seine Nerven als besonders ruhig.

Aber zu diesem Eintritt kam es nicht mehr: auch Edi ereilte das Straußsche Schicksal. Wie schon Josef seinen geliebten Beruf hatte aufgeben müssen unter dem Druck des von der Mutter unterstützten ältesten Bruders, so mußte nun der Jüngste auf die gewählte Laufbahn verzichten. Natürlich hatte er längst Musik studiert, aber das hätte bei einem Diplomaten wohl als zusätzliche Zierde bei der Ausübung seiner Tätigkeit gegolten. Wir erinnern uns an die Pedalharfe, die mit dem Sparbuch des unmündigen Edi für diesen gekauft worden war. Johann wünschte eine »vollständige« Ausbildung für Eduard. Die Zeiten, da man sich — wie es der Vater getan — einfach aufs Podium schwang, waren vorbei. Wer heute in Wien etwas erreichen wollte und gar noch den Namen Strauß führte, der mußte ein glänzend begabter und allseitig ausgebildeter Musiker sein.

So bekam Eduard den wohl angesehensten Theorielehrer in Gestalt Simon Sechters, zu dem auch Bruckner in die Lehre ging. Geigen lernte er, natürlich, beim alten Amon, der sich noch an jeden Bogenstrich des Vaters erinnerte und mit Stolz auf seinen einst heimlichen Zögling Johann blickte, der nun Hofballmusikdirektor war und an Ruhm dem Vater kaum nachstand. Auch versuchte Amon, die Kompositionen des jungen Strauß zu verstehen, obwohl sie sich immer weiter vom väterlichen Vorbild entfernten. Aber vielleicht mußte ein Walzer so vielgestaltig und so kunstvoll ausgebaut sein, vielleicht mußte er, mit poetischen Einleitungen und einer markanten Coda versehen, alles in allem ein wenig komplizierter sein, genauso wie die neue Stadt Wien ja auch größer und komplizierter, ihr Leben immer vielfältiger und verzweigter wurde. »Es war eben eine andere Zeit«, sagte sich der alte Amon.

Dann trat Edi in das Orchester seiner Brüder ein, um als geigender Musiker die nötige Erfahrung zu erwerben. Der Tag kam, an dem er sein Debut als Dirigent feiern durfte. Am 5. Februar 1859 gab es ein Straußsches Fest wie noch nie: die annähernd hundert Mann des Orchesters wurden in drei Gruppen geteilt und in verschiedene Ecken des Wintergartens der *Dianasäle* plaziert. Und einer jeden dieser drei vollständigen und klangstarken Kapellen stand ein Strauß vor: Johann, Josef, Eduard. Das Fest war unter einem vielversprechenden Titel angekündigt worden: *Karnevals Perpetuum mobile* oder *Tanz und kein Ende*. Die Chronik weiß von einem wahren Tanzrekord zu berichten, der damals erreicht wurde. Es erklangen vierzehn Walzer, zehn Quadrillen, neun französische Polkas, acht Polka-Mazurken.

Jedes Orchester spielte ein Stück, worauf das nächste vom anderen übernommen, das übernächste vom dritten gebracht wurde. Beim Finale aber gab Johann Strauß dann ein Zeichen, und die drei Kapellen, alle hundert Musiker, vereinigten ihre Klänge, die nun gleichzeitig aus allen Ecken des großen Saals hervorbrachen. Da beschränkten sich die Brüder darauf, die Zeitmaße vom Ältesten »abzunehmen« und ihren Musikern weiterzugeben. Schon hatte irgendeiner den Johann Strauß »Walzerkönig« genannt. Es paßte in jeder Beziehung zu ihm.

Das Königreich der Straußfamilie hatte seine Blütezeit erreicht. So wie das österreichisch-ungarische Imperium einen Kaiser, Erzherzöge und einen Hofstaat hatte, dem zuzugehören begehrteste Ehre bedeutete, so gab es nun ein wahres Königreich der Tanzmusik, mit Johann, dem »König«, an der Spitze, mit seinen Brüdern Josef und Eduard in den Rollen von Erzherzögen des Walzerreichs, und die hundert Musiker, die den Hofstaat bildeten, nicht zu vergessen!

An Huldigungen fehlt es nicht. Richard Wagner, der in Wien so lange verfemte, kam und eroberte die Stadt, deren Jugend ihm begeisterte Hingabe bezeigte. Drei seiner Werke standen nun im Repertoire der *Hofoper*. Einer Aufführung des *Lohengrin* wohnte er persönlich im Mai 1861 bei, während er größere (allerdings nie verwirklichte) Pläne mit der Direktion besprach. War er aber nicht im Theater, dann saß er mit Vorliebe in den Lokalen, in denen Strauß spielte, denn dieser gehörte zu den wenigen zeitgenössischen Musikern, die er gelten ließ, ja uneingeschränkt bewunderte. Den »musikalischsten Schädel, der ihm je untergekommen« sei, so nannte er ihn einmal.

Die Wiener Zeitschrift *Die Heimat* publiziert im Jahre 1864 einen originellen Artikel, *König Johannes dirigiert* überschrieben, den wir zitieren wollen: »Dein kohlschwarzes Kraushaar weht wohlfrisiert im Luftzug; das weithin schattende Dickicht der sorglich gepflegten Favoris* tut dasselbe. Eine leichte Verbeugung von deiner Seite, ein Donnerschlag des Beifalls von der unsrigen. Stille! Du winkst mit dem Bogen, ein halber Blick links aus den Augenwinkeln hervor nach den Flügeln deines Heeres, und vierzig Mann hoch stürzt sich dieses auswendig ins Opus 999 seines Herrn und Meisters. Und wie sie sich hineinstürzen!

Und fort geht's im gefährlichsten Walzertakt über Stock und Stein, unaufhaltsam! Deine düstere Gestalt ragt hoch empor aus dem heiteren Tanzgewühl. Deine Bogenspitze ist überall voraus. Es kommt eine

---

* Backenbart

elegische Stelle, da hebt und senkt sich dein Bogen in langen, weichen Wellenschwingungen, ihm folgt die Hand, der ganze Arm, und schließlich wiegt sich der ganze Johann in seinen Hüften hin und her. Dann folgt ein rascheres Tempo: der Bogen bekommt einen geheimen Impuls, er nimmt einen gewaltigeren Elan, im Zickzack springt er gewaltsam rechts und links, er hüpft auf und ab, immer rascher, der ganze Mann macht die Bewegung nach, der Mann schlägt mit dem Bogen den Takt und der Bogen seinerseits mit dem Manne.

Das Tempo wird stürmisch. Johann Strauß legt sich mit aller Wucht ins Zeug. Du nimmst den Bogen wie ein Fechter den Säbel. Du schlägst den Takt nicht mehr, du haust ihn; mit dem Daumen gibst du jedem Hiebe den gehörigen Nachdruck, du schlägst eine regelrechte Terz, dann eine Quart, als stündest du auf der Mensur; jetzt parierst du, und jetzt holst du mit aller Kraft aus, du hast gewiß die Parade deines Gegners durchhauen. Da ist ja eine in Musik gesetzte Fechtstunde!

Doch der Höhepunkt kommt erst, der richtige Walzertaumel ist noch nicht erreicht. Plötzlich erstarrt die Bogenspitze in der Luft, ein wilder Blick wird nach rechts, ein ebenso wilder nach links delegiert; dann wirft sich der Kopf des Dirigenten zurück, er reißt die Geige von der Hüfte, in der sie bisher gestemmt gewesen, gleich dem Henkel einer etruskischen Vase; er legt sie an und stürzt sich selber an der Spitze seiner Tapferen ins Fortissimo. Nun hüpft und tanzt jede Faser des blassen, schwarzen Mannes. Sein Bogen wühlt und rast in den Saiten, sein Ton gellt durch das ganze Rauschen und Schwirren des Ensembles hindurch. Die Arme fahren aus ... die Brustteile des Fracks fliegen weit auseinander, die Schöße fliegen, das goldene Kettchen mit dem Halbdutzend kleiner Orden fliegt, das große blinkende Medaillon öffnet sich und springt erschreckt an seiner Weste auf und ab. Wahrlich, das ist der verkörperte Dreivierteltakt, der in einen schwarzen Anzug gefahren ist!

Ein rasender Applaus rauscht aus allen Ecken des elektrisierten Saales auf und erstickt die letzten Akkorde. Mit einer raschen Wendung, welche halb Verbeugung, halb ein Sprung von der Höhe war, ist Johann Strauß plötzlich vom Pult verschwunden. — Das muß man dir lassen, Johannes der Zweite, die Inszenierung deiner Walzer verstehst du. Klassische Ruhe liegt in deinem Vortrag nicht, dafür aber eine Unruhe, die wahrlich auch klassisch ist ... Wann wird man dich wieder so sehen, König Johannes?«

Wer diesen wohl besser gemeinten als geschriebenen Artikel liest, möchte annehmen, er bezöge sich noch auf »Johannes den Ersten«, nicht auf den stilleren Sohn. Aber weit gefehlt! Auch Strauß-Sohn ist temperamentvoll genug, um einen Saal schon durch sein Geigen und Dirigieren in Ekstase zu versetzen. Ob der Chronist etwas von der musikalischen Qualität dieses Vortrags und der Kompositionen verstanden oder auch nur erfaßt hat? Es sieht nicht so aus, denn er gesteht Strauß nur zu, »die Inszenierung seiner Walzer zu verstehen«.

Nun, die Welt weiß längst und sie wußte es schon zu seinen Lebzeiten, welche musikalischen Feinheiten und Schönheiten in nahezu allen seinen Kompositionen liegen. Doch Strauß war nicht nur der inspirierte Komponist, wie er in der Unterhaltungsmusik manchmal vorkommt, dem die Einfälle zu verdanken sind, während ihre Ausführung von guten »Handwerkern« ausgeführt wird. Mehr noch, Strauß instrumentierte jeden seiner Gedanken persönlich, er ließ es sich nie nehmen, seine Melodien selbst so für das Orchester zu »setzen«, daß auch ihre Klangfarbe, ihre oft bezaubernden instrumentalen Wirkungen, ihr stets berauschender und mitreißender Klang sein Eigentum waren, daß sie seine unverkennbare Handschrift trugen.

In diesem Sommer ist der Walzerkönig wieder in Pawlowsk zu Gast, nachdem im Vorjahr Bruder Josef dort weilte. Johann hat natürlich Jetty mitgenommen, von der er unzertrennlich ist. Gemeinsam genießen sie die Landschaft und die Huldigungen der Menschen. Vergessen sind die Liebeleien vergangener Sommer, die damals angebete Olga ist nun auch verheiratet. Strauß ist strahlender Laune, man merkt es heute noch an seinen Briefen. Die lustigsten darunter, mit boshaftem Humor gewürzt, gehen an den Freund und Verleger Haslinger. Er beschimpft ihn gelegentlich wegen seiner »Blutsaugerei«: es ist dies der ewige ausgesprochene oder verheimlichte Vorwurf aller Komponisten an ihre Verleger, aber es ist eher im Spaß als im Ernst gemeint. Strauß weiß genau, was er an Haslinger hat, der sich mit echter Überzeugung und nicht geringer Tatkraft für die Werke des Freundes einsetzt. Man spürt ihren engen Zusammenhalt, die herzliche Sympathie füreinander. Haslingers Arbeitsleistung ist nicht zu unterschätzen, er macht die Werke des Walzerkönigs in geschicktester Weise populär. Kaum ist eine neue Komposition geschrieben und — zumeist noch am gleichen Abend — aus der Taufe gehoben, da finden die Liebhaber sie wenige Tage später schon im Schaufenster der beliebten Musikhandlung im Herzen Wiens, sauber und gut für Klavier »arrangiert«, was der Komponist nie selbst besorgte, da dies eine zeitraubende Routinearbeit für Spezialisten war. Mit dem »Arrangement für Klavier« begann die wahre Verbreitung des Stückes; denn in Wien spielte nahezu jedermann Klavier und hatte Freude daran, neue Werke so rasch als möglich durch Beschäftigung mit ihnen näher kennenzulernen. Bald erschienen auch andere Bearbeitungen: für Geige, für Flöte, für Harfe und was es sonst an Instrumenten gab, die auch von Amateuren gespielt werden können. Die Auflagenziffern solcher Bearbeitungen Straußscher Melodien bewegen sich in so beachtenswerten Höhen, daß selbst heutige Verleger der Leichten Muse vor Neid erblassen könnten. Später, am Beispiel der *Schönen blauen Donau*, wird noch einmal davon die Rede sein.

Die sechziger Jahre bringen, rein zahlenmäßig, den Höhepunkt in der Tanzkomposition von Johann Strauß. Die Mehrzahl der Uraufführungen drängt sich begreiflicherweise in den Karnevalstagen zusammen. Die musikschöpferische Seite des Wiener Faschings ist vielleicht noch zu wenig erforscht worden. Es ist nicht abwegig zu behaupten, der Wiener Walzer sei so, wie er im neunzehnten Jahrhundert die Welt eroberte, ein Kind dieses Faschings gewesen. Und vornehmlich für den Fasching haben die vier Großen, Lanner, Strauß Vater, Strauß Sohn und Josef Strauß, ihre unvergänglichen Tänze geschaffen.

Auf jedem bedeutenden Ball, den er leitet, hat Johann Strauß einen neuen Tanz zur Hand. Die Menge erwartet ihn mit Spannung. Im Karneval 1861 sieht es zum Beispiel so aus: 22. Januar *Thermen-Walzer* (Ball der Mediziner), 28. Januar *Wahlstimmen-Walzer* (Ball der Studenten der Rechte), 29. Januar *Camelien-Polka*, 4. Februar *Klangfiguren-Walzer* (Technikerball), 6. Februar eine Polka mit dem ungarischen Namen *Rokonhangok* (Ball der in Wien studierenden ungarischen Jugend), und am gleichen Abend noch, wenn auch in einem anderem Lokal, die *Hesperus-Polka* (Ball der Künstlergemeinschaft dieses Namens), am 11. Februar *Grillenbanner-Walzer*, am 15. *Dividenden-Walzer* (für die Geschäfts- und Bankwelt). Dazu noch der Konzertwalzer *Schwärmereien*, der dem berühmten russischen Komponisten Anton von Rubinstein gewidmet ist, sowie eine Quadrille *Neue Melodien* mit Themen aus damals neuen italienischen Opern.

Immer häufiger tauchen nun unter den fast zu Dutzenden herausgeschleuderten Werken solche auf, die durch ihren musikalischen Wert und durch ungewöhnliche Inspiration die Zeiten nicht nur auf dem Papier, sondern auch im lebendigen Klang überdauert haben. Als Opus 234 finden wir den schon erwähnten *Accelerationen-Walzer*, eines der durch die mitreißende Tempobeschleunigung schwungvollsten Tonstücke des Walzerkönigs. Opus 257 ist das *Perpetuum mobile*, ein genialer musikalischer Scherz, in dem der Komponist den zahllosen Technikern, die hinter der Chimäre einer solchen Erfindung her sind, beweist, daß in der Musik ein solches Wunder möglich ist.

Aus dem Jahre 1864 stammt Opus 279, der Walzer *Morgenblätter*, dessen Geschichte hier kurz skizziert sei.

Jacques Offenbach war nach Wien gekommen. Der berühmte »Franzose« aus Köln am Rhein hatte auch hier mit seinen Operetten durchschlagenden Erfolg — mit den »kleinen Opern« also, denn nichts anderes bedeutet »Operette« wörtlich. Offenbach hat sie als Bühnenform ins Leben gerufen und sie vor allem mit Witz, Geist und einigen zündenden Melodien erfüllt. Er wird jetzt aufgefordert, für den Ball des angesehenen und im öffentlichen Leben mächtigen Presse-Vereins »Concordia« einen Tanz beizusteuern. Er tut es und nennt das Stück, als Huldigung, *Abendblätter.* Johann Strauß ist ein alter Freund der »Concordia«, man kann und will ihn nicht umgehen, auch er soll mit einem neuen Tanz vertreten sein. Er hat gerade einen Walzer komponiert. Es ist ein längeres, mehrteiliges Stück, ein Konzertwalzer, nicht eigentlich ein Tanzwalzer, sondern geschrieben in der Art, wie er sie neuerdings bevorzugt. Er sieht darin eine Ausgestaltung und Erweiterung der vom Vater ererbten Form. Nun, niemand weiß, wer eigentlich auf den Titel *Morgenblätter* gekommen war. Wahrscheinlich dachte sein Erfinder lediglich an ein musikalisches Gegenstück zu Offenbachs *Abendblättern,* und vor allem an den spannenden Wettstreit beim Fest der »Concordia«, wenn die Werke der beiden Meister aus Paris und Wien miteinander konfrontiert wurden. Die sensationelle Gegenüberstellung endete mit einer Niederlage von Johann Strauß: seine *Morgenblätter* wurden nicht annähernd so stark applaudiert wie Offenbachs Walzer. Erst die Zeit hat dieses sonderbare Fehlurteil korrigiert. Wo ist Offenbachs Stück geblieben? Der *Morgenblätter-Walzer* aber lebt, so frisch und so jung wie am ersten Tag, als er verkannt worden war. Heute gehört er zu den unbestrittenen Meisterwerken des Walzerkönigs.

Die Verbindung Johann Strauß' mit der »Concordia« wurde zum Anstoß vieler Kompositionen. Der auf dem Ball dieses Presse-Vereins im Fasching 1863 uraufgeführte Walzer heiß *Leitartikel,* der des Jahres 1865 *Feuilleton-Walzer,* wozu in diesem Jahr beim Journalisten-Sommerfest noch der Walzer *Flugschriften* kam. Die Werke der folgenden Jahre hießen *Telegramme, Publizisten* und *Illustrationen.* Kronjuwel unter ihnen ist der *Morgenblätter-Walzer* geblieben. Wer die Entstehung dieses Titels nicht kennt, mag sich eine Naturstimmung vorstellen und denkt vielleicht an Morgenwind, an die rauschenden Blätter der Bäume ... weshalb auch nicht? Die wahre Herkunft des Titels, nämlich der Hinweis auf die Morgenausgaben der Wiener Presse, ist eigentlich viel zu prosaisch für den schönen Walzer.

Opus 198, *Hofballtänze*: dreiunddreißig Jahre sind vergangen, seit der Vater ein Werk unter dem gleichen Namen veröffentlichte. Es sind immer noch die gleichen Prunkräume der Hofburg, in denen nun der Walzer des Sohnes erklingt. Es wird bis zum Ende der Monarchie daran nichts geändert. Den Walzer *Wiener Bonbons* — ebenfalls ein Glanzstück — widmete er der Fürstin Pauline Metternich. Er erklang am 28. Januar 1866 zum ersten Mal, anläßlich eines Industriellenballs.

Damit rücken wir einem bedeutenden Datum näher: dem 13. Februar 1867. Es sah, als es da war, zunächst gar nicht bedeutend aus. Erst im Verlauf der Jahre sollte sich seine Bedeutung herausstellen. Es war ein Tag, der Johann Strauß sogar mehr Unbehagen verursachte als Freude, der ihm eher das Gefühl verlorenen Zeit- und Arbeitsaufwands als das Glücksgefühl eines gelungenen Werks einflößte. Es war der Tag, an dem der Walzer *An der schönen blauen Donau* zum ersten Male erklang.

9

An der schönen blauen Donau

Immer freier, immer großzügiger behandelt Johann Strauß in seinen Walzern die Melodie, denn er ist in erster Linie Melodiker. Man muß ihn deshalb zu den mit melodischer Gabe, mit dem melodischen Genie begnadeten Komponisten rechnen. Nicht alle Großen besitzen diese Urbegabung, die freilich mit der »Qualität« eines Werkes nicht unbedingt etwas zu tun haben muß.

Ihm geriet alles zur Melodie, wie Schubert, nur ohne dessen steten Tropfen Melancholie. Wenn Schubert zum Tanz aufspielte bei einem frohen Fest der Freunde, wenn er aus dem Klavier »Deutsche Tänze« mit Ländlereinschlag herausholte und sie schon recht walzerähnlich gestaltet hat, selbst dann klang noch jener Tropfen Schwermut mit, so daß ein unbekanntes Mädchen ihn fragen konnte, ob er »nur traurige Musik« komponiere? Seine Antwort ist überliefert: »Ja, gibt es denn überhaupt eine andere?«

Es gab sie und gibt sie, selbstverständlich. Johann Strauß, Vater und Sohn, wurden zum lebenden Beweis dafür. Wenn es auch bei ihnen an nachdenklichen, manchmal sogar ein wenig schwerblütigen Einfällen nicht fehlt, so überwiegen doch in ihren Tänzen Lebenslust, Daseinsfreude, gesunde Sinnlichkeit. Beim jüngeren Strauß beginnt der Versuch — völlig unbewußt —, in die Unterhaltungsmusik, in den Walzer vor allem, größere Bauelemente einzuführen, so daß eine

Brücke zur ernsten, großen Kunst geschlagen wird. Über diese vor allem in unserer Zeit hervorgehobene Unterscheidung zwischen »Unterhaltungsmusik« (die U-Musik der Rundfunkanstalten) und die »ernste« (E-)Musik hätten frühere Zeiten oft nur den Kopf geschüttelt. Mozart wäre wohl in ein schallendes Gelächter ausgebrochen und hätte auf seine Divertimenti verwiesen, die ja schon dem Namen nach der Leichten Muse zuzurechnen wären, während die ihnen recht verwandten Sinfonien und Konzerte strikt ins andere Lager beordert werden müßten. Was sind denn Haydns *Cassationen*, oder seine *Scherzandi?* Was Schuberts *Deutsche Tänze*, Dvořaks *Slawische Tänze*, die *Ungarischen Tänze* von Brahms? Doch wohl Unterhaltungsmusik, und gleichwohl: Kunst!

Kunst aber, und gar große Kunst, zu der die eben aufgezählten Werke und viele Werke von Johann Strauß zu rechnen wären, ist immer »ernst«, wenn auch in einem eigenen, nicht in dem abgenutzten Sinne, der das Wort »ernst« gewöhnlich begleitet.

Doch nun zur schönen blauen Donau und ihrem Walzer. Der Wiener Männergesangsverein war eine populäre Institution in der Stadt. Er war viel jünger als seine deutschen Brudervereinigungen, und viel unpolitischer dazu. Als sein Gründungsjahr wird 1843 angesehen, obwohl er seine Tätigkeit erst im Revolutionsjahr 1848 aufnehmen konnte, nachdem der Polizeiapparat, der alles, was Männerbünde — auch singende — betraf, zu den revolutionären Tätigkeiten zählte, gemäßigter geworden war. So manches, was diese »singenden Staatsfeinde« im Lied propagierten, ist auf den Barrikaden erkämpft worden. Der Wiener Männergesangsverein war längst, wie Johann Strauß auch, staats- und kaisertreu geworden. Bereits acht Jahre nach seinem Tätigkeitsbeginn leistete er sich einen der besten Musiker der Stadt als Dirigenten: Johann Herbeck. Dem damals gerade erst fünfundzwanzigjährigen Autodidakten (er war von Haus aus Jurist) stand eine steile Karriere bevor: er wurde Dirigent der angesehenen Konzerte der *Gesellschaft der Musikfreunde*, Dirigent der *Hofoper*, Hofkapellmeister und geadelt. Als er mit sechsundvierzig Jahren, 1877, starb, verlor Wien einen der Männer, dem sein Musikleben am meisten zu verdanken hatte, vor allem die Wiederentdeckung des damals fast vergessenen Schubert, aber auch die Uraufführung der *Schönen blauen Donau*, ja mehr noch: den Anstoß zu ihrer Komposition.

Er wollte einen Chorwalzer für sein Vereinsfest. Wenn der Walzer so mitreißend klang, sooft ihn ein Orchester spielte, müßte man ihm doch auch einen Gesangsteil, einen Chorsatz hinzufügen können, der seine Wirkung womöglich noch steigerte? Strauß hatte bis jetzt so gut

wie nichts für Singstimmen geschrieben, obwohl die Melodieführung
bei ihm ein solches Talent vermuten ließ. Herbeck schlug also vor,
Strauß solle einen Walzer für Chor schaffen, zumal es sich bei der vor-
gesehenen Veranstaltung nicht um ein Konzert im eigentlichen Sinne,
sondern um eine gemütliche Abendunterhaltung handelte. Da Strauß
Bedenken hegte, wie stets vor dem Wagnis auf einem für ihn neuen
Gebiet, schlug Herbeck vor, er solle »nur« komponieren. Für den
Männerchorsatz und den geeigneten Text würde er selbst dann schon
sorgen. Wozu hatte der Männergesangsverein seinen »Hausdichter«?

Strauß notierte seine Einfälle, wie er es zu tun pflegte. Sie fügten
sich in geradezu wunderbarer Weise aneinander. Ein aufsteigendes
Dreiklangsmotiv, langsam, zögernd, sich nach dem Licht tastend, das
ihm alsbald aus der Höhe antwortete, mit getupften Akkorden, bis ein
vollströmender Walzerrhythmus entstand. Strömend? Es konnten
ungezählte tanzende Paare sein, die sich rückhaltlos dem mitreißenden Wirbel hingaben. Es konnte aber auch das Spiel der Wellen sein,
vielleicht ein breit dahinströmender Fluß im Sonnenglanz?

Ob das mit einem Gedicht zusammenhing, das Strauß vor kurzem
gelesen hatte? Es stammte von einem heute vergessenen Dichter
namens Karl Isidor Beck, den ein Prominenter, Karl Gutzkow, einen
»deutschen Byron« genannt hatte. War es ein Liebeslied oder eine
Heimathymne? Da war jedenfalls ein Refrain, der im Ohr blieb: »An
der Donau, an der schönen, blauen Donau.« Ein Dichter hatte also
diesen deutsch-österreichisch-ungarischen Strom »blau« gesehen. Und
einem Musiker, der nahe seinen Ufern zur Welt gekommen war und
noch dort wohnte, fiel es zu, die Welt davon zu überzeugen, daß die
Donau blau sei.

Müßig, darüber zu streiten, welche Farbe die Donau in Wirklichkeit
besitzt. Sie ist dort, wo Gedicht und Lied entstanden, bei Wien also,
grau, wenn der Himmel grau ist, mitunter silbern — vom Kahlenberg
aus gesehen, wenn ein milder sonnendurchwobener Dunst über der
Stadt liegt. Und steht ein heller Sommerhimmel über dem herrlichen
Fluß, dann spiegelt sein Blau sich in ihm. Doch wozu Stimmungen
und Farben aufzählen, da die Fantasie der ganzen Welt die Donau seit
über hundert Jahren für blau hält? Johann Strauß hat ihr diese Him-
melsfarbe verliehen, und ein vergessener Dichter hat ihn dazu ange-
regt. Wenn ein Herrscher Titel und Orden verleihen kann, warum soll
ein Walzerkönig einem Fluß nicht auch eine Farbe verleihen können?

Strauß komponierte. Und Josef Weyl, der Hausdichter des Männergesangsvereins, textierte. Ihn interessierte die mit einem farbigen Beiwort geschmückte Donau überhaupt nicht. Er wollte »aktuell« sein.

Was aber war aktuell im damaligen Wien? Ein Krieg war vorbeigegangen und verloren worden, bevor manche Kreise in Wien überhaupt merkten, daß er ausgebrochen war. Bismarcks staatsmännische
Klugheit verhinderte zwar, daß das geschlagene Österreich allzusehr
gedemütigt und geschädigt würde, aber bei einem so prächtigen Heere
wie dem schwarz-gelben war Königgrätz doch eine beschämende
Schlappe. Nun, die meisten Wiener meinten, »g'schehn« sei nicht viel,
es gab weder Not noch Zerstörung, nicht einmal eine nennenswerte
Krise oder Geldabwertung im Augenblick. Also: Optimismus, Zuversicht! »Die Hetz«, wie das Vergnügen in Wien immer noch heißt,
ging weiter.

Also »dichtete« Weyl: »Wiener, seid froh!« Was von einem Teil des
Chors auf die ersten, im Dreiklang aufsteigenden Noten des Walzers
zu singen war. Die andere Gruppe antwortete: »Oho! Wieso?« Er war
sicher stolz darauf, die noch ein wenig ungewisse Stimmung so glänzend getroffen zu haben. Also sangen die Bässe weiter: »Ein Schimmer des Lichts ...« (was die Tenöre sofort dämpften: »Wir seh'n noch
nichts!«) Aber die tiefen Stimmen erklärten sich sofort deutlicher: der
Schimmer des Lichts bezog sich auf keinen Silberstreifen am politischen Horizont und keine mögliche Revanche an Preußen. Der Grund
zur Freude lag näher, viel näher: »Der Fasching ist da!« Darauf die
hohen Stimmen, beifällig: »Ah so, na ja!« Und bei der ersten, über
eine ganze Oktave gebreiteten Ausdehnung der Melodie standen dann
die Worte: »Was hilft denn das Trauern und das Bedauern? Drum
froh und heiter seid!« Echt wienerisch. Einige Jahre später wird Strauß
eine ähnliche »Philosophie« in unsterbliche Töne setzen: »Glücklich
ist, wer vergißt, was doch nicht zu ändern ist!« Das steht bekanntlich
in der *Fledermaus*, seiner Meisteroperette. Aber jetzt, im Jahre
1867, ahnte er nicht einmal, daß er einmal eine Operette schreiben
wird.

Strauß legte dem neuen Walzer keine große Bedeutung bei, höchstens interessierte ihn die Wirkung des Männerchors dort, wo er sonst
nur mit dem Orchester ausgekommen war. Am 12. Februar war auf
dem Ball der »Concordia« sein *Telegramm-Walzer* erstmals erklungen
und gefeiert worden. Am 18. mußte er einen neuen Walzer bringen,
da gab es den »Hesperusball« im *Dianasaal*; er hatte schon einiges
dazu skizziert, und ein bestimmter Titel schwebte ihm bereits vor.
Was lag bei einer Künstlervereinigung näher als *Künstlerleben*?

Er stand nun in einer überaus produktiven Phase seines Lebens, war
erfolgreich und glücklich. Seine Ehe war Quelle tiefer Freude und
erfüllter Ruhe. Wahrscheinlich machte sich das in seinem Schaffen

wohltätig bemerkbar. Es gab zwar auch Künstler, deren Talent in liebevoller Häuslichkeit einzuschlafen drohte, die Unrast, Unerfülltheit, Einsamkeit brauchten, um das Letzte aus ihrem Genie herauszuholen. Aber es gibt zweifellos auch den entgegengesetzten Typus, eben den, zu dem Johann Strauß (nicht der Vater, nur der Sohn!) gerechnet werden muß. Und der braucht das gemütliche Kaminfeuer, den weichen Schlafrock, Pantoffeln, angenehmes Licht, völlige Ruhe. Strauß hatte das alles und dazu noch Jettys aufmerksames Besorgtsein um die Erfüllung seiner Wünsche.

Der 13. Februar 1867 kam heran, und mit ihm das Fest des Männergesangsvereins. *An der schönen blauen Donau* erklang zum ersten Mal. Gefiel der Walzer? Es war schwer festzustellen. Der Applaus war selbstverständlich, es handelte sich schließlich um ein Werk des Lieblings Strauß. Aber mit einer einzigen Wiederholung, die er hervorbrachte, war der Erfolg doch recht bescheiden, wenn man andere Strauß-Premieren zum Vergleich heranzieht, ganz zu schweigen von der neunzehnmaligen Wiederholung der *Sinngedichte*, damals vor ungefähr zwanzig Jahren beim *Dommayer*. Dabei war jenes Stück doch ungleich schwächer gewesen als der *Donauwalzer!* Nun, eine mehrmalige Wiederholung wäre kaum möglich gewesen. Stimmen sind schließlich keine Instrumente, und Herbeck hatte noch eine Reihe anderer Werke zu bewältigen, so daß seine wackere Sängerschar nicht überanstrengt werden durfte. Strauß soll an jenem Abend zu Bruder Josef gesagt haben: »Den Walzer kann der Teufel holen ... nur um die Coda tut's mir leid ...«

Den Walzer aber holte nicht der Teufel. Nicht einmal an Hexerei soll man in diesem Zusammenhang denken, wenn man den märchenhaften Aufstieg des *Donauwalzers* betrachtet, denn nicht nur die Coda war genial — die allerdings in besonderem Maße, da hatte ihr Schöpfer recht, der in diesem poetischen Abgesang mit dem noch einmal ganz leise und träumerisch aufrauschenden Hauptthema atemberaubende Augenblicke geschaffen hatte. Genial ist der ganze Walzer. Es bedurfte also wohl nur eines Anstoßes, um das Wunder zu offenbaren. Das Schicksal, unserem Strauß stets gnädig gesonnen, gab diesen Anstoß.

Doch das Wunder ereignete sich nicht in Wien, sondern in Paris. Dort saß ein bemerkenswerter österreichischer Botschafter, Fürst Metternich, Träger eines illustren Namens, aber durch liberale Gesinnung abgerückt von der Vorstellung, den er in der Erinnerung hervorrief. Er war ein Pianist, der vielleicht auch in diesem Beruf seinen Mann gestellt hätte; ein Grandseigneur, wie das alte Österreich sie in

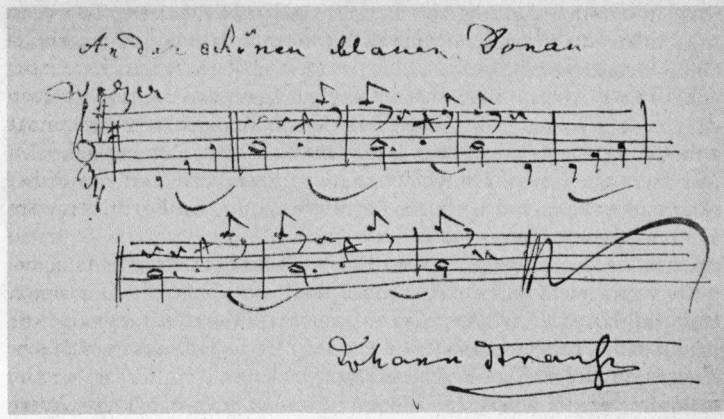

»An der schönen blauen Donau«; Originalhandschrift von Johann Strauß.

nicht geringer Zahl hervorbrachte, ein Kavalier, der sogar in Paris als Vorbild betrachtet werden konnte. Aber vielleicht verblaßte das alles gegen die Eigenschaften seiner Gattin, der Fürstin Pauline, geborene Sandor. Ihr Vater war ein abenteuerlicher Ungar gewesen, Rennreiter aus Passion, kurzum, ein »toller Kerl« auf allen Gebieten. Er konnte die Radspeichen eines Wagens so festhalten, daß vier Pferde ihn nicht vom Fleck brachten. Die Zahl der Anekdoten, die sich mit ihm befaßten, verdoppelte sich noch bei seiner Tochter Pauline, die Frankreichs Kaiserin Eugenie Vertraute und beste Freundin wurde.

Sie hielt mit ihrer Kraft keine Wagen auf, aber sie setzte schwierigere Dinge in Gang, die von unsichtbaren Kräften gebremst wurden. Sie hatte sich den Triumph deutscher Kunst in Paris in den Kopf gesetzt. Gegen eine Welt von Widerstand erreichte sie die Aufführung von Wagners *Tannhäuser* in der Oper. Der Durchfall und der Theaterskandal, die er verursachte, kann ihr nicht angelastet werden. Doch auch im »Fall Wagner« blieb sie zuletzt Siegerin, denn kaum in einer anderen Stadt wurde später Wagners Sieg, besonders bei der Jugend, so deutlich wie in Paris.

Nun versuchte Fürstin Pauline es mit der heiteren Muse ihrer Heimat. Und mit dieser Muse erlebte sie einen Erfolg, dessen Ausmaße ihre kühnsten Hoffnungen überstieg. Johann Strauß war ein in Paris — sehr im Gegensatz zu Wagner — beliebter Name. Der Vater hatte Begeisterungsstürme entfesselt, doch lag das jetzt dreißig Jahre zurück; aber auch die Jüngeren waren mit dem Namen vertraut, denn die Walzer des jungen Strauß waren auch in Paris inzwischen zu einem Begriff geworden.

Paris jedoch besaß eigene Musik übergenug, so daß der Import fremder Kompositionen in der Regel auf Gleichgültigkeit, wenn nicht auf Ablehnung stieß. Meyerbeer hatte kürzlich das Zeitliche gesegnet. Der Herr der Opernwelt war sehr zur Unzeit gestorben, denn eine Meyerbeer-Premiere hätte sicher den Höhepunkt der bevorstehenden Weltausstellung dargestellt. Für die leichte Muse sorgte Offenbach, dessen Theater allabendlich überfüllt war und bei dessen Witz, Geist und sprühendem Cancanrhythmus man sich glänzend amüsierte. Und, ähnlich wie in Wien, gab es zahlreiche Lokale, in denen, zum Klang einheimischer Kapellen — Musard war allerdings auch tot — Walzer, Quadrille und Polka getanzt wurde.

Pauline Metternich wollte Johann Strauß in Paris haben. Sie wollte mit diesem stärksten Trumpf heimischer Musik verschiedene, ohne Zweifel auch hochpolitische Ziele verfolgen. Österreich hatte wenige Jahre vorher gegen Frankreich gekämpft, der Schauplatz war Italien gewesen, das sich gegen die habsburgische Besatzungsmacht erhob und dabei von Frankreich unterstützt wurde. Die Schlacht von Solferino lebte noch im Gedächtnis vieler, die Tote und Verwundete dort auf den blutgetränkten Feldern zu beklagen hatten.

Nun, in den Augen der Franzosen mochte eine Niederlage gegen Frankreich nichts Beschämendes sein, denn noch schien es unbesiegbar, »la grande nation«. Aber die Österreicher hatten auch gegen die Preußen verloren im Jahre 1866, verloren gegen diese »Parvenus« von Europa ... noch ahnten die Franzosen nicht, daß ihnen bald das gleiche Schicksal beschieden war, und der Schlag von Sedan wird ungleich härter sein als der von Königgrätz. Wien war glimpflich davongekommen. Auf Paris wartete viel Schlimmeres: die Belagerung, die Kommune, der Sturz des Kaisers ...

Pauline und ihr Gatte mußten den Franzosen zeigen, daß Österreich immer noch Großmacht war, daß es feudal und mächtig dastand und der Welt viel zu bieten hatte. Dazu gehörte — nicht zuletzt, wahrlich! — der Walzer und sein »König«: Johann Strauß. Pauline meinte also, daß auf der Pariser Weltausstellung, die das großartigste Fest des abendländischen Geistes werden sollte, ihr Vaterland nicht nur mit Industrieprodukten vertreten sein dürfe, sondern auch durch Frohsinn, glänzende Unterhaltung, Optimismus, und die hatten einen ganz bestimmten Namen: Johann Strauß. Pauline setzte ihren Plan in die Tat um.

Strauß kam, um im »Cercle International« aufzuspielen, dessen Name nach mehr klang, als er in Wahrheit bedeutete. Auf den Plakaten war zu lesen, daß es sich um »Promenade-Konzerte« handelte, »nach dem Muster von London und Wien«, und daß zwei Kapellmeister engagiert waren: Johann Strauß, »Chef de Musique des Bals de la Cour impérial et royale d'Autriche«, außerdem B. Bilse, »Directeur de Musique de Sa Majesté le Roi de Prusse«. Bilse war kein unbekannter Mann, aber seinem Kollegen doch so weit unterlegen, daß er trotz Königgrätz in jeder Beziehung hinter Strauß rangierte.

Strauß dirigierte. Beim ersten Konzert stand Mendelssohns *Ruy Blas-Ouverture* auf dem Programm. Es folgten: der *Morgenblätter-Walzer*, danach ein Potpourri aus Gounods Oper *Faust*, die sich derzeit größter Beliebtheit erfreute; dann zwei Strauß-Polkas, Carl Maria von Webers Ouverture zur Oper *Oberon*, Schumanns *Abendlied*, instrumentiert für Streicher; schließlich der Straußwalzer *Künstlerleben*. Viele Kenner kamen und staunten. Auch Berlioz, der noch einmal seine Begeisterung kundtat über Strauß und den Wiener Walzer, den er eine Generation vorher schon im Vater entdeckt hatte. In Paris mochte man Berlioz nicht, doch seine Autorität war groß. Man schätzte sein Urteil. Die Massen aber blieben aus. Offenbach zog sie an, oder man ging in die einfacheren Tanzlokale, die während der Weltausstellung ihre ganz große Zeit hatten. Schon sah es so aus, als würde Strauß mit einem Achtungserfolg nach Hause fahren müssen. Dieser ist bekanntlich vom wirklichen Erfolg so weit entfernt wie Zustimmung von Begeisterung.

Die Metternichs versuchen es anders. Bei einem feenhaften Bankett in der Botschaft, wo außer dem Kaiserpaar auch andere gekrönte Häupter, und vor allem »tout Paris«, zugegen sind, gibt es viel Beifall für den Walzerkönig aus Wien. Aber wieder fehlt jener zündende Funke, der diesen Beifall auf die ganze Stadt, auf ganz Frankreich übertragen könnte. Strauß spielt weiterhin im »Cercle International«, mit wechselndem Programm, vor Gruppen staunender Musikkenner. Da betritt eines Abends ein von der Vorsehung bestimmter Mann den Raum. Er hat sich soeben in der Weltausstellung umgesehen, nun will er Walzerklänge genießen. Es ist Jean Hyppolite de Villemessant, der Besitzer und Direktor des seit kurzem zur Tageszeitung umgestalteten *Figaro*. Man sagt, er besitze mehr Macht als Napoleon und die Metternichs zusammen.

Er soll ironisch gelächelt haben: da sah er das Berliner Orchester Bilses unter Leitung eines Wieners — Revanche für Königgrätz! Er lächelte entzückt über den schwungvollen Walzer, der jetzt erklang und der ihm, obwohl er nicht sonderlich musikalisch war, nicht mehr aus dem Kopf wollte: *Le beau Danube bleu.* Er dachte, daß dieser kurze Abstecher in den »Cercle« eventuell ein nettes Feuilleton in seinem Blatt ergäbe, oder sogar einen Leitartikel?

Und wirklich, er schrieb diesen Leitartikel, vielleicht weil es an diesem Tag nichts Vordringlicheres gab, vielleicht weil ihm diese preußisch-wienerische Mischung besonders gefiel, vielleicht weil er es politisch für angebracht fand, die französisch-österreichische Annäherung zu fördern, vielleicht weil dieser Walzer und sein Komponist ihm wirklich nicht aus dem Kopf gingen? Und so steht im *Figaro*, den alle lesen, man solle, so wie man Industriearbeiter in die »Exposition« führe, um sie mit den Erzeugnissen der Welt vertraut zu machen, auch einmal die Musiker aller Opernhäuser Frankreichs dorthin schicken, damit sie Unterricht nähmen durch Anhören der glänzendsten Musik unter Leitung von Johann Strauß »... qui a le diable au corps.« Von diesem Tage an füllte der »Cercle« sich mehr und mehr, die Pariser kamen, um den Mann zu sehen, der »den Teufel im Leib« hatte. Das Wort machte die Runde. Immer größer wurde der Zulauf allabendlich. Plötzlich sind auch die Berichterstatter der anderen Zeitungen anwesend und überbieten sich in Lobeshymnen.

Villemessant gibt Strauß eine Soiree in den Redaktionsräumen. Weltberühmte Namen drängen sich. Alexandre Dumas Sohn, Gustave Flaubert und Turgenjew vertreten die Literatur. Von den namhaften Musikern ist Ambroise Thomas anwesend, der Komponist der Oper *Mignon.* Strauß wird gefeiert, sein Charme, sein weltmännisches Auftreten, sein elegantes Französisch öffnen ihm die Herzen aller.

Strauß revanchiert sich, er lädt Villemessant und seinen gesamten Stab zu einem Fest in den »Cercle«. Champagnerpfropfen knallen, feinste Liköre werden ausgeschenkt, aber die Rechnung für die Getränke geht nicht zu Lasten von Strauß, sondern von Villemessant, der sich zu diesem Zweck einen Trick ausgedacht hat. Die Stimmung ist glänzend, die Trinksprüche überstürzen sich, ein jeder überbietet den vorhergegangenen mit ungeheuren Lobreden auf den Mann, dessen Musik weit hinaus »über alle Grenzen unserer Kultur klingt, bis nach Amerika und Australien, und die selbst hinter Chinas großer Mauer noch Echo erweckt«, wie ein enthusiastischer Journalist, Victor Tissot, sich ausdrückt. Vielleicht ist dies im Augenblick noch ein wenig übertrieben, aber es zeigt prophetisches Gespür. Denn in kurzer Zeit wird Strauß wirklich alle Erdteile erobert haben, vor allem mit dem schlichten Dreiklangsmotiv des *Donauwalzers.*

Er hat diesen Walzer nun allabendlich als Schlußnummer aufs Programm gesetzt. Und die Pariser jubeln. Der Verleger Spina, der in jüngster Zeit bei Strauß große Gunst genießt, staunt, welche Bewegung durch die »Schöne blaue Donau« in seinem Betrieb entsteht. Aus Paris treffen fast täglich Bestellungen ein, bald auch aus anderen Städten. Er traut anfangs seinen Augen nicht und weiß kaum, wie er die steigende Nachfrage befriedigen soll. Er wußte auch nicht, woher er so schnell die notwendigen Kupferplatten nehmen sollte, um die Riesenauflagen zu drucken, die notwendig wurden und die zumeist schon vergriffen waren, ehe sie hinausgingen. Decsey rechnet nach, daß für ein beliebtes Tanzstück eine einzige Platte ausreichte, denn von ihr konnten zehntausend Abzüge gemacht werden. Beim *Donauwalzer* aber wurden an die hundert Platten benötigt. Das bedeutete eine Million Exemplare, und die Nachfrage riß nicht ab. Jahrzehntelang schwoll der Notenstrom, in den die »blaue Donau« sich verwandelt hatte, aber auch der Geldstrom, der dafür nach Wien floß, immer mächtiger an. In allen Ländern sang, spielte, pfiff man die Melodie. Sie wurde zur Hymne Wiens, ja zu Österreichs Ersatz-Nationalhymne, wenn die offizielle aus irgendeinem, zumeist politischen Grunde gerade nicht opportun war oder der Streit um eine neue nicht entschieden werden konnte. Und die Donau war nun endgültig »blau«, an ihren Ufern die Stadt Wien eine Stadt der Träume, ein idealisiertes, unwirkliches Märchenparadies, wo es nur Tanz und Fröhlichkeit gab in alle Ewigkeit ...

10

Auf dem Weg zur Operette

Der Aufstieg des Walzerkönigs vollzieht sich ruhig, stetig und unaufhaltsam vor den Augen der staunenden Welt. Im Januar 1871 kann er sogar sein Gesuch um Enthebung von den »Dienstes-Funktionen« eines Hofballmusikdirektors dem Kaiser unterbreiten. Er ist nun selbst für diesen höchsten Posten, um den er so lange gekämpft, zu groß geworden. Der kaiserliche Bescheid (wer entsinnt sich noch des polizeilichen Dokuments, das den »Antragsteller« zwanzig Jahre früher als »leichtsinnig, unsittlich, verschwenderisch« bezeichnet hatte?) besitzt nun einen ganz anderen Klang:

»Seine k.u.k. apostolische Majestät haben mit allerhöchster Entschließung vom 12. Januar 1871 die von Ihnen erbetene Enthebung von den Dienstesfunktionen eines Hofballmusikdirektors zu genehmigen und Ihnen unter Belassung des Titels eines Hofballmusikdirektors, in Anerkennung Ihrer Verdienste als Leiter der Hofballmusik und als Compositeur, das Ritterkreuz des kaiserlich österreichischen Franz-Joseph-Orden allergnädigst zu verleihen geruht ...«

Strauß hatte »anhaltende Kränklichkeit« als Rücktrittsgrund angeführt, »die es ihm unmöglich mache, sich den Pflichten seines Berufs in entsprechender Weise zu widmen ...« Nun, mit seiner Gesundheit stand es keineswegs schlecht, aber eine Reihe von Schicksalsschlägen hatte ihm doch zugesetzt. Vor allem der Tod der Mutter. Sie wurde wie eine wahre Königin zu Grabe getragen, ein auf diesen Tag angesetzter Ball wurde wie selbstverständlich verschoben. Was hatte diese aus kleinen Verhältnissen stammende Maria Anna Streim alles mitgemacht! Sie stammte aus dem Jahr, in dem Wiens erster echter Walzerkomponist, Lanner, geboren worden war. Sie hatte den Aufstieg ihres Gatten erlebt, seinen Bruch mit Lanner, seine Eroberung Wiens und — aus der Ferne — seine Eroberung Europas. Dann hat er sie eines Tages verlassen, aufgegeben »um einer andern willen, die schöner oder jünger« war als sie (wie's ein Dreivierteljahrhundert später in der Richard Strauss-Oper *Der Rosenkavalier* heißen wird; doch dieser »Strauss« gehört nicht zur Familie der Walzer-Dynastie). Anna Streim hatte fest und treu zu ihren Söhnen gestanden, hatte unter manchem Opfer des Ältesten Weg zur Musik beschützt und geebnet. Sie hatte an ihn geglaubt, für ihn gebetet und war, da Johann »König« wurde, als »Königin-Mutter« überall anerkannt worden. Lange noch hielt sie die Zügel des Hauses in der Hand, in dem nun drei junge Musiker in den Ruhm aufstiegen. Immer noch bestimmte sie letzten Endes, was ihre »Buben« zu tun hatten, von den Kleinigkeiten des Alltags bis zu den großen Entscheidungen. Sie hatte Jean das russische Abenteuer namens Olga ausgeredet, aber schließlich zu Jetty ja und amen gesagt, weil sie spürte, daß er da die »Richtige« bekam.

Ja, Jetty war wohl die Richtige. Wenn es überhaupt eine Richtige gab! Alle Mütter mit einem heiratsfähigen Sohn denken vielleicht so. So dachte wohl auch Anna, und bei ihrem Jean schien ihr das besonders richtig und wichtig, nicht nur weil er es so lange bei ihr geradezu ideal gehabt hatte, sondern weil er ein von aller Welt anerkanntes Genie war. Von allen möglichen — oder, nach Ansicht der Mutter, unmöglichen — Frauen, die sich für ihren Jean erwärmten oder begeisterten, hatte Jetty am meisten für sich. Sie bedeutete kein Abenteuer — dafür war sie zu alt, nach Ansicht Annas, für die es seit ihrem dreißigsten Lebensjahr keinen sinnlichen Gedanken und nie einen

Nachfolger für ihren Johann gegeben hatte. Jetty besaß hausfrau-
liche Tugenden hohen Grades, sie war — wenn auch ein wenig
»illegitim« — vom Glanz der obersten Gesellschaft umgeben, sie hatte
genug Charme, um einem Künstler die Herzen der Mächtigen geneigt
zu machen, sie war selbst Künstlerin gewesen, um einen Künstler verstehen zu können, um ihm die lästigen Alltäglichkeiten aus dem Weg
zu räumen. Jettys nicht mehr jugendliches Alter hatte Mama Strauß
zwar der Freude auf Enkel beraubt, aber ihre guten Qualitäten über-
wogen so sehr, daß die Mutter gerne ihre Zustimmung gegeben hatte.
Mochten die anderen »Buben« ihr diese Enkel schenken. Jean sollte
nur seinem Ruhme leben.

Nun war Mama Strauß zu Grabe getragen und hinterließ eine fühlbare Lücke. Johann war äußerst empfindsam. Mit geradezu krankhaf-
ter Scheu ging er »unangenehmen« Dingen aus dem Wege. Nicht
Herzlosigkeit bewog ihn dazu, sondern eine instinktive Angst, zu sehr
betroffen zu werden. So ging er auch nicht zur Beerdigung seiner
Mutter. Hätte seine Sohnesliebe sich darin erweisen müssen, weinend
oder mühsam gefaßt hinter dem Sarg herzugehen und stumm und
gerührt Hunderte von Händen zu schütteln? Das Band, das diese
Mutter mit dem Sohn verband, war tausendfach bestätigt und bewährt, es bedurfte solcher Äußerlichkeiten nicht. Außerdem war es
nicht entzweigerissen. Strauß hat liebevoll bis an sein Lebensende am
Bilde dieser Frau, der er alles verdankte, gehangen.

Mutter Annas Tod sollte nicht der einzige schwere Verlust des
Jahres 1870 bleiben. Bruder Josef, der stillste der drei, hatte sich in die
Aufgaben eines Stellvertreters des berühmten Bruders Johann so ein-
gelebt, daß er die Kapelle mühelos leiten konnte. Viel verblüffender
war die Entfaltung seines reichen Kompositionstalentes. Auch er hatte
geniale Züge vom Vater geerbt und vom Bruder die »erweiterte
Walzerform« gelernt.

Er vertrat Bruder Johann in Pawlowsk. Er schrieb von dort seiner
Gattin Karoline Josefa, an der er rührend treu hing, verliebte und
überaus zärtliche Briefe. Von den durchwegs eher ins Bürgerliche
denn ins Abenteuerliche tendierenden Söhnen des abenteuerlichen
Vaters war er wohl der allerbürgerlichste.

Wochen waren hingegangen seit dem Tode der Mutter. Josef rüstete
wieder einmal zum Aufbruch nach Rußland, obwohl ihr Tod ihn am
tiefsten von allen getroffen hatte. Am Grabe war er, der überaus Zart-
besaitete, bewußtlos zusammengebrochen. Doch schon am 17. April
mußte er das in der Strauß-Familie übliche Wiener »Abschiedskon-
zert« leiten, und noch dazu, wie es ebenfalls Tradition war, mit eige-

nen Werken im Programm! Man rief ihm ein herzliches »Auf Wiedersehen« zu.

Zuerst gab es Erfolge in Warschau, aber auf dieser Tournee schienen sich alle bösen Geister gegen Josef verschworen zu haben. Unstimmigkeiten mit den Musikern zerrten an seinen Nerven, und als Mißverständnisse bei einem Konzert an einer ungenügend geprobten Stelle eine Katastrophe heraufzubeschwören drohten, flüchtete Josef, bewußt oder unbewußt, in eine Ohnmacht. Er rollte kopfüber die Treppen vom Podium herab und blieb mit blutenden Verletzungen liegen. Als er nach mehreren Wochen transportfähig wurde, schaffte man ihn nach Wien zurück. Sein schwacher Organismus hielt seine letzten Kräfte noch bis in die Heimat zusammen. Hier starb er am 22. Juli 1870, fünf Monate nach der Mutter, erst dreiundvierzig Jahre alt.

Während nun das »Gewicht« der Straußkapelle fast nur noch auf dem Jüngsten, Eduard, lastete, begann bei Johann die Produktion, rein zahlenmäßig, nachzulassen. Es fiel kaum auf, gab es doch übergenug Strauß-Musik zum Spielen und Tanzen! Und da er selbst kaum noch in der Öffentlichkeit erschien, verlangte man auch keine neuen Walzer von ihm wie einst. Nicht einmal die engsten Freunde dürften geahnt haben, daß diese Unterbrechung oder Verlangsamung im Schaffen keineswegs auf ein Ende hindeutete, sondern lediglich eine schöpferische Pause darstellte, aus der ein ganz neuer, nicht weniger genialer Johann Strauß hervorgehen sollte: der Operettenkomponist. Auch unter diesem Zeichen wird er die Welt erobern.

Die großen Walzer, mit denen er sich von der Einzelkomposition gewissermaßen verabschiedete, bilden die Zierde, ja, einen fast unbegreiflichen Höhepunkt, wie er nie vorher oder nachher in diesem Genre erreicht wurde. *Künstlerleben, Geschichten aus dem Wienerwald:* zwei Meisterwerke. Dann 1869 ein neuer Chorwalzer, dem Wiener Männergesangsverein und seinem Leiter Johann Herbeck gewidmet: *Wein, Weib und Gesang.* Was wäre nicht alles über die Straußschen Werktitel zu sagen! Manchmal sind es Zufallsbildungen, wie beim *Morgenblätter-Walzer.* Oftmals erinnert ein Titel an etwas Aktuelles, sei es aus dem großen Zeitgeschehen oder nur im Lokalen, vielleicht etwas im Zusammenhang mit den Veranstaltern, auf deren Ball das Werk zum ersten Mal erklingen soll. Oft ist es einfach ein dem Wiener Volksgeist abgelauschtes Wort, das schnell in die Hirne oder besser noch zu Herzen geht. *Geschichten aus dem Wienerwald,* wie idyllisch klang das am Ende der romantischen Epoche, da das wachsende Häusermeer der Großstadt die Sehnsucht nach Natur übermächtig anschwellen ließ. *Geschichten aus dem Wienerwald:* das klang nach Heimat, nach Vogelgezwitscher und Sommerduft, nach Liebelei und Idylle. Das war ein Stück von Wien, so wie's die schöne blaue Donau war. War man nicht immer noch Wiener, Österreicher von ganzem Herzen, mit Leib und Seele? Johann Strauß drückte dies auch in anderen Titeln aus, etwa in der Polka 's gibt nur a Kaiserstadt, 's gibt nur a Wien. Und nun, als Chorwalzer, Wein, Weib und Gesang. Stammt der Titel von Strauß oder war er längst ein geflügeltes Wort? Auf keinen Fall hätte man die Lebensparolen des Durchschnittswieners besser treffen können als mit diesem Dreigestirn. Wie oft ist es seitdem zitiert worden! Und wenn ein Arzt einem älteren oder kränklichen Patienten die Lebensfreuden einschränken zu müssen glaubt, so verbietet er ihm lächelnd »Wein, Weib und Gesang« (was ein besonders Findiger einmal mit dem Stoßseufzer beantwortet haben soll: »Nun, dann lass' ich eben das Singen ...«).

Herbeck führt diesen Walzer der Lebenslust im Dianasaal erfolgreich auf. Er klingt im Chorsatz viel besser als seinerzeit der Donauwalzer. Vor allem ist sein Text liebenswürdiger und ansprechender als jener krampfhafte »Scherz« von Weyl. Am 15. Januar 1870 spielt Strauß beim Ball der ehrwürdigen »Gesellschaft der Musikfreunde« den Walzer Freut euch des Lebens zum ersten Mal, sein Opus 340. Doch auch im kommenden Vierteljahrhundert, das Strauß vornehmlich seinem Operettenschaffen widmet, entstand so mancher berühmte Walzer »so nebenbei«: Wiener Blut, Rosen aus dem Süden, die so schwungvoll aus der Ebene in sonnige Höhen hinaufjubelnden Frühlingsstimmen, und endlich das Wunderwerk des Kaiserwalzers und der dem guten Freunde Johannes Brahms gewidmete Walzer Seid umschlungen, Millionen, Opus 443. Was ist da aus Schillers Ruf an die Menschheit geworden? Blasphemie? Keineswegs! Wenn auch irdischer als beim Dichter, sinnlicher als bei seinem musikalischen Erfüller Beethoven, war es doch ein echtes Verbrüderungslied geworden, was Strauß da entwarf, was Brahms dankbar entgegennahm. Nicht oft genug kann auf diese seltsame Freundschaft hingewiesen werden, die zwei so völlig verschiedene Musikerseelen verband. Wie bewunderte der schwerblütige Norddeutsche den leichthändigen Wiener, für den Musik zu schaffen und die Massen mitzureißen überhaupt kein Problem war. Wie schwer hat sich's nur Brahms gemacht mit dem Komponieren! Nicht etwa, daß es ihm an Einfällen mangelte, aber während es bei Strauß anscheinend nur eines schlichten Filters bedurfte, durch den diese Einfälle hindurchmußten, um »fertig« zu sein, gab es bei Brahms wohl zehn schwere Siebe, zum Zweck des »Reifens« ...

Am 10. Februar 1871 vertauschte Herr Hofoperndirektor Herbeck seinen Dirigentenplatz und seinen Dienstsitz mit einer ganz anderen Plazierung: Er mußte mit einem Notsitz mitten im Orchester des *Theaters an der Wien* vorliebnehmen, mit einem »Stockerl«, wie man in Wien zu sagen pflegt, um überhaupt eine Möglichkeit zu bekommen, dem Operettendebut des Walzerkönigs Strauß beiwohnen zu können. Die Eintrittskarten waren seit Wochen restlos vergriffen. Ganz Wien wollte dabeisein.

Was war vorgefallen? Begann es wirklich mit dem Wort von Offenbach, der gerade in Wien weilte und sich mit Strauß freundschaftlich und kollegial unterhält, wobei er geäußert haben soll: »Sie sollten Operetten komponieren, Sie haben das Zeug dazu!« Es wirkte in der Seele des eher schüchternen Wiener Komponisten nach. Theaterkomponist? Das bedeutete doch vielfältigere, größere, zusammenhängende Formen, kunstreiche Ensembles, Gesangsszene mit Soli und Chor? Es bedeutete Aufbau und Zuspitzung auf ein großes Finale zu, sozusagen musikalische Spannung? Konnte er denn das überhaupt? Er zweifelte, wie so oft. Jetty aber war sicher, daß ihr Jean das konnte.

Wien war eine echte Theaterstadt, mehr vielleicht als irgendeine Stadt zu damaliger Zeit. Venedig war es einmal gewesen, als dort die Commedia dell'arte entstand, aus dem Volk und für das Volk. Auch das Wiener Theater besaß Stücke, die weitgehend auf der volkstümlichen Improvisation beruhten. Es gab das Stegreifspiel, in dem es von aktuellen Anspielungen nur so wimmelte. Immer wieder brachten die Wiener große Volksschauspieler und echte Volksstücke hervor. Man denke nur an Nestroy, dessen *Tannhäuser-Parodie* in Wien schneller populär wurde als Wagners Oper.

Die Wiener liebten ihr Theater. Jetzt, nach dem Abbruch der Stadtmauern, bekamen sie ihr *Opernhaus am Ring*, so prunkvoll, wie's der Kaiser ihnen versprochen hatte. Kein Opernhaus in ganz Europa besaß einen solchen Glanz. Berühmte Sänger aus aller Welt gastierten hier. Zudem besaß man das geliebte *Theater an der Wien*, das *Carl-Theater*, sowie eine Reihe anderer Bühnen, wo die großen Volksschauspieler und Publikumslieblinge bejubelt wurden. Die obersten Schichten besuchten »ihre« Hoftheater: die *Oper* und das *Burgtheater*, welches lange Zeit dafür berühmt war, daß auf seiner Bühne das beste Deutsch der Welt gesprochen wurde. Große Schauspieler traten hier auf, und hier hatten die Backfische »ihren Schwarm«.

In diesen Theatern wurde natürlich nicht improvisiert, um so mehr aber in den volkstümlichen Häusern. Es machte dem »Volk« weniger Spaß, jeden Abend den gleichen Text zu vernehmen, den man sogar für ein paar Kreuzer an der Kasse oder im Foyer kaufen konnte;

richtig lustig, »a Hetz« wurde es erst, wenn extemporiert wurde, improvisiert, oder wenn es wenigstens danach aussah. Und so gab es im volkstümlichen Theater zahlreiche »Einlagen«, die das Publikum entzückten. Zumeist Couplets, aktuelle Strophen zu einer einfachen Melodie, vorgetragen in einer Art »Sprechgesang«.

Offenbach gefiel den Wienern sehr. In seine Operetten konnten beliebig viele Couplets eingestreut werden mit Anspielungen auf Wiener Ereignisse und Zustände, die möglichst boshaft beleuchtet wurden. Offenbach sah das nicht ungern, einmal, weil es zu seiner Auffassung des Unterhaltungstheaters gehörte (wie ernst und wie romantisch er sein konnte, erkannte die Welt erst nach seinem Tode, als seine Oper *Hoffmanns Erzählungen* entdeckt wurde), zum andern, weil es seine Popularität noch steigerte. Er machte sich über diese »Einlagensucht« lustig, auch über deren Verfasser, den Theaterkapellmeister Johann Brandl: »Wenn ich im Hotel am Abend meine Schuhe zum Putzen vor die Tür stelle, so finde ich bestimmt am Morgen Einlagen von Brandl drin ...«

Das Wiener Theater kann ohne den Volksschauspieler nicht leben. Es besaß freilich auch seine »Stars«, seinen »Jenny Lind-Rummel« zum Beispiel. Schön. Die Wiener wußten, was sie der Schwedischen Nachtigall schuldig waren. Einmalig, wer so singt! Also spannten sie ihr nach der Vorstellung die Pferde aus, damals haben die Opernfanatiker ihre Begeisterung eben auf diese Weise kundgetan. Man belagerte Jenny im Theater, in der Privatwohnung, alle möglichen Gegenstände erhielten ihren Namen, man erbettelte Zugaben, Autogramme. Aber so ganz tief in die Herzen ging doch nur die Liebe zu den einheimischen Künstlern, zu denen, die in Wortschatz und Tonfall die gleiche Sprache sprachen, in aller Bescheidenheit (Burgtheater hin, Burgtheater her) die einzig wirkliche Art, deutsch zu sprechen. Mit so reizend verwienerten Brocken aus fremden Sprachen, wie etwa dem »Pomfineberer«, dem Mann von der Leichenbestattung, also vom *Pomp funèbre*, oder dem »Spadi«, dem Degen, den sogar Hofmannsthal in seinen *Rosenkavalier* hineinschreibt, um echt wienerisch zu sein. Ja, in diesem wienerischen Deutsch, da gab es Worte aus dem Böhmischen, dem Slowakischen und Kroatischen, aus dem Ungarischen, Italienischen und Spanischen, das ja jahrhundertelang am Habsburgerhof »Zeremoniell« gewesen war, und natürlich aus dem Französischen, das man zur Zeit der napoleonischen Besetzung aufgeschnappt hatte.

Wer dies Gemisch beherrschte, der konnte ein Wiener Bühnenliebling werden. Und eines mußte man den Wienern lassen: mochten die

Bühnengrößen in den meisten anderen Städten ihre Beliebtheit Jahr um Jahr, ja Tag für Tag neu erobern müssen — in Wien war sie, einmal errungen, so fest verankert wie die Monarchie oder ein Straußwalzer: also mindestens lebenslänglich. Die Wiener besaßen dazu sogar noch die Gabe, einen längst nicht mehr im Vollbesitz seiner Stimme oder seines Gedächtnisses befindlichen Künstler immer noch so zu sehen und zu hören, wie er in seinen Glanzzeiten gewesen war.

Zwei Primadonnen beherrschten Wiens musikalisches Volkstheater in jenen Tagen. Man nannte sie nicht so, denn das in Italien durchaus selbstverständliche Wort für eine »erste« Sängerin oder Schauspielerin war in Wien beinahe nur parodistisch im Gebrauch. Trotzdem waren »die Geistinger« und »die Gallmeyer« echte Primadonnen; Maria Geistinger eine Operettendiva höchsten Formats, zudem das, was man Jahrzehnte später eine »Sexbombe« genannt hätte in jener so direkten Ausdrucksweise, die romantischen Zeiten noch unbekannt war. Sie trat unter anderem in Offenbachs Operette *Die Schöne Helena* auf und ließ ihre Formen in damals »atemberaubendsten« und »gewagtesten« Kostümen bewundern ... o schöne Zeiten, in denen der Fantasie noch Spielraum blieb!

Dann kam, fast über Nacht, die Josefine — genannt »Pepi« — Gallmeyer zu Ruhm, oder, was mehr bedeutet, zu wahrer Volkstümlichkeit. Sie sang 1862 eine Rolle von Suppé, und damit sind wir bei der Wiener Operette. Suppé war zwar Dalmatiner italienischer Muttersprache, aber damit doch ein Österreicher. Er war ein Neffe Donizettis, des großen Opernkomponisten tragischen Schicksals, er kam 1819 in Spalato zur Welt, debutierte 1860 in Wien mit der melodiösen Operette *Das Pensionat* und schrieb dann bis zu seinem Lebensende im Jahre 1895 nicht weniger als einunddreißig Werke dieser Art, darunter so erfolgreiche und hübsche wie *Zehn Mädchen und kein Mann, Flotte Bursche, Die schöne Galathée, Fatinitza, Boccaccio.* Seine *Leichte Kavallerie-Ouverture*, sein *Dichter und Bauer* sind unzählige Male gespielt worden und werden es sogar heute noch. Ihm gebührt ein beträchtlicher Teil des Ruhmes, die *Wiener Operette* begründet zu haben. Und hier ist wohl auch der Platz, des etwas späteren Karl Millöcker zu gedenken, der, siebzehn Jahre jünger als Strauß, mit diesem das Todesjahr (1899) teilt; ohne seinen *Bettelstudent*, ohne *Gasparone* wäre die Früh- und Glanzzeit der *Wiener Operette* — man wird sie später das »Goldene Zeitalter« dieser Kunstform nennen — nicht denkbar.

Die Gallmeyer, »die fesche Pepi«, von der erzählt wurde, sie habe am Morgen nach ihrem Debut mit dem Suppéwerk ausgerufen: »I sitz grad beim Frühstück, iß mei' Wurscht, und da lies i in der Zeitung, daß i a Schenie sein soll! I war ganz baff!« — die Pepi also wurde von Johann Strauß dazu ausersehen, die Hauptrolle seiner ersten Operette zu übernehmen. Ein Textdichter Suppés, Josef Braun, hatte das Libretto zu den *Lustigen Weibern von Wien* verfaßt und Strauß die Musik dazu geschrieben, recht im Geheimen, er wollte noch nicht, daß etwas über diesen seinen Ausflug in ein neues Gebiet bekannt würde. Doch Jetty sorgte dafür, daß die rund um Johann Strauß stets besonders neugierige Presse hie und da einen kleinen Wink erhielt. Aber als Wien sich schon auf das Ereignis vorbereitete, geschah etwas Unvorhergesehenes: ein für Strauß einmaliges Mißgeschick.

Die Gallmeyer war aus dem *Theater an der Wien*, das sich vertraglich die Uraufführung der Strauß-Operette gesichert hatte, ausgeschieden und zur Konkurrenz, dem *Carl-Theater*, gegangen. Der dortige Direktor dachte natürlich nicht im entferntesten daran, seinen Star auszuleihen. Die »fesche Pepi« mußte also, sehr zum eigenen Leidwesen, ihre Mitwirkung in den *Lustigen Weibern von Wien* absagen. Darauf mußte das *Theater an der Wien* eingestehen, es habe für den Straußschen Operettenerstling keine entsprechende Besetzung. Und *Die lustigen Weiber von Wien* verschwanden, im wahrsten Sinne sang- und klanglos, ohne jemals auf die Bühne gelangt zu sein.

Jetty aber ließ nicht locker. Und der Direktor des *Theaters an der Wien*, Steiner, unterstützte sie darin lebhaft. Strauß mußte fürs Theater schreiben. Sein musikalisches Genie reichte viel weiter als nur bis zur Komposition von Tanzstücken, selbst wenn diese auch in ihrer Art noch so vollendet und abwechslungsreich waren — seine Walzer etwa, diese weitgeschwungenen, prächtigen Melodien, von denen er in verschwenderischer Weise oft mehr als ein halbes, ja ein ganzes Dutzend in einem einzigen Stück verschwendete.

Direktor Steiner unterbreitete Strauß sofort ein neues Libretto. Es hieß *Indigo*. Dann tauchte die Idee auf, noch den Zusatz »und die vierzig Räuber« in den Titel aufzunehmen; aber man mußte davon Abstand nehmen, denn der Volkswitz bezog den Zusatz auf die zahlreichen Librettisten, die am Buch mitgearbeitet hatten. Weitere Vorschläge lauteten *Fantaska*, nach der weiblichen Hauptrolle, und *Ali Baba*, aber dann blieb es doch bei *Indigo*, und der Vorhang konnte sich am 10. Februar 1871 zum ersten Mal über einer Strauß-Operette heben.

Die Premiere wurde eine wahre Sensation. Die zeitgenössischen Berichterstatter ergehen sich in ausführlichen Schilderungen des äußeren Rahmens. Was dessen Glanz betrifft, so stimmen alle überein. Wesentlich widersprüchlicher ist die Beurteilung des Werkes. Beschränken wir uns auf drei Berichte.

Der Schriftsteller Wimmer meint: »Man glaubte im Volksgarten oder in den Blumensälen zu sein, als in der Ouverture der erste Walzer auftauchte; bei der Glanznummer des Abends, dem Gesangswalzer ›Ja, so singt man, ja so singt man in der Stadt, wo ich geboren‹ brach das ganze Haus in einen Schrei aus ... Man glaubte, jetzt müsse Strauß dem nächsten Primgeiger die Violine aus der Hand reißen, sie ans Kinn schwingen und wie beim Sperl, beim Zeisig, beim Dommayer, Unger und Schwender zum Tanz aufspielen ...«

Anders sah Hanslick die Sache. Der gefürchtete »Wagner-Töter«, Wiens »Musikpapst«, für manche sein »musikalisches Gewissen«, für andere sein »hoffnungslos veraltetster Reaktionär« — dieser Mann war ein wahrer Freund von Strauß, der ihm 1864 den Walzer *Aus den Bergen* gewidmet hat. Doch am Abend der *Indigo*-Premiere sah er einfach schwarz. Das begann schon beim Libretto, das nach seiner Ansicht (und wie recht hatte er!) »armselig ausgestopfte Puppen ohne Ziel und Vernunft« auf die Bühne bringe, noch dazu die »unerträgliche Länge des Ganzen« (die Premiere dauerte tatsächlich vier Stunden). Endlich: »Der ganze dritte Akt besteht aus lauter Lückenbüßern, die mit der Handlung nichts zu tun haben.« Hanslick konnte nicht ahnen, daß derart gebaute dritte Akte, mit ihren hier erst eingeführten komischen Figuren, die »ihre« große Szene spielten, zu einem charakteristischen Merkmal der *Wiener Operette* werden sollten.

Am schlimmsten sah der Kritiker Fritz Lange die Sache: »König Indigo und seine Oberpriester glichen schlechten Kopien von Offenbachs König Bobêche und Kalchas, und der ganze orientalische Zauber war von Lerchenfelderischem Idiom stark durchsetzt. Die dilettantische Mache schrie zum Himmel: die Taten der agierenden Strohpuppen berührten nicht den naivsten Theaterbesucher ...« Wozu für den Nicht-Wiener zu bemerken ist, daß der hier erwähnte Lerchenfelderische Dialekt — also das in diesem Wiener Bezirk gesprochene »Deutsch« — sich nicht gerade durch besondere Reinheit auszeichnet.

Doch selbst die Kritiken, die am Werk viel auszusetzen haben, bewundern Strauß, der sich »ganz wie ehedem im Tanzsaal mit kühnem Schwung an das Dirigentenpult schwang«, mit »zuckenden Blitzen seiner Augen« nach rechts und links das Orchester leitete. Und »die Geistinger« in der Hauptrolle der Fantaska konnte in vielen Soloszenen ihr Können und ihre Ausstrahlung unter Beweis stellen. Sie sollte nun für lange Zeit die getreue Interpretin der Strauß-Operetten wer-

Der Walzerkönig dirigiert — und die ganze Welt tanzt.

den. Sie wurde die erste Marie im *Karneval in Rom*, die erste Rosalinde in der *Fledermaus*, die erste Lorenza Feliciana in *Cagliostro*.

Johann Strauß wich nun nicht mehr von dem Wege ab, auf den ihn gute Geister — Offenbach und Jetty gehören zu ihnen — geführt hatten. Wäre das Bild bei ihm, dem sanftesten aller Musiker seiner Zeit, nicht zu gewagt, man müßte sagen, er habe nun, trotz keineswegs einhelliger Zustimmung, »Blut geleckt«. Er hatte sich in die Operette richtiggehend verliebt: auch das vielleicht ein irreführendes Bild bei Strauß, dem monogamsten aller Ehemänner — und doch im Kern zutreffend, denn die Begeisterung für die Bühne hatte Strauß gepackt. Es beflügelte ihn der Gesang, in dem so viel Ausdruck und Seele liegen konnte, die bunte Bewegtheit einer fantastischen Welt, in der seine Melodien allen ihren Zauber ausbreiten konnten. Mehr noch, viel mehr als im Tanzstück, im Walzer, dessen intimste Feinheiten oder verborgene Schönheiten im Taumel des Tanzes leicht verlorengehen konnten. Im Theater aber, da saßen die Menschen mäuschenstill und kein anderer Wunsch bewegte sie, als *seinen* Melodien zu lauschen. Strauß mußte Vierzig werden, um dies einzusehen, um dies zu erleben.

11

Die Reise nach Amerika

Die Vereinigten Staaten von Nordamerika bereiteten sich auf ein gewaltiges Fest vor: Im Jahre 1876 würden hundert Jahre seit ihrer Gründung, seit der Loslösung von England verstrichen sein, Grund also, in großem Stile zu feiern, gab es genug. Das Land befand sich in einem rasenden Aufstieg, in mehr als einer europäischen Staatskanzlei lagen schon die Geheimberichte weitblickender Gesandter, die von einer künftigen Großmacht, ja sogar Weltmacht sprachen. Wie eine Fackel hatte die Verfassung des jungen Landes über die Erde hin gestrahlt, allen Unterdrückten Freiheit verheißen, Lebensraum, unbegrenzte Möglichkeiten ... Es hatte allen revolutionären Begebenheiten Europas im neunzehnten Jahrhundert vorangeleuchtet, von der Französischen Revolution bis ins Jahr 1848. Der Pioniergeist des jungen Gemeinwesens hatte viel Begeisterndes an sich, bei den Knabenspielen in Europa wollte jeder »Trapper« sein, ein hoch zu Roß dahinjagender, eroberungstrunkener, siegreicher Herr über unendliche Weiten und Viehherden. Nur der einsichtige Mann erkannte die Schattenseiten der verherrlichten Gewalt, die aus überschäumendem Lebensgefühl geboren war, die aber eines Tages die Grundlagen des Rechts, die Herrschaft des Gesetzes in Frage stellen könnte.

Europa lächelte manchmal noch über den »wilden« Erdteil und übersah in beinahe unbegreiflicher Weise seinen starken Kulturwillen. Es übersah, daß es viel Idealismus gab neben dem krassen Materialismus des Dollars, viel echte Sehnsucht nach Kunst und Romantik, wie die Einwanderer sie allenthalben in ihrer alten Heimat zurückgelassen hatten.

Boston war im Unabhängigkeitskampf gegen England vorangegangen. Es durfte mit Recht um vier Jahre vor dem offiziellen Feiertag der Jahrhundertfeier sein eigenes, kaum minder imposantes Fest veranstalten. Es lud europäische Größen aller Art ein, vor allem Künstler. Nur wenige kamen; wahrscheinlich machten sie sich alle ein völlig falsches Bild von dem, was sie erwartete. Auch Strauß wollte, trotz glänzender Bedingungen, ablehnen. Eine solche Reise erschien ihm zu anstrengend, zu zeitraubend, zu weit. Doch im Sternbild von Strauß Vater und Sohn müssen die Reisen vorausbestimmt gewesen sein. Jetty erkannte die Bedeutung der Amerikareise früher als ihr Mann, und nun, selbst überzeugt, überzeugte sie ihren Gatten. Dem schauderte ein wenig vor den angekündigten »Monsterkonzerten« mit »echt amerikanischem« Ausmaß: in den großen Wiener Sälen einmal die drei Gruppen des Straußorchesters zusammennehmen und so mehr als hundert Musiker dirigieren — das konnte man gelegentlich tun. Aber was die Amerikaner wollten, war etwas im wahrsten Sinne des Wortes Unerhörtes ...

Die Amerikaner legten einen Vertrag vor, wie er einem Künstler — und selbst dem berühmtesten — eigentlich nur im Traum angeboten wird: Freie Fahrt, freier Aufenthalt, freies Reisen durch den Kontinent, so viel, so lang und wo immer Strauß nur wollte. Das alles nicht nur für ihn, sondern auch für die Gattin, für die Zofe und den Sekretär, sogar für seinen großen schwarzen Neufundländerhund, dem auf dieser Reise noch eine besondere Rolle zukommen sollte. Und zu alledem hunderttausend Dollar in bar, die vor der Abfahrt aus Wien bereits in einer dortigen Bank deponiert waren. Der Vertrag lautete auf vierzehn Konzerte, vor allem in Boston, einzelne auch in New York, das ja auf der Route lag.

Das große Abenteuer — als solches betrachtete Strauß die Reise, darum machte er vorher sein Testament — begann am 1. Juni 1872 in Bremerhaven; die Eisenbahnfahrt dorthin war ja nun nichts Neues mehr. Wie hatte die vorherige Generation, wie hatte der Vater seine weiten Reisen in einer Postkutsche bloß überstehen können? Der Walzerkönig schüttelte den Kopf, wenn er daran dachte.

Was Strauß von Amerika wußte oder was er sich vorstellte, wissen wir nicht genau. In Wien war in den frühen fünfziger Jahren einmal ein Flugblatt erschienen, das er wahrscheinlich kannte. Es war vermutlich als Scherz gedacht: Man machte sich über Jenny Linds Amerikatournee lustig. Nicht über sie selbst natürlich, die überall Angebetete, sondern über die Amerikaner. Da sah man Farmer, die Hab und Gut verpfändeten oder verschleuderten, nur um einem Konzert der Schwedin beiwohnen zu können. Man sah sie nicht sitzen, wenn Jenny sang, sondern knien. Man sah sie ihren Wagen ziehen (als ob das in Europa nicht in vielen Städten geradeso gewesen wäre!), man sah ihren Impresario seinen goldenen Vogel sorgfältig in einen goldenen Käfig einschließen. Es war lustig gemeint, man wollte die Naivität der Amerikaner treffen, ihren Mangel an »Kultur« — vielleicht. Aber der Schuß ging daneben, weit daneben. Alle europäischen Künstler, die Amerika betraten, waren zwar benommen von mancher Eigenheit des Landes, von seinen Europa gegenüber vervielfachten materiellen Möglichkeiten. Man war aber auch beeindruckt von seinem echten und oft geradezu leidenschaftlichen Kulturstreben, seinem manchmal schon erstaunlich sicheren Kunstempfinden. Auch Strauß, der übrigens kein sehr scharfsichtiger Beobachter fremder und ferneliegender Dinge war, da sein Leben nun einmal zu fest in Wien verankert war — auch Strauß staunte und war vom amerikanischen Leben angetan. Einige Jahre später wird Tschaikowsky ähnliche Erfahrungen sammeln und den neuen Weltteil bewundern und schätzen lernen. Nach ihm wird Dvořak kommen, nicht nur als flüchtiger Gast, vielmehr wird er sich als Leiter eines New Yorker Konservatoriums für einige äußerst fruchtbare Jahre hier niederlassen. Der große »Kulturaustausch« beginnt.

Begeisterungfähigkeit für ideelle und künstlerische Werte konnte Amerika schon in den siebziger Jahren nicht abgesprochen werden, das erkannten auch Strauß und Jetty. Mochte diese Begeisterungsfähigkeit sich auch manchmal in etwas naiver, wenn nicht kindlicher Weise äußern, so war sie doch keineswegs etwas Lächerliches oder etwas, das man mit der falschen Überlegenheit des Europäers abtun konnte. Der Wiener Meister fühlte sich während der ganzen Reise äußerst wohl, seelisch wie körperlich.

Auf der Überfahrt befand sich eine preußische Kapelle an Bord, und Strauß wurde in liebenswürdigster Weise veranlaßt, einen Galatanz zu dirigieren. Es herrschte Hochstimmung. Alles wartete darauf, daß

216

nun der berühmteste Walzerkomponist aller Zeiten selbst das Tanzbein schwingen werde, nachdem er einige Tänze geleitet hatte. Aber Strauß war — Nichttänzer! In Wien wußte das jedes Kind, aber in anderen Städten erregte diese Tatsache immer wieder Aufsehen. Ein Walzerkönig, der nicht tanzte! Es ist nirgends überliefert, warum es so war. Vielleicht aus angeborener Schüchternheit, vielleicht aus nie überwundener Scheu vor zu engem Kontakt mit Menschen, möglicherweise auch nur aus einer Art Notwehr, denn er hätte sonst, um keine seiner Verehrerinnen zu beleidigen, auf allen Bällen mit allen Damen tanzen müssen.

Von den Fassaden Bostons grüßte ihn ein riesiges Plakat, das uns heute von unzähligen Reproduktionen her geläufig ist. Damals aber muß es auf Strauß einen starken Eindruck gemacht haben. Da sieht er sich selbst auf der Erdkugel stehend und den Geigenbogen schwingend, und ringsum lauschen entzückt die großen Meister der Musik. Eine Festhalle war errichtet worden, in der hunderttausend Zuhörer Platz fanden. Zehntausend Musiker im Orchester, zwanzigtausend Sänger. Es ist ein überwältigender, beinahe beängstigender Eindruck; »echt amerikanisch«, wie man dies in Europa zu nennen pflegt.

Sechs »Bahnbrecher«, Leibwächter oder wie immer man es nennen will, schreiten Strauß voraus zum Podium, das einem wahren Turm gleicht. In diesem Meer von Blumen soll er stehen? Die Menge rast seit Minuten, seit dem Augenblick seines Erscheinens. Der Sekretär trägt ihm die Geige nach, die voranschreitenden und ihn seitlich flankierenden Männer sorgen für freie Bahn bis zum Kommandoturm, aber immer wieder durchbrechen einzelne die Absperrung und wollen ihn berühren, küssen, umarmen, ihn um Autogramme anflehen oder wenigstens ihre Liebe und Verehrung ausdrücken.

Wie weit ist der Weg zum »Turm«! Strauß wird unsicher angesichts dieser Massen, die ihn umbranden. Er kann zudem keinen Hügel besteigen, ohne Schwindelgefühle zu empfinden, und nun soll er da hinauf, hoch über die Zuschauermengen der Halle, hoch über das Orchester und den Chor, deren Ende er nicht abzusehen vermag! Wie kleine Bojen ragen in gewissen Abständen von seinem Leuchtturm die Podien von hundert »Sub-Dirigenten« heraus. Sie wurden ihm beigeordnet, um seine Bewegungen getreulich abzunehmen und je an mehrere hundert Ausführende weiterzugeben.

Nun steht er oben, unter ihm wogt es wie in einem aufgewühlten Meer. Tücher werden geschwenkt, Fähnchen, Fahnen, Hüte. Alle harren seines ersten Zeichens. Er bringt es über sich, die Hände zu heben. Es wird still. Man spürt die Spannung wie etwas Körperliches.

Dann führt er die Arme abwärts, das Zeichen ist gegeben, ein Sturm an Musik bricht los: *An der schönen blauen Donau.*

Da schwelgen Musiker und Sänger in Klängen, und die Begeisterung bei ihnen scheint grenzenlos. Sie sind unsagbar stolz, in einer solchen Stunde dabeizusein, mitzuwirken. Sie werden es einmal voller Stolz den Enkeln erzählen, daß sie im Konzert des »great master Strauß« streichen, blasen, schlagen, singen durften.

Strauß hat dieses Konzert geschildert, als er wieder zurück in Wien war, in seinem gemütlichen Heim, das Jetty ihm eingerichtet hat. Ein Ton von heiterer Ironie liegt in seiner Erzählung, aber das macht wohl die zeitliche und räumliche Distanz, die inzwischen eingetreten war. In jenem Augenblick in Boston, da er auf dem Turm den Einsatz zu seiner Musik gab, dürfte es wesentlich aufregender hergegangen sein. Johann Strauß wörtlich:

»Auf der Musikertribüne befanden sich Tausende Sänger und Orchestermitglieder, und das sollte ich dirigieren. Zur Bewältigung dieser Riesenmassen waren mir viele Subdirigenten beigegeben, allein ich konnte nur die Allernächsten erkennen, und trotz vorhergegangener Proben war an eine Kunstleistung, an Vortrag oder Zusammengehen nicht zu denken. Eine Absage hätte ich mit dem Preis meines Lebens bezahlen müssen. Nun denken Sie sich meine Lage angesichts eines Publikums von hunderttausend Amerikanern! Da stand ich auf dem obersten Dirigentenpult — wie wird die Geschichte anfangen, wie wird sie enden? Plötzlich kracht ein Kanonenschuß, ein zarter Wink für uns zwanzigtausend, das Konzert zu beginnen. Die ›blaue Donau‹ steht auf dem Programm. Ich gebe das Zeichen, meine hundert Subdirigenten folgen mir, so rasch und gut sie können, und nun geht ein Heidenspektakel los, den ich mein Lebtag nicht vergessen werde. Da wir so ziemlich zu gleicher Zeit angefangen hatten, war meine ganze Aufmerksamkeit nur noch darauf gerichtet, daß wir auch zu gleicher Zeit aufhörten. Gott sei Dank, ich brachte auch das zuwege. Es war das Menschenmöglichste. Die hunderttausendköpfige Zuhörerschaft brüllte Beifall, und ich atmete auf, als ich mich wieder in freier Luft befand und festen Boden unter meinen Füßen fühlte ...«

Der Straußrummel in Nordamerika nahm abenteuerliche Formen an. Zu den vereinbarten vierzehn Konzerten traten noch zwei große Bälle in Boston, bei denen ein Orchester von dreihundert Mann unter Strauß' Leitung zum Tanz aufspielte. Und schließlich noch vier Konzerte im Opernhaus von New York. Es gelangen dem Wiener Meister zweifellos feine und zugleich mitreißende Interpretationen seiner Werke. Die Amerikaner, schon vorher völlig für den Walzer gewonnen, erlebten nun seinen wahren musikalischen Wert, seine romantische Stimmung und seine tiefe Poesie.

Die Tage vergingen wie im Flug, Strauß wurde, wo immer er erschien, herzlich gefeiert. Jetty war an seiner Seite und fühlte sich glücklich. Ihr Jean hatte alles erreicht, was einem Künstler seines Genres zu erreichen möglich war. Sie hatte vom ersten Augenblick ihres Ehebundes den Gedanken an eigene Erfolge aufgegeben, zu denen sie vielleicht — zumindest im Konzertsaal, wenn schon nicht mehr auf der Bühne — hätte zurückkehren können. Sie lebte nur für ihren Jean, als »sein Geheimsekretär, Diplomat, Finanzminister, Regisseur, Impresario, das erste Publikum und die beste Hausfrau« (Fritz Lange). Das einzige »Opfer«, wenn man es so ausdrücken kann, wurde der Neufundländer. Zu viele begeisterte Amerikaner brannten nach einer Locke des großen Meisters, also mußte immer wieder ein Haarbüschel des schwarzen Hundes daran glauben. Ob Strauß ihn, wie boshafte Zungen behaupten, aus diesem Grunde so groß und so schwarz gewollt hatte, entzieht sich unserer Kenntnis.

Doch soll uns diese kleine Anekdote dazu dienen, auf einen besonderen Charakterzug des Walzerkönigs hinzuweisen. Sein Haar war tiefschwarz, als er beim *Dommayer* debütierte, tiefschwarz als er mit Jetty vor dem Altar stand. Es war auch jetzt noch tiefschwarz. Das ist durchaus natürlich, denn er war noch nicht einmal Fünfzig. Aber es wird beim Sechziger, ja beim Siebzigjährigen nicht anders sein. Strauß sorgte dafür, als die Natur es nicht mehr tat. Strauß, der Lebensbejaher, Lebensbesinger, Lebensverschönerer, der innerlich immer Junge hatte eine unsagbare Abneigung gegen Altern und Tod ...

Als Strauß in Europa landet, will er gleich heimeilen nach Wien. Aber das Schicksal hat es anders bestimmt. Und beinahe hätte sein Testament, dem er während der jubelnden Amerikawochen keinen Gedanken widmete, nun doch noch einen Sinn bekommen: In Wien war die Cholera ausgebrochen. Strauß, vielleicht ein wenig überängstlich, beschließt, Ferien einzulegen, es ist Mitte Juli und ohnedies nicht viel »los« in der Heimat. Also macht er zuerst in Bad Schwalbach im Taunus Station, dann reist er weiter nach Baden-Baden, wo der alte Kaiser Wilhelm I. nach ihm verlangt. Der liebt, trotz oder gerade wegen seines preußischen Wesens — Gegensätze ziehen sich an — Wiener Art, Wiener Leben, Wiener Musik und ganz besonders die Walzer von Strauß; am meisten liebt er den einen: *Geschichten aus dem Wienerwald*. Und so geht sein Wunsch dahin, Strauß möge kommen und die Kurkapelle dirigieren, im Mittelpunkt des an mehreren Tagen wiederholten Konzerts stets die bezaubernden *Geschichten aus dem Wienerwald*.

Strauß bestimmt die Einnahmen aus diesen Konzerten für wohltätige Zwecke. Gelegentlich sonnt er sich in der Freundschaft des Monarchen. Einträchtig sieht man sie auf der Kurpromenade wandeln und lebhaft plaudern. Als sichtbares Zeichen bringt Strauß einen hohen Orden Preußens mit nach Hause, einen nicht minder hohen des Königsreichs Baden, doch vor allem die große Genugtuung, wieder einmal den Menschen Freude gemacht zu haben.

Von vielen weiß er es gar nicht. Es ist erstaunlich, wie die Meinungen im Falle Strauß einmütig übereinstimmen, gleichviel, ob sich eine bedeutende Persönlichkeit oder der kleine Mann, ob sich der Anhänger von Unterhaltungsmusik oder der Empfindsame dazu äußert, auch Nichtmusiker oder Musiker, die sonst fast nie unter einen Hut zu bringen sind, ja selbst — was das Seltenste ist — die Musiker aller Richtungen. Hans von Bülow, der hervorragende Dirigent und ein Apostel Wagners (von dem er grausam enttäuscht wurde), dieser geistvolle, gebildete Mann schreibt anschließend an seine Baden-Badener Begegnung mit dem Walzerkönig folgenden Brief an eine Bekannte:

»In Baden-Baden habe ich meine Station über Absicht ausdehnen müssen. Da war ein Zauberer, dem ich ganz einzige Kunstgenüsse zu danken habe. Sie erraten nicht, wen ich meine? Johann Strauß, betreffs dessen ich Brahms' sehr ernsthaft gemeinten Ausspruch an mich vollkommen kontrasigniere: ›Das ist einer meiner wenigen Kollegen (ja!), vor denen ich ungeschmälerte Hochachtung haben kann. Von dem kann unsereins was lernen!‹ Ja, verehrte Freundin, das ist ein Dirigentengenie in seinem kleinen Genre, wie Wagner im Sublimen. Ich bin noch ganz erfüllt davon, Herz und Kopf tanzen in mir weiter, wie berauschte Derwischfragmente. Aus Strauß' Vortragsweise ist für die 9. Sinfonie wie für die Pathétique zu lernen ...«

12

Glücklich ist, wer vergißt ...

Zwei Jahre nach der ersten Operettenpremiere von Johann Strauß erscheint ein neues Werk von ihm auf der Bühne, und diesmal wieder im *Theater an der Wien*. Es heißt *Karneval in Rom* und hat am 1. März 1873 Premiere. Doch genauso wie der *Indigo* (und mit diesem nicht weniger als ein Dutzend Bühnenwerke aus der Feder des Walzerkönigs) verschwindet auch der *Karneval in Rom* bald von den Brettern. (Es gibt immer wieder »Rettungsaktionen«, um die eine oder andere dieser Operetten am Leben zu erhalten, indem man ihre schöne, teilweise glänzende Musik mit neuen Worten, neuen Szenen, ja manchmal ganz neuen Handlungen ausstattet, aber — mit Ausnahme des *Wiener Blut,* das im Todesjahr von Strauß auf die Bühne kommen wird — ist ihnen kaum je ein langes Leben beschieden gewesen.)

Auch *Karneval von Rom* ist kein großer Erfolg geworden, vielleicht bloß infolge eines Mißverständnisses? Im Grunde handelt es sich um ein liebenswertes Werk, das unter den Spielopern eine gute Figur gemacht hätte. Für eine Operette jedoch besitzt es zu wenig Leichtigkeit und »Schmiß«. Das Singspiel hat eine alte Wiener Tradition. Die Glücksfälle dieser Gattung sind Mozarts *Entführung aus dem Serail* und die wahrhaft unfaßbar geniale *Zauberflöte,* in der dem Komponisten das Wunder gelingt, volkstümliche Melodik mit Ethos und Menschlichkeitsideal zu verknüpfen. Doch *Zauberflöte* und *Entführung* sind, wie gesagt, Ausnahmen. Aber man könnte den *Karneval in Rom* sehr wohl den meisten Werken der Gattung Spieloper oder Singspiel an die Seite stellen, ihn also mit den Werken eines Schenk, Weigl, Dittersdorf oder Wenzel Müller, sogar mit Mozarts *Schauspieldirektor* und — warum nicht? — mit den Werken Lortzings vorteilhaft vergleichen.

Doch Wien wollte diesen *Karneval in Rom* nun einmal als Operette sehen, ganz einfach weil man Strauß als Operettenkomponisten haben wollte. Dabei war seine musikalische Art von der üblicher Operetten ziemlich weit entfernt: sowohl von Offenbachs »Bouffes« und des Franzosen Alexandre-Charles Lecoq *Fille de Madame Angot* oder *Giroflé-Girofla,* wie auch von den Stücken Suppés und anderer Wiener Komponisten.

Strauß überzog das nicht sehr bühnenwirksame Libretto, das ihm Josef Braun, ein ursprünglich aus Budapest stammender, in Wien niedergelassener und erfolgreicher Textdichter — was wesentlich weniger besagt als »Dichter« schlechthin — geliefert hatte, mit teils recht innerlicher und zu Herzen gehender Musik. Eben: Singspiel. Es zeigte sich — und hier kam es klar zum Vorschein, was in der Tanzmusik schon oft spürbar geworden war, aber nie im Vordergrund stehen konnte —, daß Strauß ein echter Poet war, ein Dichter in Tönen, ein Lyriker, dem Innigkeit geradeso zu Gebote stand wie die andere Seite, die bekanntere seines musikalischen Wesens, der Schwung, die dionysische Trunkenheit. Nachdenkliches ebenso wie

Mitreißendes, Feinfühligkeit so gut wie Übermut vermochte er in seiner Musik auszudrücken.

Den anderen Teil der »Karneval«-Musik bestimmt der Titel. Es ist ein turbulentes Maskentreiben in Rom, in das der aus dem Norden in sonnigere Gefilde wandernde Maler gerät, nachdem er sich bei seinem Aufenthalt in der Schweiz in ein Mädchen verliebt hatte. Er macht sich davon, um in Italien sein Glück zu suchen, doch die Geliebte folgt ihm, verkleidet, woraus eine Mignon-Situation entsteht. Sie sucht sein römisches Atelier auf, in Männerkleidern; sie bewahrt ihn vor der Falschheit einer hochgestellten Südländerin und — heiratet ihn natürlich zum Schluß.

Marie Geistinger stand wiederum auf der Bühne; zu ihrer sprichwörtlichen Schönheit zeigte sie auch noch Herz und Innigkeit. Sie war das »Mädchen aus dem Volke«, wie Strauß sich die Schweizerin Marie vorgestellt hatte. Da sie zudem vollendet sang, riß sie das Publikum mit. Ihr Lied »Die Glocken, sie hallen, sie locken und schallen ...« hat Logen und Parkett, vor allem aber die Galerie zu Tränen gerührt.

Johann von Herbeck, der Hofoperndirektor, soll die Absicht gehabt haben, das neue Werk in sein Theater zu holen, wo es möglicherweise den verdienten Erfolg gefunden hätte, als lyrische Spieloper, opernmäßig gesungen. Doch der Tod hinderte ihn daran, diesen Gedanken, der bei seinen Nachfolgern wieder auftauchen wird, durchzuführen. Aber in Strauß' künstlerischem Streben war damit ein neues, bis dahin völlig ungeahntes Ziel aufgetaucht: die prunkvolle *Oper am Ring!* Er hatte Wiens Musikstätten eine nach der andern erobert: mit dem *Dommayer* hatte er vor fast dreißig Jahren begonnen, längst nicht so bescheiden wie der Vater in den Schenken an der Donau, und er hatte es bis zum ehrwürdigen Gebäude der Gesellschaft der Musikfreunde und bis zur Hofburg gebracht, ganz abgesehen von den Adelspalästen in Wien, Budapest, Prag, Paris, London, St. Petersburg und bis zur Oper in New York schließlich. Nun gab es ein neues, leuchtendes Ziel in seinem Leben; er wollte es lange nicht offen eingestehen, aber er träumte davon: die Wiener Oper.

Ihm, Johann dem Glücklichen — als welchen sich sein Vater, trotz allen Ruhms und strahlendster Erfolge, wohl kaum je bezeichnet hätte — wird auch das gelingen. Allerdings nicht durch Herbeck, nicht mit dem *Karneval in Rom.* Johann der Glückliche hatte, zu allem übrigen Glück, etwas Wichtiges, Entscheidendes obendrein: Zeit. Er kann ruhig weitere zwanzig Jahre auf die Erfüllung dieses Traumes warten.

Das Warten fällt nicht schwer, wenn es in äußerst angenehmer Position und Tätigkeit erfolgen kann. Der Liebling der Welt erbaut ein schönes Wiener Palais. Er wird mehrfacher Hausbesitzer, was ihm gute Renten einbringt. Er errichtet eine Sommervilla in Bad Ischl, das damit einen entscheidenden Schritt zur »Operettenmetropole« macht, als welche es ein halbes Jahrhundert lang dann während der Sommermonate mit Recht gelten kann. (Im idyllischen Tal der Traun, inmitten lieblicher Berge und bewaldeter Hügel, besaß auch der Kaiser seine Sommerresidenz, hier beging er alljährlich am 18. August seinen von der gesamten Bevölkerung begeistert gefeierten Geburtstag, und hier waren der Monarch des Imperiums und der Walzerkönig einander näher als sonst irgendwo.) Strauß erwirbt außerdem das Rittergut Schönau bei Leobersdorf, nicht fern von Wien. Weit ist der Weg zurück zum Großvater Strauß, der eines Tages seine obskure Schenke am Donaustrom verläßt und sich in die Fluten· stürzt, da ihm die Schulden über den Kopf wachsen ...

Und dieses behagliche Leben eines wahren Grandseigneurs sieht sich noch hie und da unterbrochen, gesteigert, könnte man fast sagen, durch Reisen, in deren Verlauf regelmäßig die Triumphe wiederkehren, wie Vater und Sohn sie auf ihren weiten Fahrten seit jeher gewohnt waren. Nun bleibt er allerdings in Europa, das amerikanische »Abenteuer« findet keine Wiederholung. Nach Italien geht es 1874, nach Deutschland 1876. In beiden Ländern folgt auf die militärische Niederlage Österreichs die friedliche »Revanche«: der völlige Triumph von Johann Strauß, dem alles sich freiwillig und begeistert unterwirft. Die Wiener Musik hat ihren Siegeszug rund um den Erdball vollendet. Und zuletzt folgt 1877 eine Reise nach Paris, so erfolgreich wie die Reise anläßlich der Weltausstellung es gewesen war.

Trotzdem gab es in ihrem Verlauf einige unangenehme Episoden, die leicht böse hätten enden können. Einige Pariser Musiker erheben sich gegen Strauß — heute würden wir vielleicht von einer gewerkschaftlichen Aktion sprechen. Es gibt Angriffe gegen den »usurpierenden« Ausländer und sogar Sabotageversuche, die allerdings von der alles mitschwemmenden Publikumsbegeisterung unwirksam gemacht werden. Der Wiener Charmeur und Grandseigneur Strauß — der zudem Französisch spricht wie ein Pariser — weiß die Feindseligkeit sehr fein in Freundschaft und allgemeine Versöhnung umzubiegen: er spendet den Musikern von Paris eine ansehnliche Summe und ersucht um Aufnahme in ihren Verband. Mit dem Ritterkreuz der Ehrenlegion geschmückt, vom Staatsoberhaupt persönlich an die Brust geheftet, kehrt der Walzerkönig heim.

Das Jahr 1873 wurde ganz plötzlich und unerwartet zu einem Krisenjahr. Menschen nahmen sich das Leben. Reiche wurden über

Nacht arm, Sorglose mit Kummer beladen, Nobellokale mußten schließen, Sommerfrischen blieben leer. Eine der die Welt periodisch heimsuchenden wirtschaftlichen Krisen, die bis zum Zusammenbruch gehen können, hatte sich in einem gewaltigen Börsenkrach in Wien am »schwarzen Freitag«, dem 9. Mai 1873, entladen und offenkundig gemacht. Damals konnte eine finanzielle Weltkrise noch von Wien ausgehen, denn die Donaumetropole war damals wirtschaftlich bedeutsam. Ein halbes Jahrhundert später wird das Epizentrum eines ähnlichen »Erdbebens« in New York liegen.

Was sich damals in Wien abspielte, ist oft und mit gebührender Dramatik geschildert worden: Panik in allen »besitzenden« Schichten, tätliche Angriffe auf die für schuldig Gehaltenen — bis hinauf zum Baron Rothschild, der mit knapper Not einer Schlägerei entkam. Firmenzusammenbrüche, Radikalisierung der unteren Schichten. Die liefen zur neuen Partei der Christlichsozialen über, die ihre Ressentiments geschickt ausnützte, aber auch Gründe genug fand, ihren warnenden Finger in die Wunden offener Mißstände zu legen. Neben die wahrhaft Schuldigen mußten Sündenböcke gestellt werden, und wie leicht waren die zu finden! »Der Jud« war schuld, ist eine der vielen Parolen der neuen Partei gewesen und sie wurde zu einer der meistzitierten, leichtestgeglaubten, verbreitetsten und populärsten.

In Wien, mehr als irgendwo sonst, mit Ausnahme vielleicht von Prag, lagen jüdische mit christlichen Schicksalen und Lebensläufen eng verbunden nebeneinander. Sie griffen ineinander oft bis zur Unentwirrbarkeit. Heiraten, Freundschaften, Liebesverhältnisse liefen quer durch christliche und jüdische Lebensbahnen hindurch. So war es auch im Leben der Straußfamilie. Mehrere der engsten Mitarbeiter von Strauß waren Juden oder jüdischer Abstammung. Gustav Lewy war es, der Schulkamerad, dessen Traum in Erfüllung ging: »Schani« wurde berühmt und er einer seiner Verleger. Und viele seiner Textdichter waren es, wer fragte danach?

Des Walzerkönigs Gattin Jetty kam aus vieljähriger Liaison mit dem jüdischen Baron Moritz Todesco, dessen Kinder sie geboren und erzogen hatte. Und Adele Strauß, von ihr wird noch ausführlich die Rede sein, gab ihr Judentum auf, um des Walzerkönigs angetraute Gattin zu werden. Aber auch er mußte einen Religionswechsel vornehmen, wie wir bald sehen werden. Trotz dieses Wirrwarrs in Glaubensdingen wurden sie restlos glücklich.

Manche der besten Freunde des Walzerkönigs waren Juden: der Pianist Grünfeld, der Komponist Goldmark; doch wozu sie alle in diesem Zusammenhang aufzählen? Wir verfielen dieserart in einen der

Adele Strauß, dritte Frau von Johann Strauß.

Klemens Fürst von Metternich.

Eduard Strauß *dirigiert.*

Alexander Girardi, der berühmte Charakterkomiker.

dümmsten Fehler fanatischer Epochen. Im Hause Strauß, wo sie ein- und ausgingen, gab es keine derartigen Unterschiede. In der überwältigenden Zahl der Wiener Häuser gab es sie auch nicht. Es war eine liberale Epoche, in der Religion zu den Privatangelegenheiten jedes Menschen gehörte. Was zählte, war der Mensch, genauer, seine Menschlichkeit.

Die Krise des Jahres 1873 brachte diese Wiener Ordnung, die nach Ansichten des höheren deutschen Nordens eher eine Unordnung genannt zu werden verdiente (aber doch eben eine ganz eigene, eben wienerische — unnachahmliche und wohl nur zu einer bestimmten Zeit, in einer bestimmten Gesellschaft vollgültige Ordnung war) ins Wanken, erschütterte sie fast bis zu den Grundfesten auf gewaltsame, grausame Weise. Aber Wien wäre nicht Wien gewesen, wenn dieser »Zwischenfall« nicht vorbeigegangen wäre; gerade wie die Revolte von 1848 vorbeigebraust war und eigentlich nur einen Kaiser ausgetauscht hatte. Dieses Mal geschah nicht einmal das: Franz Joseph blieb Kaiser, und Johann Strauß Walzerkönig.

Während die Krise auf ihrem Höhepunkt stand und tägliche Gerüchte, eifrig in Kaffeehäusern verbreitet, die Wirklichkeit noch zu übertrumpfen suchten, arbeitete Johann Strauß an einem neuen Werk. So als wäre nichts geschehen, schrieb er Melodien über Melodien, unterhielt sich, diskutierte mit seinen Textdichtern, vor allem mit dem hochbegabten Richard Genée in seiner behaglichen Wohnung. Er ließ sich nichts abgehen. Ihn persönlich hatte der »Krach« kaum betroffen; die paar Aktien, die er besaß und die ins Bodenlose gestürzt waren, spielten kaum eine Rolle, da ihr Verlust mehr als wettgemacht wurde durch die ständig wachsenden Einnahmen, die seinem steigenden Weltruhm entsprangen und weitgehend krisensicher waren. Es war möglich, ja wahrscheinlich, daß die Theater und Tanzsäle im Herbst, bei Saisonbeginn, die Krise spüren würden, aber an einen wirklichen Weltuntergang glaubte im Wien des neunzehnten Jahrhunderts niemand.

Und so schuf Johann Strauß, ausgerechnet im Katastrophenjahr 1873, sein überschäumendes, ausgelassenes, genialstes Bühnenwerk: *Die Fledermaus*. Vom Stoff war er begeistert, so sehr, daß er seine Meisterpartitur in zweiundvierzig Nächten (Strauß war ein Nachtarbeiter) auf das Papier bannte. Es war wie ein Rausch, der über ihn, den an sich so nüchternen Menschen, gekommen war. Wenn Decsey liebevoll sagt: »Eine zweite Fledermaus hat er nicht geschrieben«, so ließe dieses Wort — trotz *Zigeunerbaron*, trotz *Lustige Witwe*, trotz *Walzertraum*, *Gräfin Mariza* und *My fair Lady* (wenn man sie zur Operette rechnen will) sich erweitern zur apodiktischen Versicherung: Eine zweite *Fledermaus* ist nicht komponiert worden.

Während Strauß an seiner Meisteroperette arbeitet (kann man Arbeit nennen, was bis zum Schlußstrich ein Genuß war?), ist er mehrmals porträtiert und fotografiert worden. Er trägt um jene Zeit einen großen weitgeschwungenen Schnurrbart, aber keinen Backenbart, nicht einmal lange »Koteletts«, und keinen Bart am Kinn. Auf einem Gemälde — Leopold Horowitz ist der Porträtist — blickt er den Maler ruhig an; seine großen dunklen Augen strahlen Sicherheit und Zuversicht aus. Er trägt einen breitkrempigen, an den Rändern hochgebogenen Hut so schräg auf dem Kopfe, daß an der linken Seite viel gelocktes Haar hervorquillt. Außer zwei tieferen Falten am Übergang von Stirn zu Nase sind keine Furchen in seinem Gesicht zu sehen. Auch auf der Fotografie nicht, die ungefähr gleichzeitig entsteht und ihn, der Gewohnheit der Zeit entsprechend, in voller Gala zeigt: im Frack, den Zylinder in der Hand, einen hohen Orden um den Hals und auf der weißen Hemdbrust liegend, dazu ein Dutzend kleinerer Orden in Miniaturnachbildung an einem langen Bande auf dem linken Aufschlag des Fracks. Er blickt auch hier ernst, geradeso, als komponiere er etwas ganz anderes als die lachendste, fröhlichste Musik seiner Zeit. Man entsinnt sich plötzlich, daß es von ihm so gut wie keine lächelnden, lachenden oder auch nur heiteren Bilder gibt. Der dunkle Blick ist tiefernst. Das volle schwarze Haar, ungescheitelt, krönt den edlen, ovalen Kopf, der ein wenig fremdländisch anmutet.

Der 5. April 1874 ist zum ruhmreichsten Tag der Operettengeschichte geworden. Es ist der Geburtstag der *Fledermaus*, wenn wir unter Geburtstag den Augenblick verstehen, da ein Bühnenwerk im Beisein eines festlich gestimmten Publikums das Licht der Welt, oder besser, das Rampenlicht erblickt. Es war jedoch kein besonders glücklicher Geburtstag, und kaum einer der Anwesenden hätte vorauszusagen gewagt, daß dieser Tag dereinst im Almanach der Musen in prangenden Goldlettern verzeichnet sein würde.

Am Stück selbst hat es bestimmt nicht gelegen; die Handlung war gar nicht so übel, die Musik prachtvoll vom ersten bis zum letzten Ton. Und so mußte an der Handlung und an den Noten nichts geändert werden, als dann der rasende Aufschwung in den Welterfolg begann. Doch das ist eben am Theater mitunter so; im Laufe eines Jahres zum Beispiel fallen zwei Bühnenschöpfungen durch, die inzwischen zu den vollendetsten Meisterwerken zählen: *Die Fledermaus* am 5. April 1874 in Wien, und am 3. März 1875 *Carmen* in Paris. Beides unbegreiflich, unerklärlich immer noch. Strauß hat den

K. k. priv. Theater an der Wien.

Unter der Direktion Geistinger & Steiner.

Sonntag den 5. April 1874.

Zum erstenmale:

Die Fledermaus.

Komische Operette in 3 Akten nach Meilhac und Halevy's „Reveillon", bearbeitet von C. Haffner und Richard Genée. **Musik von Johann Strauss.**
Tänze arrangirt von der Balletmeisterin Frau Therese v. Kilany.
Die neuen Dekorationen des ersten und zweiten Aktes von Herrn Alfred Moser. — Die neuen Kostüme angefertigt vom Obergarderobier Herrn Schulze.
Möbel von Aug. Kitschelt's Erben (Rudolf Kitschelt), k. k. Hoflieferant.

Gabriel von Eisenstein, Rentier	.	Hr. Szika.
Rosalinde, seine Frau	.	Marie Geistinger.
Frank, Gefängniß-Direktor	.	Hr. Friese.
Prinz Orlofski	.	Frl. Rittinger.
Alfred, sein Gesanglehrer	.	Hr. Rüdinger.
Dr. Falke, Notar	.	Hr. Lebrecht.
Dr. Blind, Advokat	.	Hr. Rott.
Adele, Stubenmädchen Rosalindens	.	Fr. Charles-Hirsch a. G.
Ali-Bey, ein Egypter	.	Hr. Nomani.
Ramusin, Gesandschafts-Attaché	.	Hr. Jäger.
Murray, Amerikaner	.	Hr. Liebold.
Cariloni, ein Marquis	.	Hr. Thalboth.
Lord Middleton	.	Hr. Funk.
Baron Oskar	.	Hr. Mellin.
Frosch, Gerichtsdiener	.	Hr. Schreiber.
Yvan, Kammerdiener des Prinzen	.	Hr. Gärtner.
Ida,	.	Frl. Jules.
Melanie,	.	Frl. Kopf.
Felicita,	.	Frl. Schindler.
Sidi,	.	Frl. Treuge.
Minni, Gäste des	.	Frl. R. Grünfeld.
Faustine, Prinzen	.	Frl. A. Grünfeld.
Silvia, Orlofski	.	Frl. Künsler.
Sabine,	.	Frl. Stubel.
Bertha,	.	Frl. Steinburg.
Lori,	.	Frl. Donner.
Paula,	.	Fr. Nomani.
Erster } Diener des Prinzen	.	Hr. Buchner.
Zweiter	.	Hr. Kalfke.
Ein Amtsdiener	.	Hr. Schwellal.

Herren und Damen. Masken. Bediente.
Die Handlung spielt in einem Badeorte, in der Nähe einer großen Stadt.

Vorkommende Tänze:

1. **Spanisch**, ausgeführt von Frl. Grilich und 8 Damen vom Ballet.
2. **Schottisch**, Frl. Geraldini, Jechtner, Wollschack, Meier und Wiest.
3. **Russisch**, Frl. Angelina Bonesi, Frl. Stubenvoll, Nagelschmidt, Gwelkofsky, Guhr, Schmidt und Großeli.
4. **Polka**, Frl. Walter, Frl. Raab und Anna Thorn.
5. **Ungarisch**, ausgeführt von Frl. Venda und Herrn Conqui.

Anfang 7 Uhr.

K. k. Hoftheater-Druckerei.

(B. R. St. G.)

Theaterzettel der Uraufführung der »Fledermaus« aus dem Jahre 1874.

Umschwung noch erlebt und konnte sich viele Jahre im Glanz der *Fledermaus*-Erfolge (und auch -Tantiemen) sonnen. Bizet durfte den endgültigen Triumphzug seiner *Carmen* nicht mehr erleben. Er starb, erst siebenunddreißig Jahre alt, drei Monate nach der mißlungenen Uraufführung seiner Oper.

Das Libretto der *Fledermaus* stützt sich auf einen französischen Stoff, den die Textdichter Meilhac und Halévy zu dem Lustspiel *Le Réveillon* umgearbeitet hatten. Die beiden bildeten ein begehrtes Librettisten-Gespann, das hauptsächlich für Offenbach tätig war, aber auch Lustspiele verfaßte. Direktor Steiner vom *Theater an der Wien* hatte wohl von der Existenz des *Réveillon* gewußt, aber konnte nicht viel mit dem Stück, das auf pariserische Verhältnisse zugeschnitten war, anfangen. Vielleicht ist der Anstoß zur *Fledermaus* vom Schulkameraden Gustav Lewy gekommen? Vielleicht war er es, der im *Réveillon* einen Stoff für seinen alten Freund witterte.

Zwei Textdichter mußten jedenfalls her, denn es war damals schon üblich, ein Operettenlibretto von zwei Literaten anfertigen zu lassen. Der eine baut Handlung und Szenenablauf, beschäftigt sich auch mit der Personenführung; der andere schmiedet die Verse. So übernahm Carl Haffner das erstere, Richard Genée das zweite. Am Ende war die französische Vorlage der Verkleidungs- und Verwechslungsgeschichte ins Wienerische transponiert und besaß eine Kette von Situationen, die sich vorzüglich in Musik umsetzen ließen. Und da ist Strauß in seinem Element. Im zweiten Akt gibt's ein großes Fest. Einen Maskenball. Hier kann er sich tüchtig austoben mit Tanzkompositionen, mit Walzerklängen vor allem!

Dieser Ball soll Mittelpunkt und Höhepunkt der Handlung sein. Kein »gewöhnlicher« Maskenball in irgendeinem Lokal, sondern ein glänzendes Diner mit Tanz in der Villa des Prinzen Orlofsky, eines jungen, doch sehr blasierten Lebemanns. Für diesen Ball hat ihm sein Freund Dr. Falke etwas Besonderes versprochen. Endlich einmal ein echtes Amusement! Der Prinz wird etwas zum Lachen haben. Der Witz dabei ist, daß sich auf diesem Ball verschiedene Leute begegnen, die sich lieber nicht begegnet wären, und darin liegt ja auch der Reiz der Geschichte. In ihrem Mittelpunkt Eisenstein, genauer, Gabriel »von« Eisenstein (weil im damaligen Österreich jeder »bessere« Mensch eben ein »von« sein mußte — Kellner, Friseure, Kutscher, Portiers und sonstige dienstbare Geister wollten dies so haben). Unser Eisenstein ist ein flotter Mann in den besten Jahren und in allerbester Situation (vom Standpunkt des schadenfrohen Zuschauers betrachtet): Wegen eines Streits mit Polizisten und aufgrund einer äußerst ungeschickten Verteidigung durch seinen Anwalt hat er eine achttägige Arreststrafe abzusitzen. Gerade ist er dabei, sich von seiner äußerst reizvollen Gattin Rosalinde für die besagten acht Tage zu verabschieden, da erscheint Dr. Falke mit seiner heimlichen Einladung zu Orlofskys Ball. Rosalinde braucht davon nichts zu wissen, und seinen Arrest kann Eisenstein auch morgen früh noch antreten. Eisenstein läßt sich diesen Spaß nicht entgehen. Er ändert seine Dispositionen. Mit Frack, Zylinder und Stock ... ins Gefängnis? Rosalinde ist überrascht über die vollendete »Balltoilette«, aber sie hat keine Zeit zum Nachdenken, denn ganz in der Nähe treibt sich ihr einstiger Verehrer, der Tenor Alfred, herum. Er singt noch immer so betörend wie damals, hartnäckig ist er auch noch immer — kurzum, auch Rosalinde ist in einer »pikanten« Situation, denn Alfred wartet nur, bis Eisenstein ins Gefängnis wandert. Doch so rasch erreicht auch er sein Ziel nicht, denn da ist das unvermeidliche Stubenmädchen. Adele. Zofen haben wegen ihrer wichtigen dramaturgischen Funktion eine glanzvolle Ahnenreihe in der komischen Oper, und irgendwie sind ihre Züge miteinander verwandt: alle sind sie jung, kokett, schlau, intrigant. Es genügt, an Despina zu erinnern, wie Da Ponte und Mozart sie in ihrer Cosi fan tutte auf die Bretter gestellt haben. Auch Adele ist ein Ausbund an Schelmerei, Lebenslust und Grazie. Dr. Falke hat ihr ein Brieflein zugesteckt, angeblich eine Einladung von der Hand ihrer Schwester Ida — eine Einladung zum Ball des Prinzen Orlofsky! Adele bricht in Tränen aus, doch es jauchzt ihr Herz. Sie wird der Gnädigen (Rosalinde) sagen, ihre Tante sei krank, und sich auf diese Weise einen freien Abend erschwindeln, damit sie zum Ball kann. Zunächst gibt es Schwierigkeiten. Rosalinde will Adele nicht gehen lassen, weil sie sich vor dem Allensein fürchtet, doch da fällt ihr Alfred ein. Es war also doch das Beste, wenn Adele zu ihrer Tante ging. Eigentlich müßte man jetzt allesamt bedauern, aber sie sind alle in auffallend guter Laune. Das Terzett Eisenstein, Rosalinde, Adele ist ein Meisterstück ironischer Verstellung. »O je, o je, wie rührt mich dies ...« Der Abschied wird zur Farce, wenn alle drei Bedauern heucheln, in Wirklichkeit aber ans Vergnügen denken. Eisenstein faselt von »Ratten im Kerker«, dabei sieht er bereits die süßen Ballettratten bei Orlofsky heut abend vor sich. Adele jammert von einer schlaflosen Nacht am Bett der kranken Tante, in Wahrheit schwelgt sie bereits in den »Schlaflosigkeiten« der kommenden Ballnacht. Und Rosalinde in ihrem »Trennungsschmerz«? Die Nähe Alfreds läßt alles viel erträglicher erscheinen, wenn nicht gar höchst amüsant. »O je, o je, wie rührt mich dies!«

Kaum ist Eisenstein fort, stürzt Alfred herein. Im Sturmangriff will er die angebetete Rosalinde nehmen, trifft jedoch auf ein Hindernis. Das Abschiedssouper! Eisenstein hat es nicht angerührt, also muß Alfred sich seiner annehmen. Er macht sich's — im Schlafrock des Hausherrn — gemütlich, und da platzt ein ungebetener Gast herein: Gefängnisdirektor Frank. Er will sich die Ehre und das Vergnügen nicht nehmen lassen, Eisenstein persönlich abzuholen und ins Kittchen zu begleiten. »Die Abschiedsszene« der Ehegatten — wie rührend! Frank hält Alfred tatsächlich für Eisenstein, und Alfred ist gezwungen, die Rolle des Gemahls konsequent zu Ende zu spielen, sonst hätte er Rosalinde heillos kompromittiert. Schließlich muß Alfred als »Herr von Eisenstein« in den Arrest. Vorher aber kostet er den Abschied von Rosalinde mit Umarmungen und Küssen noch weidlich aus. Der Direktor hat es eilig. Ungeduldig treibt er Alfred zum Aufbruch. Er hat bereits den Frack an, denn auch er will zu Orlofsky, und zwar gleich nachdem er »Eisenstein« im Gefängnis abgeliefert haben wird.

In der Villa des Prinzen hat sich inzwischen eine bunte Ballgesellschaft eingefunden. Adele mustert neugierig ihre vornehme Umgebung, sie hat auch schon ihre Bewunderer, denn in der Robe der gnädigen Frau sieht sie ganz entzückend aus. Eisenstein trifft ein, natürlich inkognito. Er hat sich ein Pseudonym zugelegt. Und jetzt begrüßt der Prinz seine Gäste. Dieser junge reiche Sonderling legt eine wunderliche Lebensart an den Tag. Wem es mißfällt, bitte ... einen Orlofsky berührt dies nicht: »'s ist mal bei mir so Sitte: Chacun à son goût!« Jeder mag sich nach seinem Geschmack amüsieren. Das Fest ist eröffnet. Noch weiß Orlofsky nicht, daß Eisenstein die wichtigste Figur dieser Ballnacht sein wird. Falke hat sein Intrigenspiel glänzend eingefädelt, und bis jetzt geht alles wie am Schnürchen, bis jetzt überzeugen die Masken noch allesamt.

In der Maske eines distinguierten Herrn aus Frankreich erscheint Gefängnisdirektor Frank. Da Eisenstein ebenfalls den Franzosen zu mimen versucht, gibt es eine umwerfende Konversation. Frank und Eisenstein alias Marquis Renard und Chevalier Chagrin schließen Freundschaft, ohne zu ahnen, wer hinter der Maske des andern versteckt ist. Nun beginnt Eisenstein mit seinen Eroberungsversuchen. Bei Adele holt er sich eine gewaltige Abfuhr. Er wartet ab. Vielleicht hat er bei der »ungarischen Gräfin« mehr Glück? Kaum daß sie angekündigt ist, erscheint sie auch schon. Welch eine Dame! Ihre Eleganz, ihre Schönheit — es läßt sich trotz Maske nichts verbergen. Ihr geheimnisvolles Wesen reizt den erfahrenen Lebemann. Eisenstein versucht es mit seinem unfehlbaren Verführungstrick, versucht es mit jenem

Ührchen, mit dessen Hilfe er die Herzschläge so manch einer Angebeteten schon gezählt hat — fast immer mit Erfolg ... die »ungarische Gräfin« aber ist ihm überlegen. Auf den Uhrentrick fällt sie nicht herein. Im Nu hat sie ihm das Ding entwendet, und die Stunde der Wahrheit ist nicht mehr fern.

Das Fest wird immer vergnügter, immer ausgelassener die Gäste. Eine Darbietung jagt die andere. Die »Gräfin« gibt einen Csardas zum Besten. Man huldigt dem Champagner (»Im Feuerstrom der Reben«). Darauf die große Verbrüderungszene: »Brüderlein, Brüderlein und Schwesterlein wollen alle wir sein, stimmt mit mir ein!« Der Chor leitet ein klangvoll bewegtes und bewegendes Ensemble-Finale ein, das im »Erst ein Kuß, dann ein Du, Du, Du, immerzu ...« gipfelt und das jedem Opernkomponisten Ehre machen könnte. Endlich bricht der Walzer los, einer der großartigsten, die Strauß je ersonnen hat. Erst die Streicher, dann — nach den Schlägen der Trommel, die die rhythmischen Schwerpunkte markiert, der Einsatz der Geigen auf der tiefsten Saite, ein voller, satter Klang, und nun der jubelnd einsetzende Chor: »Ha, welch ein Fest, welche Nacht voll Freud!« Schlechthin unmöglich, diese Szene mit Worten zu beschreiben. Plötzlich wird der Jubel jäh unterbrochen. Eine Glocke schlägt sechs. Es ist Morgen. Der Anbruch des Tages macht der Walzerseligkeit ein Ende. Chevalier und Marquis umarmen sich brüderlich, doch beide haben es jetzt sehr eilig. Was ist da eigentlich gespielt worden? Dr. Falke hatte beim Souper sein Geheimnis ein wenig gelüftet. Vor einiger Zeit ist er, als Fledermaus maskiert, auf einem Maskenball gewesen. Nun, er hatte ein bißchen zuviel getrunken, die Freunde haben ihn am hellichten Tag heimbringen müssen — Eisenstein ist auch darunter gewesen: sie haben ihn auf einem belebten Platz der Stadt abgesetzt und schändlich im Stich gelassen. Allein in diesem Fledermaus-Kostüm und in diesem elenden Zustand mußte er nach Hause wanken, zum Gespött der Leute. Heimzahlen wollte er's ihnen eines schönen Tages, vor allem dem Eisenstein ...

Der dritte Akt spielt in der Gefängnisdirektion, unmittelbar anschließend an die Festnacht. Der Gefängnisdiener, Frosch mit Namen, hat hier seine große Szene. Mit der Handlung hat er nichts zu tun, aber die direkte, derbe Volkskomik des stark von ordinärem Sliwowitz betrunkenen Frosch übt eine solche Wirkung, daß die Einführung ähnlicher Szenen hernach zu einem Dauerelement der Operette wird. Frank tritt ein, berauscht auch er, wenn auch vom wesentlich feineren Champagner. Adele kommt, ein wenig unmotiviert, mit ihrer Schwester; in einem reizenden Lied überzeugt sie Frank von ihren künstlerischen Talenten. Und weiter geht es mit den unerwarteten Besuchen, über die Frank, der lieber seinen Rausch ausschliefe, aus dem Staunen nicht mehr herauskommt. Sein neuer Freund findet sich ein, der Marquis. Und welchen Unsinn der erzählt! Er sei kein Marquis, er sei Eisenstein! Frank prustet vor Lachen. Er gesteht dem Freund, er sei gar kein Chevalier, sondern der Gefängnisdirektor Frank. Der Besucher lacht aus vollem Hals, besonders als der angebliche Frank behauptet, er habe am Vorabend Eisenstein persönlich in seiner Wohnung verhaftet. Hahaha! War er denn zu Hause, haha? Jawohl, er war es und saß sehr gemütlich mit seiner reizenden Gattin beim Souper. Eisenstein beginnt, Böses zu ahnen. Doch es bleibt ihm nicht viel Zeit dazu: die »ungarische Gräfin« erscheint, es ist Rosalinde, und sie hat natürlich das Ührchen mitgebracht, die Verführungswaffe ihres auf Seitensprünge bedachten Gemahls. Nun wirkt dessen Toben, als Alfred aus der Zelle geholt wird, nicht mehr ganz überzeugend. Und geschehen ist — echt wienerisch — eigentlich auch nicht viel. »Glücklich ist, wer vergißt, was doch nicht zu ändern ist ...«

Die Wiener konnten sich unbegreiflicherweise zunächst für die *Fledermaus* nicht so recht erwärmen. Sie kam auf sechzehn Aufführungen, und das ist herzlich wenig. Sie hatte damit zwar Beethovens *Fidelio*, vor rund siebzig Jahren ebenfalls im *Theater an der Wien* uraufgeführt, überboten, aber für eine Operette, für ein Werk des beliebten Strauß sind sechzehn Aufführungen bedenklich, um nicht zu sagen, beschämend wenig. Das Wiener Publikum hatte offenbar versagt.

Zum Glück gibt es, wenngleich bedauerlicherweise nicht immer, Appellationsinstanzen für Meisterwerke, denen bei der ersten Aufführung ein Mißgeschick widerfährt. Der Stern der *Fledermaus* jedenfalls ist bald aufgegangen, zuerst in Berlin, dann in Hamburg, wohl kaum zur reinsten Freude der Wiener, die nicht wahrhaben wollten, daß deutsche Städte, vor allem Berlin, künstlerisch zu Rivalen werden konnten. Des öfteren ist »Österreichisches« auf diesem Umweg wieder heimgekehrt nach Wien, und jetzt, da es groß daherkam auf den Schwingen des Erfolgs, wurde es bejubelt als »echt wienerisches Werk«. So auch die *Fledermaus*. Als Wien im Jahre 1876 zur hundertsten *Fledermaus*-Aufführung einlud, war man in Berlin bereits bei der zweihundertsten angelangt. Auch Paris stand nicht zurück. *La Tzigane* (Die Zigeunerin), wie man dort das Stück, auf Rosalindes Verkleidung anspielend, nannte, hatte 1875 einen Sensationserfolg und lange Aufführungsserien zu verzeichnen.

13

Operettenalltag

Die Fledermaus war ein Festtag, ein Feiertag, ein Glücksfall gewesen in der Geschichte der Wiener Operette. Auf jeden Feiertag aber folgt der Alltag, und nicht einmal ein Johann Strauß konnte auf dem schweren Gebiet der Leichten Muse ausschließlich Haupttreffer hervorbringen. Vor allem schon deswegen nicht, weil zur Operette von vornherein mindestens zwei, wenn nicht drei gehören: der Librettist, zumeist in doppelter »Besetzung«, und der Komponist. Wo aber einen oder zwei Textdichter hernehmen, kongeniale Naturen, oder wenigstens Leute mit dem richtigen Spürsinn für das, was der Walzerkönig suchte? Operetten »schreiben« war ein Handwerk geworden, und es gehörten Witz, Verstand und Geschick dazu. Bei einer so intensiven Produktion, wie Wien sie in der zweiten Hälfte des neunzehnten Jahrhunderts, im »Goldenen Zeitalter der Operette«, an den Tag legte, waren Klischees einfach unvermeidlich. Es kamen immer wieder Typen und Situationen vor, die schon einmal da waren. Wiederholungen waren unvermeidlich. Das Buch der *Fledermaus* ist ein einmaliger Treffer gewesen, aber auch hier gibt es Verstöße gegen die »Logik« im Handlungsgefüge. Ob man beim musikalischen Bühnenwerk überhaupt von Logik sprechen darf, wäre eine andere Frage. Das Musiktheater hat seine eigenen Gesetze. Seine »Logik« gehorcht dem Ablauf und Charakter der Musik, und diese wirkt vornehmlich aufs Gemüt des Zuhörers, weniger auf seinen Verstand.

Es ist verständlich, daß Strauß mit Textbüchern überschüttet wurde. Er blieb dem schon bewährten Richard Genée treu und wählte als dessen Mitarbeiter den Schriftsteller Camillo Walzel, der ursprünglich Kapitän eines Donaudampfers gewesen war und sich unter dem Pseudonym Zell in der Literatur einen gewissen Namen zu machen verstanden hatte. Sie unterbreiteten Strauß ein amüsantes Buch, das von den legendären Abenteuern Cagliostros in Wien erzählt.

Großschwindler hat es wohl zu allen Zeiten gegeben. Ein kleiner Schwindler ist ein armseliger Tropf, doch der Schwindler großen Formats hat stets einen gewissen Zauber, zumindest Anziehungskraft besessen. Ein Mann, der Luftschlösser bauen kann, um sie hernach ganz real mit glänzendem Gewinn zu verkaufen oder gar zu vermieten, vermag Gold aus dem Nichts zu machen. Er erntet Ruhm und Ehren, er betört die Frauen, er wird ein glanzvolles Leben führen, auf kurz oder lang, jedenfalls bis zum bitteren Ende.

In Wien kannte man diesen Typus sehr gut, vor allem in den »Gründerzeiten«, da die Menschen bereit waren, Fantasten und Schwindlern (wer will sie genau unterscheiden?) auf den Leim zu gehen. Soeben lief ein Prozeß gegen einen solchen Mann, der zahlreiche Anleger beim angeblichen Bau einer Bahn hereingelegt hatte. Er wurde freigesprochen, denn in Wien hatte man stets eine kleine Schwäche für Abenteurer. Und die Wiener stürmten das Theater, wo soeben die Erlebnisse des berühmten Cagliostro zu sehen waren. Man hatte das doppelte Vergnügen, weil man sich über den Schwindler und über die Hereingefallenen amüsieren konnte.

Das *Theater an der Wien*, in dem die Premiere des *Cagliostro in Wien* am 27. Februar 1875 stattfand, hatte einen neuen Schauspieler engagiert, den man gesehen haben mußte! Wie er den Spitzbuben Blasoni, den Helfershelfer des »Zauberers« Cagliostro, charakterisierte, ließ Kenner und Laien aufhorchen:

Ein Komikergenie und ein Schauspieler von großer volkstümlicher Ausstrahlung war aufgetaucht, und dieser Mann besaß zudem noch den unschätzbaren Vorteil, ein unverfälschtes Wienerisch zu sprechen. Er hieß Alexander Girardi, war fünfundzwanzig Jahre alt und wo immer man Wiens Lokalgeschichte jener Zeit aufschlägt, findet man ihn; wie Raimund und Nestroy, so gehört Alexander Girardi zu ihr.

Viel war im Wien des Jahres 1875 los. Für die Musikliebhaber bedeutete es vor allem die neuerliche Begegnung mit Richard Wagner. Man konnte ihn verehren, man mochte ihn hassen, ganz gleichgültig ließ er keinen. Für viele war auch er ein Cagliostro, ein Blender, ein Schwindler, ein Zauberer, ein Komödiant ohnegleichen, aber für manch einen jungen Menschen bedeutete er »das große Erlebnis«. In Wien war Wagners Musik mehrfach durch Strauß bekannt gemacht worden. So fühlte Wagner sich den Brüdern Strauß freundschaftlich verbunden. Vielleicht sind diese beiden die einzigen Musiker Wiens, die es sich leisten konnten, gleichzeitig mit Wagner und mit Brahms und Hanslick auf bestem Fuße zu stehen. Eduard, der nun die Straußkapelle nahezu allein leitete, sagte sein eigenes, stets stark besuchtes Promenadekonzert ab, um Wagner keine Konkurrenz zu machen, als dieser am 14. März 1875 in Wien dirigierte.

Allabendlich trafen sich die Wiener im Theater, um den *Cagliostro* zu bejubeln, um Girardi zu erleben, und dies, obwohl die Konkurrenzbühne, das *Carl-Theater*, mit Lecoqs *Fille de Madame Angot* einen Treffer gezogen hatte, zu dem die reizende Toni Link, erst kürzlich entdeckt, vieles beitrug. Die Oper brachte Goldmarks *Königin von Saba* in einer pompösen Aufführung heraus, die volle Häuser machte.

Die überwältigende orientalische Pracht dieses Werkes zeigte, daß die *Makart-Zeit* begonnen hatte, eine Zeit, die glühende Farben, sinnliche Formen bevorzugte.

Der *Cagliostro-Walzer* machte »Furore«, wie man in Wien zu sagen pflegt, wenn etwas mächtig einschlägt, sei es die neue Mode, eine neue Kunstrichtung oder ein neues Lied. Das Duett zwischen dem Spitzbuben Blasoni (Girardi hat ihn verkörpert) und der von Cagliostro angeblich verjüngten und in ihrer Zärtlichkeit überschwenglichen Witwe war wohl die kräftigste Szene der Aufführung, eine »echte Gaudi«. Dieses Duett mußte jeden Abend mindestens dreimal wiederholt werden. Das Publikum war ganz aus dem Häuschen. Das *Neue Wiener Tagblatt* berichtet: Es war »... als wollte sich das ganze Parkett und die Logen erheben, als wollten die Galerien herabsteigen und alt und jung und reich und arm sich umschlingen und im Kreise herumdrehen, und es fehlte nicht viel, die Szene auf der Bühne hätte im Saal lebendige Nachahmung gefunden.«

Cagliostro in Wien wurde ein Riesenerfolg, doch ein Dauererfolg war ihm leider nicht beschieden. Merkwürdigerweise war die Zugkraft des *Cagliostro* in dem Maße geschwunden, als sich *Die Fledermaus* auf den Bühnen durchsetzte. Immerhin brachte dieser Augenblickserfolg seinem Komponisten viel Geld ein, das ihm übrigens in Wien jedermann gerne gönnte. Im November des »Cagliostro-Jahres« bewilligte der Wiener Magistrat dem Komponisten einen Um- und Neubau seines Hauses in der Matzleinsdorferstraße, im Mai 1876 wird ihm die Errichtung eines kleinen Palais in der Igelgasse, die einst seinen Namen führen wird, genehmigt. Für diesen Wohnsitz, der ihm ganz besonders ans Herz wachsen sollte, ersucht er die Behörde verschiedentlich um »Ausnahmeerlaubnisse«. Sie werden ihm stets gewährt.

Auch Eduard kommt rasch zu Wohlstand und Reichtum. Er führt nun den Titel Hofballmusikdirektor ebenfalls, und auch auf seiner Brust häufen sich die Orden. Manchmal macht Johann sich über den »kleinen Bruder« lustig. So stellt er sich gelegentlich als »Bruder des Edi Strauß« vor, oder er spricht Eduard als kaiserlich brasilianischen Hofkapellmeister an. Es ist ein echter Titel übrigens, Kaiser Dom Pedro II. hat ihn dem jüngsten Strauß tatsächlich verliehen, und Eduard hat ihn auf seine Visitenkarte drucken lassen. Es besteht ein eigenartiges Verhältnis zwischen den beiden Brüdern; natürlich lieben sie einander, aber ebenso natürlich ist der Jüngere manchmal eifersüchtig. Er ist zudem der ehrgeizigste der Strauß-Söhne, und so gibt es des öfteren Spannungen. Meist ist es der Ältere, der für das Gleichgewicht sorgt. Ein Beweis dafür sind seine überaus gütigen und versöhnlichen Briefe.

Die nächste Operette des Walzerkönigs heißt *Prinz Methusalem*. Und wieder taucht das Problem mit dem Textbuch auf. Selten klaffen Text und Musik so auseinander wie hier: Unsinn auf der einen, Perlen auf der andern Seite. Konnte dies einen dauerhaften Erfolg bringen? Über das Thema »Strauß und seine Libretti« könnte man lange diskutieren. Vielleicht hat es ihm tatsächlich, wie manchmal behauptet wird, am Gespür für Dramatik gefehlt. Vielleicht mangelte ihm der Sinn für die in einer Operette notwendige Beziehung zur Aktualität, kurzum für das, was das Publikum erwartete und unmittelbar ansprach, wofür es sich hier und heute interessierte. Über sein Verhältnis zu Literatur und Dichtung wissen wir kaum etwas. Wohl ist er in seiner Musik ganz und gar »Poet«, doch ist damit nicht gesagt, daß er auch das unentbehrliche dramatische Element, schlichtweg »die Verdichtung« einer Handlung erkennen konnte.

Vielleicht aber entspringen seine Mißgriffe in der Wahl des Textbuchs einem an sich durchaus positiven Zug: jenem dauernden Zustrom, jener gewaltigen Fülle schier unerfaßbarer musikalischer Gedanken. Sein Freund Johannes Brahms hat das einmal so ausgedrückt: »Strauß trieft nur so von Musik ... dem fällt immer etwas ein! Darin unterscheidet er sich — von uns anderen ...« Manchmal überfiel ihn ein musikalischer Gedanke mitten in der Nacht. Um Jetty nicht zu wecken, notierte er seinen Einfall beim Schein eines Lämpchens aufs Leintuch oder die Bettdecke. Bekanntlich hat es Schubert ganz ähnlich mit seinen Einfällen gemacht. Damit sie ihm nicht wieder entwischen konnten, notierte er sie schleunigst gleich noch im Restaurant auf die Speisekarte.

Diese zahllosen glänzenden Einfälle bedrängten ihn förmlich, sie ließen ihm zu einer kritischen Textwahl keine Zeit, sie wollten großzügig verschenkt sein an die Worte und Szenen, die er wohl im Sturm der Inspiration für besser, schöner und wirksamer hielt, als sie's eigentlich waren. Wie oft hat Strauß seine besten Gedanken an die viel zu schwache szenische Handlung buchstäblich vergeudet! Ist es nicht zwei der größten Musikdramatikern aller Zeiten, Mozart und Verdi, ähnlich ergangen? Mozart hatte immerhin für drei seiner insgesamt fünfundzwanzig Bühnenwerke einen bedeutenden Librettisten gefunden — Lorenzo Da Ponte. Verdi aber hat erst für seine beiden letzten Opern, *Othello* und *Falstaff*, den idealen Librettisten entdeckt: Arrigo Boito. Für alle übrigen Werke, mehr als zwanzig an der Zahl, mußte er sich mit mittelmäßigen Texten begnügen, vereinzelte

Glückstreffer ausgenommen. Wie oft ist dies das Los eines Bühnenkomponisten, wenn er nicht wie Wagner Text und Musik in Personalunion schafft, oder wenn er nicht das Glück jenes »anderen« großen Strauss hat, das Glück eines Richard Strauss, der auf Jahre hinaus einen Dichter vom Range Hugo von Hofmannsthals seinen Textdichter nennen darf!

Prinz Methusalem gehört zu den unmöglichen, unrettbaren Textbüchern. Sehr oft haben Kenner bedauert: Daß Offenbach das nicht gemacht hat! Diese absurde Persiflage um die Geschichte zweier Lustspiel-Fürsten Ricarac und Trocadero, von denen der eine durch eine groteske Revolution gestürzt wird. Das war etwas für geistreiche, nicht für schöne Musik, für boshafte Couplets, nicht für gefühlvolle Arien und Lieder, wie Strauß sie schrieb. Etwas für kalte Verspottung, für Bloßstellung, für Hohn und Schadenfreude: Gefühle, die Strauß völlig fremd waren. War er doch stets der Ausgleichende, Tröstende, Nieverletzende! Und der Sturz eines Landesherrn — wenn auch nur im Operettenreich! Das war für ihn unvorstellbar, so unvorstellbar wie für die große Mehrheit der Österreicher von damals. Man schimpfte manchmal über das und jenes, man »raunzte« in echt wienerischer Weise, man entwarf vielleicht sogar Reformpläne für das große Reich und seine vielen Nationen, aber der Kaiser war der Kaiser. Unantastbar. Gerecht, wohlwollend, weise.

Die Uraufführung am 3. Januar 1877 wurde trotzdem zu einem Erfolg. Zum ersten Mal war das *Carl-Theater* zum Zuge gekommen. Sein neuer Direktor, Franz von Jauner, einer der besten Theaterleute Wiens (dessen späteres Leben vom entsetzlichen Brandunglück des von ihm geleiteten Ring-Theaters überschattet werden wird) hatte keine Kosten gescheut. Aber retten, für die Nachwelt erhalten konnte auch er den *Prinz Methusalem* nicht. Niemand hätte es gekonnt. Höchstens ein ganz neues Textbuch, das sich bis ins Letzte der schönen Straußschen Musik hätte anpassen lassen. Doch solche Wunder geschehen kaum jemals.

14

Der Tod Jettys und ein Intermezzo in Blond

Keinem Sterblichen ist eine ununterbrochene Reihe heiterer, sonniger und glücklicher Tage beschieden. Strauß hatte sie immerhin in langer Kette genießen dürfen. Aber in der Nacht vom 8. auf den 9. April 1878 erlag Jetty, die vorbildliche Kameradin, einem Schlaganfall. Es heißt, die Aufregung über den erpresserischen Brief eines Sohnes habe zu diesem plötzlichen Ende beigetragen. Jetty soll aus ihrer frühen Künstlerlaufbahn, also noch vor ihrer Verbindung mit dem Baron Todesco, zumindest einen unehelichen Sohn gehabt haben. Ihm war es bestimmt, mehrere Male auf grobe Weise in das Glück der Strauß- ehe einzubrechen, stets auf der Suche nach Geld, weniger wohl nach mütterlicher Zärtlichkeit, von der wir allerdings auch nicht wissen, ob sie ihm je zuteil geworden war.

Wie schon beim Tode seiner Mutter blieb Strauß der Beerdigung Jettys fern. Aber er ging auch nicht in das Hietzinger Heim zurück. Er mied das eben fertiggestellte Palais in der Igelgasse, das er weitgehend nach Jettys Angaben, Plänen und Wünschen gebaut hatte. Er zog in ein Hotel, und das war für einen Menschen wie ihn das falscheste, das er tun konnte. Er brauchte ein Heim, brauchte eine feste Ordnung in seinen Dingen wie in seiner Zeiteinteilung. Er brauchte immerwäh- rende Sorge, dauernde Zärtlichkeit, Wohlwollen rundum. Ein Hotel konnte ihm all das, bei aller Aufmerksamkeit, nicht bieten.

Und nur so läßt sich erklären, was sich in den darauffolgenden Wochen und Monaten in dem bisher wohlgeordneten Leben des k.k. Hofballmusikdirektors Johann Strauß — der diesen Titel behalten, aber die Funktion den Brüdern weitergegeben hatte — abspielen sollte.

Jetty hatte drei Jahre vor ihrem Ableben ein Testament gemacht, das ihren Gatten Johann Strauß zum Alleinerben einsetzte, bis auf einige kleinere, sehr wertvolle Schmuckstücke und einige Seiden- schals, die sie ihren Verwandten zugedacht hatte. Kaum war das Grab geschlossen (auf dem, nicht ganz richtig, zu lesen stand: »Frau Hen- riette Strauß, geborene von Treffz«), da begann ein äußerst häßlicher Erbstreit. Einige der sechs in der amtlichen Dokumentation angeführ- ten Kinder erhoben Forderungen, die in ihrer Form fast einem Ver- dacht gegen Strauß gleichkommen. Andere Verwandte hingegen wiesen die vererbten Erinnerungsstücke zurück, wobei sie sich in Beleidigungen der Verstorbenen ergingen.

Doch gleichzeitig spielte sich im Leben des Walzerkönigs ein viel schlimmeres Drama ab. Vielleicht war es gerade in jenen Tagen, viel- leicht aber schon ein wenig früher gewesen, als Strauß einem jungen Mädchen begegnete, das ihn zu fesseln — viele nannten es rundheraus »einfangen« oder »ködern« — verstand. Das besagte Mädchen war achtundzwanzig Jahre alt, studierte Gesang bei dem damals bekann- ten Kapellmeister Proch, von dem man heute gelegentlich noch *Variationen für Koloratursopran* hören kann. Die Sängerin hatte irgendwann einmal des Komponisten Bahn gekreuzt. Strauß war jetzt im Dreiundfünfzigsten; Jettys Tod hatte ihn, der an ein völlig monogames Leben gewöhnt war, total vereinsamt. Jetty war seine Heimat gewesen, sein Heim und Herd, sie war sein künstlerisches Gewissen, seine geistige Anregerin, sein Kamerad im vollsten und schönsten Sinne des Wortes.

Doch da gab's noch etwas anderes, das die über sechzigjährige Jetty ihm kaum gegeben, ja was er bei ihr kaum gesucht haben dürfte: das Verlockende, das Erotische. Dies konnte wohl einem so sinnlichen, im Tiefsten erotischen Musiker wie Strauß nicht gleichgültig geworden sein, auch wenn es in den letzten Jahren wahrscheinlich hinter der vertrauten und vertrauenden Kameradschaft, hinter der glückerfüllten Häuslichkeit zurückgetreten war. Plötzlich meldete Eros sich von neuem, suchte nach Bestätigung, doppelt fordernd jetzt vielleicht, weil Strauß sich alt zu wähnen begann und es unter keinen Umständen sein wollte.

Da kam »Lily«, wie sie sich nannte; in Wahrheit hieß sie Angelika. Mit ganzem Namen: Angelika Diettrich. Sie gab sich für eine Rheinländerin aus Köln aus, aber in Dokumenten heißt es »aus Breslau im preußischen Schlesien gebürtig«. Ob ihr Deutsch einen rheinischen oder einen schlesischen Akzent besaß, ist uns nicht überliefert.

Erschütternd an der Trauungsurkunde von Angelika und Hofballmusikdirektor Strauß ist auch keine dieser Einzelheiten. Das Datum hingegen ist es. Da steht der 28. Mai 1878. Und das bedeutet, daß seit Jettys Tod erst sieben Wochen vergangen sind. Es braucht dazu keiner besonderen Bewilligung, keiner langen amtlichen Schritte, wie sie bei der dritten Gattin nötig sein werden. Hals über Kopf kann der Walzerkönig in dieses Abenteuer stürzen, das dem plötzlich Einsamgewordenen die Rückkehr ins Leben, dem Mann in ihm neues Erleben und dem trotz aller Bescheidenheit doch ein wenig eitlen Künstler endlich die Genugtuung verspricht, eine junge Schönheit erobern zu können.

Das fürsterzbischöfliche Ordinariat hat am 25. Mai den Dispens erteilt. In der Pfarre St. Karl in Wiens 4. Bezirk, der Wieden, wo er für Jetty das Haus gebaut, das er nun mit Lily bewohnen wollte, ist die Eheschließung eingetragen. Es ist alles korrekt. Doch da ist noch ein Detail, das stutzig macht: am 23. April 1878 bezeugt die deutsche Botschaft in Wien, daß »die Braut einer obrigkeitlichen Eheerlaubnis nicht bedarf«. Zwei Wochen nach Jettys Tod! Da war Lily also schon »Braut«? Mit oder ohne Straußens Wissen, mit seiner Zustimmung, oder ohne seinen Willen? Hatte sie aus den ersten Begegnungen mit ihm schon so viel Gewißheit erlangt? Oder waren die beiden einander bereits zu Jettys Lebzeiten nahegekommen? Eine Reihe (unbeantwortbarer) Fragen taucht da auf.

Lily hatte goldblondes Haar, das, wenn sie es öffnete, bis zu ihren Knöcheln fiel.

War es ein Sieg oder eine Niederlage des Walzerkönigs, was da vor sich ging? Konnte er Lily nur durch die überstürzte, aber anscheinend von ihr schon länger geplante und genau berechnete Heirat »erobern«? Er war reich und berühmt, sie keines von beidem. Oder wollte er als gläubiger Katholik nicht »wild« mit ihr zusammenleben? Er wird wenige Jahre später seine Kirche sogar verlassen, wenn die Frau kommt, die er als Geschiedener nicht heiraten kann. Oder will er als stadtbekannter Mann keinen Anlaß zum Klatsch geben? Aber den Klatsch gab es so oder so. Die Reihe der (unbeantwortbaren) Fragen geht also weiter.

Im Rückblick gesehen, erscheint die Hochzeit vom 28. Mai 1878 wie eine Niederlage des Walzerkönigs. Er erkennt sie sicherlich nicht sofort als solche. Aber Lily fügt ihm weitere, immer schlimmere Niederlagen zu. Sie betrügt ihn, sie belügt ihn. Als sie endlich mit einem anderen Manne durchgeht, erkennt er in aller Klarheit, welch dunkle Zeiten er mitgemacht hat.

Zur menschlichen Niederlage gesellte sich eine künstlerische. Am 18. Dezember 1878 brachte das *Theater an der Wien* seine neue Operette heraus: *Blinde Kuh.* Als habe er selbst mit verbundenen Augen umhergetappt und irgendwo zugegriffen, so mutet uns sein Griff nach diesem Textbuch an. Weder die schöne, schon vorher in einem Konzert uraufgeführte Ouverture, noch der entzückende *Blinde Kuh-Walzer*, nicht einmal das Auftreten Girardis, der nun zum festen Bestandteil einer Strauß-Operette gehörte, konnten das Stück retten.

Doch Strauß war deshalb noch lange nicht »ausgeschrieben«. Nie wird er es sein bis zum Lebensende. Schon zwei Jahre nach der *Blinden Kuh*, am 1. Oktober 1880, brachte *Das Spitzentuch der Königin* ihm und dem *Theater an der Wien* einen starken, vielleicht den stärksten Operettenerfolg überhaupt. Er kam zur rechten Zeit. Einmal als Selbstbestätigung in einer Zeit, in der er einer solchen dringend bedurfte; zum anderen, weil einer seiner ernsthaftesten Rivalen, Franz von Suppé (der andere war Millöcker) am 1. Februar 1879 mit *Boccaccio* einen ebenso verdienten wie lautstarken Triumph im *Carl-Theater* gefeiert hatte.

Mit Millöcker und Suppé kam Strauß gelegentlich in Berührung. Vor allem, wenn es um die Auswahl von Textbüchern ging, wenn auch der Kontakt da zumeist über Mittelsleute wie Verleger, Impresarios, Theaterdirektoren u. a. ging. Zwischen Suppé und Strauß hätte es um das »Spitzentuch« beinahe ein Blinde-Kuh-Spiel gegeben. Suppé gastierte mit *Boccaccio* in Preßburg. Dort traf er mit Heinrich Bohrmann, dem Direktor des Theaters, der im Wiener Kunstleben eine nicht unbedeutende Rolle spielte, die Vereinbarung, gemeinsam eine neue Operette zu schreiben. Doch als Bohrmann eines Tages nach Wien kam und einen Entwurf mitbrachte, war der Komponist mit einer anderen Operette beschäftigt. Und so ist er denn zu Strauß gegangen.

Dem gefiel *Das Spitzentuch der Königin* sofort. Zur Ausarbeitung berief er wieder den schon vielfach bewährten Richard Genée. Welch ein bitteres, ja übles Wort ist, in künstlerischen Dingen, doch eigentlich dieses »bewährt«! Im Handwerk kann man sich bewähren, nicht in der Kunst. Operettenlibrettisten bewähren sich, wenn sie einige halbwegs erfolgreiche Texte verfaßt haben. Sie folgten ihren eigenen Rezepten, sie kannten angeblich die »beste Machart«. Sie wußten, oder glaubten zu wissen, was das Publikum wollte, und sie mußten um jeden Preis auf alles einen Reim haben, womöglich mit Gewalt, und wenn dies nicht ging, dann eben mit Hilfe des Reimlexikons. So etwas gab's damals schon ... nicht nur für die Librettisten.

Im »Spitzentuch« wird eine illustre Persönlichkeit auf die Bühne gebracht; kein Schwindler oder Zauberer wie Cagliostro, sondern einer der größten Dichter aller Zeiten, der Spanier Miguel Cervantes, der unsterbliche Schöpfer des *Don Quijote.* Leider darf man nicht fragen, wozu. Denn gerade was dessen Genie ausmacht, wird in diesem seichten Textbuch nicht einmal erwähnt. Die Geschichte, die ihm hier angedichtet wird, ist völlig an den Haaren herbeigezogen. Trotzdem ist das Libretto nicht ohne Reiz. Es gibt Situationen, die Geist und Witz verraten, andere, die das Gefühl ansprechen, und vieles, das dem Melodiker Strauß sehr entgegenkommt. Alles in allem eine hübsche Operette, mit vergnüglichen Szenen und einer beinahe ununterbrochenen Melodienfolge. Vor allem finden sich hier Walzermotive, die zu den besten Eingebungen des Meisters gehören; sie sind als *Rosen aus dem Süden* mit Recht berühmt geworden und führen als großer, vielteiliger Konzertwalzer ein schwungvolles, melodienseliges Eigenleben.

Noch viel törichter fiel die Handlung der nächsten Operette aus. Sie heißt *Der lustige Krieg.* Im Libretto der »bewährten« Zell und Genée, denen niemand abstreiten soll und kann, daß sie ihr Handwerk verstehen, wird nicht geschossen. Keiner wird verwundet, es sei denn durch eine unglückliche Liebe. Und keiner muß sterben, denn hier wird lediglich verkleidet, spioniert, intrigiert. Es werden Pläne ausgeplaudert und verraten, Scheinehen geschlossen, falsche Identitäten angenommen. Völlig unmotiviert treten hier und dort Personen auf, die mit der Geschichte nichts zu tun haben, so daß der Knoten, den sie entwirren sollen, noch verworrener wird. Wenn wir also sagten, daß Zell und Genée ihr Metier verstehen, so wird offen zugegeben, daß die Operette eben keine Logik braucht. Das ist die Art der Leichten Muse, und darin unterschied sie sich am deutlichsten von den Tugenden des Sprachkunstwerks — vor der Erfindung des »absurden Theaters« zumindest. Kurzum, die Operette will effektvolle Situationen, keine hohen Worte, keine Dichtung, sondern in erster Linie ein bewegtes, womöglich ein witziges oder bewegendes Spiel.

Und viel Musik selbstverständlich. Strauß, dem so mancher Kritiker in süß-saurem Tonfall bescheinigen wollte, daß er als »Altmeister« auf Inspiration doch nicht mehr angewiesen sei, und diese Andeutung ist genauso boshaft wie das Wörtchen »bewährt« — unser sogenannter »Altmeister« also komponierte noch immer aus dem Vollen. Bei jeder neuen Operettenidee erwacht seine Begeisterung von neuem, und diese Begeisterung ist grundehrlich und naiv, beinahe eine kindliche Lust am Spiel. Auch seine neue Partitur besitzt Schmuckstücke von hohem Wert und feinster Ziselierung.

Längst lag der Schluß nahe, Strauß' vollendete Meisterschaft — die von der Melodiefindung über die Ensemblekunst bis zur Orchestrierung reichte —, vor allem aber seine Neigung müßten eines Tages fast zwangsläufig zur Spieloper führen. Das Genre stand damals auf deutschen Bühnen in schöner Blüte: auf Lortzing folgten Nicolais reizende *Lustige Weiber von Windsor*, Peter Cornelius' liebenswerter *Barbier von Bagdad*, Hermann Goetz' einfallsreiches Shakespearespiel von *Der Widerspenstigen Zähmung*. Ignaz Brülls *Goldenes Kreuz* war zeitweise sehr beliebt, und 1896, noch zu Lebzeiten des Walzerkönigs, erschien Hugo Wolfs meisterlicher *Corregidor*. Und das waren nur die erfolgreichen, die an großen Bühnen zu Wort kamen. In ihre Reihe gehörten eigentlich mehrere der Strauß-Operetten, nicht nur *Die Fledermaus* und *Der Zigeunerbaron*, die ebenfalls lange (bei vielen bis heute) falsch eingeordnet waren: es sind Spielopern.

Am 8. Dezember 1881 ereilte Wien eine der schlimmsten Theaterkatastrophen aller Zeiten. Das *Ringtheater* brannte bei einer Aufführung von Offenbachs nachgelassener Oper *Hoffmanns Erzählungen* ab und begrub viele Hunderte von Besuchern unter ihren Trümmern. Die Erschütterung war groß, die Empörung nicht minder: in der ersten Berichterstattung an den Kaiser, noch während die Flammen in den Nachthimmel loderten, fiel von Seiten des Direktors Jauner der wie grausamste Ironie wirkende Satz »Alles gerettet!«

Den Wienern verging die Lust am Theaterbesuch für geraume Zeit. Nur eine einzige Bühne konnte der allgemeinen Flucht aus geschlossenen Sälen trotzen: das *Theater an der Wien*. Dank dem *Lustigen Krieg* von Johann Strauß, und dank Girardi. Der hatte von Strauß eine Solonummer bekommen und daraus wurde, über allerlei Umwege, ein Couplet im Walzertakt, das bereits am Tage nach der Premiere, die am 25. November 1881 stattfand, von ganz Wien gesungen und gepfiffen wurde: »Nur für Natur ...«

Wir besitzen leider keine Aufzeichnung von Girardis Kunst. Sie muß, nach zeitgenössischen Schilderungen, einmalig gewesen sein. Aber würden wir heute auch noch derart beeindruckt sein von diesem »Urgemüt«, das seinem Publikum Heiterkeit und Rührung vorspielte, als spiele er auf einem Instrument? In dem Schlossergehilfen aus Graz floß alpines Blut, daher seine Lust zur Parodie; er hatte italienisches Blut, woher der Stegreifspieler kam. »Girardi war eine geniale Nachblüte der Hanswurstzeit ... Komiker auf tragischem Grund ...« (Decsey).

Vom privaten Unglück des Komponisten ist im *Lustigen Krieg* so wenig zu spüren wie in anderen Werken jener Jahre. Er komponierte seine Enttäuschungen nicht, so wie die überschäumende Freude, die er so oft in Töne verwandelte, nicht aus seinem Leben kommen mußte. Seine Musik war eine Welt für sich. Die Angelika-Affäre, die groteske Ehe mit Lily näherte sich ihrem bitteren Ende, das allerdings nicht bitterer werden konnte, als ihr Verlauf gewesen ist. Grotesk war sie nicht etwa des Altersunterschieds wegen; echte Liebe weiß ihn zu überspielen, als wäre er nicht vorhanden, ja er ist wohl auch gar nicht vorhanden, wenn zwei Menschen einander wahrhaft lieben. Lilys Skandalaffären beleidigten ihres Gatten feinfühlige Art, mehr als ihre Untreue vielleicht seine Gefühle verletzen konnte. Grotesk war diese Verbindung, weil Lily wohl keinen Augenblick lang eine wirkliche Ahnung davon gehabt zu haben scheint, daß sie mit einem der größten Meister ihrer Zeit, mit einem Genie verheiratet war.

Mit einem Genie freilich, das in durchaus bürgerlichem Rahmen lebte und dessen Wesen allem, was das romantische Jahrhundert sich unter einem schöpferischen Genie vorstellte — Extravaganzen, wilde Szenen rund um die Geburtswehen eines neuen Werkes, Hysterie, Launenhaftigkeit, Unberechenbarkeit und so fort — diametral entgegengesetzt war. Jetty wußte das alles, Angelikas Nachfolgerin wird es auch wissen. Aber diese goldblonde, selbstgefällige Lily, viel zu sehr verliebt in sich selbst und viel zu begierig auf die Huldigungen anderer, hatte nicht die geringste Ahnung, weder von Menschen noch von Genie und Liebe.

So war Strauß an ihrer Seite allein, tragisch und tiefer allein als in den wenigen Tagen nach Jettys Tod, als er äußerlich einsam war. Endlich kam es zum Schluß, nachdem der unerfreuliche, entwürdigende, von Anfang an unhaltbare Zustand vier Jahre lang gedauert hatte. Die Initiative zur gewaltsamen Beendigung dieser Ehe ging — und das ist typisch für Strauß, der von einer eigenartigen Energielosigkeit war, wenn es sich um private, ihn unmittelbar berührende Dinge handelte — nicht von ihm, sondern von Lily aus. Sie verließ ihn, nicht er sie, wie er es längst hätte tun müssen.

Sie lief ihm einfach davon. Nicht allein, sondern mit dem »jungen Steiner«, dem Sohn des Direktors, der ein getreuer Gefährte von Strauß in den Premieren seiner Operetten im *Theater an der Wien* gewesen war. Es war ein Glück für Strauß, und doch beschämend, weil er selbst keine würdigere, energische Form der Lösung gefunden hatte. Er, der Vergötterte, wurde in übler Weise bloßgestellt, in den »Tratsch« der Kaffeehäuser, der Salons und der »Beiseln« gebracht.

Die Biographen müßten eigentlich den Frauen und Gefährtinnen großer Männer gegenüber in ihren Betrachtungen viel Verständnis walten lassen, denn ihr Los ist oft äußerst schwer, undankbar und problematisch. Haydns berüchtigte Gattin Maria Anna wurde zur »bösen« Frau nur durch ein grausames Spiel des Schicksals. Mozarts Constanze war keineswegs die »unwürdige« Gattin, als die sie oft hingestellt wird. Nur für diese Angelika-Lily fällt es schwer, mildernde Umstände zu finden, sie nicht mit dem ganzen Ausmaß dessen zu belasten, was geschah. In einer modernen Oper (von Jacques Ibert, 1927) wird eine Frau geschildert, die »Angélique«, also Angelika heißt, was zu deutsch bekanntlich »die Engelhafte« bedeutet. Daß das ironisch gemeint ist, liegt auf der Hand. Der Gatte dieser Angélique tut alles, um diesen wahren Weibsteufel loszuwerden, aber alle, die sie mitnehmen, bringen sie schleunigst wieder. Nun, vielleicht hätte Steiner das auch gern mit seiner Angelika-Lily getan, aber es ging nicht mehr: Strauß hatte inzwischen sein wahres Glück gefunden. Mit Lily aber ging es bergab, ihr weiteres Leben weist ein immer tieferes Versinken in moralische, aber auch geistige Abgründe auf. Vielleicht kann man ihren letzten Zustand nicht ganz als Umnachtung bezeichnen, aber weit davon entfernt dürfte es nicht gewesen sein. Mehrfach versuchte sie noch — vielleicht in tiefer Verzweiflung — sich Strauß wieder zu nähern, doch seine Freunde wußten es zu verhindern.

15

Adele

Strauß war ein Glückskind, das stand schon fest beim Debut im *Dommayer*. Eine unerfreuliche Episode wie die mit Lily konnte natürlich vorkommen, aber sie blieb eben eine Episode, ein kurzes Zwischenspiel zwischen zwei großen glücklichen Epochen.

Noch einmal trat die »richtige« Frau entscheidend in sein Leben: daß sie Adele hieß wie das reizende Stubenmädchen aus der *Fledermaus* mit dem großen Theatertalent — das war ein unschuldiger Scherz des Schicksals. Die leibhaftige Adele hatte mit dem Bühnengeschöpf wesensmäßig nichts gemein. Nett war nur jener Zufall, daß diese Adele bereits Strauß hieß, bevor sie den Walzerkönig kennenlernte.

Sie war als Adele Deutsch am 1. Januar 1856 in Wien geboren, und damals war ihr späterer Gatte Johann Strauß bereits einunddreißig Jahre alt. Adele heiratete achtzehnjährig einen Freund der Familie des Walzerkönigs, den einundzwanzigjährigen Anton Strauß, Sohn des (mit den berühmten Strauß nicht verwandten) Albert Strauß. Tür an Tür wohnten die beiden Strauß-Familien im alten Hirschenhaus, einander gutnachbarlich zugetan. Albert Strauß verstand sich auf Finanzen, und er war es, der des jungen Musikers erste größere Einkünfte klug verwaltete und mehrte. Sein Sohn Anton lebte nur drei Jahre an der Seite seiner Gattin Adele und seiner kleinen Tochter. Er starb in voller Jugendblüte.

Langsam — wir wissen nicht genau, wann — erwachte in dem nun längst weltberühmten, von der Lily-Affäre grausam mitgenommenen Walzerkönig die Zuneigung zu der liebenswerten Schwiegertochter seines alten Freundes. Und dieses Gefühl wurde, vielleicht zu seiner eigenen Überraschung, sehr bald erwidert. Johann Strauß erlebt nun die verliebteste Zeit seines Lebens; zumindest seit dem weit zurückliegenden Olga-Idyll in Rußland hat er keine so stürmischen Gefühle mehr gekannt. Seine tiefe Zuneigung zu der bedeutend älteren Jetty war anderer Natur gewesen, ernster, besonnener.

Adele war jung, sehr jung, und sehr hübsch, vielleicht sogar schön. Lenbach hat sie gemalt. Die Frau im Bild blickt uns mit seltsam ernsten Augen an. Die Stirnfransen der dunklen Haare geben einen eigenartigen Kontrast, so daß der ernste Ausdruck noch betont wird. Nase und Mund sind fein, die Augenbrauen dicht und schön geschwungen. Man gewinnt den Eindruck: bei gewinnender Ausstrahlung von Erotik und Sympathie eine überaus kluge Frau, die den Mann, den sie liebt, mit zärtlicher Bestimmtheit zu lenken weiß.

Frau Adele hat später einmal, im Witwenstand bereits, aus vollem Herzen versichert, niemals das Gefühl gehabt zu haben, mit einem »alten Mann« verheiratet zu sein. Strauß war innerlich unglaublich jung geblieben, trotz der reifen Liebe zu Jetty, trotz der bitteren Angelika-Episode. Er war es auch äußerlich, denn er wirkte, auch noch in späteren Jahren, niemals alt. Adeles Gesellschaft war ein Jungbrunnen für ihn. Das Wunder, von dem Gustav Mahler einmal sprach, unter Millionen von Frauen gerade der zu begegnen, die für einen bestimmt ist, Johann Strauß hat es nicht einmal, sondern sogar zweimal erfahren, am deutlichsten und vollkommensten vielleicht in seiner dritten Ehe, an der Seite Adeles.

Er verwöhnt sie, ist zärtlich und aufmerksam, ist leidenschaftlich. Er schreibt ihr Liebesbriefe, kaum ist er eine Stunde fort — oder abends, wenn er noch am Pult arbeitet und Adele bereits schläft: »Innigst geliebte Adele! Wie hast Du Deinen Jean außer Rand und Band gebracht!! Da hast Du's! Wie er übermütig wird! Da hast Du's! Scherzen, lachen, springen, sogar tanzen möchte er, obzwar ihm das Letztere sehr schwer fallen dürfte — war er doch nie Tänzer! — Du hast mir heute so viel mich Beglückendes ins Ohr geflüstert. — Du darfst es mir nicht verdenken, wenn ich aus dem Becher der Freude, Lust, Glückseligkeit schlürfe nach Herzenslust. — Laß uns lustig sein, Adele! On ne vit qu'une fois. Es sendet Dir die herzlichsten Umarmungen in Unzahl Dein wonnetrunkener Jean.« Und diesem Schreiben legt er die ersten Takte des Duetts der Operette *Cagliostro in Wien* bei, das mit den Worten beginnt: »Könnt' ich mit Ihnen durchs Leben fliegen!«

Aus Berlin erreicht Adele der folgende, am 1. November 1882 abgefaßte Brief: »Meine Liebste! Nach gestern gepflogener Unterredung mit dem Berliner Theaterdirektor findet die 250. Vorstellung des › Lustigen Kriegs ‹ am 8. November statt. Demnach muß ich am 5., Sonntag abends abreisen, komme am Montag nachmittags in Berlin an — leite am Dienstag nachmittag die Probe und Mittwoch die Aufführung. Nun peinigt mich der Direktor, außer der 250ten noch 2 Vorstellungen zu dirigieren, wozu ich mich aber nicht herbeigelassen. Denn selbst ohne Verlängerung meines Aufenthaltes in Berlin könnte ich erst Sonnabend in Wien ankommen, da ich die Rückreise nicht unmittelbar nach der fatigue (mich strengt das Dirigieren sehr an) antreten kann. So sehr ich vor einigen Wochen meine Existenz in Berlin für immer zu suchen gewünscht, so muß ich gestehen, daß ich jetzt jede Minute längeren Aufenthalts als nötig mit Freuden abstreiche: Warum? Das weißt Du? Lasse Dich herzinnigst umarmen von Deinem Jean.« (Und die Liebesbeteuerungen am Schluß sind dick unterstrichen.)

Die innige Beziehung zu Adele ist niemals erkaltet, wie wir sehen werden. Als sie längst verheiratet unter einem Dach leben, greift »Jean« immer wieder zur Feder, um seiner geliebten Adele ein Wort der Liebe oder eine kleine Lebensweisheit zukommen zu lassen. Hier nur einige Beispiele.

»Nachts. Es geht ganz lustig zu in meinem Innern, fröhliche Melodien summen mir im Kopf, das von Freude, Glückseligkeit übervolle Herz schlägt lustig den Takt dazu. Soll ich da ans Schlafengehen denken? Doch ein Dir gegebenes Wort ist mir heilig — daher ich dem übermütigen Treiben ein Ziel setzen muß und es mir noch gestattet sein soll, derjenigen zu gedenken, welche die Macht besitzt, Seele und Herz in so rosige Stimmung zu versetzen. Hoch mein Engel Adele! Du bist die Herrin meines Glücks, meines Lebens! Dich umarmend, Dein ewig — Dein Jean.«

Oder: »Liebste Adele, ich wünsche Dir eine sehr gute Nacht — gesunden Schlaf und recht viel Humor beim Erwachen! Der Humor ist mehr als alle Medizin der Welt wert. Ohne Humor — halbe Lebensfreude. Fröhlich durchs Leben wandern, meine Devise. Nörgelei frißt an Gesundheit und Leben — namentlich aber bei Frauen, an Einbuße, an Schönheit — wenn überhaupt eine da war. Frauen sollen immer lächeln — dies kleidet sie so gut und verhütet Runzeln und Furchen in der Visage, wovon man sich augenscheinlich überzeugen kann ... erst aber die, die man nicht zu Gesicht bekommt ... Hat das Weib das Glück, einen Mann von Humor zu besitzen, so weide sie sich an ihm, unterstütze ihn darin und verjünge sich dadurch, daß sie sich mit dem Humor des Mannes identifiziere ... Freut Euch des Lebens und heult und jammert, wann wirklich was zu bejammern vorliegt. Dein bester Freund Jeany.«

Bevor Jean aber mit seiner geliebten Adele durchs Leben fliegen konnte, wie er es ersehnt, gab es eine erdrückende Menge von Schwierigkeiten zu überwinden. Um sie heiraten zu können, mußte er viele für ihn nahezu unglaubliche Dinge tun, um dem Gesetz zu genügen, damit er die Staatsbürgerschaft und Religion wechseln konnte. Ein anderer hätte sich vielleicht, angesichts solcher Probleme, mit einem freien Zusammenleben begnügt. Strauß nicht. Möglicherweise war er dazu zu »bürgerlich«, oder war es die Angst, nicht fest genug an die geliebte Frau gebunden zu sein? Und da es im alten Österreich-Ungarn keine Ehescheidung und keine Wiederverheiratung Katholischer zu Lebzeiten des anderen Eheteils gab, so mußte Strauß eben auf seine Staatsbürgerschaft und auf seinen Glauben verzichten.

So unfaßbar es klingt: Strauß, Erzwiener und Erz-Österreicher wie kein Komponist sonst, war die letzten vierzehn Jahre seines Lebens vor dem Gesetz kein Österreicher mehr. Er, der Schöpfer der »inoffiziellen Nationalhymne«, wie der *Donauwalzer* oft bezeichnet wird, war nun Staatsbürger von — man höre und staune — Sachsen-Coburg-Gotha. Er mußte, um es zu werden, persönlich in diesem kleinen deutschen Herzogtum vorstellig werden.

Lassen wir die Dokumente sprechen, in denen alles genau nachzulesen steht. Am 19. April 1883 erscheint der »Hofballmusikdirektor und Realitätenbesitzer Johann Strauß« auf dem Wiedener Bezirksgericht, das für seinen Wohnsitz in der Igelgasse zuständig ist, in Gesellschaft von »Frau Adele Strauß, geborene Deutsch, Private«. Er läßt einen bedeutenden Schenkungsvertrag zugunsten dieser seiner Braut eintragen, und setzt für sie eine lebenslängliche, unwiderrufliche Jahresrente von viertausend Gulden fest.

Inzwischen zerbrechen sich Strauß und Adele, mehr aber noch die Advokaten den Kopf, wie die von beiden sehnlichst erwünschte Eheschließung ermöglicht werden könnte. Noch am 15. Oktober 1884 ahnt in Wien niemand etwas davon, wie dies schließlich geschehen soll. Denn an diesem Tag — es sind genau vierzig Jahre her, seit der »Mistbub« oder »Malefizbub« seinen Schritt ins Leben mit dem historischen Konzert beim *Dommayer* gewagt hatte — an diesem Tag also beschließt »der Gemeinderat unter dem Vorsitz des Herrn Bürgermeister Uhl in vertraulicher Sitzung, dem k.k. Hofballmusikdirektor Johann Strauß aus Anlaß seines 40jährigen Jubiläums als Dirigent und in Anerkennung seines hervorragenden künstlerischen und humanitären Wirkens das Bürgerrecht der Stadt Wien taxfrei zu verleihen ...« Es werden ihm im Begleitschreiben noch viele glanzvolle Eigenschaften attestiert, dazu ein edles Herz für die Armen und Unglücklichen.

Ein weiteres Jahr später hat der Ehrenbürger von Wien um den »unbedingten Austritt aus dem österreichischen Staatsverbande« angesucht. Am 8. Dezember 1885 wird dieser Austritt dekretiert. Doch anscheinend mahlen die sächsisch-coburgisch-gothaischen Mühlen recht langsam, so wie man es eher von der österreichischen Bürokratie behauptete, die aber in diesem Falle recht prompt reagiert hatte. Und so wendet sich Johann Strauß am 18. Mai 1886 an den ihm stets wohlgesinnten Erzherzog Johann — es ist jener seltsame Habsburger, der Rang und

Adel ablegte, um als »Johann Orth« die Welt zu durchstreifen, der eines Tages spurlos verschwand und nie wieder gesehen wurde. Strauß trägt die Bitte um Unterstützung seines nach Coburg-Gotha gerichteten Gesuchs vor. In seinem Schreiben an den Erzherzog erwähnt er, daß dessen günstige Erledigung für ihn und sein ganzes künftiges Familienglück von entscheidender Bedeutung sei. Im Gesuch an den deutschen Fürsten selbst steht:

»Besondere Verhältnisse machen es mir wünschenswert, mein Heimatsrecht in der Stadt Wien aufzugeben und das deutsche Reichsbürgerrecht zu erwerben. Zu diesem Behufe wünsche ich mich für die Zukunft in der freundlichen Stadt Coburg unter der Regierung des kunstsinnigen Herzogs Ernst niederzulassen ...«

Die »besonderen Verhältnisse« waren die Scheidung von Angelika und die neue Verehelichung mit Adele. In Coburg-Gotha konnte das »Band«, das ihn rechtens immer noch an die blonde Angelika fesselte, endgültig getrennt und der Weg zur neuen Eheschließung mit Adele freigemacht werden. Erzherzog Johann unterstützte das Gesuch — sicherlich in genauer Kenntnis der Sachlage —, und so verlieh der »kunstsinnige Herzog Ernst«, von dem wir nicht so genau wissen, ob er die ganze Wahrheit kannte und nicht vielleicht wirklich an die Möglichkeit dachte, der Walzerkönig könnte sich in seinem Lande niederlassen, am 24. Juni 1886 dem »... Herrn Hofballmusikdirektor Johann Strauß aus Wien auf sein Ansuchen und behufs seiner Niederlassung in der Stadt Coburg die Staatsangehörigkeit des Herzogtums Sachsen-Coburg-Gotha.«

Strauß, ein Bürger von Sachsen-Coburg-Gotha! Das klingt unvorstellbar, fast grotesk, wie ein Operettenstoff. Was London, Paris, Berlin nie vermocht hätten, das fiel der kleinen deutschen Residenzstadt in den Schoß. Aber: hier leben? Der Walzerkönig gehörte nach Wien und hatte wohl kaum je die Absicht, sich in einer anderen Stadt niederzulassen. Immerhin: er ist Staatsbürger von Sachsen-Coburg-Gotha, ein Untertan des Herzogs Ernst geworden. Er reiste mehrmals dorthin, mietete sogar eine Wohnung und legte am 28. Januar 1887 den Bürgerschaftseid ab. Für alles das erhielt er, wofür er so viel Mühe und Irreführung — denn das war es letzten Endes — auf sich genommen hatte: die Hand Adeles. Ihr Herz hatte er ja längst; aber er wollte auch ihre Hand »vor Gott« erhalten. Dabei war es ihm sogar gleichgültig, vor welchem Gott.

Herzog Ernst trennte am 11. Juli 1887 endlich die Ehe, die alles Unglück angerichtet hatte. So lange hatte sie rechtlich bestanden. In Wien war bereits am 9. Dezember 1882 die »Scheidung von Tisch und

Bett« ausgesprochen worden, aber nun erst erfolgte die endgültige »Trennung des Bandes«, die nach österreichischem Recht undurchführbar war. Doch war hierzu und zur Wiedervermählung noch eines nötig, was Strauß ebenfalls nicht zögerte zu tun: er verließ seinen katholischen Glauben, wurde Protestant. Denn einem katholischen Ehepartner könnte nicht einmal ein Herzog »sich in Gnaden bewogen fühlen«, eine neue Ehe nach Scheidung und Trennung einzugehen.

Am 30. Juli 1887 findet die Aufgebotsverhandlung in Coburg statt: »Es erscheinen: 1. der k.k. Österreichische Hofballmusikdirektor Johann Strauß, geboren zu Wien am 25. Oktober 1825, Sachsen Coburg Gothaischer Staatsangehöriger, Sohn des k.k. Hofballmusikdirektors Johann Strauß und dessen Ehefrau Maria Anna geborene Stenia, beide in Wien verstorben, zum protestantischen Glauben übergetreten, wohnhaft hier, und 2. Adele Strauß geborene Deutsch, geboren zu Wien am 1. Januar 1856, nach Budapest zuständig, Tochter des Privatiers Leopold Deutsch und dessen Ehefrau Hermine, geborene Strasser, beide in Wien lebend, Israeliten, zur Evangelischen Kirche helvetischen Bekenntnisses übergetreten, hier wohnhaft ...«, kurz und gut, zwei Wochen später werden sie, am 15. August 1887 sowohl standesamtlich wie auch kirchlich getraut.

Am 1. August war ein ausführlicher Ehevertrag zwischen den künftigen Gatten abgeschlossen worden; in Wien, wo sie trotz des »Wohnsitzes« in Gotha zu Hause waren und das immer ihr Zuhause bleiben wird. Adele und ihr Jean beschlossen eine völlige Vermögens- und Gütertrennung. Adele verzichtet auch auf alle Erbansprüche. Die Rechte des Kindes, das Frau Adele in die Ehe mitbrachte — das ja durch Schicksalsfügung Strauß hieß und in Strauß einen wahren, liebevollen Vater gefunden hatte — werden geregelt. Ein letzter Paragraph befaßt sich mit der Möglichkeit, daß »die bevorstehende Ehe mit Kindern gesegnet« würde. Sie wurde es nicht. Der Walzerkönig, der dreimal verheiratet war, davon zweimal mit Frauen, die Kinder hatten, hinterließ keine leiblichen Erben.

16

Premiere in Berlin

Diese nun in seinem Privatleben so bewegte Zeit, da Angelika-Lily endlich aus seinem Leben verschwand, da er Herz und Hand Adeles eroberte, ist — wie könnte es anders sein bei Strauß — trotz allem durch intensives Schaffen gekennzeichnet. Obwohl jetzt sein Sinnen und Trachten der Bühne gehört und von einer »persönlichen Leitung« bei Tanzfesten kaum noch die Rede ist — das besorgt mit bemerkenswertem Erfolg der »schöne Edi« — komponiert Johann Strauß »zwischendurch« auch Tänze. Die meisten, die im Druck erscheinen, stammen nun allerdings aus Operetten: *Gavotte der Königin, Spitzentuch-Quadrille,* die Schnellpolka *Stürmisch in Lieb und Tanz,* die Polka-Mazurka *Liebchen, schwing dich!* sind dem *Spitzentuch der Königin* entnommen. Das Glanzstück dieser Operette, der Walzer *Rosen aus dem Süden,* trägt die Opuszahl 388 und ist dem König Umberto von Italien gewidmet.

Ganz ähnlich war Strauß schon bei seinen vorherigen Operetten vorgegangen, seit *Indigo* werden die schönsten Melodien aus seinen Bühnenwerken auch einzeln als Tänze verlegt und verbreitet. Doch er komponierte auch Neues, darunter viel Bedeutendes, so beispielsweise den hinreißenden Walzer *Frühlingsstimmen,* der die Opuszahl 410 trägt und dem populären Wiener Pianisten Alfred Grünfeld gewidmet ist. Zwar erscheint die jauchzend emporsteigende Gesangsmelodie wohl am ehesten für eine helle Sopranstimme geeignet, um es dem Lerchenjubel in blauer Luft gleichzutun, doch auch das virtuose Klavierarrangement, das Grünfeld für sich selbst und zahllose zeitgenössische Pianisten herstellte, trug viel dazu bei, diese teils jubelnden, teils innigen Weisen rasch in die Herzen der Menschen zu tragen.

Manches Werk wurde, wie immer, hohen Persönlichkeiten gewidmet, die sich, soweit es sich um Staatsoberhäupter handelte, fast immer mit Titeln, Orden und wertvollen Geschenken bedankten. Der Walzer *Myrthenblüten* (für Männerchor und Orchester) gehört Österreichs Kronprinzenpaar, Rudolf und Stephanie. Der *Jubelfest-Marsch* wurde dem beliebten Kronprinzen höchstpersönlich zugedacht, den nur noch wenige Jahre vom tragischen, niemals geklärten Ende in Mayerling trennten. Ein Marsch *Habsburg Hoch!* trägt die Widmung »Dem Hause Habsburg zur 600. Gedenkfeier«. Die Verleger (nun vor allem Spina, Cranz, F. Schreiber und Simrock) hatten alle Hände voll zu tun, um mit der Produktivität des Walzerkönigs Schritt halten zu können.

Nach der erfolgreichen Uraufführung des *Lustigen Kriegs* trat Strauß neuerdings an die Librettisten F. Zell (Camillo Walzel) und Richard Genée heran, um Gedanken über eine nächste Operette auszutauschen. Es gibt über diese Gespräche und Verhandlungen eine berühmte Geschichte, deren Wahrheitsgehalt nicht mehr nachzuprüfen ist. Zell und Genée hatten nicht nur einen, sondern zwei Entwürfe anzubieten. Einer davon war *Der Bettelstudent*, eine in Polen spielende, außerordentlich farbige, abwechslungsreiche und vor allem musikalisch äußerst ergiebige Handlung. Der andere Vorschlag hieß *Eine Nacht in Venedig*. Außer seinem Titel schien er zunächst nicht viel Brauchbares oder Anziehendes zu enthalten. Zu dieser Zeit suchte auch Millöcker ein neues Libretto. Nun scheinen die beiden Textdichter folgende Rechnung angestellt zu haben: Strauß ist an Einfallsreichtum und Popularität stark genug, auch ein schwaches Buch in einen Erfolg zu verwandeln, Millöcker hingegen braucht ein schlagkräftiges Libretto. Komponierte nun Strauß *Eine Nacht in Venedig*, Millöcker den *Bettelstudent*, so würden sie selbst gleichzeitig zwei Erfolge mit den dazugehörigen Tantiemen buchen können. Man mußte die Sache nur geschickt in die Wege leiten: Strauß wurde eingeredet, Millöcker sei ganz versessen darauf, die *Nacht in Venedig* zu vertonen. Der Walzerkönig, offenbar stets ein wenig unsicher in der Beurteilung von Textbüchern — er mußte ein Stück sehen, um es beurteilen zu können —, sagte sich, diese *Nacht in Venedig* müsse ein glänzendes Libretto sein, wenn ein schon sehr namhafter Komponist wie Millöcker sich darum risse. Also wählte er diesen Stoff. Die Librettisten taten, als bedauerten sie, ihn dem Konkurrenten wegnehmen zu müssen, in Wahrheit aber waren sie sehr froh, denn ihre Rechnung ging auf. Millöcker gestaltete den *Bettelstudent* zu einem äußerst starken, nachhaltigen Erfolg, der bis heute anhält. Und die Musik von Johann Strauß ist wahrhaftig einfallsreich und farbig genug, um die *Nacht in Venedig* trotz ihres schwachen Buches rund um die Welt gehen zu lassen. Diesem Libretto versuchte man immer wieder durch Bearbeitungen mehr Sinn und Witz zu verleihen (zuletzt recht erfolgreich durch H.-U. Barth im Deutschen Fernsehen).

Ob Strauß sich tatsächlich von seinen Librettisten hat überrumpeln lassen? Oder hat ihn das italienische Sujet gereizt, der Schauplatz Venedig mit seinem sinnlichen Zauber, mit dem Klang seiner liebedurchglühten Nächte? Dazu, wieder einmal, ein Karneval mit seinen Verkleidungen, Masken, Verwechslungen und seinen Tänzen vor allem — ein Spiel der guten Laune und Lebenslust. Vielleicht hat ihn auch die lustige Figur des Kochs Pappacoda gereizt. Das war wieder eine Bombenrolle für Girardi ... oder spukte ihm das »Gondellied« schon im Kopf herum, mit seinen weichen, betörenden, über romantische Lagunen dahingleitenden Walzerrhythmen?

Angeblich hatte bei der Entscheidung für diesen Stoff, so wird im Revisionsbericht der Gesamtausgabe berichtet, Lily ihre Hand im Spiel; ja, sie griff sogar in die Ausarbeitung des Buches ein, worüber sich, Jahre später, als Strauß bereits mit Adele lebte, Walzel in einem Brief bitter beschwerte.

Der Komponist begann seine Arbeit im Frühling 1882. *Eine Nacht in Venedig* entstand also gerade in jenem Jahr, in dem das häusliche Drama des Walzerkönigs sich vollends zuspitzte. Wie er in solcher Stimmung, bei häuslichen Spannungen und unerträglichen Szenen, überhaupt eine so leuchtende, frohe, witzige Musik schreiben konnte, gehört zu den Unbegreiflichkeiten des künstlerischen Schaffensprozesses. Flüchtete Strauß aus der Misere seines Alltags, über die in Wien längst an allen Ecken getratscht wurde, in die Traumwelt seiner Musik, die ihn nie im Stich ließ und alle Kleinlichkeiten, Enttäuschungen, Fehlschläge des sogenannten »wirklichen« Lebens vergessen ließ?

Das *Theater an der Wien* kam jetzt für eine Straußpremiere selbstverständlich nicht in Frage, das stand von vornherein fest. Das *Carl-Theater* und sogar die *Hofoper* wurden in Betracht gezogen, was die Wiener Presse eifrig vermerkte. Da lief am 1. Mai 1883 eine Nachricht durch die Stadt, die wie eine Bombe einschlug und nicht wenige Wiener traurig stimmte: die »Correspondenz Lewy« (sie gehörte keinem andern als Schanis Schulfreund und diente als künstlerisches Nachrichtenblatt) teilte mit, die neue Operette werde dieses Mal nicht in Wien uraufgeführt werden, sondern »im Laufe des Monats September am neuen *Friedrich Wilhelmstädtischen Theater* in Berlin«. Derartiges geschah zum ersten Mal, und kam auch nachher nie wieder vor.

Schon am 17. April hatte der Komponist Teile seiner Partitur einer größeren Gesellschaft vorgespielt, Walzel las und erläuterte das Libretto. Am 10. Juni zieht Strauß aufs Land, auf sein Gut Schönau, um das Werk zu vollenden. Er geht nicht allein. Adele begleitet ihn, zwar noch nicht als legitime Gattin, aber als unzertrennliche Begleiterin, wertvolle Helferin und stürmisch Geliebte. Die Scheidung von Lily ist schon im Gang. Am 9. Dezember wird ein Wiener Gericht sie aussprechen, aber sie schließt keine endgültige Lösung ein. Sie ist nur ein erster Schritt, der ohne den Ausweg und Umweg über Sachsen-Coburg-Gotha nie zur rechtlichen Vereinigung mit Adele führen könnte.

Noch vor der Premiere in Berlin gibt es einen großen Wirbel um das neue Werk. Zell und Genée werden des Plagiats beschuldigt. Sie sollen, laut Revisionsbericht und einem Artikel der *Neuen Freien Presse* vom 17. August 1883, ziemlich ungeniert das Libretto des *Château Trompette*, einer komischen Oper von François A. Gevaert (Text von Jules Cormon und Michael Carré), für ihre Zwecke benützt haben, eines Werks, das am 24. April 1860 erstmals in der Pariser *Opéra*

Comique in Szene gegangen war. Walzel erwidert zwei Tage später, es klingt nicht recht glaubhaft, denn er »weiß natürlich, daß die vom Rachedurst eines entlassenen Verwaltungsbeamten des *Theaters an der Wien* initiierte Kampagne nicht ganz der Wahrheit entbehrt« (siehe Revisionsbericht zu *Eine Nacht in Venedig* in der Gesamtausgabe, Universal-Edition, Wien). Walzel bequemt sich, seinem Mitarbeiter Genée nahezulegen, in den Untertitel des Werks zu schreiben: »Komische Oper in 3 Akten, die Grundidee frei nach dem Französischen.«

Zu den letzten Vorbereitungen und zur Premiere erscheint der Komponist in Berlin, natürlich mit Adele. Berlin ist ihm vertraut, er ist den Berlinern vertraut. Im alten *Friedrich Wilhelmstädtischen Theater* hat er zehn Monate vorher, im November 1882, die 250. Aufführung seines *Lustigen Kriegs* dirigiert. Er hat damit ein Jubiläum feiern können, wie es ihm in seiner Heimatstadt nicht beschieden war. Vor kurzem war das Theater in andere Hände übergegangen. Es sah seiner Einweihung als Sprechbühne entgegen.

Doch die Berliner wollten nicht auf Operetten verzichten. Sie fanden diese Gattung unterhaltsam und interessant. Bald sogar versuchen sie, eine eigene Berliner Variante dieser Spezialität aus Wien zu kreieren: um die Jahrhundertwende haben Paul Lincke, Leon Jessel, Walter Kollo, Jean Gilbert, Eduard Künneke bereits ihre durchschlagenden Erfolge, und die ganze Stadt singt ihre Melodien nach.

Das *Neue Friedrich Wilhelmstädtische Theater* gibt als glanzvolle Eröffnungspremiere die neue Operette von Johann Strauß: *Eine Nacht in Venedig*.

Adele berichtet nach Wien: »Jean ist bereits voller Tätigkeit und Aufregung mitten in den Proben und mit der Besetzung über alle Erwartung zufrieden ... Im Vertrauen teile ich Ihnen aber mit, daß wir alle Ursache haben, das Urteil des Publikums in Bezug auf das Buch zu fürchten. Von Witz keine Spur, noch weniger eine interessante Situation oder spannende Handlung. Die traurigen Eigenschaften dieses Buches waren Jean zwar längst bekannt, aber er hoffte doch, daß es durch die Darstellung gewinnen würde. Es macht uns aber den Eindruck, als ob dies selbst bei guter Darstellung nicht der Fall ist ...«

Strauß selbst dirigierte an jenem festlichen 3. Oktober 1883. Es wurde trotzdem kein wahrer Erfolg, konnte es nicht werden, denn der Komponist stand auf verlorenem Posten. Er wurde, heißt es in der Presse, »... bei seinem Erscheinen mit den herzlichsten Zurufen begrüßt und jede schmeichlerische Melodie des ersten Aktes wurde mit lautem Beifall anerkannt. Aber der Text der Operette, ein italienischer Salat von Torheit und Langeweile, schmälerte von Szene zu

Szene immer mehr die Empfänglichkeit für die lustige Sprache des Orchesters, und als im letzten Akt die Albernheit sich selbst überschlug, als uns die Entstehung eines Rinderbratens aus einer italienischen Stiefelsohle mitgeteilt wurde, da protestierten die Hörer mit peinlicher Lebhaftigkeit ...« *(Berliner Tageblatt,* 4. Oktober 1883).

Nicht viel anders lauteten die übrigen Besprechungen. Die *National-Zeitung* findet das Textbuch »in seiner Abgeschmacktheit gar nicht zu charakterisieren«, die *Allgemeine Deutsche Musik-Zeitung* vom 12. des gleichen Monats spricht von einem »gelinden, durch den Text verschuldeten Fiasko«, und einstimmig konstatieren sie die Proteste des Publikums, das bei dem unüberbietbaren Text »Nachts sind die Katzen ja grau, nachts tönt es zärtlich miau!« in ein vielhundertstimmiges »Miau« ausbrach.

Sofortige Änderungen waren geboten, vor allem für die erste Wiener Aufführung, die sechs Tage nach der Berliner Premiere, am 9. Oktober 1883, stattfinden sollte. Nun doch im *Theater an der Wien!* Gustav Lewy hatte das zustandegebracht und am 1. August in seiner »Correspondenz« bekanntgegeben, es sei ihm gelungen, »den Komponisten zu bewegen, sein neuestes musikalisches Opus der Direktion des Theaters an der Wien zur Aufführung in der bevorstehenden Saison zu überlassen ... Ernste, rein künstlerische Motive haben Herrn Johann Strauß bewogen, die Bedenken privater Natur, welche sich obiger Abmachung in den Weg stellten, niederzukämpfen ...«

Deutlicher konnte es nicht gesagt werden. Über der unseligen Lily-Affäre stand die Kunst. Die Herzen ganz Wiens schlugen für Strauß, man war bemüht, sein privates Mißgeschick durch begeisterte Anerkennung seiner Meisterschaft zu mildern und auszugleichen. Was geschah am 9. Oktober 1883? Hier ein Pressebericht: »Die neue Straußsche Operette wurde heute zum ersten und zum zweiten Male, ja mitunter zum dritten Male aufgeführt, denn das Publikum ließ sich fast jede Nummer einige Male vorsingen. Man konnte sich nicht satt hören an den bald einschmeichelnd süßen, bald übermütig heiteren Liedern und Tänzen, welche der Walzerkönig mit wirklich fürstlicher Freigebigkeit über sein neues Werk ausgegossen hat. In dieser reizenden Tonflut ging das zu bedenklicher Berühmtheit gelangte Textbuch der Herren Zell und Genée beinahe vollständig unter ... Strauß hat schon manche glänzende Triumphe in seiner Vaterstadt wie in der Fremde erlebt, aber solche Stürme von Beifall, wie sie heute durch einen ganzen Abend um die Ohren klangen, mögen auch ihn, den verwöhnten Liebling der sangesfrohen Stadt, mit Stolz und Genugtuung erfüllt haben ...« *(Neue Freie Presse,* Wien, 10. Oktober 1883).

17

Wieder ein Volltreffer: Der Zigeunerbaron

Ungewöhnlich lang arbeitete Strauß an seinem nächsten Bühnenwerk. Und dieses Mal hatte er, wie bei der *Fledermaus*, ein wirkliches Libretto in der Hand, eine Komödie mit Menschen aus Fleisch und Blut, eine Geschichte mit Humor, Gefühl und einem farbigen Schauplatz. Die Mischung aus Romantik und Aktualität hat am Ende den *Zigeunerbaron* ergeben. Natürlich ist auch er nicht frei von den »Erbsünden« der Operette, von gezwungenen Reimen, von süßlichen, den Kitsch streifenden dramaturgischen Unglaubwürdigkeiten. Aber seine Gestalten leben, und das ist das Ausschlaggebende. Viele seiner Worte sind ins Volksbewußtsein gedrungen, und zahlreiche seiner Melodien werden erklingen, solange Menschen Freude an Musik empfinden werden.

Strauß und Adele fuhren 1883 nach Budapest, wo die ungarische Erstaufführung des *Lustigen Kriegs* bevorstand. In Ungarns Hauptstadt besuchte er den bedeutenden Dichter Maurus Jokai und lernte dabei dessen Novelle kennen, in der ein angebliches Zigeunermädchen, Saffi mit Namen, eine höchst romantische Rolle spielt. Buch und Schauplatz gefielen Strauß sofort. In Wien fand er bald den rechten Mann, der die Grundidee in ein Opernlibretto für ihn umarbeiten konnte: Ignaz Schnitzer, Journalist, Schriftsteller, begeisterter Ungar und vor allem musikalisch. Er gestaltete das Buch seines verehrten Landsmanns Jokai um und traf damit genau ins Schwarze, da es ihm gelang, sämtliche Saiten im Genie des Walzerkönigs zum Klingen zu bringen.

Ungarn ist das stolzeste, rebellischste, aber vielleicht gerade darum das am meisten bewunderte und liebste Kind der Habsburgermonarchie. Es ist das Land der melancholischen Puszta, der Zymbalklänge musikbesessener Zigeuner, der farbenprächtigen und temperamentgeladenen Volkstänze. Und das beginnt beinahe schon vor den Toren Wiens. Ein paar Kilometer donauabwärts, und man ist in Ungarn, die Donau gehört zu Budapest, genauso wie sie zu Wien gehört, sie ist das Band, das die beiden Städte eng miteinander verbindet. In den Straßen Wiens sieht man ungarische Edle, bunt gekleidet, in malerischen Uniformen, die erhobenen Hauptes daherkommen und mit ausgesuchter Eleganz jeder schönen Frau huldigen. Wie naheliegend, einmal eine Operette in diesem erzmusikalischen Ungarn spielen zu lassen, das zudem das Land echter Volkspoesie und tiefempfundener

Johann Strauß Sohn, nach einer zeitgenössischen Postkarte.

Franz von Suppé (1819—1895)

Karl Millöcker (1842—1899)

Romantik war! Strauß erfüllte mit dem *Zigeunerbaron* einen heimlichen Publikumswunsch.

Im Marschrhythmus hebt die Ouverture an, sie ändert jedoch alsbald ihre Stimmung und wechselt hinüber zum unverfälscht ungarischen Lokalkolorit. Eine Klarinette, die vielleicht dem altmagyarischen Volksinstrument Tarogato am nächsten steht, beschwört in einer melancholischen Melodie das Bild der endlosen Tiefebene. Und sehnsüchtig setzt jetzt die Oboe ein mit ihrem edlen, weichen Klang; ihre Melodie geht schließlich mit dem typischen retardierenden Auftakt, den Strauß so liebt, in eine Polka über. Dann wird es auf einmal dramatisch. Die Tutti krachen. Stürmisch die Läufe bei den Streichern und Bläsern. Jetzt wieder Ruhe. Ein Ton bleibt wie schwebend im Raum, wird wiederholt, mehrmals, immer langsamer, endlich aufs äußerste gespannt. Und dann hebt, in jener unbeschreiblichen Süße, die nur Strauß gegeben war, der Walzer an, der erste dieses Werks, dem noch mehrere andere folgen werden. Hierauf erklingt das stolzkameradschaftliche *Werberlied*, endlich der lieblich wiegende Schiffergesang: Straußens Ouverturen sind, wie die der damaligen Spielopern, Potpourris der schönsten im Werk verstreuten Melodien.

Der erste Akt spielt auf der Puszta. Hier stand einmal Herrenhaus und Gut derer von Barinkay. Der Krieg hat vor vielen Jahren alles verwüstet und die Barinkays ins Exil getrieben. Nun kehrt, nachdem der Name des letzten hier regierenden türkischen Paschas nur noch eine ferne Erinnerung ist, der junge Barinkay, Sandor mit Namen, in die Heimat zurück, die durch Frieden und Amnestie alte Wunden zu heilen versprach. Inzwischen hat sein Nachbar, der Schweinezüchter Zsupan, sich einiges von Barinkayschem Boden angeeignet, ist sehr reich geworden, aber ein ungebildeter, nur aufs Geld und seine rosaroten Schweine versessener Bauer geblieben, der sich sehr schlau wähnt, aber gerade durch seine großsprecherische und tölpelhafte Manier zur komischen Rolle par excellence avanciert, zum Gespött aller wird.

Ein schöner Chor der Schifferknechte klingt vom naheliegenden Fluß herüber und schafft eine milde abendliche Sommerstimmung. Dann tritt Ottokar auf und beginnt, wieder einmal, nach dem vergrabenen Schatz der Barinkays zu suchen, worüber sich Czipra, die alte Zigeunerin, lustig macht. Zwischen ihrem Stamm und den Leuten des Schweinezüchters Zsupan besteht ein gespanntes Verhältnis. Die Zigeuner haben sich auf Barinkays verwaisten Gütern niedergelassen und führen dort ihr freies, idyllisches Leben.

Da tritt Sandor Barinkay auf, betrachtet das Land, das ihm nun zurückgegeben wird, und begrüßt voll Sympathie die Zigeuner. Der Augenblick wäre allem Anschein nach geeignet für eine herzzerreißende Heimkehrerarie. Doch Schnitzer und Strauß schaffen hier mit feiner psychologischer Einfühlung ein unwiderstehlich keckes Kabinettstück, das vom ersten Augenblick seines Bühnenlebens echte Popularität zu erringen wußte. Das Stück hat nichts Ungarisches an sich: sehr folgerichtig, denn Barinkay lebte seit seiner Kindheit fern der Heimat. Und so lassen die Autoren ihn aus der weiten Welt erzählen. Was er getan, was er gesehen? »Als flotter Geist, doch früh verwaist, hab' ich die ganze Welt bereist! Faktotum war ich erst — und wie! — bei einer grande Menagerie. Vom Walfisch bis zum Goldfasan ist mir das Tierreich untertan, es schmeichelt mir die Klapperschlange, das Nashorn streichelt mir die Wange, der Löwe kriecht vor mir im Sand, der Tiger frißt mir aus der Hand ...« Ein übermütiges Bramarbasieren in halbem Parlando, doch dann kommt ein Refrain, eine großzügig geschwungene, mitreißende Tenormelodie: »Ja, das alles auf Ehr, das kann ich und noch mehr!« Und die steht noch dazu im Walzertakt.

Der kaiserliche Beamte, der Barinkay wieder in den Besitz seiner Güter setzen soll, sucht zwei Zeugen für diese Amtshandlung. Als erste wird die Zigeunerin Czipra aus ihrer Hütte geholt. Sie kann zwar nur mit einem Drudenfuß unterzeichnen, aber im Wahrsagen ist sie groß: sie prophezeit dem Beamten, der vor zwei Jahrzehnten die Spur seiner Familie verloren hat, er werde Frau und Sohn wiederfinden. Wenige Augenblicke später erfüllt sich der Spruch: die Erzieherin der Tochter des Schweinehirten Zsupan ist des Beamten Gattin, ihrer beider Sohn Ottokar der heimliche Bräutigam Arsenas, für die Vater Zsupan allerdings höherfliegende Pläne hegt. Zsupan soll als zweiter Zeuge unterfertigen, aber auch bei ihm ist es mit dem »Schreiben und dem Lesen« nicht weit her. Großspurig, selbstbewußt und sehr lächerlich erscheint er in großem Aufzug. Eine Girardi-Rolle, wie sie köstlicher nicht gedacht werden konnte! Zsupans Lieblingssatz »Oh, das ist ausgezeichnet!«, bei dem der Darsteller an eine möglichst »ungorische« Aussprache appellieren, und sein Auftrittslied, das im Refrain gipfelt: »Mein idealer Lebenszweck ist Borstenvieh, ist Schweinespeck!«, sichern der Rolle von Anbeginn an und dem Stück bereits hier, eine knappe halbe Stunde nach Beginn, stärkste volkstümliche Resonanz.

Wie aber geht nun die Geschichte weiter? Barinkay sieht Arsena und hält auf der Stelle bei Papa »Schweinefürst« um ihre Hand an, dabei hat er kaum ein Wort mit ihr gewechselt! Er wird höhnisch abgewiesen: wer er sei, was er überhaupt besitze? Diese Ruine da, sonst nichts? Und völlig verarmt ... ja, wie er denn dazu käme, des reichen Zsupan Tochter heiraten zu wollen, die Erbin von mindestens fünftausend fetten Schweinen auf einem glänzenden Gute! Arsena lüftet für einen Augenblick den Schleier, der ihr schönes, kaltes Gesicht verbirgt — nur um dem Bewerber vorzuhalten, daß sie »es« keinesfalls unter einem Baron täte. Bunte Volksszenen und fröhliche Chöre beleben das Pusztabild, das uns die Szene bietet, doch Barinkays Traum ist offenbar fürs erste ausgeträumt. Die Familie Zsupan hat, mit ihrem gesamten Anhang, Barinkay unter Hohngelächter verlassen. Da kommen die Zigeunerscharen, denn es ist inzwischen Nacht geworden. Sie kommen ehrerbietig, beinahe zutraulich. Sie suchen einen Herrn. Barinkay, wie wär's? Eine Melodie nach der andern schüttet Strauß aus dem Füllhorn, und dies scheint nie voller gewesen als jetzt, beim Sechzigjährigen: der großartige Zigeunerchor zum Beispiel, dieses Charakterporträt eines Volksstammes, besonders eindrucksvoll musikalisch gezeichnet das Mißtrauen, der Treueschwur! Oder Czipras Lied »Du kannst den Zigeunern getrost vertrauen ...« Kurzum, die melodische Fülle reißt nicht ab, wieder einmal vergoldet sie ein Textbuch, das nicht allzu genau unter die Lupe genommen sein will, dem man aber zugutehalten muß, daß es dramaturgisch geschickt zubereitete Höhepunkte besitzt.

Nun, Barinkay nimmt die Huldigung der Zigeuner an. Er will ihr »Woiwode« sein, und da das nach altem Brauch ein Adelstitel ist, weckt er sofort, mitten in der Nacht, den Nachbarn Zsupan, um ihm zu sagen, die Bedingung sei erfüllt: er sei jetzt »Baron«. Noch einmal füllt sich die Bühne mit Menschen, und sofort bilden sich zwei Lager, hie Freund, hie Feind. Barinkay an der Spitze »seiner« Zigeuner. Unter ihnen die alte Czipra mit dem schönen Zigeunermädchen Saffi, einer angeblichen Tochter Czipras. Auf der anderen Seite Zsupan und seine Leute.

Barinkay »Baron«? Zum Lachen. Da hat der verspottete Barinkay einen herrlichen Einfall: »Mein Weib — wird diese hier!« ruft er (auf ein langes, schmetterndes Tenor-A) und deutet — o unerfindliche Wege der Librettisten! — auf Saffi. Diese erschrickt bis ins Innerste, obwohl es genau das ist, was sie sich vom ersten Moment an sehnlichst gewünscht hat: »O Herr, das ist ein harter Scherz!« Barinkay ist verwandelt: »Bei dir find' ich ein treues Herz, zu dem vor dieser ich mich rette!« Und zu Arsena: »Dich stolze Spröde lass' ich ziehn!« Nun wird für kurze Zeit alles zur »grande opéra«; Arsena flüstert ihrem geliebten Ottokar zu: »O räche mich!«, doch Ottokar ist nicht der richtige Mann, solches zu tun. So bedrohen die Gruppen einander lediglich in ausführlichen Gesängen, wie bei Meyerbeer oder Verdi, nur die komischen Einwürfe des wütenden Schweinezüchters erinnern uns daran, daß wir in einer Operette sitzen. Barinkay und Saffi stehen Arm in Arm. Aktschluß. Was kann jetzt noch kommen, da das Happy-End eigentlich schon da ist?

Es kommt noch so mancherlei — zum Beispiel die durch einen Traum der alten Zigeunerin angeregte Suche nach dem vergrabenen Schatz. Der wird, es kann nicht anders sein, gefunden. Doppelter Reichtum breitet sich aus: Barinkay ist nun wohlhabend, denn der Schatz gehört zweifellos ihm, denn er ist von seinem Vater vor der Flucht in den Mauern des Schlosses versteckt worden. Aber auch die ganze Welt ist reicher geworden, denn Strauß stimmt in dieser Szene den alles mitreißenden *Schatz-Walzer* an — mit so jugendlichem Feuer, als sei er noch der Schani, der beim *Dommayer* oder beim *Sperl* zum Tanz aufspielt.

Es kommt ferner: ein Zigeunerchor, gruppiert um echte Ambosse und um ein unechtes Lagerfeuer, doch alles in allem kein unwürdiges Gegenstück zum Zigeunerchor im zweiten Akt von Verdis *Troubadour*: Chi del gitano ... Es kommt schließlich Barinkays und Saffis Hochzeitslied: »Wer uns getraut? Ei sprich! Sag du's! Der Dompfaff, der hat uns getraut!«, ein Duett mit Chor, das weltweiten Widerhall gefunden hat und in seinem zweiten Teil ins Volksliedhafte vorstößt: »Und mild sang die Nachtigall ihr Liedchen in die Nacht: Die Liebe, die Liebe ist eine Himmelsmacht!« Man könnte boshaft den Satz zitieren: »Das hat kein Goethe g'schrieb'n, das hat kein Schiller 'dicht«, aber einfallen muß es einem. Es wurde zum Zitat, und man sollte vielleicht zum Dank dafür ein Dutzend schwerer Verstöße gewisser Operettenlibrettisten verzeihen. Es bleiben auch dann immer noch genug übrig.

Zum Beispiel gleich das anschließende Couplet von der »Sittenkommission«, aber das wird ohnedies zumeist weggelassen. Und glücklicherweise folgt sofort eines der glänzendsten Stücke des Werkes: das »Werberlied«. Der in blendende Uniform gekleidete Graf Homonay tritt auf und wirbt Soldaten für einen Feldzug ... in Spanien. Da macht auch die Operette keine Ausnahme: was aus irgendwelchen, zensurbedingten oder unbegreiflichen, Gründen in der Fremde oder im Land der Fantasie spielen soll, wird nach Spanien verlegt, bei Mozarts *Figaro* und Beethovens *Fidelio* angefangen. Wer dem Grafen Homonay die freundlich dargebotene Hand schüttelt und vom Werberwein trinkt, gilt als Soldat. Homonays Lied ist stark ungarisch gefärbt und geht aus verhaltenem, sehr markantem Marschtakt in einen feurigen

Csardas über. Zsupan wird, gegen seinen Willen, angeworben. »Das ist ausgezeichnet!« Ottokar ebenfalls.

Ein echter Straußischer Walzer weitet sich zum großen Abschiedsbild. Da erfolgt der noch fehlende Knalleffekt. Die alte Zigeunerin vertraut Graf Homonay ein Geheimnis an: die schöne Saffi ist nicht ihre Tochter. Und ein lange Zeit versteckt gehaltenes Dokument enthält die von Homonay feierlich bekanntgegebene Wahrheit: »Vor euch seht ihr ein Fürstenkind!« Saffi ist die vor Jahren als kleines Kind auf der Flucht zurückgelassene Tochter des letzten türkischen Paschas im Ungarland. Die Chöre bestaunen das Wunder gebührend. Nun wird es sentimental, und nahezu alle Operetten der folgenden fünfzig Jahre haben diesen »dramatischen Höhepunkt« nachgeahmt: der zweite Aktschluß muß alles an den Rand der Katastrophe führen, muß Glück und Liebe in anscheinend ausweglose Gefahr bringen. Alle Zukunftshoffnung erscheint verbaut. Gewitterwolken haben sich zusammengezogen, Unheil oder Unglück sind nicht mehr aufzuhalten: Das ist Operettenbrauch geworden. Der zweite Akt endet in der Operette wie der letzte im Drama. Aber der Eingeweihte weiß natürlich, daß es noch einen dritten Akt gibt.

Die Enthüllung Czipras erweckt Staunen und Jubel. Nur einen trifft sie schwer: Barinkay. Er hat ein armes Zigeunerkind geliebt, einer Fürstin ist er nicht würdig! Her mit dem Werberwein, er zieht freiwillig in den Krieg und spendet noch dazu seinen eben erst gefundenen Schatz für die Kriegskasse. Saffi ist dem Zusammenbruch nahe, Ensemble- und Chorszenen sind voll Erregung und Leidenschaft, voll widersprechender Gefühle der handelnden Personen, voll höchstem Glanz in Stimmen und Orchester.

Strauß schreibt ein Finale, das einer Oper würdig wäre. Seine Meisterschaft in der Kompositionstechnik steht auf der Höhe seiner Zeit. Er hält Solisten, Chöre und Orchester in fester Hand, disponiert die Höhepunkte mit Überlegenheit, stellt Freude und Leid vehement und doch so sicher nebeneinander, daß niemand sich dem tiefen Eindruck entziehen kann.

Der dritte Akt fällt musikalisch — auch das wird Brauch der Operette — stark ab. Wie gut, daß er nur kurz ist! Zsupans Marsch-Couplet »Nun geschwind, grüß dich Gott!« (witzig nur von der Musik her, die einen geschmacklosen Text erträglich zu machen sucht) und ein schmissiger Einzugsmarsch: das ist eigentlich alles. Die »siegreichen Helden« sind aus dem Kriege heimgekehrt und Zsupan berichtet mit Eigenlob und unfreiwilliger Komik. Es ist die »große Szene« des Komikers, so wie der dritte Akt der *Fledermaus* auch zum guten Teil dem Komiker Frosch gehörte. Ja, hier kann der fidele Schweinezüchter noch mehr von der Bühne Besitz ergreifen, denn zur Lösung des Knotens, zum Happy-End genügen hernach wenige Minuten. Wien raste, wenn Girardi den Zsupan spielte und, das Gewand voll »erbeuteter« Uhren, seine Heldentaten zum besten gab.

Auch Barinkay kehrt natürlich zurück. Und ihm, dem Tapferen, winkt nun, wie die alte Zigeunerin es geweissagt, wie Operettenbrauch es vorschreibt: die treue Liebe Saffis, die Erhebung in den Adelsstand, Reichtum, Ruhm und Glück ohne Ende. Und wenn sie nicht gestorben sind ... Sie sind nicht gestorben, Barinkay, Saffi, Zsupan und Homonay. Sie leben weiter auf dem Theater der Welt.

Ziemlich genau zwei Jahre waren seit der *Nacht in Venedig* vergangen. Am Tag vor der Uraufführung des *Zigeunerbaron* sah es nach keinem Erfolg aus. Alle Anwesenden bei den letzten Proben prophezeiten einen peinlichen Durchfall. Nicht dem Komponisten gegenüber, aber der hatte selbst ein bitteres Gefühl. Und dabei hatte er sich so auf diese Premiere gefreut, die er sich selbst gewissermaßen als Geschenk zum Sechzigsten zugedacht hatte.

Doch dann wurde es wirklich ein Geschenk. Am 24. Oktober 1885 jubelte ihm ein begeistertes Publikum im *Theater an der Wien* zu. Es war der Vorabend seines sechzigsten Geburtstags, den ganz Wien, ganz Österreich, ja, die halbe Welt mit ihm feierte.

18

Feier ohne Ende

Nicht weniger als sechs Bühnenwerke folgen noch in den kommenden zwölf Jahren. Und mehr als ein halbes Hundert Tanzkompositionen, unter denen sich ein besonders schönes und edles Stück befindet: der *Kaiserwalzer*. Die Operetten hingegen könnte man (trotz vieler schöner Musik darin) getrost missen. Ja, man kennt sie ohnedies nicht, denn sie sind längst vom Theater verschwunden.

Warum Strauß sich nach dem *Zigeunerbaron*, der bei kleineren textlichen Schwächen doch durch die Wahl des Schauplatzes und die gelungene Zeichnung saftiger Bühnengestalten einen Volltreffer ergab, einen *Simplicius* einreden ließ, bleibt unerfindlich. Er wollte wohl ein Volksstück, eine Volksoper herausbringen, die dem »naturalistischen« Zug der Zeit folgte. Und er wollte für seinen Freund Alexander Girardi, auf dessen Schultern — so Strauß in einem Brief — nicht nur das

Los aller Operetten, sondern das Schicksal des *Theaters an der Wien* ruhte, endlich einmal eine abendfüllende Titelrolle schreiben.

Nur so wird die Stoffwahl erklärlich, wenn auch noch längst nicht die Annahme eines so schlechten Textbuches. Das Thema an sich ist großartig. Es stammt direkt aus Grimmelshausens *Simplizissimus*, jener erschütternden Chronik aus dem Dreißigjährigen Krieg. Aber es ist schließlich doch wieder ein »Libretto« daraus geworden, und ein sehr unglückliches dazu, obwohl es Victor Léon zum Vater hat, also von einem Mann stammt, der später zu den meistbeschäftigten und wahrscheinlich gescheitesten Textdichtern Wiens zählen wird.

Das Buch zum *Simplicius* war ursprünglich einem anderen Musiker zugedacht, dem heute vergessenen Zamara. Aber die Hoffnung, für Johann Strauß zu arbeiten, ließ Léon Abmachungen mit Theatern und sogar schon geschlossene Verträge vergessen. Strauß also bekam, zu seinem Unglück, das Libretto. Aus jener Zeit besitzen wir ein bitteres Urteil Max Kalbecks, der einer der treuesten und ergebensten Freunde des Walzerkönigs war: »Gebrach es ihm an Urteil oder besaß er zu wenig Selbständigkeit und Energie, seine Meinung zu vertreten —, bei ihm hatte jeder recht und behielt es, wenn der Rechthaber zufällig der letzte war. Dabei lieh er sein Ohr einer Menge von unberufenen und gefährlichen Ratgebern, die noch weniger von der Sache verstanden als er und ihn in die schrecklichste Verwirrung stürzten. Bevor er sich für ein Sujet entschied, fanden förmliche Palastrevolutionen in der Igelgasse statt, und es wurden in den beiden Parterrezimmern Intrigenstücke aufgeführt, die für den unbeteiligten Zuschauer meist viel unterhaltender waren als die nachher ausgewählten Libretti. Entscheidend bei der Wahl war vor allem der jeweilige Geschmack des Publikums; dann erst wurde nach der Fabel, nach dem Szenarium, nach den Gesangsnummern gefragt ...«

Aber es gab noch schlimmere Dinge. Wir haben allen Grund zu der Annahme, Strauß habe Bühnenstücke komponiert, von denen er nur die Gesangstexte erhalten hatte, von deren Handlung und dramatischem Aufbau er kaum etwas oder gar nichts kannte!

Der Durchfall des *Simplicius* erfolgte im *Theater an der Wien* am 17. Dezember 1887. Nicht etwa, daß Strauß keine guten musikalischen Einfälle mehr gehabt hätte; wer aufmerksam in dieses Werk hineinhört — es gibt allerdings kaum Gelegenheit dazu — vernimmt allerlei Neues: Walzer, die sinfonisch ausgebreitet werden und großzügige lyrische Szenen ergeben. Es findet sich außerdem viel Opernhaftes in den Gesangspartien und in der Orchesterbehandlung. Aber alles zusammen ergab, wie Decsey richtig bemerkt, keine Einheit, sondern das Bild einer stilistischen Zerrissenheit. Er nimmt an, Strauß habe eine Spieloper schreiben wollen und sei von der Operette entschieden abgerückt: »Nicht viel später quälte sich ein anderer Wiener Meister mit der Problematik der Spieloper ab — aber auch im »Corregidor« vermochte Hugo Wolf nicht die neue Sprache, die stofflösende Technik zu finden, die nur die Wagner-Fernen: Offenbach in »Hoffmanns Erzählungen«, Verdi im »Falstaff« fanden. Vor Johann Strauß wie vor Hugo Wolf lagerte das Riesengebirge des Wagnerschen Kunstwerkes. Der eine suchte es von der Operettenseite her zu umgehen, der andere von der Opernseite ...«

Aber der *Simplicius*-Durchfall und der mäßige Erfolg der folgenden Operetten konnten den Feiern und Festen, die nun fast ununterbrochen den Walzerkönig bestürmten, keinen Abbruch tun. Wollten wir sie alle registrieren, man müßte Bücher füllen. Es ist, als sei sein Leben nun endgültig eine Kette des Jubels geworden, in die sich Jubiläum auf Jubiläum pausenlos einfügte.

1884 beging Wien das vierzigjährige Jubiläum des berühmten Dommeyerabends. 1885 fand »ganz Wien« sich ein, um den sechzigsten Geburtstag zu feiern. Die Igelgasse verwandelte sich in eine Wallfahrtstraße für Freunde, Bekannte, aber auch für unbekannte Verehrer und Bewunderer, für die Delegationen aller Wiener, aller österreichischen und vieler europäischer Musikvereine. Briefe trafen ein, ganze Wagenladungen. Sie mußten von den Hausangestellten in Waschkörbe gefüllt werden. Die Telegrafenboten gaben einander die Türklinke in die Hand.

Berlin veranstaltete aus dem gleichen Anlaß ein viele Tage währendes Fest. Dabei gedachte es nicht nur des Geburtstags, es galt die dreihundertste Aufführung des *Lustigen Kriegs* zu feiern, die fünfzigste *Nacht in Venedig*, die vierhundertste *Fledermaus*. An drei aufeinanderfolgenden Tagen, dem 15., 16. und 17. September 1885, stand der Meister persönlich am Pult des *Friedrich Wilhelmstädtischen Theaters*, fast zugedeckt von Blumen und einem Begeisterungssturm ohnegleichen.

Gegen Ende dieses Jahres trat Strauß, wie gesagt, aus dem österreichischen Staatsverbande aus. Aber in Wien nahm niemand Notiz davon. Vielleicht besaß diese Stadt seit jeher die beneidenswerte Fähigkeit, unangenehme Dinge einfach nicht zur Kenntnis zu nehmen. »Glücklich ist, wer vergißt, was doch nicht zu ändern ist!« Und daß der Walzerkönig nun auf einmal kein Wiener mehr sein sollte, kein Österreicher — das war zu absurd, um ausgesprochen oder auch nur gedacht zu werden.

Wer es überhaupt wußte, hatte auch erfahren, daß es einer Frau zuliebe geschehen war, und das entschuldigte in Wien vieles oder gar alles. Er lebte längst mit ihr, reiste mit ihr, sie war überall die »Frau Strauß«. Niemand konnte behaupten, daß sie das nicht wirklich war. Zwar noch nicht Frau Johann Strauß, aber die Witwe eines anderen Herrn Strauß, auf jeden Fall: eine Frau Strauß.

Sie war längst der Mittelpunkt des Heims in der Igelgasse, in dem sich die Wiener Prominenz und mancher namhafte ausländische Gast gerne einfand. Strauß war bestimmt kein »Salonmensch«, er war schwer zu bewegen, zu Gesellschaften oder auch nur ins Theater zu gehen. Aber Freunde bei sich zu sehen, das tat ihm wohl. Er war ein leidenschaftlicher Kartenspieler, am liebsten hatte er immer die gleichen Partner, seine engsten Freunde. Bei größeren Gesellschaften setzte er sich manchmal ans Klavier und spielte, leicht und elegant, eine seiner älteren oder seine neuesten Melodien. Manchmal ergriff er, möglichst ohne daß jemand es bemerkte, schnell den Zeichenstift. Er hatte in den sechziger Jahren sogar Unterricht im Zeichnen beim Wiener Maler Hlawacek genommen. Nun vergnügte er sich damit, seine Umgebung, die Menschen ringsum zu karikieren, ungefähr so, wie es Caruso tun wird — vielleicht aus dem Bedürfnis heraus, die eigene Beobachtungsschärfe bestätigt zu sehen, vielleicht auch nur aus Übermut, aus Lust am Karikieren. Adele versorgte die Gäste mit Speis und Trank. Sie machte charmant die Honneurs, wußte über Werke und Pläne des Walzerkönigs bestens Bescheid, nicht nur genauer als dieser selbst, sondern besser, als irgendeine eingearbeitete Hilfskraft es hätte tun können. Sie wußte, ohne daß er je darüber viel reden mußte, in jedem Augenblick genau, was er wollte und brauchte. Seine Tageseinteilung wurde ohne viel Aufhebens respektiert. Immer noch zog er sich nach dem Abendessen in sein Studio zurück und arbeitete dort bis tief in die Nacht, nicht selten sogar bis zur Stunde, da sich der Himmel über den Dächern Wiens schon heller zu färben begann. Er war nun einmal ein Nachtarbeiter.

Wenn ihm eine besonders hübsche Melodie dabei einfiel, dann nahm er wohl einen Zettel zur Hand, notierte sie für Adele noch einmal und legte sie ihr, mit einem Liebeswort, leise aufs Kissen, wenn er endlich schlafen ging.

Vier Jahre vergehen, bis wieder ein »neuer Strauß« das Rampenlicht erblickt. Eine Parallele zum »Großen Alten von Sant'Agata«, Giuseppe Verdi, ließe sich ziehen. Nach dessen *Aida* hielt die Welt sein reiches Schaffen für beendet, doch dann kamen, nach einer längeren Pause, zwei unerhörte Geniestreiche: *Othello* und *Falstaff*, die Verdi nicht nur unerschöpflich und jung, sondern auf völlig neuen musikdramatischen Bahnen zeigen. Strauß ist nun vierundsechzig Jahre alt, ein reiches Werk liegt hinter ihm. Beide Männer wurden von ihrem Volk vergöttert, beide waren wohlhabend und saßen in behaglichen Häusern, ganz in ihre eigene Welt versponnen, an der Seite idealer· Gefährtinnen.

Auch Strauß war nicht zum Ruhen geschaffen. Besonders ein Wunsch drängte immer heftiger in ihm: die Sehnsucht nach der Oper. Eine Oper, eine richtige Oper! Die sollte — endlich — sein nächstes Werk werden. Wurde sie's? Vielleicht, aber leider keine gute Oper. *Ritter Pazman* mag als Dichtung sehr fein, sehr poetisch sein, als Libretto ist es wieder ein Fehlschlag. Sein Schöpfer, ein ungarischer Diplomat, Ludwig Dóczy, dem der Ruhm voranging, Goethe und Schiller in seine Sprache übersetzt, ungarische Lyrik hervorragend ins Deutsche übertragen und mit einem guten Lustspiel das Wiener Burgtheater erobert zu haben, besaß nicht das mindestes Gefühl dafür, wie ein Buch, das die besten Eigenschaften eines Johann Strauß zur Geltung brachte, beschaffen sein müßte.

Strauß war ein Musiker, der Handlung brauchte, rasch wechselnde Stimmungen, Feuer, Temperament und Tanz. Von alledem aber war im *Ritter Pazman* sehr wenig zu spüren. Die Fabel war und blieb blaß: ein König küßt eine Rittersfrau auf die Stirn, worauf ihr Gatte Genugtuung am Throne verlangt und das salomonische Urteil des Hofnarren entgegennimmt, nun dürfe er seinerseits die Königin auf die Stirn küssen. ·

Es geht in diesem Werk sehr seriös zu. Strauß nimmt sich zusammen, keine Walzer- und Polkarhythmen (und natürlich schon gar keinen Csardas) einzuflechten, denn es soll eine »echte« Oper werden. Er hat nur ein einziges Ziel, ein leuchtendes, ersehntes Ziel: die *Hofoper*. Aber glücklicherweise kann er doch nicht ganz aus seiner Haut heraus, und so gibt es im *Ritter Pazman* eine glanzvolle Ballettmusik, die sicherlich den Höhepunkt des Werkes darstellt. Plötzlich sind schwebende, leichtfüßige, mitreißende Rhythmen da, Strauß, der Erzmusiker, im Vollbesitz seiner Schaffenskraft, und so ist auch der *Ritter Pazman* am Ende nicht umsonst gewesen.

Die *Wiener Hofoper* kündigte das Werk zuerst als »komische Oper« an, am Premierenabend, dem Neujahrstag des Jahres 1892 aber hieß es nur noch »Oper«. Neun Aufführungen, und das Werk verschwand. Prag, Berlin, München spielten den *Pazman* nach. Ein Erfolg aber wurde er nirgends. Strauß trauerte nicht um die En-suite-Serien des *Theaters an der Wien* oder des Berliner *Friedrich Wilhelmstädtischen*

Theaters, nicht um die hohen Tantiemen, die sie einbrachten. Er trauerte, ein klein wenig, um die vier Jahre Arbeit, die er bei manchem schönen Einfall wieder einmal an ein schwaches Textbuch verschwendet hatte. Trotzdem war er innerlich befriedigt, er hatte »es« erreicht. Hätte ihn in jenem Augenblick jemand nach seinem Lebenswerk gefragt, sicherlich wäre ihm vor allem eines in den Sinn gekommen: »Ich habe ein Werk komponiert, das in der *Hofoper* gespielt wurde ...«

1892 war wieder ein Straußsches Jubiläumsjahr. Was konnte man in diesem Leben nicht alles feiern! Nun erinnerte man sich an den fünfundzwanzigsten Jahrestag der *Schönen blauen Donau*. Die Wiener Militärkapellen tun sich zusammen, geben unter des Komponisten Leitung ein »Monster-Konzert«, das ein wenig an Boston erinnert. Fünfzehntausend begeisterte Zuhörer sind erschienen.

Nur ein einziges Jahr verging dieses Mal bis zum nächsten Bühnenwerk des Walzerkönigs. Zurück zur Operette! Am 10. Januar 1893 erlebte er im *Theater an der Wien* einen nicht recht begreiflichen Erfolg, der sich an fünfundsiebzig aufeinanderfolgenden Abenden wiederholt: mit *Fürstin Ninetta*. Der Kaiser selbst war zur Premiere gekommen. Er hatte im Laufe der Jahre ein nahezu freundschaftliches Verhältnis zu seinem wohl populärsten und auf der Welt berühmtesten Musiker gewonnen. Eine Episode hat der getreue Gustav Lewy überliefert: »Als Franz Joseph einst eine Aufführung des *Zigeunerbaron* besuchte und sich köstlich dabei unterhielt, ließ er den Komponisten zu sich in die Loge bitten. Strahlend kam Strauß nach einiger Zeit wieder: ›Der Kaiser war sehr zufrieden. Lieber Strauß, hat er g'sagt, Ihre Oper hat mir sehr g'fall'n! Aber schon ganz außerordentlich!‹ Oper hat er g'sagt, der Kaiser! Oper!«

Nun war der Kaiser zur *Fürstin Ninetta* erschienen. Eigentlich überraschend, denn seit der Tragödie von Meyerling, diesem ersten furchtbaren Schlag, den die Monarchie erlitt, ging Franz Joseph selten ins Theater. Er war kaum je bei einer Glanzvorstellung seiner *Hofoper* zu sehen und lebte noch zurückgezogener als vorher. Ob er wußte, welches grausame Schicksal ihm den Sohn und Thronerben entrissen, ob er wußte, was sich in jener Winternacht im Lustschlößchen tief im Wienerwald abgespielt hatte? Oder ob auch er, wie die Öffentlichkeit, nie erfuhr, warum diese beiden jungen, schönen Menschen sterben mußten — Rudolf und seine Geliebte, die Baronin Vetsera? Auf den ersten Schlag folgte ein zweiter: Elisabeth, die überall verehrte Kaiserin, fiel dem mörderischen Dolch eines Anarchisten zum Opfer. Doch erst beim dritten Schlag, der Ermordung des Thronfolgerpaares 1914 in Sarajewo, beginnt das Riesenreich zu wanken ...

Johann Strauß versuchte sich gern als Zeichner.

1893 dachte noch niemand an ein Ende. Noch regierte Franz Joseph. Noch grüßte ihn die Menge herzlich, wenn er in seinem Wagen aus der Hofburg fuhr, ohne Bewachung, und — ein klein wenig müde vielleicht — die Hand vom federgeschmückten Helmbusch nahm, um zu winken. Noch war er das Symbol eines mächtigen Reiches, dessen Kraft weniger auf Bajonetten und Kanonen beruhte als auf der Zuneigung und dem Zusammengehörigkeitsgefühl von Menschen und Völkern.

Franz Joseph wußte, was er an Strauß hatte. Er ahnte wohl auch, daß dieser Mann genauso wie er die Zeit verkörperte und das Reich und ganz wie er dessen Verfall aufzuhalten versuchte. Zwischen Hofburg und Igelgasse liefen unsichtbare, aber feste Fäden. Jener alte Hofbeamte hatte recht, als er sagte, die wahre Regierungszeit Kaiser Franz Josephs sei mit dem Tod des Walzerkönigs zu Ende gegangen ...

Das Premierenpublikum der *Fürstin Ninetta* begrüßte den Monarchen in der Loge herzlich. Dann feierte es stürmisch »seinen« Johann Strauß. Der Kaiser sagte zu ihm: »Ihre Musik altert so wenig wie Sie selbst!« Die Presse aber zeigte dieses Mal dem achtundsechzigjährigen Meister die kalte Schulter. Es sprach sich herum, daß dieses Werk so entstanden war, wie wir's bereits angedeutet haben: Strauß kompo-

nierte die Gesangstexte, die ihm von den Librettisten Hugo Wittmann und Julius Bauer übergeben oder geschickt wurden, doch vom Inhalt, vom Prosatext und Szenenablauf erfuhr er erstmals, als die Partitur so gut wie abgeschlossen war!

Wieder vergeht kaum ein Jahr, und Strauß hält eine neue Operette zur Uraufführung *an der Wien* bereit. Die diesmaligen Textdichter heißen Gustav Davis und Max Kalbeck. Auch sie versagen, diese achtenswerten Männer des Wiener literarischen Lebens. (Kalbeck ist außerdem mit Johann Strauß und Brahms befreundet und hat sich nicht wenig Verdienste um sie erworben. Sie versagen, vielleicht weil auch sie die besten Eigenschaften des Komponisten verkennen.

Jabuka geht am 12. Oktober 1894 erstmals über die Bretter. Die Komposition hat ihrem Schöpfer viel weniger Spaß gemacht als bei früheren Bühnenwerken. Doch am Premierenabend geht es zu wie fast immer: die Anhänger — und wer wäre das nicht in Wien? — jubeln. Sie empfinden diese Musik als jung und frisch, niemand merkt ihr an, daß sie von einem bald Siebzigjährigen stammt (was damals gleichbedeutend ist mit einem Greis). Nein, ihr Strauß ist nicht alt, er dirigiert voll Feuer und Schwung. Sie jubeln ihm zu. Und sie bejubeln Alexander Girardi in seiner Rolle des Joschko: das Ganze spielt in südslawischen Gefilden der weiten Monarchie. (Von dort her wird später auch Hugo von Hofmannsthal sein allerdings viel poetischeres Textbuch zu Richard Strauss' Oper *Arabella* holen.)

In einem Brief von Strauß an Girardi findet sich folgender Passus: »Du gibst Dir wahrhaftig Mühe, *Jabuka* über Wasser zu halten. Das Libretto ist nicht glänzend, aber nicht so schlecht, als man es macht. Als Sündenbock dürfte ich mich allein betrachten. Aber keck genug bin ich dennoch zu sagen, daß ich schon schlechtere Musik in erfolgreicheren Operetten zu hören bekam ...«

Ein echter Straußbrief. Sein gutes weiches Herz ist immer bereit, alle Schuld auf sich zu nehmen und andere zu entlasten. Die Aussage, nur sich selbst als »Sündenbock« betrachten zu müssen, unterstreicht er dreimal dick. Bei einer anderen Gelegenheit hat er einen Kapellmeister verteidigt, der bei einer wichtigen Probe einen bösen »Schmiß« verursacht hat. Man höre:

»Kapellmeister Stern wurde 14 Tage arg in Anspruch genommen; die Chöre sind schwieriger zu studieren als die meiner früheren Operetten; außerdem gab es manche Instrumentations-Umgestaltung, Melodram-Einlagen etc. Nun denke ich, lieber Freund, tragen Sie diesen Umständen Rechnung! Verzeihen Sie, wenn Sie auch vollkommen im Recht sind, unzufrieden zu sein ... Wenn Kapellmeister Stern nicht allen seinen Verpflichtungen Ihnen gegenüber nachgekommen, so bin ich die Ursache davon —, lassen Sie ihn nicht entgelten, wofür nur ich verantwortlich gemacht werden könnte! Strafen Sie mich, aber nicht ihn! Um dies bittet Sie herzlichst Ihr durch die vielen Arbeiten ebenfalls sehr aufgeregter J. St. Stern war bei mir — er ist zerknirscht! Wir beide heulten, aber hoffen das Beste von Ihrem guten Herzen ...«

Was blieb dem »guten Herzen« des Theaterdirektors übrig als zu verzeihen?

So war Johann Strauß, der weltberühmte. Jede Ungerechtigkeit, die irgendwo begangen wurde und werden könnte, schmerzte ihn. Jeder Mensch, der einen Fehler einsah und bereute, war freizusprechen. Seine Briefe, seine Notizen, obgleich sie recht viel Boshaftes enthalten — Ironien, Anspielungen auf Schwächen — legen ein beredtes Zeugnis dafür ab. Daß er nicht lange böse sein konnte, hängt mit seiner Nachgiebigkeit zusammen, mit seiner Unfähigkeit, auf einem Nein zu beharren, wenn die andere Seite sich aufs Bitten oder Überzeugen verlegte. Er selbst hat uns einen lustigen Dialog mit der Köchin der Igelgasse überliefert, ohne zu ahnen, wie bezeichnend diese Szene für seinen Charakter war: Adele war fort und die Köchin betrat sein Arbeitszimmer, um das Menu zu besprechen. Er äußerte Vorschläge, aber zuletzt geschah nur das, was die Köchin wollte ... Ob es ihm bei den Textdichtern nicht ebenso erging? Ob er nicht einfach zu weich war, einem erwachsenen Menschen, der ihm seine Geistesprodukte vortrug und anvertraute, zu sagen, daß sie, wenigstens dieses Mal, schwach seien und für ihn nicht in Frage kämen?

Mit der *Jabuka*-Uraufführung begannen die größten Festlichkeiten, die der wahrhaft an Feiern gewöhnte Johann Strauß erlebte. Oktober 1894 war herangerückt, sein Jubiläumsmonat. Am 12. erklang *Jabuka*, am 14. mittags gab es ein Festkonzert im *Großen Musikvereinssaal*, Wiens bedeutendster, traditionsreichster Konzertstätte und einem der schönsten Säle der Musikwelt. Und dann kam der 15. Oktober heran. Ein halbes Jahrhundert zuvor hatte ein neunzehnjähriger Junge gegen den Willen seines berühmten Vaters die Geige ergriffen und vor Tausenden bewiesen, daß auch in ihm ein gewaltiges musikalisches Talent schlummerte. Fünfzig Jahre waren seit dem Dommayer-Abend vergangen. Ob es noch viele Menschen in Wien gab, die ihn miterlebt hatten?

Ein halbes Jahrhundert, in dem die Welt sich rasch und tiefgehend verändert hatte. Und doch: war Wien, die Stadt des Walzerkönigs, wirklich wesentlich anders geworden? Er merkte es nur an Äußerlichkeiten, an der glanzvollen Ringstraße zum Beispiel, an den neuen Gebäuden, an den technischen Fortschritten und Erfindungen; aber im Wesen schien sie ihm immer noch die alte Stadt zu sein. Sie jubelte ihm zu, wie sie beim *Dommayer* gejubelt hatte, sie tanzte in jedem Fasching seine neuen Walzer, vom Abend bis zum Morgen, sie sang, summte, pfiff, zitierte, liebte seine Melodien. War Wien wirklich eine andere Stadt geworden?

Strauß hielt Rückschau, wie man es an solchen Tagen tut. Und er fühlte sich tief verwurzelt, beheimatet im wahrsten Sinne des Wortes in dieser wundervollen Stadt. Viele waren nicht mehr da, die er geliebt, die ihn geliebt hatten: Jetty, Bruder Josef, die Mutter. Der Vater! Er hatte ihn geliebt, trotz allem. Und bewundert, aufrichtig bewundert, nicht nur als Kind, das heimlich in des Vaters Arbeitszimmer schlich, um dort die Instrumente zu betrachten, über die der Vater allabendlich wie ein Herrscher gebot, sondern auch später, gerade später, als er des Vaters Werke langsam zu begreifen begann.

Am Nachmittag vor dem Jubiläumstag hatte Bruder Eduard eines seiner beliebten Promenadenkonzerte geleitet. Johann war anwesend, denn das Programm war ihm gewidmet. Was sich dort abspielte, kann kaum mit Worten wiedergegeben werden. Da jubeln Zehntausende.

»Hoch!« schreien sie und grüßen und winken, verlangen Wiederholungen, wie sie es immer getan haben, wenn ein Strauß auf dem Podium stand: der Vater, er selbst, Josef, oder nun Eduard: Könige im Weltreich des Walzers! Eine Chronik jener Jubiläumstage hält fest: »Was Freitag im Theater an der Wien, Samstag in der Hofoper und mittags im Musikvereinssaal an Enthusiasmus geleistet wurde, nahm sich gegen die nachmittägigen Stürme wie Kinderspiel aus. Alles erhob sich von den Sitzen und brach in Jubelrufe aus — ein Toben, ein Tosen, ein Delirieren ... Schwerlich hat ein Künstler ähnliches erlebt ...«

Wieder verwandelt das Palais in der Igelgasse sich in ein wahres Heerlager, in dem stündlich neue Delegationen einrücken: die Wiener Philharmoniker, der Männergesangsverein, Dutzende, wenn nicht Hunderte anderer Gesellschaften und Vereinigungen, die in irgendeiner Form mit dem Musik- und Geistesleben der Stadt zu tun haben, aber auch Wohltätigkeitsinstitutionen, die von Strauß gefördert werden. Ununterbrochen laufen Telegramme aus der ganzen Welt ein. Amerikas Künstler schicken einen riesigen Lorbeerkranz mit fünfzig silbernen Blättern, und auf jedem ist der Name eines Straußwerkes eingraviert. Die Aufzählung aller Aufmerksamkeiten, die ihm erwiesen werden, würde Seiten über Seiten beanspruchen. Es waren glückliche Tage.

Die *Hofoper* widmete ihm einen Jubiläumsabend: ihr Ballett tanzte auf seine Melodien, und als die *Blaue Donau* erklang, ging es einfach nicht weiter, weil die Bühne von den aus Parkett, Logen und Rängen geworfenen Blumen buchstäblich zugedeckt wurde. Alles schrie, man sang, weinte und lachte.

Trotzdem gab es für den Jubilar auch eine »schwere Stunde«. So wenig er ein Tänzer war, so wenig war er Redner. Und doch: dieses Mal mußte es sein. Auf einem Festbankett zu seinen Ehren, am 15. Oktober 1894, blieb ihm nichts anderes übrig, als »das Wort zu ergreifen«, wie man so schön sagt. Aber das war für ihn, der täglich neue Melodien gewissermaßen aus der Luft holte, eine unlösbare Aufgabe. Er wußte natürlich, daß dieser Augenblick kommen würde, und er stand schon tagelang für ihn wie eine drohende Gewitterwand über einer sonnigen Landschaft. Wie es dann ausfiel, geht aus einem zeitgenössischen Bericht hervor, den wir uns nur leibhaftig vorzustellen brauchen:

»Meine Herren! (Längere Pause) Ich bin kein Redner. (Neuerliche Pause, große Spannung im Saal) Die Auszeichnungen, die mir heute zuteil werden, verdanke ich meinen Vorgängern ... (mit sichtbarer

Bewegung) meinem Vater und Joseph Lanner. Sie haben mir angedeutet, auf welche Weise ein Fortschritt zu erreichen ist: es war nur möglich durch Erweiterung der Form. Das war mein Verdienst, mein schwaches Verdienst. (Rufe: Oho!) Ich bitte, es nur als das zu nehmen. Ich fühle, man tut mir zu viel Ehre an, man zeichnet mich zu viel aus ... (Längere Pause) Ich habe schon zu viel gesprochen ... nichts mehr ... es ist schon aus ... (Große Heiterkeit, dann schallende Bravo-Rufe).«

Schweißgebadet setzt er sich wieder, er ist so erschöpft, wie er's nie gewesen, nicht einmal nach einer Faschingsnacht, da er drei oder vier Bälle gemeistert hat. Die Welt war grausam: noch mehrmals mußte Strauß »Reden« halten. Aber nun half er sich damit, daß er sie niederschrieb und ablas. Doch bevor er die Kraft fand, seinen Blick vom Saal und den erwartungsfreudigen Menschen aufs rettende Papier zu senken, improvisierte er ein paar Worte, etwa so: »Es ist schrecklich ... könnte ich wenigstens meine Gefühle in Musik offenbaren, dann ginge es vielleicht besser, denn die ist mir immer beigestanden ...« Und dann las er weiter, und da kamen dann Gedanken seines tiefen Innern zum Ausdruck:

»Ich danke die Ausgestaltung meines Talents nur meiner geliebten Vaterstadt Wien, in deren Boden meine ganze Kraft wurzelt, in deren Luft die Klänge liegen, die mein Ohr gesammelt, mein Herz aufgenommen und meine Hand niedergeschrieben; meinem Wien, der Stadt der Lieder und des Gemüts, der Stadt der schönen Frauen, die jeden Künstler begeistern und bezaubern; Wien, dem Herzen unseres schönen, gottgesegneten Österreich!«

19

Der Abschied

Mitten im Schaffensdrang, der ihn auch während seines siebzigsten Lebensjahres nicht einen Augenblick verläßt, denkt Johann Strauß an den Tod, nicht als unmittelbare Gefahr, sondern als eine ferne Möglichkeit. Er fühlt sich jung und gesund, sieht aus wie ein Mann um die Fünfzig. Die Bilder zeigen es, die Fotografien. Aber zu viele Freunde seiner Generation sind schon hinübergegangen, als daß er den Tod völlig ignorieren könnte. Am 30. März 1895 schreibt er sein Testament.

»Ich, Johann Strauß, k. und k. Hofballmusik-Direktor, Realitätenbesitzer etc etc in Wien IV. Igelgasse No. 4 wohnhaft, herzoglich Sachsen-Coburg-Gotha'scher Staatsangehöriger, erkläre hiemit nach reiflicher Erwägung meinen letzten Willen, wie folgt ...« Zuerst kommt eine ausdrückliche Erklärung, daß »Ernestine Henriette Angelika Strauß, geborene Dittrich, von allen wie immer gearteten Erb-, Fruchtgenuß- oder sonstigen Ansprüchen an meinem Nachlaß unbedingt auszuschließen ist ...« Nach diesem kategorischen, aber begreiflichen Ausschluß wird ein Universal-Erbe eingesetzt: die »Gesellschaft der Musikfreunde« in Wien. Dieser Erbe wird lediglich dazu angehalten, seine vor Jahren ausgesprochene Schenkung einer Jahresrente von viertausend Gulden an seine damalige Geliebte, jetzige Gattin Adele Strauß, verwitwete Strauß, geborene Deutsch, pünktlich weiterzuzahlen. Ferner soll Adele alle Einrichtungsgegenstände, alles bewegliche Eigentum am und im Hause Igelgasse erhalten, »also alles, was in diesem Hause nicht erd-, mauer-, niet- und nagelfest ist.« Es wird ein viele Seiten umfassendes Schriftstück. Strauß ist ein ordnungsliebender Mensch. Und ein sehr reicher Mann dazu.

Noch ein zweites Schriftstück entsteht am gleichen Tage. Es regelt den Bezug und Besitz weiterer Millionenwerte, wie sie außer Strauß nur sehr wenige Musiker seiner Zeit zu vergeben hatten: die Rechte und Tantiemen an seinen Bühnenwerken. Er vermacht bei seinem Tode »... alle ihm bei seinem Ableben als Autor von Bühnenwerken und Musikstücken jeder Art zustehenden Autorrechte und die mit diesen Autorrechten im Sinne der von ihm diesbezüglich abgeschlossenen Verträge und der jeweilig bestehenden internationalen und einzelstaatlichen gesetzlichen Normen über die Autorenrechte zustehenden Ansprüche auf Tantiemen oder sonstige materielle Vorteile seiner Gattin Adele ...«

Was diese Schenkung enthält, ist auf den ersten Blick wohl nur Eingeweihten klar: ein unvorstellbares Vermögen. Denn seit es gesetzliche Bestimmungen über den Einnahmenanteil der Autoren an Theateraufführung und gedruckten Büchern beziehungsweise Noten gibt — Richard Strauss hat an der Durchsetzung dieser materiellen Sicherung der Autoren große Verdienste —, sind beschämende Situationen, wie wir sie etwa aus Mozarts Leben kennen, nicht mehr möglich. Das bedeutet zumindest einen wirksamen Schutz der erfolgreichen Autoren, der gedruckten und aufgeführten, hingegen leider noch keinen der unbekannten, die es weder zum Druck noch zur Aufführung bringen.

Wer einen Bleistift zur Hand nehmen will, errechne selbst, was eine Strauß-Operette einbringen konnte: Im Durchschnitt, ungefähr gerechnet, sind es fünf Prozent der Einnahmen bei jeder Aufführung, ob in Wien, Berlin, London, Paris, New York, Buenos Aires, oder an einem Provinztheater. Überall und jeden Abend — bis zu einer zeitlichen Grenze, die in den Anfängen dieser Gesetzgebung mit dreißig Jahren nach des Autors Tod befristet war, später auf fünfzig und in manchen Ländern auf siebzig ausgedehnt wurde. (In Österreich beruhen solche Verlängerungsbemühungen auf dem Wunsch, die gewaltigen Einnahmen nicht zuletzt aus Aufführungen Johann Straußscher Werke dem Lande zu erhalten.) Und da es Beteiligungen der Autoren auch an gedruckten Noten und bei Konzertaufführungen gibt, steigen die Einnahmen an den Tänzen des Walzerkönigs auf Summen an, die neben denen der Großverdiener des Kapitalismus bestehen können. Zumal in neuerer Zeit noch Anteile an Schallplatteneinspielungen, an Wiedergabe in Radio und Fernsehen, bei Verwendung im Film (und wie oft ist das bei Straußschen Melodien der Fall!) hinzukommen.

Zu Ende des Jahres 1895, am 4. Dezember, führt Strauß im *Theater an der Wien* abermals eine neue Operette zum ersten Male auf: *Waldmeister*. Zu ihr schrieb der Wiener Gustav Davis, der schon an *Jabuka* mitgearbeitet hatte, den Text. Eine nette Verwechslungskomödie, die in einem sächsischen Nest spielt, verhält sich *Waldmeister* zur *Fledermaus* — Decsey konstatiert es recht geistvoll — »wie Lindenblütentee zu Champagner«. Der Erfolg entsprach diesem Verhältnis genau. Wo der Fledermaus-Champagner die prickelnde Stimmung der »großen Welt« herbeigezaubert hatte, schläferte der Lindenblütentee des sächsischen *Waldmeister* eher ein. Schade um so viel und so bezaubernde Musik! Wie oft haben wir diesen Satz schon schreiben müssen im Zusammenhang mit den Operetten des Walzerkönigs!

Wieder rettete die Musik wenigstens den Premierenabend und eine Reihe weiterer Vorstellungen. Girardi tat, was er nur konnte. In Deutschland hatte *Waldmeister* sogar mehr als einen bloßen Achtungs-(oder Zuneigungs-)Erfolg; da wirkten die auftretenden Figuren nicht so fremd und uninteressant, wie sie den Wienern schienen, die trotz allen immer wieder aufflackernden »großdeutschen« Gedanken sich den Ungarn und Böhmen viel näher fühlten — besonders auf der Bühne — als den »Reichsdeutschen«, die zumeist parodiert und karikiert werden mußten, um »anzukommen«. Ein sächselnder Professor war, selbst von Girardi verkörpert, kein Zsupan. Trotzdem gefiel er, denn Girardi gefiel immer.

Kaum steht der *Waldmeister* auf den Brettern, geht Strauß schon an die nächste Operette. Aber gleichzeitig fesseln ihn andere Pläne. Er komponiert ein »ernstes« Werk ganz seltener und seltsamer Art.

Vielleicht hat die Freundschaft mit Brahms ihn dazu animiert, so wie auch Brahms dem Walzerkönig gelegentlich eine Inspiration verdankt: die *Liebeslieder-Walzer* des in Wien hochverehrten Sinfonikers wären ohne Schubert, aber auch ohne Johann Strauß undenkbar, den Brahms in der glücklich schwebenden Leichtigkeit dieser bezaubernden Komposition aufs schönste nachzuahmen wußte, ohne auch nur einen Augenblick sich selbst aufzugeben. Johann Strauß schreibt nun seinerseits etwas »Sinfonisches«. Es ist ein zweiteiliges Orchesterstück, *Traumbilder* betitelt, und soll eine Art Familienporträt darstellen. Der Komponist berichtet darüber in einem launigen Brief an Bruder Eduard:

»Wie ich mir jetzt die Zeit vertreibe, ist sehr komisch. Ich begann ein zwischen Ernst und Humor gehaltenes Orchesterstück, mich an keine eigentliche Form bindend, wenngleich jedes Thema formgerecht eingeführt wurde. Der Ernst zum Scherz bildet einen großen Sprung; demnach muß es nur der freien Fantasie überlassen bleiben, wie die Sprünge geschehen. Die erste dieser musikalischen Verirrungen ist mehr leidenschaftlich, die zweite (ich habe nämlich Zeit genug, solches Zeug zu schreiben) ist das Porträt der Adele. Du siehst, da ich jetzt ohne Verleger tun und machen kann, was ich will, mache ich mir auch ein Vergnügen, was mir sonst versagt wäre. Für das musikalische Porträt meiner Frau, von mir entworfen, bekomme ich nicht fünf Gulden. Frank und frei muß man sein, was ich nie war, um auf den Gedanken zu kommen, die Familie musikalisch zu porträtieren. Du kommst auch daran. Niemand ist vor meiner Grausamkeit gefeit ...«

Nur noch selten entstehen Tanzkompositionen. Einer der letzten Walzer trägt den Titel *Groß-Wien*, und noch einmal spiegeln sich Lokalereignisse in einem Straußschen Titel. Wien wuchs unaufhaltsam und schnell, hinaus über den zweiten »Ring«, der es auf der donauabgewendeten Seite umschloß, den »Gürtel« (die einstige »Linie«), es wurden zwanzig statt den früheren zehn Bezirken gemacht. Groß-Wien entstand und Strauß nannte einen Walzer so, es war sein Opus 440. Einen anderen Walzer, die *Märchen aus dem Orient*, widmete er dem Sultan Abdul-Hamid; und einen besonders schönen und feingearbeiteten *Seid umschlungen, Millionen* bekam, wir erwähnten es bereits, Johannes Brahms. Der zeigte sich zutiefst gerührt, betrachtete aber vielleicht wehmütig die Werkzahl: er selbst stand um jene Zeit etwa bei Opus 120, der leichtschaffende Strauß bei 443! Aber er gönnte Strauß jeden Erfolg; wer die Welt mit solcher Freudenfülle beschenkt, dem mußten die Götter hold sein! Und er feierte mit ihm den Triumph, der den Walzerkönig am meisten beglückte: die *Hofoper* nahm seine *Fledermaus* in ihr Repertoire auf. Und da blieb sie, nicht nur etwa flüchtig wie *Ritter Pazman*, sondern für lange Zeit.

Mochte drum *Die Göttin der Vernunft* ruhig durchfallen, sie hatte ihm ohnedies wenig Spaß gemacht. Das geschah, es war die letzte Premiere einer Strauß-Operette, am 13. März 1897 im *Theater an der Wien*. Wieder sah es eigentlich gar nicht schlecht aus: die Musik allein genügte, um das Stück monatelang allabendlich auf dem Spielplan zu halten. Dann aber verschwand auch die »Göttin« ohne Wiederkehr.

Gustav Mahler war nun als Direktor in die *Hofoper* eingezogen. Der hochbedeutende Dirigent und Komponist verehrte Strauß aufrichtig, da er einen fast unfehlbaren Instinkt für echte Werte an den Tag legte. Er hatte richtig erkannt, daß der Walzerkönig sich ohne den Ballast schwacher Textbücher auch jetzt noch, zweiundsiebzigjährig, dank seiner ungebrochenen Melodienfülle glänzend entfalten könnte, wenn ihm eine rechte Idee geboten würde. Und so unterstützte er ein Preisausschreiben, das dem Walzerkönig einen Ballettstoff in die Hand geben sollte. Es erfolgten an die achthundert Einsendungen, unter denen eine Modernisierung des Aschenbrödel-Märchens den Preis davontrug.

Aber Strauß konnte dieses Werk nicht mehr vollenden. Ebensowenig hat er den letzten ihm gebotenen Operettenentwurf beendet. *Wiener Blut*. Die Anregung zu dieser Operette ging vom *Carl-Theater* aus. Hier war seit *Prinz Methusalem* im Jahre 1877 nichts mehr von Strauß erklungen. Da der Meister aber keine rechte Lust mehr zeigte, ein völlig neues Stück zu komponieren, legte man ihm nahe, seine zahllosen Skizzen hervorzuholen, die zum Teil vergessen, zum Teil unveröffentlicht waren und aus denen sich bestimmt nicht nur eine, sondern mehrere »neue« Operetten zusammenstellen ließen. Für alles andere — für Text, Handlung, Figuren, Schauplätze — wollten die Librettisten Viktor Léon und Leo Stein schon sorgen. Sie sorgten auch wirklich: es entstand ein temperamentvoll turbulentes Verwechslungs- und Verkleidungsspiel, zu dem die vorhandenen Strauß-Melodien so glänzend paßten, als wären sie eigens dafür geschrieben. *Wiener Blut* wurde ein starker, anhaltender Erfolg. Das Werk hat sich neben *Fledermaus* und *Zigeunerbaron* auf unseren Bühnen bis heute gehalten. Strauß aber hat es nicht mehr gesehen.

Den Sommer verbringt der Walzerkönig, nicht anders als sein Monarch, nun regelmäßig in Bad Ischl, an der rauschenden Traun, unweit den herrlichen Seen Oberösterreichs und des Salzkammergutes. In Ischl, wo zahlreiche Familien der Wiener Gesellschaft ihre Ferienvillen errichtet hatten, wo auf der »Kurpromenade« ein Orche-

ster beliebte Melodien spielte und wo, wie von selbst, das Operetten-
zentrum der Welt herangewachsen war. Wer irgendwie mit dieser
Kunstgattung zu tun hatte, war im Juli und August hier zu finden:
Komponisten, Librettisten, Verleger, Impresarios, Theaterdirektoren
aus dem ganzen deutschen Sprachgebiet, ein bunter Jahrmarkt, an
dem das Publikum seine Freude hatte, wenn es bekannte Gesichter auf
der Traunpromenade erkannte. Die große, allseits verehrte Gestalt
war natürlich Johann Strauß, der am Arm seiner Adele immer noch
aufrecht schritt und nach allen Seiten grüßen mußte.

Hier in Ischl wurden neue Werke besprochen, Verträge ausgehan-
delt, Melodien vorgespielt und gleich textiert — bei der Unterhaltungsmusik ist diese Reihenfolge die weitaus häufigere als das Komponieren fertiger Texte. Es wurden Plagiate verbrochen und mühsam
verborgen. Hier feierte das alte Österreich am 18. August besonders
herzlich »Kaisers Geburtstag«, mit Volksfest, Feuerwerk und dem traditionellen »Kaiserwetter«, denn mochten auch andere Götter der
Monarchie nicht immer hold sein, der Wettergott ließ Kaiser und Volk
am 18. August kaum je im Stich, so viel es sonst auch regnen mochte
im lieblichen Ischl.

Und der Kaiser fuhr aus seiner Sommervilla, in Lederhosen und
Tirolertracht, leutselig grüßend, zu seiner alten Freundin, der einstigen Schauspielerin Katharina Schratt, die ihn umhegte und umsorgte,
seit er so ganz allein war. Und alle Welt fand das völlig in Ordnung,
und sehr lieb und wie schad eigentlich, daß sie sich nicht heiraten oder
ganz beieinand' leben konnten, die Schratt und der Kaiser, man hätt's
ihnen halt von Herzen gegönnt. Und man erzählte einander die
neuesten Geschichten rund um die »Jausennachmittage« bei der
Schratt, wie auf gut österreichisch die Kaffeerunden genannt werden.
Wie da der vom Kaiser hochgeschätzte Girardi, der jeden Sommer im
Ischler Kurtheater spielte, einmal zu Gast gebeten wurde und stumm
zwischen Franz Joseph und der Schratt saß, die sich einen vergnügten
Nachmittag versprochen hatten. »Ja, Majestät, jausen Sie einmal mit
einem Kaiser!« seufzte der Volksschauspieler aus tiefstem Herzen.
Und man erzählte sich vom Brief des Kaisers an die Schratt, in dem er
zur Burgtheaterkrise meinte, daß er, wäre er nicht zufällig der Kaiser,
keinesfalls Burgtheaterdirektor sein möchte ...

Strauß stand bei warmem Wetter auf der Terrasse seiner Ischler
Villa und komponierte. Das ganze Leben lang hatte er am liebsten an
seinem Stehpult die Melodien zu Papier gebracht, die nun längst in die
ganze Welt geflogen waren. So ist er auf einer seiner letzten Fotografien abgebildet. Vor ihm wiegten sich die alten Bäume seines

Gartens im Sommerwind, Adele las, oder sie beschäftigte sich mit Hausangelegenheiten oder Handarbeiten. Die Stunden verflogen friedlich und froh. Er brauchte nur ein Zeichen geben, daß er seine Arbeit einen Augenblick zu unterbrechen wünsche, und schon war die Gefährtin bei ihm, küßte ihn und strich ihm über das Haar. Das Leben hatte es wahrlich gut mit ihm gemeint.

Und auf seinem letzten Bild, aus dem Jahr 1898, sitzt er auf einer Bank. Doch nicht wie ein Dreiundsiebzigjähriger zu sitzen pflegt, keineswegs. Sondern hochaufgerichtet, seitlich gedreht, so daß der schlanke, kräftige Körper voll zur Geltung kommt, den Kopf zur Kamera gewendet. Neben ihm ruht der moderne Hut. Das Haar ist schwarz, rabenschwarz, voll und üppig. Ebenso der Schnurrbart. Schwarz und leuchtend der Blick seiner Augen. Eine Fotografen-Pose, wie man sie um die Jahrhundertwende liebte, aber trotzdem ein Bild voll Leben. Die schöne Hand fällt lässig über die Lehne herab, die Beine sind leicht übereinandergeschlagen. Ein Mann in den besten Jahren ...

Wirklich, so wirkt er noch immer. Und eigentlich war er es immer gewesen. Fast jedes Jahr könnte als bestes gelten, mit wenigen Ausnahmen. Nun schien das Leben ihm heller zu strahlen als je. Sein Ruhm erfüllte die Erde, seine Melodien machten Menschen aller Breitengrade glücklich, beschwingt und jung. Und er hatte Adele gefunden.

Während der letzten Jahre war das Reisen immer seltener geworden, obwohl es immer mehr Städte und Länder gab, die den Walzerkönig in Person sehen, kennen und feiern wollten. Doch er blieb viel lieber daheim; ob es dem Vater ähnlich ergangen wäre, hätte er ein vergleichbares Alter erreicht? Der Sohn war, trotz seiner weiten Fahrten bis Rußland und Nordamerika, stets seßhaft, anders als der Vater es gewesen. Er reiste, um seine Kunst auszuüben, vor allem auch, weil die Menschen nach ihm verlangten, und Neinsagen war nie seine Stärke gewesen. Den Vater aber hatte eine dämonische Kraft getrieben, der rollende Reisewagen war ihm die liebste Hintergrundmusik zu seinen eigenen Melodien. Von den letzten Fahrten des Walzerkönigs ist Wesentliches kaum noch zu berichten. Sie gingen zudem unromantischer, wenn auch viel bequemer vor sich: im Ersteklasse-Abteil eines schnellen Zuges, das zumeist sogar für ihn und Adele zur Gänze reserviert und mit zugezogenen Vorhängen den Blicken neugieriger Mitreisender entzogen war; oder im komfortablen Schlafwagen, der damals bereits üblich und den oberen Schichten vorbehalten war.

So wie er einst sein Wiener »Reich« unter die jüngeren Brüder Josef und Eduard aufgeteilt hatte, so hatte er es auch mit den oft recht bedeutenden und lukrativen Reisen getan. Josef war nun längst tot. Eduard fuhr durch Europa, wurde bekannt, wenn auch stets in fühlbarem Abstand zum unerreichbaren Ruf des großen Bruders. Eduard erntete Geld, Orden und Titel, auch echte Popularität in Wien. Nun hatte ja auch dieser »Bub« die Sechzig überschritten. In seinem Heim wuchsen zwei Söhne heran, die der Vater, stark familiengebunden wie alle »Sträuße« seiner Generation, nach den berühmten Onkeln benannt hatte: Johann hieß der ältere, 1866 geboren, Josef der jüngere, der 1868 zur Welt gekommen war. Und der ältere wird, obwohl zuerst Rechnungsrevident im Unterrichtsministerium, dann doch die Geige und den Taktstock ergreifen. Er wird Johann III. sein, während Josef es »nur« bis zum Garagenbesitzer bringt ...

Die Winter in Wien, im Frühsommer ein Aufenthalt auf seinem »Rittergut« in der Nähe der Hauptstadt, und den Hochsommer in Ischl, wo ihm — aus einem lustigen Brief geht es hervor — das schlechte Wetter besondere Freude macht. Strauß schreibt: »Mein Aufenthalt hier vollkommen nach meinen Wünschen. Erstens permanentes Regenwetter! — und das lebhafte Rauschen des nah liegenden Baches unendlich sympathisch, und im geheizten Zimmer Noten schreiben! Herz, was willst du noch mehr für einen Menschen, wie ich beschaffen? Welche Seligkeit empfinde ich, wenn das Knistern klingt! — Je mehr es draußen stürmt und tobt — desto wonniglicher ist mir zu Mute! Nur kein Sonnenschein zur Arbeit — aber im Schicksal, im Geschick des Lebens darf er nicht fehlen!«

Am Abend sitzt er mit Freunden beisammen, in Wien wie in Ischl, ja, es sind weitgehend die gleichen, vor allem der »alte« Bösendorfer, patrizischer Fabrikant von Klavieren höchsten Weltformats, und der sehr namhafte Pianist Theodor Leschetizky, der nach langen und erfolgreichen Rußlandjahren in seine Vaterstadt Wien zurückgekehrt war, wo er vor allem als Lehrer einen bedeutenden Einfluß übte. Mit diesen beiden sitzt Strauß allabendlich beim Kartenspiel, während die Gattinnen im Nebenraum gemütlich plaudern.

Tiefen Schmerz fühlte Strauß, als der gute Freund Brahms 1897 von dieser Erde ging, acht Jahre jünger als er. Wien bereitete dem Wahlwiener, dessen herrliches Werk nicht allzu leicht ins Gehör und ins Herz ging, ein triumphales Begräbnis. Und Strauß denkt an den eigenen Tod. Ob man auch ihn so zu Grabe tragen würde? Mit all den Menschen, die den ganzen Weg entlang Spalier standen? Mit Anhalten des Trauerzuges vor den Musikstätten, wo er gewirkt? Der Tod schreckte ihn nun nicht mehr. Er wollte ihm noch möglichst viele gute Tage und Nächte abtrotzen. Adele war ja da.

»Cosima im Dreivierteltakt« haben die boshaften Wiener sie gelegentlich genannt. Ist an dieser Anspielung auf Richard Wagners Witwe, die Erbin, die »Herrin« von Bayreuth etwas Ernstzunehmendes? Im äußeren Gehaben keineswegs; gegenüber der stolzen, überaus selbstbewußten Liszttochter und letzten Wagnergattin und der ganz im Glanz ihres »Jean« aufgehenden Adele scheint ein Abgrund zu klaffen. Daß beide ihre angebeteten Männer vom kleinen, kleinlichen Alltag zu befreien, ihnen Ruhe und Geborgenheit zum ungestörten Schaffen zu geben wußten, darin liegt vielleicht ein Berührungspunkt. Aber wahrscheinlich schürften die Wiener bei der Anwendung dieses Wortes gar nicht so tief: es gefiel ihnen einfach.

Im Grunde genommen bewies dieses Wort nur eines: die Volkstümlichkeit Adeles, ihre Identifikation mit dem Walzerkönig. Sie lebten füreinander, und sie lebten so eng miteinander, daß man kaum je einen ohne den anderen sehen konnte. Adele verdanken wir eine genaue Schilderung der letzten Tage und Stunden des Walzerkönigs.

Der Pfingstmontag, 22. Mai 1899 — übrigens Wagners Geburtstag, der jetzt schon sechzehn Jahre tot ist — schien ein ganz »normaler« Tag zu werden. Strauß ging in die *Hofoper*, wo seine *Fledermaus* als Nachmittagsvorstellung gegeben wurde. Er dirigierte die Ouverture persönlich, und das gab Gelegenheit zu herzlichen Ovationen, wie das Publikum sie ihm stets darbrachte. Vielleicht saßen da im weiten rotgoldenen Rund noch Menschen, die ihre Nächte durchtanzt hatten, als sein Vater oder er, vor Jahrzehnten, in Wiens »feschesten« Lokalen aufgespielt hatten, fesch wie eben die Sträuße es immer getan hatten, den Fiedelbogen in der erhobenen Rechten, die Geige in der Linken, die dann plötzlich emporgerissen wurde, wenn aus dem Dirigieren ein Vorspielen, ein Vorgeigen wurde, ein Wiegen des ganzen Körpers im Walzertakt, mit dem fliegenden Haar und den blitzenden dunklen Augen ... Nun stand er ruhig am Pult, mit sparsamen Gesten lenkte er, den Dirigentenstab in der Hand, das berühmte Orchester, das ihm willig folgte und bei seinem Erscheinen wie bei seinem Abgehen stets auf seine Weise Beifall spendete, ihn grüßte: den Walzerkönig, das Idol und Symbol der Stadt Wien.

Mehr als die Ouverture meisterte er nun nicht mehr, es erregte ihn zu sehr, denn er war immer mit Leib und Seele dabei. Die Musik wurde nie zur Routine bei ihm. Sie war eben immer Musik und kein Handwerk, bei dem das Gefühl ausgeschaltet werden konnte. So wie das Publikum immer von neuem seine ganze Zuneigung in den Jubel legte, der ihn umbrandete. In Tausenden von Nächten hatte er sich daran gewöhnt, und es war doch keine Gewöhnung daraus entstanden, es war immer etwas Lebendiges geblieben. Er spürte die Liebe und Verehrung immer von neuem und er erwiderte sie bei jedem Ton, den er dem Orchester mitteilte. Und so war er, aus innerer Erregung mehr als durch äußere Anstrengung, schon nach den ersten Tönen schweißgebadet.

Gleich nach dem letzten Ton der Ouverture und ohne das völlige Abebben des Applauses abzuwarten, drückt Strauß den Dirigentenstab dem Kapellmeister, der die Vorstellung leiten wird, in die Hand. Der verneigt sich tief. Strauß winkt dem Orchester zu, die Streicher klopfen mit ihren Bogenspitzen auf die Pulte, aber das Geräusch geht im Klatschen und Rufen des Publikums unter. Strauß spürt die Herzlichkeit, mit der man ihn anerkennt. Er ahnt nur nicht, daß er sie zum letzten Male erlebt.

Und fort ist er, während der Vorhang sich zum ersten Akt, dem eleganten Salon in der Villa Eisenstein, hebt. Der Wagen wartet vor dem »Bühnentürl«, und im Trab geht es durch den lauen Frühsommernachmittag, stadtauswärts über den Ring und den Karlsplatz, und wenige Minuten später öffnet die Dienerschaft das Tor zum kleinen Palais in der Igelgasse. Schnell umziehen, ein wenig trinken, ausruhen, die Freunde werden gleich kommen. Das tägliche Kartenspiel kann beginnen, nicht weniger streng eingehalten, ja, so geheiligt wie die Arbeitsstunden am Morgen und spät in der Nacht. Strauß war ein gewiegter Tarockspieler, und hätte man ihn gefragt, worauf er am meisten stolz sei, auf den *Donauwalzer*, die *Fledermaus*, die *Frühlingsstimmen* oder auf eine schwierige Kartenpartie, die er aus ungünstigster Lage heraus doch noch gewonnen hatte — die Antwort wäre zweifelhaft ausgefallen.

Man saß und spielte, Stunde um Stunde, verbissen und doch kameradschaftlich, man war nicht mehr Hofballmusikdirektor und ein weltberühmter Komponist, nicht mehr Erfinder einer modernen pianistischen Technik und gesuchter Lehrer für angehende Virtuosen aus der ganzen Welt, nicht mehr Österreichs berühmtester Klaviermacher, k.k. Hoflieferant, prämiiert auf unzähligen nationalen und internationalen Ausstellungen, man war Tarockspieler und nichts anderes. Basta. Manchmal, unter dem Mischen, gab einer die neuesten Witze zum besten. Adele betrat hie und da den Raum, auf Zehenspitzen — denn Tarockspielen benötigte soviel Konzentration wie Komponieren —, sie sah nach, ob ihr Jean auch alles so hatte, wie er's liebte und wie er's gewohnt war, ob den Gästen nichts fehlte. Und sie dachte vielleicht: Er ist vierundsiebzig, unglaublich! Beim Tarockspiel geriet er in Feuer und wirkte noch jugendlicher als sonst.

An jenem Pfingstmontag wurde bis zum Abend durchgespielt. Im Salon, nicht im Garten, denn Strauß fröstelte ein wenig trotz des warmen Wetters. Hernach gingen die Freunde, Adele setzte sich mit ihrem Gatten zu Tisch, man speiste zu Abend. Und dann begab Johann Strauß sich, wie jede Nacht, in sein Arbeitszimmer. Er schrieb am Ballett *Aschenbrödel;* einen guten Teil wollte er noch in Wien, den Rest dann während der langen Sommerwochen in Bad Ischl komponieren.

Vier Tage später muß er auf einen Ball: zu wohltätigem Zweck hat der stets mit offenen Händen Spendende Autogramme zu geben. Er schreibt und schreibt, zumeist auf Fächer, wie es damals Mode ist, fühlt sich wohl, von so viel strahlender Jugend umgeben, die ihn verehrt. Aber ein leichter Schüttelfrost, wie am Pfingstmontag, meldet sich abermals. Und am nächsten Tag bleibt er im Bett. Es dünkt ihm seltsam, ungewohnt. Wann ist das je vorgekommen? Ärzte kommen, der berühmte Professor Nothnagel wird konsultiert. Aus dem sich verschlimmernden Katarrh wird eine Lungenentzündung. Man darf es dem Kranken nicht sagen und läßt ihn an etwas Harmloseres glauben. Er glaubt es gern.

Adele erzählt, wie Jean im Delirium am 1. Juni immer nach ihr und ihrer Tochter rief, als wären sie weit, unerreichbar, als säßen sie nicht an seinem Bett. Es dauerte lang, bis er sie erkannte. Da lief ein Lächeln über die eben noch unruhig angespannten Züge. Und dann kam aus seiner von Husten erschütterten Brust auf einmal Gesang. Zogen vor dem inneren Ohr des Todkranken noch einmal Teile seiner liebsten Melodien vorbei? Weilte er beim *Kaiserwalzer?* Bei den *Rosen aus dem Süden*, den *Geschichten aus dem Wienerwald?*

Doch als der Gesang für Augenblicke ein wenig deutlicher wird, erkennt Adele eine viel, viel ältere Melodie, die gar nicht von Strauß stammte. Er scheint in Fieberträumen seine Jugend noch einmal zu durchleben, ... jetzt stieg er die vielen Treppen hinauf, zur armseligen Behausung des Kirchenmusikers Joseph Drechsler ... er machte vielleicht noch einmal Aufgaben in Harmonielehre und Kontrapunkt, die immer wieder zu Walzerrhythmen wurden ... Und singt nun noch einmal die süße Melodie dieses alten, altwiener Musikers: »Brüderlein fein, Brüderlein fein, s' muß geschieden sein ...« Biedermeierzeit. Der Lanner ist da, Raimund lebt noch. Nah scheint ihm diese längst, längst entschwundene Zeit. Im letzten Walzer, den das Schicksal ihn schreiben ließ, hat er ihrer liebevoll gedacht, hat alte Melodien verwoben darin, aus vergangenen Epochen, die er kaum, grad vielleicht als Bub noch, gekannt hat. Wie sonderbar, daß dieses Leben mit den Klängen aus der Raimundzeit zu Ende geht, als müsse sich der Reigen des

Wiener Walzers, den Vater Strauß und Lanner eröffnet, so schließen ...

Zutiefst bewegt hört Adele den Fiebernden immer wieder mit kurzem, fliegendem Atem die Worte hervorstoßen vom *Brüderlein fein*,
das Abschied nehmen muß. »Die Tränen zurückdämmen sollte ich«,
berichtet sie. »Ich vermochte es nicht mehr. Ich sah, daß es zu Ende
ging, daß ein Sterbender vor mir lag. Am 2. Juni verschlimmerte sich
der Zustand des Kranken, am 3. früh war scheinbar Erleichterung
eingetreten. Er nahm meine Hand und küßte sie zweimal nacheinan-
der — eine letzte wortlose Zärtlichkeit. Um 4 $^1/_4$ nachmittags ent-
schlief er in meinen Armen ...«

Im Garten vor seinem Sterbezimmer sangen die Vögel in der milden
Nachmittagssonne, als dankten sie dem Toten für die unzählbaren
Melodien, mit denen er, verschwenderischer noch als sie, die Welt
bereichert hatte.

Trauerfeier und Begräbnis waren eines Königs würdig. Wien stand
förmlich still, alle Menschen schienen den Atem anzuhalten, schienen
nur noch zu flüstern. Alle Vergnügungen wurden abgesagt. Ein König
war gestorben. Aber ein König, dessen Reich keine Grenzen kennt.
Selten, oder nie, ist ein Tonsetzer so einmütig in allen Ländern geliebt
und betrauert worden. Und wohl noch seltener, oder nie, sind so viele
Melodien eines einzigen Menschen Allgemeingut der Welt geworden.
Sie spiegeln das Glück einer Epoche, die durch seinen Namen und
seine Person zur Legende geworden ist. Dank seiner Musik.

Dank Johann Strauß.

20

Nachruhm und Unsterblichkeit

Das Leben eines Meisters war zu Ende gegangen. Zum »Klassiker«
geworden war ein Komponist der »Leichten Muse«: ein seltener,
wenn nicht einmaliger Fall. Am Begriff der »leichten«, der »Unterhaltungsmusik« haben wir von Anfang an unsere begründeten Einwände
zur Geltung gebracht. Natürlich gibt es Musik verschiedenster Art,
weil es Menschen verschiedenster Art gibt, von denen sie stammt, und
Menschen verschiedenster Art, an die sie sich wendet, auf die sie
wirken soll. Es gibt freilich auch seichte Musik, aber sie hat im Prinzip
mit lustiger Musik, mit Musik der Heiterkeit, der Fröhlichkeit, der
Lebensfreude nicht das mindeste zu tun. Die kann nämlich genauso

ernst sein wie die sogenannte ernste Musik. Ein Straußwalzer ist so ernst, so ernst zu nehmen wie irgendein Meisterwerk. Denn Kunst, wahre Kunst ist immer ernst, auch wenn sie lustig ist.

Die Werke eines Johann Strauß stellt heute niemand in Frage. Sie sind, nach menschlichem Ermessen, unsterblich geworden. Nirgends wird ihre Inspiration bezweifelt, auch nicht die Fähigkeit ihres Schöpfers, geniale Einfälle mit Hilfe des glänzend beherrschten Handwerks zu höchster Wirkung zu bringen. Und damit sind die grundlegenden Kriterien für das Meisterwerk gegeben.

Zu Ende gegangen war auch das Jahrhundert des Walzers. Es stimmt überraschend genau mit dem Kalender überein: Lanner, der erste Wiener Walzerkönig, nimmt man den Walzer in Sinne eines Volkstanzes, war 1801 geboren worden, und 1899 starb Johann Strauß Sohn, in dem der Walzer als Form sich vollendete, ja, der ihn in Wahrheit hinaushob über bloße »Folklore« und ihn zum Kunstwerk machte. So überlebte er die geschichtliche Ära, die er gespiegelt, die Gesellschaft, deren Tanz er gewesen war.

In mancherlei Form überlebte der Walzer sein Jahrhundert. Er ging nicht unter, als Johann Strauß die Augen schloß; er dankte nicht ab, als Österreichs letztem Kaiser die Krone vom Haupt gerissen wurde; er verschwand nicht, als andere, zumeist aus fernen Erdteilen erobernd einbrechende Tänze die sich rasch und gründlich wandelnde Zeit in hektisch abgerissenen, zerrissenen Rhythmen widerhallen ließ; er starb nicht, als die Zeit, deren Echo er war, längst sich in Geschichte verwandelt hatte.

Er hat immer wieder seine Lebenskraft bewiesen. Vor allem im Werk seines »Königs« Johann. Dieses Werk hat sogar noch Neues hervorgebracht, als der Meister die Feder längst aus der Hand gelegt hatte. Immer wieder, Jahre später noch, kamen neue Melodien aus seiner unerschöpflichen Fantasie zutage, Nachgelassenes, Umgearbeitetes.

Und so gab es immer wieder, bis in unsere Zeit hinein, »Strauß-Premieren«. Einige davon seien im Folgenden erwähnt. Wenige Monate nach dem Tod des Walzerkönigs, am 25. Oktober 1899, erschien auf der Bühne des *Carl-Theaters* die nachgelassene Operette *Wiener Blut*. Adolf Müller jun. hatte das Werk, nach Angaben des Komponisten und anhand der vorhandenen Skizzen, vollends abgerundet. Somit war unseren Bühnen ein Erfolg gesichert, der heute noch anhält. Mag dieser Erfolg auch, wie so oft bei Strauß, in erster Linie der Musik und ganz zuletzt dem Textbuch zuzuschreiben sein, so soll man doch auch mit diesem Libretto nicht allzu streng ins Gericht gehen. Es besitzt, trotz mancher an den Haaren herbeigezogener Situation, jenes Minimum an Charme und Witz, aus dem der Walzerkönig schließlich mit einem guten Dutzend inspirierter Einfälle ein liebenswertes Stück gestalten konnte.

Das andere Werk, das Strauß bei seinem Tode unvollendet hinterlassen mußte, war das Ballett *Aschenbrödel*. Die Uraufführung fand am 3. Mai 1901 in Berlins Königlicher Oper statt; die der *Wiener Hofoper* folgte erst am 4. Oktober 1908 nach.

Am 5. Juli 1902 tauchte die Operette *Gräfin Pepi* im Praterlokal »Venedig in Wien« auf. Es war eine von Ernst Reiterer in Zusammenarbeit mit Victor Léon hergestellte Verschmelzung der Straußoperetten *Simplicius* und *Blinde Kuh*, die damals schon fast in Vergessenheit geraten waren. Ebenfalls von Reiterer bearbeitet gab es im Juni, im gleichen Theater, eine Neuauflage von *Indigo*, jetzt unter dem Namen *1001 Nacht*. *Reiche Mädchen* war der Titel einer Strauß-Premiere, die am 30. Dezember 1909 im Wiener *Raimund-Theater* über die Bretter ging. Es handelte sich um die Musik zur *Göttin der Vernunft*, der ein gewisser Ferdinand Stollberg einen völlig neuen Text untergelegt hatte. Stollberg aber war das Pseudonym für den damals schon namhaften Felix Salten, der zu einem der federgewandtesten Wiener Feuilletonisten werden sollte. Sein Weltruhm jedoch beruhte hauptsächlich auf der Erfindung des Rehes »Bambi«, das Walt Disney dann in einem Meisterfilm rund um den Erdball verbreitete.

Der *Karneval in Rom* wurde am 18. Oktober 1912 im *Theater an der Wien* zum *Blauen Held*, aber auch dieser Versuch kein bleibender Erfolg. Eine neue Operette brachte das *Wiener Carl-Theater* am 25. Mai 1921 unter dem Titel *Faschingshochzeit* heraus. Sie war aus unbekannteren Strauß-Melodien zusammengesetzt. Gänzliche Neuschöpfungen stellen einige Bühnenwerke dar, die rund um Tonstücke der Strauß-Dynastie geschaffen wurden. Alois Melichar, der ausgezeichnete Musiker, und Oskar Stalla zeichnen für die so entstandene *Tänzerin Fanny Elßler* verantwortlich. Aus dieser Partitur leuchtet vor allem das innige Wiener Lied *Draußen in Sievering* hervor, das allerdings so merkwürdig »unstraußisch« ist, daß Fragezeichen rings um diese Melodie herum vielleicht nicht ganz unangebracht sein dürften. Und schließlich sei noch von einem *Walzer aus Wien* die Rede, einem Singspiel von Willner, Reichert und Ernst Marischka, in dem Vater und Sohn Johann Strauß persönlich auf die Bühne kommen und sich so liebevoll zueinander benehmen, wie es im Leben nicht der Fall war. Die Melodien von Vater und Sohn Johann wurden von dem feinsinnigen Spielopernkomponisten Julius Bittner (*Der Bergsee, Die rote*

Gred) zusammengestellt; sie erklangen im *Theater an der Wien* in der musikalischen Bühnenfassung von Erich Wolfgang Korngold, dem Komponisten der bedeutenden Oper *Die tote Stadt*, im Jahre 1930.

Genießbar geblieben ist bei dieser »Spätlese« letzten Endes nur *Wiener Blut*. Aber allein schon diese Operette beweist die unverminderte Zugkraft des Namens Johann Strauß, außerdem spricht sie für die noch jahrzehntelang über dessen Tod hinausreichende Popularität der Operette ganz allgemein, von der nicht einmal heute mit Sicherheit feststeht, ob sie, wie immer wieder versichert wird, »tot« ist oder vielleicht nur scheintot oder sogar nicht einmal das. Hier — auch hier — steht Vorliebe und Meinung des Publikums gegen das kritische Sachverständnis der »Fachleute«, die nach dramaturgischen und musikalischen, oder gar soziologischen Kriterien zu beweisen suchen, daß es sich hier um ein Genre vergangener und verklungener Zeiten handle.

Schauen wir uns ein wenig in der Strauß-Nachfolge um; einen kleinen Überblick sind wir dem Leser schuldig, da wir der Hochblüte der Operette in der Ära Strauß so viele Seiten gewidmet haben. Diese Ära wird häufig als das »Goldene Zeitalter der Operette« bezeichnet. Was zuerst wohl nur geflügeltes Wort war, wandelte sich in einen heute feststehenden Begriff. Jene »goldene« Epoche umfaßt neben den Bühnenwerken des Walzerkönigs (von denen allerdings nur *Die Fledermaus*, *Der Zigeunerbaron*, *Wiener Blut* und die ihrer musikalischen Schönheiten wegen textlich immer wieder neu bearbeitete *Nacht in Venedig* sich als voll lebensfähig, ja als Krone des Genres erwiesen haben) in erster Linie Franz von Suppés *Die schöne Galathee* (1865), *Fatinitza* (1876) und *Boccaccio* (1879), Karl Millöckers *Bettelstudent* (1882) und *Gasparone* (1884), Karl Zellers *Vogelhändler* (1891), Richard Heubergers *Opernball* (1898) und Karl Michael Ziehrers *Landstreicher* (1899).

Als man diese »goldene« Zeit der Wiener Operette mit dem Tode des Walzerkönigs für beendet hielt — Suppé war ihm vier Jahre vorausgegangen, Millöcker folgte ihm wenige Monate später nach —, da tauchten bereits neue Namen auf, und eine glänzende Generation begründete das »Silberne Zeitalter« der Operette. Hier gebührt wohl Franz Lehár — 1870 in Komorn (Ungarn) geboren, 1948 in seiner heute zur Gedenkstätte umgestalteten Villa in Bad Ischl gestorben — der erste Platz. Er erlebte seinen fulminanten Durchbruch 1905 mit der *Lustigen Witwe*, setzte die Erfolgsserie dann 1909 mit dem *Graf von Luxemburg*, 1925 mit dem melodienreichen *Paganini*, 1927 mit *Zarewitsch* fort. Im Jahre 1929 errang er mit seinem *Land des Lächelns* wieder einen weltweiten Triumph. Lehár hätte (wie Strauß) gern einmal eine »richtige« Oper geschrieben, und dieser Wunsch führte ihn über das Singspiel *Friederike* (1928) zu *Giuditta* (1934), die tatsächlich opernhafte Züge aufweist (Puccini-Anklänge!) und eine glanzvolle Premiere in der Wiener Staatsoper erlebt hat. Lehár scheute sich nicht, aus großen Männern der Geschichte Operettenhelden zu machen (Goethe, Paganini), und in der Wahl seiner Textbücher scheint er nicht viel kritischer als der Walzerkönig gewesen zu sein. Auch er war im Melodienreichtum unerschöpflich. Er erfand Lieder, in deren Wiedergabe bedeutende Sänger — der große Richard Tauber vor allem — beifallumtost ungeahnte Grade der Popularität errangen. Erinnern wir uns, wie Tauber, gleich meisterhaft im Liedgesang wie in der Mozartoper, das Lied »Dein ist mein ganzes Herz« aus dem *Land des Lächelns* nicht nur an Hunderten von Abenden hintereinander, sondern an einem Abend mehrere Male und jedes Mal in anderer Interpretation singen mußte.

Oskar Straus (mit einfachem s kein Verwandter der Dynastie) gelang 1907 der Welterfolg des *Walzertraum*. Leo Fall ließ auf seinen ersten durchschlagenden Erfolg *Der fidele Bauer* (1907) im Jahre 1909 das einaktige Singspiel *Brüderlein fein* folgen, in dem er Drechslers entzückende altwiener Melodie zum Leitmotiv machte. Seine *Rose von Stambul* (1916) und die brillante *Madame Pompadour* (1923), die zu einer unvergeßlichen Meisterleistung der mitreißendsten und dabei geistvollsten Diva ihrer Zeit, Fritzi Massary, Anlaß bot, brachten dieser leider so kurzen Karriere echte Höhepunkte. Robert Stolz, der in aller Frische langlebige und als wohl letzter Repräsentant einer längst Historie gewordenen Epoche gefeierte Komponist gehört hierher, denn neben seinen vielgesungenen Wienerliedern gelangen ihm Operetten wie *Frühjahrsparade* und die auch als Tonfilm volkstümlich gewordenen *Zwei Herzen im Dreivierteltakt*.

Kein gebürtiger Wiener (aber das waren die wenigsten der eben genannten) und doch voll zur Wiener Operette der »silbernen« Epoche zu zählen war der äußerst melodiebegabte und verdient erfolgreiche Emmerich Kálmán. Er kam 1882 im Herzen Ungarns in Siófok am Balaton, deutsch »Plattensee« genannt, zur Welt. Er starb, nach fünfzehnjähriger Emigration, 1953, in Paris. Schon *Herbstmanöver* (1908) und die *Csárdásfürstin* (1915) hatten auf ihn deutlich aufmerksam gemacht. *Gräfin Mariza* (1924) und *Die Zirkusprinzessin* (1926) wurden zu langen Serien stärkster Publikumserfolge im *Theater an der Wien*, das sich (auch mit Bruno Granichstädtens *Orlow* und Edmund Eyslers *Goldenen Meisterin*) noch einmal zu altem Glanz aufschwang,

Johann Strauß Sohn auf der Weltausstellung in Wien 1873.

Johann Strauß dirigiert in Boston über 20 000 Sänger und Musiker zur Feier des hundertsten Jahrestages der amerikanischen Unabhängigkeitserklärung.

Johann Strauß und der Komponist Johannes Brahms zusammen in Bad Ischl.

inmitten eines verarmten und krisengeschüttelten Wien, das längst nicht mehr jenes der Straußzeiten zu sein schien. Umjubelt wurde der letzte Grandseigneur der Wiener Operette, Hubert Marischka, und die schönsingende Betty Fischer in den Hauptrollen des obligaten Liebespaares, das sich noch bei Kálmán nach »aufregenden« Verwicklungen zuletzt in die Arme schließt. Nicht zu vergessen der Girardi-Nachfolger Hans Moser in seinen von Lachstürmen begleiteten komischen Figuren.

Ralph Benatzky muß in diesem Zusammenhang erwähnt werden. In Mährisch-Budweis geboren — also in der alten k.k. Monarchie —, 1957 in Zürich gestorben, war er in den entscheidenden Jahren seiner Laufbahn in Wien ansässig. Sein größter, heute immer noch anhaltender Erfolg, *Im weißen Rößl*, ging 1930 von Berlin aus, trotz seines original-österreichischen Schauplatzes im malerischen St. Wolfgang, dem er damit zu weltweiter Beachtung verhalf.

Wenn wir zumeist dazu neigen, die Operette gemeinhin mit Wien gleichzusetzen, so gebietet die Objektivität, ihrer eigentlichen Herkunft ein wenig nachzuspüren. Paris hat sicherlich Anspruch, als ihre Geburtsstadt zu gelten. Hier schuf Jacques Offenbach seine hundert kleinen (»Musiquettes« oder »Bouffes« genannten) sowie mehreren großen Werke, aus deren Fülle wir wenigstens einige nennen wollen: *Verlobung bei der Laterne* (1857), *Orpheus in der Unterwelt* (1858), *Fortunios Lied* (1861), *Die Seufzerbrücke* (1861), *Salon Pitzelberger* (1861), *Monsieur und Madame Denis* (1862), *Die Rheinnixen* (in denen die später als Bestand von Offenbachs einziger Oper *Hoffmanns Erzählungen* so weltberühmt gewordene »Barcarole« bereits vorkommt, 1864), *Die schöne Helena* (1864), *Blaubart* (1866), *Pariser Leben* (1866), *Die Großherzogin von Gerolstein* (1867), *Die Insel Tulipan* (1868), *Die Banditen* (1869), *Fantasio* (1872), *Madame Favart* (1878). Neben Offenbach beherbergte Paris noch die ebenfalls viel gespielten Operettenkomponisten Hervé *(Mamzelle Nitouche)*, Lecocq *(La Fille de Madame Angot, Giroflé-Girofla)*, Planquette, Messager, unter denen es ausgezeichnete und vielseitige Musiker gab. London, das auf dem Gebiet des Musiktheaters eine sehr lange unfruchtbare Periode zu überstehen hatte, beherbergte nichtsdestoweniger zwei Komponisten, die mit Operetten Welterfolge ernten konnten: Arthur Seymour Sullivan *(Der Mikado)* und Sidney Jones *(Die Geisha)*.

Berlin — in vielem direkte Rivalin Wiens — entwickelte um die Jahrhundertwende eine eigene Operette, »kesser« zumeist und oft dem Gassenhauer näher als die Wiener, aber nicht selten schwungvoll und manchmal genauso sentimental: Paul Lincke *(Frau Luna)*, Walter

Kollo *(Wie einst im Mai)*, Leon Jessel *(Schwarzwaldmädel)*, Jean Gilbert *(Die keusche Susanne)*, Eduard Künnecke *(Der Vetter aus Dingsda, Glückliche Reise, Liselott, Die lockende Flamme)*.

Doch ist damit die Reihe der guten und wenigstens zeitweise sehr erfolgreichen Operetten noch lange nicht erschöpft. Paul Abraham, aus Ungarn gebürtig und nach schwerer Krankheit in der Emigration schließlich in Hamburg gestorben, erregte berechtigtes Aufsehen mit *Viktoria und ihr Husar, Die Blume von Hawaii* und *Ball im Savoy*; Oskar Nedbal mit *Polenblut*, Eduard Nick mit dem bezaubernden *Kleinen Hofkonzert*, das er ein »musikalisches Lustspiel aus der Welt Karl Spitzwegs« genannt hatte. Georg Jarno sang sich mit dem Lied »Herr Kaiser, Herr Kaiser« aus der *Försterchristel* in zahlreiche Herzen. Vergessen wir Nico Dostal nicht *(Clivia, Monika)*, ebensowenig Fred Raymond mit seiner hübschen *Maske in Blau*. Damit aber sind wir schon in einer Zeit angelangt, in der das Operettenschaffen deutlich nachläßt. Es kann nicht Aufgabe unseres Buches sein, diese Erscheinung erklären zu wollen, so verlockend dies im Lichte der Zeitgeschichte auch sein mag.

Inzwischen erstand, in Europa lange unbemerkt, in Nordamerika ein neuartiges Musiktheater: das Musical. Ist es eine Fortsetzung der Operette? Erkennt die zweifellos geniale *Fair Lady* noch *Die Fledermaus* als ihren Ursprung an? Die Frage wäre kaum mit einem einfachen »ja« oder »nein« zu beantworten, zu viele geistige, dramaturgische, musikalische Faktoren wären zu berücksichtigen. Doch sei betont, daß bei zwei der großartigsten Schöpfungen des neuen Genres — bei Gershwins auch als Volksoper einzustufendem *Porgy und Bess* sowie bei Bernsteins *West Side Story* — von einer Verwandtschaft mit Werken der goldenen oder silbernen Operettenära nichts mehr zu spüren ist.

Doch wichtiger erscheint uns, daß auch im heutigen Publikum der Wunsch nach einem Musiktheater lebendig ist, das volkstümlich und zeitgemäß auftritt, das die Sinne entzückt und gleichzeitig zu Herzen geht. Es bedurfte nicht einmal der »Nostalgiewelle«, um zu zeigen, wie sehr auch noch in unserer Epoche der modernen Welt Sehnsüchte vorhanden sind, die in der Musik ihre tiefste Erfüllung finden.

Das Zeitalter des Walzers ist vorbei. Aber der Walzer hat die von ihm geprägte Epoche überlebt. Mehr als Offenbachs Cancan oder das flotte Marschlied der Berliner Operetten ist er lebendig geblieben, aktuell und geliebt. Die härtesten Umbruchszeiten, die gefühllosesten Kunstströmungen haben ihm keinen Abbruch tun können.

Große Meister haben ihm immer wieder Huldigungen erwiesen. So

Richard Strauss in seinem *Rosenkavalier*. Ob es sich um das »Leiblied« des Baron Ochs handelt (»Ohne mich, ohne mich jeder Tag dir so bang, mit mir, mit mir keine Nacht dir zu lang ...«) ob um das »Lerchenauisch Glück«, ob um die intime Frühstücksszene aus dem ersten, um die groteske Souperszene aus dem letzten Akt: zumeist steht ein Dreivierteltakt an wichtigen Stellen des schönen Werkes, wobei die Frage offenbleiben möge, ob es zu Maria Theresias Zeiten einen walzerähnlichen Rhythmus überhaupt schon gegeben habe. Aber was tut's? Das Werk ist dem großen Publikum mehr ans Herz gewachsen als irgendeine andere deutsche Oper unseres Jahrhunderts; und der Walzer hat daran bestimmt seinen gewichtigen Anteil.

Doch auch ein französischer Großmeister erweist dem Walzer Reverenz: als Wien nach dem für Österreich so tragischen Ende des Ersten Weltkriegs frierend und hungernd sich anzuschicken begann, seinen Glanz nur noch als Historie, sein Glück als fernen Traum zu betrachten, da sang Maurice Ravel ihm in seiner sinfonischen Dichtung *La valse* einen gespenstisch-wehmütigen Abschiedsgesang, in dem müde Fetzen Johann Straußscher Melodik sich wie unwirklich über Gräbern erheben und in die Weite eines verdüsterten Abendhimmels zu zerflattern scheinen.

Es war ein verfrühtes Requiem, wie sich dreißig Jahre später herausstellte. Aber es zog gewisse Seiten des Wiener Walzers in den Vordergrund, die bis dahin zumeist unbemerkt geblieben waren: Wehmut, Schwermut, Melancholie. Ob die Menschen des Straußschen Zeitalters sie so gespürt haben wie wir?

Hector Berlioz schrieb in seinen Memoiren einen Satz, der manchen seiner Zeitgenossen überrascht haben mag: »Die Walzer von Strauß mit ihren feurigen, einem Liebesruf gleichenden Melodien haben die Fähigkeit, mich traurig zu stimmen.« Und im nächsten, dem zwanzigsten, unserem Jahrhundert, spricht ein bedeutender Musiker den gleichen Gedanken noch schärfer aus; Felix von Weingartner sagt nämlich: »Für mich hat der Straußsche Walzer etwas Tragisches ...«

In der Seele von Menschen mit tiefer Erlebniskraft liegen Freude und Schwermut eng nebeneinander. Die eine wäre ohne die andere so wenig denkbar wie Hell ohne Dunkel, Tag ohne Nacht, Frühling ohne Winter, Lachen ohne Weinen. In der Straußschen Melodik liegt — öfter als man es bei einmaligem oder oberflächlichem Hören wahrzunehmen pflegt — neben der unbändigen, ansteckenden Lebenslust ein Schatten von Melancholie, neben dem dahinwirbelnden Tanz eine stille Zärtlichkeit, voll schwermütiger Süße und beinahe schmerzender Innerlichkeit.

Was Berlioz »traurig stimmt«, was Weingartner »Tragik« benennt: es war nicht nur straußisch. Es liegt in den Worten aller Wiener Dichter von Raimund bis Schnitzler, Hofmannsthal und Wildgans; in den Bildern aller Wiener Maler von Schwind bis Klimt und Schiele; in der Musik aller Wiener Meister von Schubert bis Wolf und Mahler. Es ist das nicht in Worte zu fassende Gefühl, das einen jungen Toningenieur des österreichischen Rundfunks im Jahre 1974 — einen modernen Fachmann, der das alte Wien seiner Urgroßeltern nie gekannt und zum Habsburgerreich keinerlei gefühlsmäßige Beziehungen gehabt haben kann — bei der Einspielung des *Kaiserwalzers* beinahe verwundert über sich selbst in die Worte ausbrechen ließ: »Herrgott no' amal, da kriegt man jedesmal Tränen in die Augen ...« Aus Freude oder aus Wehmut? Beides. Denn es ist im Grunde eins und dasselbe ...

Verabschieden wir uns von den Walzern »König Johanns« nicht, ohne diese Wehmut, diese tiefinnerliche Schwermut als einen ihrer grundlegenden Bestandteile erkannt zu haben. Er mag nicht immer klar zu Tage treten, aber er gibt zu zahllosen Melodien den Untergrund, von dem aus sie sich jubelnd in die Luft schwingen können. Johann Strauß Sohn hat die Vollendung erreicht, lange in ihr gelebt. Er war ein »Letzter«, in ihm ging eine Epoche zu Ende. In jeder Vollendung liegt ein Körnchen Abschied.

Das ausgehende romantische Zeitalter gipfelte noch einmal in geistigen und künstlerischen Werken hoher Vollendung. Das »fin de siècle« war kein Abstieg, die »décadence« kein Niedergang (weswegen sie auch mit dem Wort »Dekadenz« nur sehr unzulänglich gleichgesetzt werden kann). Vielleicht war sie eine Müdigkeit, wie sie Kulturen nach langem Blühen überfällt. Verlaine war ein »décadent«, wie Rilke einer war; in den Bildern manches Impressionisten lebt die »décadence«, sie ertönt aus den wie von einem anderen Ufer zu unserem Strand rollenden träumerischen Klängen in Debussys Musik. Sie ist wehmütiger Abschied, ein stiller Heimgang in den abendlichen Frieden.

Es ist, als neige sich in jenen Jahrzehnten, die auch die des Walzerkönigs waren, ein langer Tag voll Glanz und Licht seinem Ende zu. Ein Schleier des Abschiednehmens, kaum fühlbar, jeder Erdenschwere entbunden, senkt sich über eine verschwimmende Landschaft. Im Sonnenuntergang blühen noch einmal alle Blumen auf und duften betörender als je. Die Vögel singen berückend ihr Abendlied. Alle Farben leuchten wie auf Purpurgrund, mit immer satteren Tönen dunkelnden Strahlens. Rilke verleiht ihnen geheimnisgetränkte Worte, Mahler besingt sie in schwermütig herzzerreißenden Melodien. Auf den

Weisen von Johann Strauß aber tanzt die Zeit lachend in den großen Abendglanz hinein, der so golden leuchtet wie ein junger Tag.

Der Walzer lebt. Er hat das »fin de siècle« überdauert, siegreich, unvergänglich. Was in der eigenen Epoche echt und groß ist, das überlebt, kann unsterblich werden, wenn uns Menschen dieses Wort überhaupt gestattet ist.

Der Nachruhm Johann Strauß' hat die Welt überzogen. Gelegentliche Umfragen — in den verschiedensten Ländern — nach der »populärsten Melodie« ergeben, nahezu ausnahmslos, die *Schöne blaue Donau* an der Spitze. Als vor wenigen Jahren die Wiener Philharmoniker unter Leitung von Karl Böhm einem triumphalen Gastspiel mehrerer Abende in Buenos Aires ein Ende setzten, kündigte als donnernd verlangte Zugabe der Dirigent ein im riesigen Theater Colón nicht recht verständlich gewordenes Stück an; die Tausende erfaßten nur etwas, was wie »Nationalhymne« klang. Sie standen auf und lauschten, ein wenig verwirrt, aber glücklich, den wie aus schimmerndem Sonnenschein auf ziehendem Wasser gewobenen Anfangstakten dieses »populärsten aller Musikstücke«. Dann mußte die Wiedergabe unterbrochen werden, denn ein Orkan der Begeisterung durchtobte das Haus. Bei weitem nicht alle Zuhörer setzten sich dann nieder, um das Stück zu hören: war es nicht wirklich so etwas wie eine Hymne geworden?

Die Staatsoper, in neu gestalteter Schönheit aus den Trümmern des Zweiten Weltkrieges hervorgegangen, gab dem immer noch und immer wieder tanzfreudigen Wien mit dem wiederbelebten Opernball einen echten Höhepunkt des Faschings. Der in Eleganz und natürlicher Anmut stets von neuem überwältigende Auftakt erfolgt — selbstverständlich — zu den Klängen des Walzerkönigs. Und nicht anders geht es beim lichterstrahlenden Ball in der Hofburg zu, in deren prunkvoll vornehmen Sälen dereinst die »Hofball-Musikdirektoren« Johann Strauß, Vater und Sohn, zum Tanze aufgespielt hatten.

Clemens Krauss, einer der großen Dirigenten unseres Jahrhunderts, beschenkte Wien und die Welt mit der Idee, alljährlich mit der Musik der Strauß-Dynastie das Ende eines zu Ende gehenden, den Beginn eines neuen Kalenderjahres zu feiern. An der Spitze der Wiener Philharmoniker, im traditionsgesegneten Großen Musikvereinssaal, ließ er an jedem 1. Januar um die Mittagsstunde Werke dieser Meister erklingen, und der sinnliche Geigenton, die rhythmische Feinheit der Wiener Philharmoniker vermählten sich ihrer Urmusikalität hier vielleicht tiefer als irgendwo sonst. Und als Krauss auf einer Mexikotournee der Dirigentenstab für immer entfiel, sprang der Konzertmeister Willi Boskovsky in die Bresche; er tat es mit dem Geigenbogen in der Hand wie weiland Johann Strauß — die alten Zeiten scheinen für ein paar glückliche Stunden wiedergekehrt.

Rund um diese Konzerte aber ging ein Wunder, ein echtes Wunder unserer Zeit vor sich. Nachdem sich schon längst die Massenmedien Schallplatte, Rundfunk, Film des Walzers bemächtigt hatten — oder der Walzer ihrer? —, erwuchs im Fernsehen eine niemals auch nur annähernd geahnte, geschweige denn erlebte Macht. Das Strauß-Konzert zum Neuen Jahr wird vom Wiener Saal aus buchstäblich in die ganze Welt verbreitet. Tausende von Rundfunkanstalten, Hunderte von Fernsehsendern strahlen es aus. Einst drehten sich fünftausend, zehntausend Menschen im wirbelnden Walzertakt zu Füßen von Johann Strauß. Sie konnten unmöglich ahnen, in welche Dimensionen diese Klänge in unseren Tagen dringen würden. Dem Neujahrskonzert aus Wien wohnen bildlich oder nur klanglich mehrere hundert Millionen Menschen bei . . .

Eines schon recht weit zurückliegenden Tages war ich auf meinen weiten musikalischen Wanderschaften in ein fernes Bergdorf der südamerikanischen Anden gekommen. Ein alter Indio spielte dort auf einer selbstgezimmerten Fidel zum Tanz auf. Und plötzlich klang, mitten zwischen heimischen Melodien, das mir so ans wienerische Herz gewachsene Dreiklangsmotiv der *Blauen Donau* auf. Hergott no' amal, da kriegt man wirklich Tränen in die Augen . . .

ANHANG

EINIGE BERÜHMTE MELODIEN AUS DEN WERKEN
VON JOHANN STRAUSS VATER, SOHN UND JOSEF STRAUSS

»Radetzkymarsch« von Johann Strauß Vater.

Walzerthemen von Johann Strauß Sohn

Hauptthema des Walzers »An der schönen blauen Donau«.

Hauptthema des Walzers »G'schichten aus dem Wienerwald«.

Motiv aus dem »Kaiserwalzer«.

Hauptthema des Walzers »Wiener Blut«.

Motiv aus dem »Frühlingsstimmenwalzer«.

Melodien aus der »Fledermaus«

»Fledermaus« 1. Akt, Lied des Alfred »*Täubchen, das entflattert ist*«.

»Fledermaus« 1. Akt. Finale, Szene Alfred, Rosalinde, Eisenstein »*Trinke Liebchen, trinke schnell*«.

»Fledermaus« 1. Akt, Finale, Szene Alfred und Rosalinde »*Glücklich ist, wer vergißt . . .*«

»Fledermaus« 1. Akt, Finale, Lied des Gefängnisdirektors Falk »*Mein schönes, großes Vogelhaus . . .*«

»Fledermaus« 1. Akt, Lied des Orlowsky »*Ich lade gern mir Gäste ein*«.

»Fledermaus« 2. Akt, Lied der Adele »*Mein Herr Marquis, ein Herr wie Sie ...*«

»Fledermaus« 2. Akt, Csárdás der Rosalinde »*Klänge der Heimat*«.

»Fledermaus« 2. Akt, Finale, Ensembleszene »*Im Feuerstrom der Reben*«.

»Fledermaus« 2. Akt, Finale, Ensembleszene »*Die Majestät wird anerkannt*«.

300

»Fledermaus« 2. Akt, Finale, Du-Walzer »*Brüderlein und Schwesterlein*«.

»Fledermaus« 2. Akt, Finale des Du-Walzers.

»Fledermaus« 3. Akt, Lied der Adele »*Spiel ich die Unschuld vom Lande*«.

»Fledermaus« 3. Akt, Lied der Adele »*Spiel ich 'ne Dame von Paris*«.

»Fledermaus« 3. Akt, Szene des Eisenstein »*Ja ich bin's, den Ihr betrogen*«.

»Fledermaus« 3. Akt, Finalszene, Ensemble »O Fledermaus, o Fledermaus«.

Melodien aus dem »Zigeunerbaron«

»Zigeunerbaron« 1. Akt, Lied des Zigeunerbarons »Als flotter Geist ...«

»Zigeunerbaron« 1. Akt, Refrain aus dem Lied des Zigeunerbarons »Ja, das alles auf Ehr«.

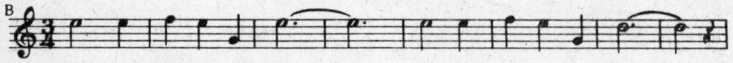

»Zigeunerbaron« 1. Akt, Lied des Schweinefürsten Zsupan »Ja, das Schreiben und das Lesen ...«

»Zigeunerbaron« 1. Akt, Finale, Ensembleszene »*Hier in diesem Land*«.

»Zigeunerbaron« 2. Akt, Szene Saffi, Zigeunerbaron und Ensemble (Schatzwalzer) »*Ha, seht, es winkt, es blinkt*«.

»Zigeunerbaron« 2. Akt, Duett Saffi—Zigeunerbaron »*Wer uns getraut?*«

»Zigeunerbaron« 2. Akt, Duett Saffi—Zigeunerbaron »*Und mild sang die Nachtigall*«.

»Zigeunerbaron« 2. Akt, Werberlied des Grafen Homonay »*Her die Hand*«.

»Zigeunerbaron« 3. Akt, Lied des Zsupan mit Ensemble »*Von des Tayo Strand*«.

Melodien aus »Eine Nacht in Venedig«

»Eine Nacht in Venedig« 1. Akt, »*Dein Lied von Lieb' und Treue*«, Lied der Annina.

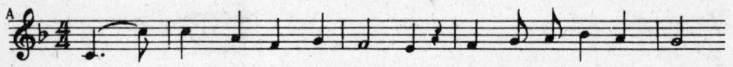

»Eine Nacht in Venedig« 1. Akt, »*Alle maskiert*«, Walzerquartett.

»Eine Nacht in Venedig« 1. Akt, Auftrittslied des Herzogs von Urbino »*Sei mir gegrüßt*«.

»Eine Nacht in Venedig« 1. Akt, Lied des Caramello »*Komm in die Gondel*«.

»Eine Nacht in Venedig« 2. Akt, Lied des Herzogs von Urbino »*Treu sein, das liegt mir nicht*«.

»Eine Nacht in Venedig« 3. Akt, Finale, Ensembleszene, Lagunenwalzer.

»Eine Nacht in Venedig« 3. Akt, Lied des Caramello »*Wie sie schmeicheln*«.

»Der lustige Krieg«, Lied des Hofherrn Sebastiani »*Nur für Natur*«.

»*Draußen in Sievering*«, Lied der Fanny Elßler aus »Die Tänzerin Fanny Elßler«.

Walzerthema von Josef Strauß

»Dorfschwalben« von Josef Strauß.

VERZEICHNIS DER WERKE VON JOHANN STRAUSS (SOHN)

Op.	Titel	Uraufführung
1	Sinngedichte, Walzer	15. Oktober 1844, Dommayer
2	Debut-Quadrille	15. Oktober 1844, Dommayer
3	Herzenslust, Polka	15. Oktober 1844, Dommayer
4	Gunstwerber, Walzer	15. Oktober 1844, Dommayer
5	Serailtänze, Walzer	
6	Cytheren-Quadrille	
7	Die jungen Wiener, Walzer	
8	Patriotenmarsch	18. August 1845, Tivoli
9	Amazonenpolka	
10	Quadrille nach Motiven der Oper »Der Liebesbrunnen« von A. M. Balfe	
11	Faschingslieder, Walzer	
12	Jugendträume, Walzer	5. Juli 1845, Sperl
13	Czechen-Polka	21. Juli 1845, Sperl
14	Serben-Quadrille	1846
15	Sträußchen, Walzer	20. Juli 1845, »gold. Strauß«, Josefstadt
16	Elfen-Quadrille	
17	Jux-Polka	
18	Berglieder, Walzer	18. August 1845, Tivoli
19	Dämonen-Quadrille	
20	Austria-Marsch	
21	Lind-Gesänge, Walzer	Juli 1846
22	Die Österreicher, Walzer	
23	Pester Czardas	16. Juni 1846, Horvathgarten in Pest
24	Zigeunerin-Quadrille	
25	Zeitgeister, Walzer	
26	Fidelen-Polka	
27	Die Sanguiniker, Walzer	
28	Hopser-Polka	
29	Odeon-Quadrille	
30	Die Zillertaler, Walzer im Ländlerstile	
31	Quadrille nach Motiven der Oper »Die Belagerung von Rochelle« von Balfe	7. August 1846, Tivoli

Op.	Titel	Uraufführung
67	Kaiser-Franz-Joseph-Marsch	15. Juli 1850, Dommayer
68	Äols-Töne, Walzer	
69	Triumphmarsch	
70	Die Gemütlichen, Walzer	
71	Künstler-Quadrille	
72	Scherz-Polka	
73	Frohsinns Spenden, Walzer	
74	Lava-Ströme, Walzer	29. Januar 1850, Sophiensaal
75	Sophien-Quadrille	
76	Attacke-Quadrille	
77	Wiener Garnison-Marsch	
78	Heiligenstädter Rendezvous-Polka	
79	Maxing-Tänze, Walzer	6. Juli 1850, Maxing bei Hietzing
80	Heski Holki, Polka	
81	Louisen-Sympathieklänge, Walzer	17. Juli 1850, Dommayer
82	Johanniskäferl, Walzer	16. Sept. 1850, Sperl
83	Ottinger Reiter-Marsch	
84	Warschauer Polka	
85	Heimatskinder, Walzer	
86	Bonvivant-Quadrille	
87	Aurora-Ball-Tänze, Walzer	
88	Slavenball-Quadrille	
89	Hirten-Spiele, Walzer	
90	Orakel-Sprüche, Walzer	
91	Hermann-Polka	
92	Maskenfest-Quadrille	
93	Kaiser-Jäger-Marsch	
94	Rhadamantus-Klänge, Walzer	
95	Idyllen, Walzer	
96	Viribus unitis, Marsch	
97	Gambrinus-Tänze, Walzer	
98	Promenade-Quadrille	
99	Frauenkäferln, Walzer	
100	Vöslauer-Polka	
101	Mephistos Höllenrufe, Walzer	
102	Albion-Polka	
103	Vivant-Quadrille	4. Okt. 1851, Volksgarten
104	Windsor-Klänge, Walzer	
105	5 Paragraphen aus dem Walzer-Kodex, Walzer	

Op.	Titel	Uraufführung
106	Harmonie-Polka	4. Febr. 1852, Sophiensaal
107	Großfürstenmarsch	
108	Die Unzertrennlichen, Walzer	23. Febr. 1852, k.k. Redoutensaal
109	Tête-a-tête-Quadrille	
110	Elektro-magnetische Polka	
111	Blumenfest-Polka	18. Mai 1852, k.k. Glashausgarten
112	Melodien-Quadrille nach Motiven von G. Verdi	
113	Sachsen-Kürassier-Marsch	
114	Liebeslieder, Walzer	
115	Wiener Jubel-Gruß-Marsch	
116	Hofball-Quadrille	
117	Annen-Polka	26. Juli 1852, Prater-Waldfest
118	Lockvögel, Walzer	
119	Volkssänger, Walzer im Ländlerstil	
120	Nocturne-Quadrille	
121	Zehner-Polka	
122	Indra-Quadrille	
123	Santanella-Quadrille	
124	Santanella-Polka	
125	Phönix-Schwingen, Walzer	31. Jan. 1853, Sophiensaal (Technikerball)
126	Rettungs-Jubelmarsch	
127	Freuden-Gruß-Polka	
128	Solon-Sprüche, Walzer	18. Jan. 1853, Sophiensaal
129	Motor-Quadrille	
130	Äskulap-Polka	
131	Wiener Punsch-Lieder, Walzer	
132	Veilchen-Polka	
133	Karussell-Marsch	
134	Tanzi-Bäri-Polka	
135	Bouquet-Quadrille	
136	Vermählungs-Toaste, Walzer	
137	Neuhauser-Polka	
138	Pepita-Polka	
139	Kron-Marsch	
140	Knallkügerln, Walzer	4. Juli 1853, Fünfhauser Bierhalle

310

Op.	Titel	*Uraufführung*
141	Wellen und Wogen, Walzer	
142	Wiedersehen-Polka	
143	Schneeglöckchen, Walzer	2. Nov. 1853, Sperl (Soiree)
144	La Viennoise, Polka-Mazurka	
145	Bürgerball-Polka	
146	Novellen, Walzer	
147	Musen-Polka	
148	Schallwellen, Walzer	7. Febr. 1854, Sophiensaal
149	Erzherzog-Wilhelm-Genesungs-Marsch	
150	Ballgeschichten, Walzer	1854, Sperl
151	Elisen-Polka	
152	Karnevals-Spektakel-Quadrille	22. Febr. 1854, Schwender
153	Nordstern-Quadrille, nach Motiven von G. Meyerbeer	
154	Myrthenkränze, Walzer	Zeremoniensaal der k.k. Hofburg, 27. April 1854
155	Haute-volée-Polka	
156	Napoleon-Marsch	12. Okt. 1854, Schwender
157	Nachtfalter, Walzer	
158	Alliance-Marsch	
159	Schnellpost-Polka	
160	Ella-Polka	
161	Panacea-Klänge, Walzer	23. Januar 1855, Sophiensaal
162	Souvenir-Polka	23. Januar 1855, Schwender
163	Glossen, Walzer	11. Febr. 1855, Sophiensaal
164	Sirenen, Walzer	12. Febr. 1855, Sophiensaal
165	Aurora-Polka	
166	Handels-Elite-Quadrille	
167	Man lebt nur einmal! Walzer im Ländlerstile	19. Febr. 1855, Sperl, Benefizball
168	Leopoldstädter-Polka	1855
169	Bijouterie-Quadrille	
170	Nachtveilchen, Polka-Mazurka	
171	Freudensalven, Walzer	9. Juli 1855

Op.	Titel	Uraufführung
172	Gedanken auf den Alpen, Walzer	
173	Marie Taglioni-Polka	
174	Le Papillon, Polka-Mazurka	
175	Erhöhte Pulse, Walzer	8. Januar 1856, Sophiensaal
176	Armenball-Polka	7. Januar 1856, Schwender
177	Juristenball-Tänze	14. Januar 1856, Sophiensaal
178	Sanssouci-Polka	21. Januar 1856, Schwender
179	Abschiedsrufe, Walzer	28. Januar 1856, Sophiensaal, Benefiz
180	Libellen, Walzer	29. Januar 1856, Sophiensaal
181	Großfürstin-Alexandra-Walzer	
182	L'Inconnue, Polka française	
183	Krönungsmarsch	
184	Krönungslieder, Walzer	16. Febr. 1857, Sophiensaal
185	Strelna-Terrassen-Quadrille	
186	Demi-Fortune, Polka française	21. Januar 1857, Sperl
187	Une Bagatelle, Polka-Mazurka	11. Febr. 1857, Sperl
188	Herzel-Polka	3. Febr. 1857, Sperl
189	Paroxysmen, Walzer	20. Januar 1857, Sophiensaal
190	Etwas Kleines, Polka française	6. März 1857, Ungers Kasino
191	Kontroversen, Walzer	27. Januar 1857, Sophiensaal
192	Wien mein Sinn, Walzer	23. Januar 1857, Sperl (Benefiz Johann u. Josef)
193	Phänomene, Walzer	17. Febr. 1857, Sophiensaal
194	La Berceuse, Quadrille	3. Febr. 1857, Sophiensaal
195	Telegraphische Depeschen, Walzer	
196	Olga-Polka	
197	Spleen, Polka-Mazurka	
198	Alexandrinen-Polka française	
199	Le beau-monde, Quadrille	
200	Souvenir de Nizza, Walzer	8. Febr. 1858, Sophiensaal

Op.	Titel	Uraufführung
201	Künstler-Quadrille	2. Febr. 1858, Sophiensaal
202	L'Enfantillage (Zepperl-) Polka française	25. Januar 1858, Sophiensaal
203	Helenen-Polka	
204	Vibrationen, Walzer	19. Januar 1858, Sophiensaal (Medizinerball)
205	Die Extravaganten, Walzer	26. Januar 1858, Sophiensaal
206	Concordia, Polka-Mazurka	
207	Cycloiden, Walzer	9. Febr. 1858, Sophiensaal
208	Juxbrüder, Walzer	15. Febr. 1858, Sperl
209	Spiralen, Walzer	31. Januar 1858, Redoutensaal
210	Abschied von St. Petersburg, Walzer	? Volksgarten
211	Champagner-Polka	21. Nov. 1858
212	Fürst-Bariatinsky-Marsch	
213	Bonbon-Polka française (Musikalischer Scherz)	
214	Tritsch-tratsch-Polka	24. Nov. 1858, Großer Zeisig
215	Gedankenflug, Walzer	3. April 1859, Josefstädter Theater
216	Hell und voll, Walzer	25. Januar 1859, Sophiensaal
217	La-Favorite, Polka française	
218	Irrlichter, Walzer	31. Januar 1859, Sophiensaal
219	Auroraball-Polka française	
220	Deutsche, Walzer	7. März 1859, Sperl
221	Promotionen, Walzer	8. Febr. 1859, Sophiensaal (Juristenball)
222	Nachtigall-Polka	1. Mai 1859, Ungers Kasino
223	Schwungräder, Walzer	27. Febr. 1859, Redoutensaal (Technikerball)
224	Dinorah-Quadrille nach Motiven der Oper »Die Wallfahrt nach Ploernel« von G. Meyerbeer	
225	Gruß aus Wien, Polka française	

Op.	Titel	Uraufführung
226	Der Kobold, Polka-Mazurka	
227	Reiseabenteuer, Walzer	
228	Niko-Polka	
229	Jäger-Polka française	
230	Kammerball-Polka	11. Januar 1860
231	Drollerie-Polka	
232	Lebenswecker, Walzer	24. Januar 1860, Sophiensaal
233	Sentenzen, Walzer	31. Januar 1860, Sophiensaal
234	Accelerationen, Walzer	14. Febr. 1860, Sophiensaal (Technikerball)
235	Immer heiterer, Walzer	20. Febr. 1860, Sperl
236	Orpheus-Quadrille	20. Febr. 1860, Volksgarten
237	Taubenpost, Polka française	26. Febr. 1860, Volksgarten
238	Die Pariserin, Polka française	6. Mai 1860, Ungers Kasino
239	Polka-Mazurka champêtre	
240	Maskenzug-Polka française	
241	Fantasieblümchen, Polka-Mazurka	
242	Bijoux-Polka	
243	Romanze I	
244	Diabolin-Polka	
245	Thermen, Walzer	22. Januar 1861, Sophiensaal
246	Rokonhangok, Polka (Sympathieklänge)	6. Febr. 1861, Dianasaal
247	Grillenbanner-Walzer im Ländlerstile	11. Febr. 1861, Dianasaal
248	Camelien-Polka	29. Januar 1861, Dianasaal
249	Hesperus-Polka	6. Febr. 1861, Dianasaal
250	Wahlstimmen, Walzer	28. Januar 1861, Sophiensaal (Juristenball)
251	Klangfiguren, Walzer	4. Febr. 1861, Sophiensaal
252	Dividenden, Walzer	15. Febr. 1861, Dianasaal
253	Schwärmereien, Konzertwalzer	

314

Op.	Titel	Uraufführung
254	Neue Melodien, Quadrille nach Motiven aus italienischen Opern	
255	II. Romanze (trägt dieselbe Zahl wie St. Petersburg-Quadrille: 255)	3. Januar 1862, Dianasaal
255	St. Petersburg-Quadrille mit Verwendung russischer Motive	
256	Veilchen, Mazurka nach russischen Motiven	
257	Perpetuum mobile, musikalischer Scherz	
258	Sekunden-Polka française	
259	Chansonetten-Quadrille nach Themen französischer Romanzen	
260	Furioso-Polka, quasi Galopp	
261	Die ersten Kuren, Walzer	28. Januar 1862, Sophiensaal
262	Kolonnen, Walzer	4. Febr. 1862, Sophiensaal (Juristenball)
263	Studenten-Polka, nach deren Liedern	24. Febr. 1862, Redoutensaal
264	Patronessen, Walzer	24. Febr. 1862, Redoutensaal
265	Motoren, Walzer	10. Febr. 1862, Sophiensaal
266	Luzifer-Polka	26. Febr. 1862, Dianasaal
267	Konkurrenzen, Walzer	29. Januar 1862, Sophiensaal
268	Wiener Chronik, Walzer	3. März 1862, Dianasaal
269	Demolierer-Polka française	22. Nov. 1862, Sperl
270	Karnevalsbotschafter, Walzer	22. Nov. 1862, Sperl, Benefiz
271	Bluette-Polka française	22. Nov. 1862, Sperl
272	Un ballo in maschera, opera di Verdi, Quadrille	
273	Leitartikel, Walzer	19. Januar 1863, Sophiensaal
274	Patrioten-Polka	19. März 1863, Sophiensaal
275	Lieder-Quadrille nach beliebten Motiven	
276	Bauern-Polka française	
277	Invitation à la Polka-Mazurka	

Op.	Titel	Uraufführung
278	Neues Leben, Polka française	
279	Morgenblätter, Walzer	22. Januar 1864, Sophiensaal (Concordiaball)
280	Juristenball-Polka (schnell)	18. Januar 1864, Sophiensaal
281	Vergnügungszug, Polka (schnell)	19. Januar 1864, Redoutensaal
282	Gut bürgerlich, Polka française	26. Januar 1864, Redoutensaal
283	Saison-Quadrille	17. Sept. 1864, Sperl
284	Deutscher Kriegermarsch	6. März 1864, Volksgarten
285	Studentenlust, Walzer	30. Januar 1864, Sophiensaal
286	Patronessen, Polka française	
287	Verbrüderungsmarsch	5. Juli 1864, Volksgarten
288	Newa-Polka française	4. Dez. 1864, Volksgarten
289	Persischer Marsch	
290	Quadrille sur des airs française	6. Januar 1864, Volksgarten
291	's gibt nur a Kaiserstadt, 's gibt nur a Wien, Polka	4. Dez. 1864, Volksgarten
292	Aus den Bergen, Walzer	
293	Feuilleton-Walzer	
294	Prozeß-Polka (schnell)	
295	Bürgersinn, Walzer	
296	Episode, Polka française	
297	Electrophor-Polka (schnell)	
298	Hofballtänze, Walzer	
299	L'Africaine, Opera de G. Meyerbeer, Quadrille	7. Juli 1865 Volksgarten
300	Flugschriften, Walzer	
301	Kreuzfidel, Polka	12. Nov. 1865, Volksgarten
302	Die Zeitlose, Polka française	
303	Bal Champêtre, Quadrille sur des airs française	21. Nov. 1865, Volksgarten
304	Kinderspiele, Polka française	5. Dez. 1865, Volksgarten
305	Damenspende, Polka	5. Febr. 1866, Redoutensaal

Op.	Titel	Uraufführung
306	Bürgerweisen, Walzer	24. Januar 1866, Redoutensaal
307	Wiener Bonbons, Walzer	28. Januar 1866, Industriellenball
308	Par force! Schnellpolka	8. Febr. 1866, Industriellenball
309	Sylphen-Polka française	4. Febr. 1866, Dianasaal
310	Tändelei, Polka-Mazurka	21. August 1866, Volksgarten
311	Expreß-Polka, schnell	
312	Feen-Märchen, Walzer	
313	Wildfeuer, Polka française	
314	An der schönen blauen Donau, Walzer	13. Febr. 1867, Dianasaal
315	Lob der Frauen, Polka-Mazurka	
316	Künstlerleben, Walzer	18. Febr. 1867, Dianasaal, Hesperusball
317	Postillon d'amour, Polka française	24. März 1867, Sophiensaal
318	Telegramme, Walzer	12. Febr. 1867, Sophiensaal
319	Leichtes Blut, Polka schnell	24. März 1867, Volksgarten
320	Figaro-Polka française	
321	Die Publizisten, Walzer	4. Febr. 1868, Sophiensaal, Concordiaball
322	Stadt und Land, Polka-Mazurka	19. Januar 1868, Blumensäle
323	Ein Herz, ein Sinn, Polka-Mazurka	9. Febr. 1868, Redoutensaal
324	Über Donner und Blitz, Schnellpolka	16. Februar 1868, Dianasaal
325	Geschichten aus dem Wienerwald, Walzer	9. Juni 1868, Neue Welt
326	Freikugeln, Polka (schnell)	27. Juli 1868, Prater Schützenball
327	Le premier jour de bonheur, Opéra de D. F. E. Auber, Quadrille	
328	Sängerlust, Polka	12. Okt. 1868, Sophiensaal
329	Erinnerung an Covent-Garden, Walzer	
330	Fatamorgana, Polka-Mazurka	29. März 1869, Blumensäle

Op.	Titel	Uraufführung
331	Illusionen, Walzer	26. Januar 1869, Sophiensaal (Concordiaball)
332	Eljen a Magyar! Polka	16. März 1869, Redoutensaal, Pest
333	Wein, Weib und Gesang, Walzer	2. Februar 1869, Dianasaal (Narrenabend)
334	Königslieder, Walzer	29. März 1869, Blumensäle
335	Ägyptischer Marsch	
336	Im Pawlowskwalde (Krapfenwald), Polka française	6. Juli 1870
337	Von der Börse, Polka	25. Januar 1870, Sophiensaal
338	Slovianka-Quadrille nach russischen Melodien	
339	Louischen, Polka française	
340	Freut euch des Lebens, Walzer	15. Januar 1870, Musikvereinssaal
341	Festival-Quadrille nach englischen Melodien	
342	Neu-Wien, Walzer	13. Febr. 1870, Dianasaal (Narrenabend)
343	Shawl-Polka française (Indigo)	
344	Indigo-Quadrille	
345	Auf freiem Fuße, Polka (Indigo)	
346	Tausend und eine Nacht, Walzer (Indigo)	
347	Aus der Heimat, Polka-Mazurka (Indigo)	
348	Im Sturmschritt, Schnellpolka aus Indigo	
349	Indigo-Marsch	
350	Lustiger Rat, Polka française (Indigo)	
351	Die Bajadere, Schnellpolka (Indigo)	
352	Fest-Polonäse für großes Orchester	
353	Russische Marsch-Phantasie	
354	Wiener Blut, Walzer	
355	Im russischen Dorfe, Phantasie für großes Orchester	
356	Vom Donaustrande, Schnellpolka (Karneval in Rom)	
357	Karnevalsbilder, Walzer (Karneval in Rom)	

Op.	Titel	Uraufführung
358	Nimm sie hin! Polka française (Karneval in Rom)	
359	Gruß aus Österreich, Polka-Marzurka (Karneval in Rom)	
360	Rotunde-Quadrille	Weltausstellung 1873
361	Bei uns z'Haus, Walzer	6. August 1873, Ausstellungsgarten
362	Fledermaus-Polka	
363	Fledermaus-Quadrille	
364	Wo die Zitronen blühn! Walzer	
365	Tik-Tak, Schnellpolka (Fledermaus)	
366	An der Moldau, Polka française (Fledermaus)	
367	Du und Du, Walzer (Fledermaus)	
368	Glücklich ist, wer vergißt, Polka-Marzurka (Fledermaus)	
369	Cagliostro-Quadrille	
370	Cagliostro-Walzer	
371	Hoch Österreich, Marsch (Cagliostro)	
372	Bitte schön! Polka française (Cagliostro)	
373	Auf der Jagd, Schnellpolka (Cagliostro)	
374	Licht und Schatten, Polka-Mazurka (Cagliostro)	
375	O schöner Mai, Walzer (Methusalem)	
376	Methusalem-Quadrille	
377	I-Tipferl, Polka française (Methusalem)	
378	Banditen-Galopp, Schnellpolka (Methusalem)	
379	Kriegers Liebchen, Polka-Mazurka (Methusalem)	
380	Ballsträußchen, Schnellpolka	19. Febr. 1878, Sophiensaal
381	Kennst du mich? Walzer (Blinde Kuh)	
382	Pariser Polka française (Blinde Kuh)	
383	Nur fort! Schnellpolka (Blinde Kuh)	
384	Opern-Maskenball, Quadrille (Blinde Kuh)	
385	Waldine, Polka-Mazurka	
386	Frisch heran! Schnellpolka	
387	Ins Zentrum! Walzer	
388	Rosen aus dem Süden, Walzer (Spitzentuch der Königin)	
389	Burschenwanderung, Polka française für Männerchor und Orchester	

390	Nordseebilder, Walzer	
391	Gavotte der Königin (Spitzentuch der Königin)	
392	Spitzentuch-Quadrille	
393	Stürmisch in Lieb' und Tanz, Schnellpolka (Spitzentuch der Königin)	
394	Liebchen, schwing dich! Polka-Mazurka (Spitzentuch der Königin) für Männerchor und Orchester	
395	Myrthenblüten, Walzer für Männerchor und Orchester	5. August 1881, im Prater
396	Jubelfest-Marsch für Männerchor und Orchester, Text von Richard Genée	
397	Der lustige Krieg, Marsch (Der lustige Krieg)	
398	Frisch ins Feld! Marsch (Der lustige Krieg)	
399	Was sich liebt, neckt sich, Polka française (Der lustige Krieg)	
400	Kuß-Walzer (Der lustige Krieg)	
401	Der Klügere gibt nach, Polka-Marzurka (Der lustige Krieg)	
402	Quadrille nach Motiven der Operette »Der lustige Krieg«	
403	Entweder — oder! Schnellpolka (Der lustige Krieg)	
404	Violetta, Polka française (nach Motiven der Operette »Der lustige Krieg«)	
405	Nord und Süd, Polka-Mazurka (Der lustige Krieg)	
406	Matador-Marsch (nach Motiven der Operette »Das Spitzentuch der Königin«)	
407	Italienischer Walzer (nach Motiven aus der Operette »Der lustige Krieg«)	
408	Habsburg Hoch! Marsch	
409	Rasch in der Tat, Schnellpolka	
410	Frühlingsstimmen, Walzer, Text von Richard Genée	
411	Lagunen-Walzer (nach Motiven der komischen Oper »Eine Nacht in Venedig«)	
412	Pappacoda, Polka francaise (nach Motiven der komischen Oper »Eine Nacht in Venedig«)	

Johannes Brahms mit der Frau seines Freundes Johann Strauß in der Ischler Strauß-Villa.

Johann-Strauß-Denkmal im Wiener Stadtpark.

Franz Lehár (1870—1948)

Karl Michael Ziehrer (1843—1922)

Op.	Titel
413	So ängstlich sind wir nicht, Galopp (nach Motiven der komischen Oper »Eine Nacht in Venedig«)
414	Die Tauben von San Marco, Polka française (nach Motiven der komischen Oper »Eine Nacht in Venedig«)
415	Annina, Polka-Mazurka (nach Motiven der komischen Oper »Eine Nacht in Venedig«)
416	Quadrille nach Motiven der komischen Oper »Eine Nacht in Venedig«
417	Brautschau, Polka (nach Motiven der Operette »Der Zigeunerbaron«)
418	Schatz-Walzer (nach Motiven der Operette »Der Zigeunerbaron«)
419	Kriegsabenteuer, Schnellpolka (nach Motiven der Operette »Der Zigeunerbaron«)
420	Die Wahrsagerin, Polka-Mazurka (nach Motiven der Operette »Der Zigeunerbaron«)
421	Husaren-Polka française (nach Motiven der Operette »Der Zigeunerbaron«)
422	Zigeunerbaron-Quadrille
423	Wiener Frauen, Walzer
424	Adelen-Walzer
425	An der Wolga, Polka-Mazurka
426	Russischer Marsch
427	Donauweibchen, Walzer (nach Motiven der Operette »Simplicius«)
428	Reitermarsch (nach Motiven der Operette »Simplicius«)
429	Quadrille (Simplicius)
430	Soldatenspiel, Polka française (nach Motiven der Operette »Simplicius«)
431	Lagerlust, Polka-Mazurka (nach Motiven der Operette »Simplicius«)
432	Mutig voran! Schnellpolka (nach Motiven der Operette »Simplicius«)
433	Spanischer Marsch
434	Kaiser-Jubiläum-Jubelwalzer
435	Sinnen und Minnen, Walzer
436	Auf zum Tanz! Schnellpolka

Op.	Titel	Uraufführung
437	Kaiser-Walzer	
438	Rathausball-Tänze, Walzer	
439	Durchs Telephon, Polka	Concordiaball in Wien
440	Groß-Wien, Walzer	
441	Ritter Pázmán, Klavierauszug	
442	Unparteiische Kritiken, Polka-Mazurka	
443	Seid umschlungen, Millionen! Walzer	
444	Märchen aus dem Orient, Walzer	
445	Herzenskönigin, Polka française (trägt dieselbe Zahl wie Ninetta-Walzer: 445)	
445	Ninetta-Walzer	
446	Ninetta-Quadrille	
447	Ninetta-Marsch	
448	Diplomaten-Polka (Fürstin Ninetta)	
449	Neue Pizzikato-Polka (Fürstin Ninetta)	
450	Ninetta-Galopp	
451	übersprungen!	
452	Fest-Marsch	
453	Hochzeitsreigen, Walzer	
454	Auf dem Tanzboden	
455	Ich bin dir gut, Walzer (Jakuba)	
456	Zivio! Marsch (Jakuba)	
457	Das Komitat geht in die Höh'! Schnellpolka (Jakuba)	
458	Tanze mit dem Besenstiel! Polka française (Jakuba)	
459	Sonnenblume, Polka-Mazurka (nach Motiven der Operette »Jabuka«)	
460	Jabuka-Quadrille	
461	Gartenlaube-Walzer	
462	Klug Gretelein, Walzer	18. April 1895, Ronacher
463	Trau, schau, wem! Walzer (Waldmeister)	
464	Herjemineh, Polka française (Waldmeister)	
465	Liebe und Ehe, Polka-Mazurka (Waldmeister)	
466	Klipp-Klapp! Galopp (Waldmeister)	
467	Es war so wunderschön, Marsch (Waldmeister)	
468	Waldmeister-Quadrille	
469	Hochzeits-Präludium	17. Febr. 1896, Deutsche Ritterordenskirche Wien

Op.	Titel	Uraufführung

470 Deutschmeister-Jubiläums-Marsch

471 Heut ist heut, Walzer (nach Motiven der
Operette »Die Göttin der Vernunft«)

472 Nur nicht mucken, Polka française (nach
Motiven der Operette »Die Göttin
der Vernunft«)

473 Wo unsre Fahne weht, Marsch (nach
Motiven der Operette »Die Göttin der
Vernunft«)

474 Husarenlied (nach Motiven der Operette
»Die Göttin der Vernunft«)

475 Solowalzer (nach Motiven der Operette
»Die Göttin der Vernunft«)

476 Potpourri nach Motiven der Operette
»Die Göttin der Vernunft«

477 An der Elbe, Walzer

478 Aufs Korn! Bundesschützenmarsch

479 Klänge aus der Raimundzeit

31. Mai 1898,
Deutsches Volkstheater

Sein erster Walzer,
Festspiel von F. Zell, Musik nach Johann
Straußschen Motiven, zusammengestellt
von J. Pohl

16. Okt. 1894,
Carl-Theater zur Feier
des 50jährigen Kom-
ponistenjubiläums

OPERETTEN

	Titel	Uraufführung	Ort
1.	Indigo	10. Februar 1871	Theater an der Wien
2.	Karneval in Rom	1. März 1873	Theater an der Wien
3.	Fledermaus	5. April 1874	Theater an der Wien
4.	Cagliostro in Wien	27. Februar 1875	Theater an der Wien
5.	Prinz Methusalem	8. Januar 1877	Carltheater
6.	Blinde Kuh	18. Dezember 1878	Theater an der Wien
7.	Das Spitzentuch der Königin	1.Oktober 1880	Theater an der Wien
8.	Der lustige Krieg	25. November 1881	Theater an der Wien
9.	Eine Nacht in Venedig	3. Oktober 1883	Friedrich Wilhelm-städtisches Theater, Berlin

10. Der Zigeunerbaron	24. Oktober 1885	Theater an der Wien
11. Simplicius	17. Dezember 1887	Theater an der Wien
12. Ritter Pázmán	1. Januar 1892	Hofoperntheater, Wien
13. Fürstin Ninetta	10. Januar 1893	Theater an der Wien
14. Jabuka	12. Oktober 1894	Theater an der Wien
15. Waldmeister	4. Dezember 1895	Theater an der Wien
16. Die Göttin der Vernunft	13. März 1897	Theater an der Wien

1814/15 Der englische Ingenieur George Stephenson entwickelt die erste praktisch verwendbare Dampflokomotive.

Wiener Kongreß unter Fürst Metternich, dem Außenminister von Österreich. Restaurative Neuordnung Europas nach dem Sturz Napoleons.

Der Schriftsteller Joseph Schreyvogel wird Dramaturg am Wiener Burgtheater und trägt wesentlich zur künstlerischen Verbesserung dieser Bühne bei.

Gründung des Polytechnikums.

1817 Serbien wird unabhängiges Fürstentum.

Auf der Wartburg/Thüringer Wald treffen sich Studenten der deutschen Universitäten, um die verschiedenen Burschenschaften zu einer gesamtdeutschen Burschenschaft zusammenzuschließen und ein Bekenntnis zur Einheit Deutschlands abzulegen.

In Wien wird »Die Ahnfrau«, das erste bedeutende Bühnenwerk des österreichischen Dichters Franz Grillparzer, erfolgreich uraufgeführt.

1818 Gründung der »Wiener Jahrbücher« durch Friedrich Gentz und Metternich. Gentz ist Anhänger der romantischen Staatsauffassung und vertritt Metternichs konservative Politik. Zu den namhaftesten Mitarbeitern der Jahrbücher gehört der Kulturphilosoph, Dichter und Mitbegründer der Romantik, Friedrich Schlegel.

Uraufführung von Franz Grillparzers Tragödie »Sappho«.

1819 Die sogenannten Karlsbader Beschlüsse sichern im Einflußbereich Österreichs das restaurative System Metternichs.

Joseph Lanner bildet mit den aus Böhmen stammenden Brüdern Drahanek ein Trio und spielt in Gasthäusern. Bald darauf wird die Gruppe durch Johann Strauß Vater zum Quartett erweitert.

1821 Fürst Metternich wird Staatskanzler von Österreich.

Auf dem Gelände der durch Napoleon geschleiften Burgbastei entsteht bis 1823 der Wiener Volksgarten mit dem von Peter von Nobile erbauten Tempel für die Theseus-Statue des italienischen klassizistischen Bildhauers Antonio Canova. Außerdem wird mit dem von Nobile gestalteten und 1824 vollendeten Neubau des äußeren Burgtors begonnen.

1822 Österreichische Truppen rücken in Italien ein und ziehen bis nach Sizilien, um revolutionäre Unruhen und nationale Einigungsbestrebungen zu unterdrücken.

Tod des Herzogs Albert von Sachsen-Teschen, Gatte der österreichischen Erzherzogin Maria Christina. Er vererbt die als »Albertina« weltberühmt gewordene Sammlung von Handzeichnungen, Kupferstichen und Büchern an Erzherzog Karl.

Grillparzers Trilogie »Das goldene Vlies« mit den Dramen »Der Gastfreund«, »Die Argonauten« und »Medea« erscheint nach der erfolgreichen Uraufführung von 1821 nun auch im Druck.

Friedrich Schlegel veröffentlicht bis 1825 seine gesammelten Werke in zehn Bänden, hält Vorlesungen über Literatur und Philosophie und bildet bis 1828 einen der geistigen Mittelpunkte Wiens.

Eröffnung des von Joseph Kornhäusel erbauten Theaters in der Josefstadt mit der dafür von Beethoven komponierten Ouvertüre »Weihe des Hauses«.

Joseph Aman vollendet den Bau der Veterinärschule auf der Landstraße, der späteren Hochschule für Veterinärmedizin.

Weilhöfer erfindet das Zündholz, das bald darauf industriell hergestellt wird und als Wiener Produkt weite Verbreitung findet.

1823 James Monroe, der Präsident der Vereinigten Staaten, verkündet die sogenannte Monroe-Doktrin: Amerika den Amerikanern. Danach soll den europäischen Mächten jede weitere Erwerbung von Kolonialgebieten in Amerika und die Einmischung in innere Angelegenheiten unabhängiger amerikanischer Staaten verboten sein.

Uraufführung von Carl Maria von Webers romantischer Oper »Euryanthe«, von Ferdinand Raimunds (Ferdinand Jacob Raimann) Erstlingswerk, der Zauberposse »Der Barometermacher auf der Zauberinsel«, und von Grillparzers historischem Trauerspiel »König Ottokars Glück und Ende«.

1824 Anton Lumpert löst als Bürgermeister von Wien Stephan Edler von Wohlleben ab.

Peter von Nobile beendet den Bau des äußeren Burgtors als

eine Art Siegestempel der Befreiungskriege. Ludwig Pichl und Giacomo Quarenghi erbauen bis 1826 das Modenapalais in der Herrengasse.

Ludwig van Beethovens IX. Symphonie und die »Missa solemnis« werden zum ersten Male aufgeführt.

Joseph Lanner konzertiert mit einem Streichorchester unter freiem Himmel. Er ist inzwischen so populär, daß er sein Orchester teilen muß, um alle Verpflichtungen erfüllen zu können. Johann Strauß Vater übernimmt die Leitung des zweiten Orchesters.

1825   Johann Strauß Vater heiratet am 11. Juli die Gastwirtstochter Anna Streim. Kurz darauf kommt es nach jahrelanger Freundschaft und Zusammenarbeit zwischen Joseph Lanner und Strauß zu ernstlichen Rivalitäten und schließlich am 1. September zum Zerwürfnis. Strauß arbeitet vorübergehend als Geigenlehrer und gründet dann eine eigene Kapelle. Am 25. Oktober wird in der damaligen Vorstadt St. Ulrich, Rofranogasse 76, später Lerchenfeldstraße 15, Johann Strauß Sohn geboren. Das Geburtshaus wird 1893 abgerissen.

1826   Mit Ausnahme Ungarns bildet das Kaiserreich Österreich ein einheitliches Zollgebiet.

Von dem Wiener Volksschauspieler und romantischen Bühnendichter Ferdinand Raimund wird das Zaubermärchen mit Gesang »Der Bauer als Millionär« uraufgeführt.

Familie Strauß zieht nach Mariahilf und wechselt in den folgenden Jahren häufig die Wohnung. Johann Strauß Vater beginnt unter eigenem Namen regelmäßig zu komponieren.

1827   Am 26. März stirbt Ludwig van Beethoven. An der Beisetzung nehmen unter anderen Franz Schubert, Nikolaus Lenau und Ferdinand Raimund teil. Franz Grillparzer hält die Leichenrede.

Tod von Michael Pamer, einem Vertreter des frühen Wiener Walzers, in dessen Kapelle Joseph Lanner und Johann Strauß Vater als blutjunge Musiker gespielt hatten.

Im Haus »Zum goldenen Kreuz« wird am 22. August Josef, das zweite Kind des Ehepaars Strauß, geboren.

Ferdinand Raimund übernimmt die Direktion des Theaters in der Leopoldstadt.

1828   Ein öffentliches Konzert mit Werken von Franz Schubert wird am 26. März im Wiener Musikverein zu einem künstlerischen und geschäftlichen Erfolg. Es ist das erste und einzige große öffentliche Schubert-Konzert zu Lebzeiten des Komponisten.

Im großen Redoutensaal gibt Niccolo Paganini ein Konzert und wird enthusiastisch gefeiert.

Versöhnung von Joseph Lanner und Johann Strauß Vater.

Uraufführung von Grillparzers Trauerspiel »Ein treuer Diener seines Herrn« und Raimunds romantischem Volksstück »Der Alpenkönig und der Menschenfeind«.

Am 19. November stirbt Franz Schubert einunddreißigjährig an einer Typhusinfektion.

1829   Joseph Lanner steht auf dem Höhepunkt seiner Popularität und wird Musikdirektor der Redoutensäle.

Im Haus »Zum Ritter« wird Anna, das dritte Kind des Ehepaars Strauß, geboren. Danach zieht die Familie von Mariahilf in die Leopoldstadt in das Badhaus »Zum weißen Wolf«. Die Sommermonate werden bis etwa 1835 regelmäßig in einem Landhäuschen in Salmannsdorf, Herrengasse 9, verbracht, das der Familie Streim gehört.

1830   Kronprinz Ferdinand von Österreich wird König von Ungarn.

Große Donauüberschwemmungen in Wien. Gründung der Donaudampfschiffahrtsgesellschaft (DDSG) mit Dampfschiffverkehr von Linz bis nach Budapest.

Umzug der Familie Strauß vom Badhaus »Zum weißen Wolf« in das »Einhorn« am Karmeliterplatz.

1831   Der seit seinem 1827 erschienenen »Buch der Lieder« berühmte deutsche Dichter Heinrich Heine läßt sich aus politischen Gründen in Paris nieder.

Uraufführung des Schauspiels »Des Meeres und der Liebe Wellen« von Franz Grillparzer. Der Schriftsteller Anastasius Grün (Anton Alexander Graf von Auersperg) veröffentlicht »Spaziergänge eines Wiener Poeten«.

In Wien, das zu dieser Zeit rund 320 000 Einwohner zählt, bricht eine Cholera-Epidemie aus, die bis 1832 zahlreiche Todesopfer fordert.

Therese, das vierte Kind des Ehepaars Strauß, wird im »Einhorn« geboren. Im Salmannsdorfer Landhäuschen der Familie Streim, das seit 1829 in den Sommermonaten von der Familie Strauß bewohnt wird, schreibt der sechsjährige Johann Strauß seine erste Komposition, die von der Mutter den Titel »Erster Gedanke« erhält.

1832   Tod des volkstümlich beliebten jungen Herzogs von Reichstadt, Sohn von Napoleon und Marie Louise von Österreich, Tochter des Kaisers Franz I.
Im neugeschaffenen Volksgarten dirigiert Joseph Lanner Nachmittagskonzerte. Johann Strauß Vater spielt im Theater an der Wien in den Zwischenakten eigene Tanzkompositionen.

1833   Johann Strauß Vater unternimmt mit seinem Orchester ausgedehnte Konzertreisen, die in den folgenden Jahren den Wiener Walzer in ganz Europa bekanntmachen. Die erste Konzertreise geht nach Ungarn.
Von dem Wiener Volksschauspieler, Sänger und Dramatiker Johann Nestroy wird die Posse »Lumpazivagabundus« mit großem Erfolg uraufgeführt.

1834   Gründung des deutschen Zollvereins.
Uraufführung des dramatischen Märchens »Der Traum ein Leben« von Grillparzer, der Oper »Das Nachtlager von Granada« von Conradin Kreutzer und des Volksstücks »Der Verschwender« von Ferdinand Raimund mit der Musik von Conradin Kreutzer. Daraus werden die Lieder »Brüderlein fein ...« und das Hobellied zu Evergreens.
Familie Strauß zieht in das »Hirschenhaus«, Taborstraße 17, und wird seßhaft. Ferdinand wird als fünftes Kind geboren, stirbt jedoch schon 1836. Johann Strauß Vater wird Kapellmeister des 1. Wiener Bürgerregiments und unternimmt 1834/35 zwei Konzertreisen durch Deutschland. Wegen seiner umfangreichen beruflichen Verpflichtungen lebt er nicht ständig bei der Familie, sondern hat eine nahegelegene eigene Wohnung. Er ist den musikalisch orientierten Kindern Vorbild, untersagt jedoch jede musikalische Ausbildung.

1835   Tod des Kaisers Franz I. von Österreich. Der geistig zurückgebliebene Kronprinz besteigt als Ferdinand I. den Thron, steht aber völlig unter dem Einfluß Metternichs.
Anton Edler von Leeb wird Bürgermeister von Wien.

Als sechstes Kind der Familie Strauß wird Eduard am 15. März im »Hirschenhaus« geboren.

1836   Uraufführung von Giacomo Meyerbeers (Jakob Liebmann Meyer Beer) Oper »Die Hugenotten« in Paris.
Ferdinand Georg Waldmüller malt sein berühmtes Bild »Vorfrühling im Wiener Wald«.
Johann Strauß Vater unternimmt eine Konzerttournee durch Holland und Belgien.
In Pottenstein/Niederösterreich begeht am 5. September der Dichter und Volksschauspieler Ferdinand Raimund Selbstmord.

1837   In England besteigt Königin Victoria den Thron.
Eine ausgedehnte Konzertreise von Johann Strauß Vater bis 1838 nach Frankreich und England bringt dem Komponisten, Geiger und Dirigenten zahlreiche Ehrungen. In Frankreich gehören Luigi Cherubini, François Auber, Adolphe Adam, Niccolo Paganini und Hector Berlioz zu seinen begeisterten Zuhörern. In England spielt er zu den Krönungsfeierlichkeiten der Königin Victoria.
In Österreich verkehrt die erste Dampfeisenbahn auf der Strecke Floridsdorf—Deutsch Wagram. Damit wird die sogenannte Nordbahn eröffnet.

1838   Ignaz Czapka wird Bürgermeister von Wien.
Franz Grillparzers Lustspiel »Weh dem, der lügt« findet bei Publikum und Presse keine Zustimmung. Enttäuscht zieht sich der Dichter von der Bühne zurück.
Franz Liszt gibt mit großem Erfolg mehrere Konzerte.
In Berlin stirbt am 21. August der Dichter Adalbert von Chamisso (Louis Charles Adelaide de Chamisso), dessen Gedichte »Frauen-Liebe und -Leben« zwei Jahre später von Robert Schumann vertont werden. Schumann besucht Wien und findet in Franz Schuberts Nachlaß die große C-Dur-Symphonie, die dann im folgenden Jahr von Felix Mendelssohn-Bartholdy im Leipziger Gewandhaus uraufgeführt wird.

1839   Johann Strauß Vater führt in Wien die Quadrille ein, die er in Paris kennengelernt hat.

1840   Uraufführung der komischen Oper »Bergamo« von Franz von Suppé.

1841   Am 10. Februar stirbt der Wiener Bühnenschriftsteller Joseph Alois Gleich, dessen rund 200 Volksstücke sehr populär sind.

Von Johann Nestroy, der selbst den Titus Feuerfuchs spielt, kommt die Posse »Der Talisman« zur Uraufführung und von Friedrich Halm (Eligius Franz Joseph Freiherr von Münch-Bellinghausen) das Erfolgsdrama »Der Sohn der Wildnis«.

Der deutsche Komponist Otto Nicolai wird als Nachfolger von Conradin Kreutzer Hofkapellmeister und begründet die Wiener Philharmonie.

1842   Am 10. März wird Nestroys Posse »Einen Jux will er sich machen« uraufgeführt; am 28. März dirigiert Otto Nicolai im großen Redoutensaal das erste Philharmonische Konzert des Hofopernorchesters.

Der österreichische Dichter Nikolaus Lenau (Nikolaus Franz Niembsch Edler von Strehlenau) veröffentlicht das Versepos »Die Albigenser«.

1843   Im Rahmen der von ihm begründeten Philharmonischen Konzerte bringt Otto Nicolai die IX. Symphonie von Beethoven zur Aufführung. Giuseppe Verdi dirigiert die Wiener Premiere seiner Oper »Nabucco«.

Am 14. April stirbt Joseph Lanner in Oberdöbling bei Wien. Neben Johann Strauß Vater war er der populärste Wiener Tanzkomponist und Orchesterleiter dieser Zeit. Mit den Walzern »Hofballtänze«, »Die Schönbrunner«, »Die Romantiker« und anderen trug er entscheidend zur Formgebung des klassischen Wiener Walzers bei.

Johann Strauß Vater wird Hofballmusikdirektor. Er trennt sich endgültig von der Familie und zieht in die Lilienbrunngasse, später in die Kumpfgasse. Um die Familie ernähren zu helfen, beschließt Johann Strauß Sohn, gegen den Willen des Vaters eine eigene Kapelle zu gründen.

1844   Die weltberühmte österreichische Tänzerin Fanny Elßler wird Primaballerina an der Wiener Hofoper.

Uraufführung von Nestroys Possen »Der Zerrissene« und »Das Mädel aus der Vorstadt«.

Von dem bedeutenden österreichischen Erzähler Adalbert Stifter erscheinen die Skizzen »Wien und die Wiener«.

Der Dichter Nikolaus Lenau erleidet kurz vor seiner Hochzeit einen völligen geistigen Zusammenbruch und muß 1847 in eine Irrenanstalt eingeliefert werden.

Johann Strauß Sohn reicht ein Gesuch zur Ausübung des Kapellmeisterberufs und zur Gründung einer Tanzkapelle ein und fügt Zeugnisse über seine musikalische Ausbildung bei. Das Gesuch wird von der Stadt Wien genehmigt. Das erste Konzert der Strauß-Sohn-Kapelle am 15. Oktober in Hietzing ist ein großer Erfolg.

1845   Der französische Komponist und Musikschriftsteller Hector Berlioz besucht Wien und bringt eigene Werke zur Aufführung.

Der deutsche Dichter und Dramatiker Friedrich Hebbel läßt sich in Wien nieder.

Nach der Renovierung der Sträußelsäle des Josefstädter Theaters weiht sie Strauß Sohn am 20. Juli mit der Czechen-Polka Opus 13 und dem Sträußchen-Walzer Opus 15 ein.

Wien zählt rund 400 000 Einwohner und leidet an Wohnungsmangel. Große Wirtschaftskrise. Ständig zunehmende Verteuerungen und Massenarbeitslosigkeit. Weit über die Hälfte des Wiener Gewerbes unterliegt Pfändungen und Liquidationen. Von rund 30 000 Erwerbssteuerpflichtigen können fast 20 000 nur durch Zwangsmaßnahmen zur Zahlung gebracht werden.

1846   Uraufführung von Albert Lortzings komischer Oper »Der Waffenschmied« und von Karl Elmars Lustspiel »Dichter und Bauer« mit der Musik von Franz von Suppé am Theater an der Wien. Beide Komponisten sind an diesem Theater als Kapellmeister tätig.

Der in Wien lebende deutsche Dramatiker Friedrich Hebbel heiratet die Burgschauspielerin Christine Enghaus.

Die Kapelle von Johann Strauß Sohn gewinnt zunehmend an Popularität und unternimmt die erste Konzertreise in die Steiermark und nach Ungarn. Aussöhnung mit dem Vater, doch die zerrüttete Ehe der Eltern macht eine engere Zusammenarbeit zwischen Vater und dem bei der Mutter lebenden Sohn unmöglich.

1847   Karl Marx und Friedrich Engels veröffentlichen das Kommunistische Manifest, das die wissenschaftlichen Grundlagen und politischen Ziele des Kommunismus formuliert und die Arbeiter aller Länder zum Zusammenschluß aufruft.

In Wien wird die österreichische Akademie der Wissenschaften gegründet und Franz Grillparzer zum Mitglied ernannt.

Der nach Berlin gehende Komponist Otto Nicolai gibt sein letztes Philharmonisches Konzert und dirigiert Ausschnitte aus seiner Oper »Die lustigen Weiber von Windsor«, an der er seit 1845 arbeitet.

Uraufführung der romantisch-komischen Oper »Martha« von Friedrich von Flotow.

Eröffnung des Carltheaters in der Leopoldstadt unter der Leitung von Carl Carl.

Johann Strauß Sohn wird als Nachfolger Lanners Kapellmeister des 2. Wiener Bürgerregiments, dem er seinen 1845 geschriebenen ersten Marsch widmet, den Patriotenmarsch Opus 8. Konzertreise nach Serbien und Rumänien.

Tod des Erzherzogs Karl, der 1809 in der Schlacht von Aspern Napoleon besiegte, und des sechsundzwanzigjährigen Erzherzogs Friedrich.

Der Architekt Pichl und der Bildhauer Klieber beenden die 1837 begonnene Neugestaltung des Hauses der niederösterreichischen Landstände in der Herrengasse, des sogenannten Landhauses, von dem dann im folgenden Jahr die Revolution ausgeht.

1848   In Frankreich führt die Februar-Revolution zur Abdankung des Königs und zur Proklamation der Republik. Der Abgeordnete der Nationalversammlung, Louis Napoleon Bonaparte, wird zum Präsidenten gewählt.

Zunehmende nationale Einigungsbestrebungen in Italien. Offene Feindschaft gegenüber den österreichischen Besatzungstruppen.

In Deutschland werden in den Klein- und Mittelstaaten die konservativen Regierungen gestürzt. Volksversammlungen fordern vor allem Presse- und Lehrfreiheit, ein gesamtdeutsches Parlament und eine Verfassung. Straßenkämpfe in Berlin. Wartburgfest der deutschen Studenten mit der Forderung nach akademischer Freiheit und einem deutschen Nationalstaat. Im Mai tritt in der Frankfurter Paulskirche eine aus der liberalen revolutionären Volksbewegung hervorgegangene Nationalversammlung zusammen. Es wird eine provisorische Regierung gebildet und eine Verfassung beraten. Dabei setzen sich konservative Tendenzen immer mehr durch. Man versucht, einen deutschen Bundesstaat mit starker Zentralgewalt zu schaffen, und bietet zu diesem Zweck dem König von Preußen die deutsche Kaiserkrone an. Der König lehnt jedoch ein Volkskaisertum ab und fordert die Zustimmung aller deutschen Fürsten. Da jedoch die maßgeblichen Fürsten und Österreich einer Wahl des Königs von Preußen zum Kaiser von Deutschland nicht zustimmen, ist damit die Revolution in Deutschland gescheitert.

Am 13. März bricht die Revolution in Wien aus. Es kommt zu Zusammenstößen zwischen Studenten und Bürgerschaft mit dem Militär. Metternich flieht nach England. Sein Sturz löst im gesamten Gebiet der Habsburger Monarchie revolutionäre Bewegungen aus. Aufstand in Krakau und Prag. Revolutionäre antiösterreichische Unruhen in Ungarn. In Mailand werden die österreichischen Soldaten und Beamten vertrieben. In Venedig wird die Republik ausgerufen. König Karl Albert von Sardinien gibt seinem Staat eine Verfassung und macht sich zum Führer der nationalen Bewegung in Italien. Ende März erklärt er Österreich den Krieg.

Im Juni läßt Fürst Windischgrätz Prag beschießen. Das österreichische Militär schlägt den tschechischen Aufstand nieder. Im Juli besiegen österreichische Truppen unter Radetzky König Karl Albert von Sardinien und unterwerfen Mailand.

In Wien tritt ein konstituierender Reichstag zusammen. Da die Erfüllung der liberalen Forderungen des Bürgertums weitgehend gesichert zu sein scheint, das Proletariat aber die Revolution fortsetzen will, kommt es am 13. August zur »Praterschlacht« zwischen gemäßigt liberalem und revolutionärem Bürgertum. Bis Oktober bleibt die Lage Wiens ungewiß. Dann belagern kaiserliche Truppen unter Windischgrätz die Stadt. Am 26. Oktober läßt Windischgrätz Wien mit Artillerie beschießen. Am 31. Oktober wird die Stadt gestürmt. 35 000 unzulänglich bewaffnete Einwohner stehen gegen 100 000 Mann schwer bewaffnetes Militär. Wenzel Messenhauser, der Kommandant der Bürgernationalgarde, wird standrechtlich erschossen, 25 Revolutionäre werden öffentlich geköpft, 500 erhalten Kerkerstrafen. Kaiser Ferdinand I. dankt zugunsten seines Neffen Franz Joseph ab, der am 1. Dezember als Franz Joseph I. den österreichischen Kaiserthron besteigt.

1849 Mit russischer Hilfe wirft Fürst Windischgrätz den ungarischen Aufstand nieder. Sardinien muß mit Österreich Frieden schließen. Auch Venedig ergibt sich.

    Die Donaumonarchie erhält eine Gesamtstaatsverfassung. Da sich jedoch aus dem Vielvölkerstaat kein Einheitsstaat bilden läßt, wird die Verfassung 1851 wieder aufgehoben, und der Kaiser regiert erneut absolutistisch. Das Militär hat die Habsburger Monarchie gerettet.

    Uraufführung der Tragödie »Herodes und Mariamne« von Friedrich Hebbel am Burgtheater, dessen Direktion der österreichische Schriftsteller Heinrich Laube übernimmt.

    In Paris kommt die Oper »Der Prophet« von Giacomo Meyerbeer zur Uraufführung.

    In Berlin wird die Oper »Die lustigen Weiber von Windsor« von Otto Nicolai mit großem Erfolg uraufgeführt. Wenige Wochen später (11. Mai) stirbt der Komponist an einem Schlaganfall.

    Am 25. September stirbt Johann Strauß Vater an Scharlach, nachdem er ein Jahr zuvor mit seinem Radetzky-Marsch, der anläßlich der Feierlichkeiten zum Sieg der österreichischen Armee über Italien zum ersten Male erklang, den letzten großen Erfolg hatte. Die Trauerfeier im Stephansdom wird zu einem Wiener Ereignis. Unter großer Anteilnahme der Bevölkerung tragen Musiker den Sarg vom Schottentor bis zum Döblinger Friedhof. Dort wird Johann Strauß Vater neben Joseph Lanner beigesetzt. Johann Strauß Sohn vereinigt das Orchester des Vaters mit seiner eigenen Kapelle.

1850 Der König von Preußen hatte zwar ein Volkskaisertum abgelehnt, ist aber an einer Einigung Deutschlands unter preußischer Führung stark interessiert. Durch Verhandlungen mit den deutschen Fürsten versucht er einen deutschen Bundesstaat zu schaffen, der unter Ausschluß, aber mit Zustimmung Österreichs entstehen soll. Diese deutsche Union soll mit Österreich einen erweiterten Bund bilden. Dazu tritt in Erfurt ein Unionsparlament zusammen. Österreich lehnt jedoch diese Unionspläne entschieden ab. Der Gegensatz führt fast zum Krieg. Da sich Rußland Österreichs Auffassung anschließt, gibt Preußen schließlich nach, löst die

Union wieder auf und erkennt im Vertrag von Olmütz Österreichs Vormachtstellung an.

Wien erfährt eine großzügige Stadterweiterung, erhält eine provisorische Gemeindeordnung und wird in Bezirke eingeteilt. Durch Eingemeindung von über 30 Vorstädten werden die Bezirke II bis IX geschaffen. Die Stadt zählt nunmehr rund 430 000 Einwohner.

In der Irrenanstalt von Oberdöbling bei Wien stirbt am 13. August der österreichische Dichter Nikolaus Lenau in völliger geistiger Umnachtung.

1851   In Berlin stirbt am 21. Januar der deutsche Opernkomponist Albert Lortzing.

In London findet die erste Weltausstellung statt.

In Frankreich verübt Louis Napoleon Bonaparte, der gewählte Präsident der Republik, einen Staatsstreich und bereitet die Wiedereinführung der Monarchie vor. Er löst die Nationalversammlung auf und läßt die wichtigsten Mitglieder verhaften. Nach Wiederherstellung des allgemeinen Wahlrechts ermächtigt ihn eine Volksabstimmung, eine neue Verfassung zu schaffen.

In Paris wird die Oper »Robert der Teufel« von Giacomo Meyerbeer uraufgeführt.

Dr. Johann Caspar Freiherr von Seiller wird Bürgermeister von Wien.

Johann Strauß Sohn konzertiert mit seinem Orchester unter anderem in Prag, Warschau, Dresden und Leipzig.

1852   Louis Napoleon Bonaparte wird durch Volksabstimmung die erbliche Kaiserwürde verliehen. Als Napoleon III. wird er zum »Kaiser der Franzosen durch die Gnade Gottes und den Willen der Nation« proklamiert.

Um die zahlreichen Verpflichtungen erfüllen zu können, arbeitet Johann Strauß Sohn mit mehreren Kapellen. Da er bei jeder Kapelle wenigstens einige Nummern dirigieren muß, eilt er nachts mit dem Fiaker von einer Veranstaltung zur anderen.

1853   Der Konflikt zwischen Rußland und der Türkei wegen Protektoratsforderungen des Zaren über die unter türkischer Herrschaft lebenden orthodoxen Christen veranlaßt England zum Eingreifen. Russische Truppen rücken in die

Moldau und in die Walachei ein. Zum Schutz der Türkei schließen sich Frankreich und Sardinien dem englischen Vorgehen an. Es kommt zum Krimkrieg. Da Österreich durch die russischen Aktionen seine Balkanpolitik gefährdet sieht, verschlechtern sich die bisher freundschaftlichen Beziehungen zwischen Rußland und Österreich. Auch Preußen lehnt die russischen Forderungen ab, bleibt aber wie Österreich neutral.

Attentat des Schusters Janos Libeny auf Kaiser Franz Joseph I. Während eines Spaziergangs auf der Bastei versucht Libeny den Kaiser zu erdolchen.

Am 8. Oktober stirbt der Bühnenschriftsteller Karl Meisl, dessen rund 150 Wiener Volksstücke sehr populär sind.

1854 Nach dem Tod von Carl Carl übernimmt Johann Nestroy vorübergehend die Direktion des Carltheaters.

Johann Strauß Sohn setzt sich für die Musik von Richard Wagner ein und spielt in seinen Volksgarten-Konzerten aus Wagner-Opern. Um die durch Überarbeitung erschöpften Nerven zu erholen, fährt Johann Strauß zu einem Kuraufenthalt nach Bad Gastein.

1855 Johann Strauß Sohn unternimmt die erste große Rußland-Tournee. Währenddessen leitet sein Bruder Joseph die in Wien bleibende zweite Strauß-Kapelle. Die Rußland-Reise wird zu einem triumphalen Erfolg. Johann Strauß wird so gefeiert, daß der Bruder des Zaren, Großfürst Konstantin, den Wunsch äußert, in einem Strauß-Konzert als Cellist mitzuwirken.

1856 Der Krimkrieg endet mit Friedensschluß in Paris. Die Westmächte haben die Auseinandersetzung zu ihren Gunsten entschieden und Rußlands expansive Außenpolitik entschärft.

In Wien wird der Grundstein zur Votivkirche gelegt.

Franz Liszt leitet im großen Redoutensaal ein Mozart-Festkonzert und wirkt am 20. Juli in einem Strauß-Konzert mit.

1857 Ein Dekret des Kaisers Franz Joseph I. veranlaßt die Schleifung des Wiener Stadtwalls mit den Basteien. Der Stadtgraben wird zugeschüttet. Die Vorstädte werden mit der Innenstadt verbunden. Es entstehen Parkanlagen und Monumentalbauten. Als breite Alleestraße wird der Ring geschaffen. In den folgenden Jahren entstehen im Ringgebiet zahlreiche repräsentative Bauten in einem romantisch-historisierenden Stil.

1858   In Paris wird die Operette »Orpheus in der Unterwelt« von Jacques Offenbach mit sensationellem Erfolg uraufgeführt.

1859   Graf Camillo Cavour, Ministerpräsident von Sardinien, erkennt, daß die italienischen Einigungsbestrebungen und die militärische Macht seines Staates nicht ausreichen, Italien gegen den Willen Österreichs zu vereinen. Er sucht deshalb die Unterstützung Frankreichs und griff auch aus diesem Grunde zugunsten der Westmächte in den Krimkrieg ein. Napoleon III. befürwortet die italienischen Einigungspläne. Österreich fühlt sich herausgefordert und erklärt den Krieg. Bei Solferino und Magenta werden die Österreicher von den verbündeten Italienern und Franzosen geschlagen. Preußen fürchtet ein zu starkes Frankreich und will deshalb Österreich zur Hilfe eilen, doch das wird von Bismarck, dem eine Schwächung Österreichs gelegen kommt, verhindert. Österreich verliert die Lombardei an Frankreich, das sie an Sardinien weitergibt.
Eduard Strauß, der zunächst in der Kapelle seines Bruders spielte, wirkt fortan auch als Orchesterleiter. Im Diana-Bad treten die drei Brüder Johann, Josef und Eduard jeweils mit einem eigenen Orchester auf.
In Basel stirbt am 20. September der Wiener Bühnenschriftsteller Adolf Bäuerle, dessen 80 Volksstücke sehr populär sind.

1860   Nach einer Volksabstimmung schließen sich Modena, Parma und die Toskana und Romagna an Sardinien an. Frankreich erhält für seine Hilfe gegen Österreich von Sardinien Savoyen und Nizza. Gleichzeitig werden Cavours Einigungsbestrebungen durch eine nationale Volksbewegung unter Garibaldi unterstützt. Mit Cavours geheimer Zustimmung erobern Freiheitskämpferverbände Unteritalien und Sizilien.
Uraufführung von Suppés »Das Pensionat«. Mit diesem Werk beginnt sich eine neue Entwicklung abzuzeichnen, die zum Ende des Wiener Volksstücks und zum Siegeszug der Wiener Operette führt. Aus Volksstück, Posse und Zaubermärchen sowie aus Einflüssen der Pariser Operette Jacques Offenbachs, die auch in Wien begeisterte Aufnahme findet,

entwickelt sich nun langsam die klassische Wiener Operette. Johann Strauß Sohn schreibt den Accelerationen-Walzer, Opus 234, mit dem er die Reihe seiner großen konzertanten Wiener Walzer eröffnet.

1861   Unter Viktor Emanuel von Sardinien wird das Königreich Italien proklamiert. Damit siegt Cavours politisches Konzept einer konstitutionellen italienischen Monarchie über Garibaldis Plan einer gesamtitalienischen Republik.

In Preußen besteigt Wilhelm I., der seit 1858 für seinen unheilbar kranken Bruder Friedrich Wilhelm IV. als Prinzregent regiert hat, den Königsthron.

Zunehmende Liberalisierung in Österreich. Dr. Andreas Zelinka wird Bürgermeister von Wien.

Große Feierlichkeiten zum 80. Geburtstag des österreichischen Dichters Franz Grillparzer, der zum Reichsrat und Mitglied des österreichischen Herrenhauses ernannt wird, nachdem er 1856 Hofrat und 1859 Ehrendoktor der Universität Wien geworden ist.

1862   Bismarck wird preußischer Ministerpräsident und setzt gegen den Willen des Abgeordnetenhauses eine umfassende Heeresreform durch, die Preußen zu einer der stärksten Militärmächte Europas macht.

In Graz stirbt am 25. Mai Johann Nestroy, neben Ferdinand Raimund der bedeutendste Dramatiker des Wiener Volkstheaters im 19. Jahrhundert.

Richard Wagner gibt im Theater an der Wien ein Mittagskonzert mit Ausschnitten aus »Das Rheingold« und »Die Walküre« sowie aus der noch in Arbeit befindlichen Oper »Die Meistersinger von Nürnberg«.

Johann Strauß heiratet am 27. August die ehemalige Sängerin Henriette Chalupetzky. Da sein Bruder Josef aus gesundheitlichen Gründen nicht voll einsatzfähig ist und das Orchester nur gelegentlich leiten kann, springt Eduard Strauß immer öfter ein, um Johann Strauß die notwendige Zeit für sein kompositorisches Schaffen freizumachen. Eduard und Josef Strauß übernehmen die ständige Leitung der Kapelle, während Johann nur noch die wichtigsten Konzertaufgaben erfüllt.

1863   Aufstand in den russischen Gebieten Polens. Die meisten europäischen Staaten drängen Rußland, der polnischen

Nationalbewegung verfassungspolitische Zugeständnisse zu machen, doch Bismarck bleibt bei seiner rußlandfreundlichen Haltung. Für sein außenpolitisches Konzept einer preußischen Vormachtstellung auch gegenüber Österreich und Frankreich muß er sich den Rücken freihalten und Rußland neutralisieren.

Richard Wagner feiert am 22. Mai seinen 50. Geburtstag in Wien, arbeitet an den Meistersingern und gibt zwei Konzerte.

Johann Strauß Sohn wird Hofballmusikdirektor, verzichtet aber später auf diesen Posten zugunsten seines Bruders Eduard.

1864   Maximilian, der Bruder des Kaisers Franz Joseph I. von Österreich, wird Kaiser von Mexiko.

Nachdem Dänemark 1863 die bisher nur lose mit Dänemark verbundenen Länder Schleswig-Holstein endgültig in Besitz zu nehmen versuchte und damit in ganz Deutschland Empörung und die Forderung nach Unabhängigkeit Schleswig-Holsteins auslöste, verlangen Preußen und Österreich die Zurücknahme der Willkürmaßnahmen. Da Dänemark ausweicht, setzen Preußen und Österreich Truppen in Bewegung. Dänemark muß Schleswig-Holstein und Lauenburg abtreten.

Den Bemühungen des Genfer Kaufmanns Henri Dunant gelingt es, die Genfer Konvention durchzusetzen, deren Bestimmungen im Kriege alle Verwundeten und Kranken, Lazarette und Verbandplätze sowie deren Personal unter den Schutz des Roten Kreuzes stellen und damit als unverletzlich erklären.

In Wien beginnt die »Neue Freie Presse« zu erscheinen. Der Dichter Franz Grillparzer wird Ehrenbürger der Stadt.

Der französische Komponist Jacques Offenbach, der »Vater der Operette«, besucht Wien, wo seine im Auftrag der Hofoper geschriebene große romantische Oper »Die Rheinnixen« uraufgeführt wird. Ende des Jahres kommt dann in Paris seine Operette »Die schöne Helena« heraus und wird zu einem Welterfolg.

In Paris stirbt am 2. Mai der Opernkomponist Giacomo Meyerbeer.

Johann Strauß schreibt den Morgenblätter-Walzer Opus 279.

1865	Im Vertrag von Gastein wird Preußen die Verwaltung von Schleswig zugesprochen, während Österreich die Verwaltung von Holstein übernimmt. Lauenburg fällt an Preußen. Bald darauf kommt es jedoch wegen der Schleswig-Holstein-Frage zum Konflikt zwischen Preußen und Österreich. Bismarck bezichtigt Österreich des Vertragsbruchs und läßt preußische Truppen in Holstein einmarschieren.

In Paris wird ein Jahr nach Giacomo Meyerbeers Tod dessen letzte Oper »Die Afrikanerin« mit großem Erfolg uraufgeführt.

Bei Mödling stirbt am 23. August der Maler Ferdinand Georg Waldmüller, dessen Landschaften und Porträts zu den bedeutendsten Zeugnissen der Wiener Kunst zwischen Spätromantik und Biedermeier gehören.

Am 9. September erfolgreiche Uraufführung der Operette »Die schöne Galathee« von Franz von Suppé.

1866	Im Krieg zwischen Österreich und Preußen wegen Schleswig-Holstein kommt es zu einer schnellen Entscheidung. Obwohl die größeren deutschen Staaten wie Bayern, Württemberg, Hessen, Sachsen und die Reichsstadt Frankfurt zu Österreich stehen und nur die kleineren Staaten Norddeutschlands und außerdem Italien zu Preußen halten, gelingt dem reformierten preußischen Heer unter Generalstabschef Helmuth von Moltke in der Schlacht bei Königgrätz der entscheidende Sieg. Im Frieden von Prag muß Österreich Venetien an Italien abtreten.

In Paris wird die Operette »Pariser Leben« von Jacques Offenbach uraufgeführt, die nach »Orpheus in der Unterwelt« und »Die schöne Helena« mit zu Offenbachs reifsten Leistungen gehört.

In Wien ist Franz von Suppé mit der Operette »Leichte Kavallerie« erfolgreich. Johann Strauß schreibt unter anderem den Walzer »Wiener Bonbon« Opus 307.

1867	In Mexiko kann sich Kaiser Maximilian nicht gegen die Republikaner durchsetzen. Er wird gefangengenommen und in Querétaro standrechtlich erschossen.

In Deutschland entsteht unter dem Vorsitz Preußens der Norddeutsche Bund. Bundespräsident ist der König von Preußen, der Otto von Bismarck zum Bundeskanzler ernennt. Zugunsten Preußens wird Österreich immer mehr aus der deutschen Politik gedrängt. Dafür schafft Österreich einen Ausgleich mit Ungarn. Die Donaumonarchie besteht nunmehr aus den beiden Reichshälften Österreich mit den tschechischen und polnischen Gebieten und Ungarn mit Kroatien und Siebenbürgen. Beide Reichshälften sind durch die Person des Kaisers miteinander verbunden, der zugleich Kaiser von Österreich und König von Ungarn ist. Außenpolitik sowie Heeres- und Finanzwesen werden zentral geleitet, während die Gesetzgebung in jeder Reichshälfte selbständig ist.

Weltausstellung in Paris. Zu den Pariser »Sehenswürdigkeiten« während der Ausstellung gehört auch Offenbachs neueste Operette »Die Großherzogin von Gerolstein«.

Johann Strauß konzertiert mit großem Erfolg in Paris und schreibt unter anderem die Walzer »An der schönen blauen Donau« Opus 314 und »Künstlerleben« Opus 316 sowie die Polka »Leichtes Blut« Opus 319.

Friedrich Halm wird Generalintendant des Burgtheaters und der Hofoper. Der Schriftsteller und Dramaturg Franz Dingelstedt übernimmt die Direktion der Hofoper. Aus Protest gegen die Berufung Friedrich Halms tritt Heinrich Laube als Direktor des Burgtheaters zurück.

Von Franz von Suppé kommt die Operette »Banditenstreiche« zur Uraufführung.

1868   In Linz an der Donau stirbt am 28. Januar der österreichische Erzähler Adalbert Stifter durch Selbstmord.

Der Komponist und Organist Anton Bruckner übersiedelt von Linz nach Wien, lehrt am Konservatorium und später auch an der Universität und widmet sich im übrigen fast ausschließlich seinem kompositorischen Schaffen.

Johann Strauß komponiert unter anderem den Walzer »Geschichten aus dem Wienerwald« Opus 325 und die Polkas »Donner und Blitz« Opus 324 und »Freikugeln« Opus 326.

Dr. Cajetan Felder wird Bürgermeister von Wien.

1869   Der seit 1859 im Bau befindliche Suezkanal durch die Landenge von Suez zwischen Mittelmeer und Rotem Meer wird eröffnet.

Da das 1853 zur Hofoper gewordene Kärntnertor-Theater den zunehmenden Anforderungen nicht mehr entsprach, wurde 1863 der Grundstein zu einem neuen großen Opernhaus im Ring-Gebiet gelegt. Mit Mozarts »Don Giovanni« wird das neue Haus am 25. Mai festlich eröffnet.

Die gefeierte Sängerin Marie Geistinger und Maximilian Steiner übernehmen die Direktion des Theaters an der Wien.

Johann Strauß komponiert unter anderem den Walzer »Wein, Weib und Gesang« Opus 333.

In Paris wird am 10. Dezember die Operette »Die Banditen« von Jacques Offenbach uraufgeführt.

1870 Nach dem 1854 verkündeten Dogma von der unbefleckten Empfängnis der Mutter Gottes wird auf dem Vatikanischen Konzil von 1869/70 die Unfehlbarkeit des Papstes ausgesprochen.

Meinungsverschiedenheiten über die spanische Thronkandidatur sind der äußere Anlaß zum Krieg zwischen Deutschland und Frankreich. Die süddeutschen Staaten schließen sich dem Vorgehen des Norddeutschen Bundes an. Österreich und Rußland bleiben neutral. Der preußische Generalfeldmarschall Helmuth von Moltke hat den militärischen Oberbefehl und siegt bei Sedan. Kaiser Napoleon III. von Frankreich wird gefangengenommen. Darauf bildet sich in Paris eine republikanische Regierung, die ihre Bereitschaft zum Frieden erklärt. Bismarck fordert Elsaß-Lothringen. Da Paris ablehnt, wird der Krieg fortgesetzt.

Johann Ritter von Herbeck wird zum Direktor der neuen Hofoper am Ring ernannt. Franz Dingelstedt übernimmt dafür die Direktion des Burgtheaters.

Am 23. Februar stirbt die Mutter von Johann Strauß und am 22. Juli der Bruder Josef. Zugunsten seines Bruders Eduard legt Johann Strauß, der mit dem Franz-Joseph-Orden ausgezeichnet wird, die Leitung der Hofbälle nieder und konzentriert sich auf sein kompositorisches Schaffen, das in zunehmendem Maße der Operette gewidmet ist.

1871 Frankreich kapituliert, und der König von Preußen wird in Versailles zum deutschen Kaiser ausgerufen. Angesichts des glänzenden deutschen Sieges über Frankreich ist es Bismarck nach langen Verhandlungen gelungen, die Zustimmung der Fürsten zur Kaiserproklamation zu erhalten. Deutschland ist nun ein Bundesstaat mit konstitutioneller Monarchie. Bismarck wird Reichskanzler.

Der englische Naturforscher Charles Darwin veröffentlicht

»Die Abstammung des Menschen und die geschlechtliche Zuchtwahl«.

In Kairo kommt die zur festlichen Eröffnung des Suezkanals in Auftrag gegebene Oper »Aida« von Giuseppe Verdi mit sensationellem Erfolg zur Uraufführung. Innerhalb kurzer Zeit geht das Werk um die Welt.

Wien zählt rund 600 000 Einwohner. Die seit 1856 im Bau befindliche Votivkirche wird fertiggestellt.

Uraufführung des Volksstücks »Der Meineidbauer« von Ludwig Anzengruber.

Mit der Operette »Indigo« erringt Johann Strauß seinen ersten Bühnenerfolg. Die Sängerin und Direktorin des Theaters an der Wien, Marie Geistinger, spielt die Hauptrolle.

1872   Am 21. Januar stirbt der österreichische Dichter Franz Grillparzer. Die musikalische Leitung der Begräbnisfeierlichkeiten hat der junge Wiener Komponist und Dirigent Karl Michael Ziehrer.

Baubeginn des Hofmuseums und des Rathauses.

Von Ludwig Anzengruber wird das Volksstück »Die Kreuzelschreiber« mit großem Erfolg uraufgeführt.

Johann Strauß wird der preußische Rote-Adler-Orden verliehen. Anläßlich der Feiern zum 100. Jahrestag der Unabhängigkeit Nordamerikas gastiert er in den USA. Mit triumphalem Erfolg gibt er mehrere Konzerte und dirigiert auf großen Bällen. Besonders sensationell ist ein Mammutkonzert in Boston, wo er mit mehreren »Hilfsdirigenten« vor rund 100 000 Zuhörern etwa 20 000 Musiker und Sänger dirigiert.

1873   Weltausstellung in Wien.

Johann Strauß schreibt unter anderem den Walzer »Wiener Blut« Opus 354 und ist mit der Operette »Der Karneval in Rom« erfolgreich, in der wieder Marie Geistinger die Hauptrolle singt.

1874   In Paris veranstalten einige avantgardistische Maler, zu denen Edgar Degas, Paul Cézanne, Camille Pissarro, Alfred Sisley, Claude Monet und Auguste Renoir gehören, im April/Mai eine Ausstellung außerhalb des offiziellen Kunstsalons. Diese Ausstellung wird zu einem Skandal und etabliert zugleich eine neue Kunstrichtung. Nach einem Bild von Monet mit dem Titel »Impression soleil levant« bezeichnet der Journalist Leroy die ausstellenden Maler verächtlich als Impressionisten.

Im Theater an der Wien kommt am 5. April die Operette »Die Fledermaus« von Johann Strauß zur Uraufführung. Das später als ein Höhepunkt der klassischen Wiener Operette gefeierte Werk hat jedoch zunächst, trotz Marie Geistingers bravouröser schauspielerischer und gesanglicher Leistung als Rosalinde, nur mäßigen Erfolg.

Johann Strauß geht mit seiner Kapelle auf Konzertreise nach Italien.

1875   Am 27. Februar am Theater an der Wien Uraufführung der Johann-Strauß-Operette »Cagliostro in Wien« mit Alexander Girardi. Zur Pariser Aufführung seiner Operette »Indigo« reist Strauß nach Frankreich.

Von dem österreichischen Komponisten Karl Goldmark wird die einige Zeit sehr erfolgreiche Oper »Die Königin von Saba« uraufgeführt.

Der volkstümliche österreichische Erzähler Peter Rosegger veröffentlicht den Roman »Die Schriften des Waldschulmeisters«.

Der italienische Komponist Giuseppe Verdi hält sich in Wien auf und dirigiert mit großem Erfolg seine Oper »Aida« und sein »Requiem«.

1876   Am Wiener Carltheater wird die Operette »Fatinitza« von Franz von Suppé erfolgreich uraufgeführt.

In Anwesenheit regierender Fürstlichkeiten und vieler namhafter Komponisten, Musiker und Künstler aus aller Welt werden die Bayreuther Festspiele eröffnet.

Johann Strauß konzertiert mit seinem Orchester in Deutschland.

1877   Nach einer Erhebung der Balkanvölker 1876 gegen die türkische Vorherrschaft erklärt Rußland der Türkei den Krieg. Die expansive russische Außenpolitik macht sich den zunehmenden Panslawismus zunutze und dringt bis Konstantinopel vor. Da England und Österreich Einspruch erheben, besteht die Gefahr eines Weltkriegs. Um seine rußlandfreundliche Außenpolitik nicht aufgeben zu müssen, vermittelt Bismarck.

Ludwig Anzengruber veröffentlicht den Roman »Der Schandfleck«.

Uraufführung der Johann-Strauß-Operette »Prinz Methusalem«. Strauß reist erneut nach Paris und wird zum Ritter der Ehrenlegion ernannt.

Der Wiener Violinist und Komponist Johann Schrammel gründet mit seinem Bruder Josef als zweitem Geiger, dem Klarinettisten Dänzer und dem Gitarristen Strohmayer das Schrammelquartett. Später wird statt der Klarinette die chromatische Harmonika eingesetzt. Das Quartett spielt vor allem Wiener Volks- und Tanzmusik und eigene Kompositionen. Mitunter werden auch Volkssänger hinzugezogen. Das Quartett wird schnell populär. Die Besetzung setzt sich als Schrammelmusik durch und gilt bald auch im Ausland als typische Wiener Musik.

1878   Rußlands Sieg über die Türkei ergibt auf der Berliner Konferenz große Gebietsverluste für die Türkei, wenn auch Rußland mit Rücksicht auf England und Österreich seine Forderungen stark reduzieren muß. Es erhält unter anderem Bessarabien und einen bestimmenden Einfluß auf die Ostküste des Balkans. Österreich wird die Verwaltung von Bosnien und der Herzegowina sowie der bestimmende Einfluß auf die Westküste des Balkans zugesprochen. England gewinnt Zypern. Rumänien, Serbien und Montenegro werden selbständig. Bulgarien wird der Türkei tributpflichtiges Fürstentum.

In Deutschland nimmt Bismarck zwei Attentate auf den Kaiser als Anlaß, durch das sogenannte Sozialistengesetz den wachsenden Einfluß der SPD zu stoppen. Alle sozialdemokratischen, sozialistischen und kommunistischen Parteien und Vereine werden als »gemeingefährlich« verboten. Die SPD muß in den Untergrund gehen, was ihre Anhänger nur noch enger zusammenschließt und die zentral gelenkte Parteidisziplin fördert.

In Wien wird Dr. Julius Ritter von Newald Bürgermeister.

Der deutsche Komponist Johannes Brahms läßt sich endgültig in Wien nieder.

In der Nacht vom 8. zum 9. April stirbt Henriette Strauß geborene Chalupetzky. Wenige Monate später heiratet Johann Strauß die Sängerin Angelika Dittrich.

1879   Zweierbund zwischen Deutschland und Österreich.
Am 1. Februar bringt das Carltheater die Operette »Boccac-

cio« zur Uraufführung, Franz von Suppés erfolgreichstes und künstlerisch reifstes Werk.

Zur silbernen Hochzeit des österreichischen Kaiserpaars wird am 27. April ein pompöser Festzug veranstaltet, dessen künstlerische Gestaltung in den Händen des österreichischen Modemalers und neuernannten Wiener Akademieprofessors Hans Makart liegt.

Uraufführung der Operette »Gräfin Dubarry« von Karl Millöcker am 31. Oktober im Theater an der Wien. Das später von Theo Mackeben bearbeitete Werk bringt dem schon seit den sechziger Jahren als Bühnenkomponisten und hervorragenden Dirigenten tätigen Millöcker einen durchschlagenden Erfolg.

1880   Von Ludwig Anzengruber erscheint die Erzählung »Die Märchen des Steinklopferhanns«.

Johann Strauß komponiert unter anderem den Walzer »Rosen aus dem Süden« Opus 388.

In Paris stirbt am 5. Oktober Jacques Offenbach, der Meister der Pariser Operette.

1881   Nach der 1847 abgeschlossenen Eroberung Algeriens setzt sich Frankreich auch in Tunis fest. Die Aufteilung Afrikas durch die europäischen Kolonialmächte führt wiederholt zu Konflikten zwischen England, Frankreich und Italien. Gleichzeitig ist Rußland bemüht, sich bis zu den Rändern Asiens und den Weltmeeren auszudehnen. Es versucht, über den Kaukasus und Persien das Arabische Meer, über Turkestan und Afghanistan Indien und mit Druck auf China das Japanische Meer zu erreichen. Dabei stößt es fast überall auf englischen Widerstand, so daß schließlich nur im Osten der Durchbruch zum Meer gelingt.

Durch Bismarcks Initiative schließen Deutschland, Österreich und Rußland ein Neutralitätsabkommen.

Am 25. November wird im Theater an der Wien die Strauß-Operette »Der lustige Krieg« mit großem Beifall uraufgeführt. Alexander Girardi erringt damit einen durchschlagenden Erfolg und zählt fortan zu Wiens bedeutendsten Volksschauspielern und Charakterkomikern. Wenige Tage später, am 8. Dezember, bricht im Ringtheater kurz vor der Aufführung von Offenbachs Oper »Hoffmanns Erzählungen« ein Brand aus, der 400 Menschenleben kostet und das Theater vollständig zerstört.

1882   Nach einem Aufstand in Ägypten besetzen die Engländer das Land.

Der 1879 zwischen Deutschland und Österreich geschlossene Zweierbund wird durch den Beitritt Italiens zu einem Dreierbund erweitert.

Der deutsche Arzt und Bakteriologe Robert Koch entdeckt den Erreger der Tuberkulose.

Eduard Uhl wird Bürgermeister von Wien.

Das Theater an der Wien bringt am 6. Dezember Karl Millöckers Meisterwerk, die Operette »Der Bettelstudent«, zur Uraufführung.

1883   Richard Wagner stirbt am 13. Februar in Venedig.

In Wien werden der 1872 begonnene Bau des Rathauses und die 1873 begonnenen Bauten des Parlaments und der Universität vollendet.

Angelika Strauß geborene Dittrich verläßt ihren Mann. Um wieder heiraten zu können, legt Johann Strauß vorübergehend die österreichische Staatsangehörigkeit ab, nimmt die Staatsangehörigkeit von Coburg-Cotha an und tritt zum protestantischen Glauben über. Nach rechtskräftiger Scheidung läßt er sich am 15. August in Coburg mit Adele Deutsch verwitwete Strauß evangelisch trauen.

Am 3. Oktober wird die Berliner Uraufführung seiner Operette »Eine Nacht in Venedig« zu einem Theaterskandal. Erst in Wien findet dann das Werk begeisterte Anerkennung. Außerdem komponiert Johann Strauß unter anderem den Frühlingsstimmen-Walzer Opus 410.

1884   Am 26. Januar wird im Theater an der Wien die Operette »Gasparone« von Karl Millöcker mit großem Erfolg uraufgeführt.

Tod des erfolgreichen österreichischen Modemalers Hans Makart am 3. Oktober. Die Begräbnisfeierlichkeiten werden zu einem Wiener Ereignis.

Anläßlich der Feiern zum vierzigjährigen Künstlerjubiläum von Johann Strauß wird ihm die Ehrenbürgerschaft der Stadt Wien verliehen.

1885   Nach dem Vorbild der großen europäischen Kolonialmächte England und Frankreich versucht nun auch Deutschland Kolonialpolitik zu treiben. Es nimmt Deutschsüdwestafrika,

Deutschostafrika, Kamerun und Togo in Besitz. Italien besetzt unter anderem das Somaliland, Belgien das Kongogebiet.

In London wird am 14. März die Operette »Der Mikado« des 1883 geadelten englischen Komponisten Sir Arthur Sullivan uraufgeführt. Das Werk geht um die ganze Welt und kommt bereits am 11. September des folgenden Jahres in Wien heraus.

Von Ludwig Anzengruber erscheint der Roman »Der Sternsteinhof«.

Der österreichische Nervenarzt und spätere Begründer der Psychoanalyse Sigmund Freud wird Dozent an der Wiener Universität.

Am 24. Oktober findet im Theater an der Wien die Uraufführung der Operette »Der Zigeunerbaron« begeisterte Zustimmung. Alexander Girardi spielt den Schweinefürsten Zsupan. Das Werk gehört neben »Die Fledermaus« und »Eine Nacht in Venedig« zu Johann Strauß' reifsten Bühnenleistungen und erobert die ganze Welt.

1888   Tod von Wilhelm I., Kaiser von Deutschland und König von Preußen. Nachfolger ist sein Enkel, der als Wilhelm II. den Thron besteigt.

Frankreich beginnt Madagaskar zu unterwerfen. Gleichzeitig breitet es sich von seinen nordafrikanischen Kolonien und vom Senegal her über die Sahara und den Westsudan aus und bildet ein gewaltiges Kolonialreich.

Johann Strauß komponiert seinen Kaiserwalzer Opus 437.

1889   Selbstmord des österreichischen Kronprinzen Rudolf.

Dr. Johann Prix wird Bürgermeister von Wien.

Johann Strauß Sohn gibt bei Breitkopf und Härtel die Werke seines Vaters in sieben Bänden heraus und bezeichnet ihn als einen »Musiker von Gottes Gnaden«.

Am 10. Dezember stirbt der österreichische Volksschriftsteller Ludwig Anzengruber.

1890   Am 4. Januar kommt im Theater an der Wien die Operette »Der arme Jonathan« von Karl Millöcker zur Uraufführung. In Deutschland erzwingt Kaiser Wilhelm II. den Rücktritt Bismarcks. Das Sozialistengesetz wird aufgehoben.

1891   Am 10. Januar erlebt das begeisterte Publikum des Theaters an der Wien die Uraufführung der Operette »Der Vogelhändler« von Carl Zeller mit Alexander Girardi in der Titelpartie. Das zu den bedeutendsten Leistungen der klassischen Wiener Operette zählende Werk erobert als Musterbeispiel einer Volksoperette die ganze Welt.

1892   An der Hofoper wird von Johann Strauß die Oper »Ritter Pázmán« uraufgeführt, doch das Werk erringt kaum mehr als einen Achtungserfolg.
Von dem deutschen Dramatiker, Erzähler und Lyriker Gerhart Hauptmann erscheint das soziale Drama »Die Weber«, das die weitere Entwicklung des deutschsprachigen Theaters wesentlich beeinflußt.

1893   Auf der Weltausstellung in Chikago konzertiert der erfolgreiche Wiener Bühnen- und Tanzkomponist Karl Michael Ziehrer mit einem eigenen Orchester.
Der junge Wiener Schriftsteller Arthur Schnitzler, Assistenzarzt seines Vaters, der als Kehlkopfspezialist und Professor für Medizin einen Namen hat, legt sein dramatisches Erstlingswerk »Anatol« vor, einen Zyklus von sieben Einaktern.
Am 17. Juni stirbt der Violinist und Komponist Johann Schrammel, am 24. Oktober der aus einer bekannten Wiener Musikerfamilie stammende Dirigent und Violinist Joseph Hellmesberger und am 25. Oktober in Petersburg der russische Komponist Peter Tschaikowsky, der kurz zuvor noch in Wien mit großem Erfolg eigene Werke dirigiert hat.

1894   Am 5. Januar wird am Theater an der Wien Carl Zellers Operette »Der Obersteiger« uraufgeführt.
Unter großer Anteilnahme des In- und Auslandes feiert Johann Strauß sein fünfzigjährigs Künstlerjubiläum.
Dr. Raimund Grübl wird Bürgermeister von Wien.
Von dem 1883 in London verstorbenen sozialistischen Theoretiker Karl Marx erscheint postum der dritte und letzte Band seines Hauptwerks »Das Kapital«.

1895   In Wien kommt es wiederholt zu großen Arbeiterdemonstrationen vor dem Parlament.
Am 21. Mai stirbt der Komponist Franz von Suppé.
Von Johann Strauß wird die Operette »Waldmeister« uraufgeführt.

1896   Tod des schwedischen Chemikers Alfred Nobel, der das
        Dynamit und die Sprenggelatine erfand und testamentarisch
        die Nobelstiftung festlegt, aus der alljährlich die Nobelpreise
        für hervorragende Verdienste auf den Gebieten Physik,
        Chemie, Heilkunde und Literatur sowie für besondere Be-
        mühungen um den Weltfrieden zu finanzieren sind.
        In Wien wird das erste Kino eröffnet.
        Der Schriftsteller Arthur Schnitzler ist mit dem Schauspiel
        »Liebelei« erfolgreich.
        Am 11. Oktober stirbt der österreichische Komponist und
        Organist Anton Bruckner.
        Josef Strobach wird Bürgermeister von Wien.

1897   Am 3. April stirbt der in Wien ansässige deutsche Kompo-
        nist Johannes Brahms. Er wird auf dem Zentralfriedhof ne-
        ben Franz Schubert beigesetzt.
        Der österreichische Komponist und Dirigent Gustav Mahler
        erhält zunächst als Kapellmeister, dann als Direktor eine
        Berufung an die Hofoper.
        Der erste elektrische Straßenbahn Wiens wird in Betrieb ge-
        nommen. Im Prater wird ein Riesenrad aufgestellt.

1898   Am 5. Januar kommt im Theater an der Wien die Operette
        »Der Opernball« von Richard Heuberger, das letzte bedeu-
        tende Werk der klassischen Wiener Operette, zur Urauffüh-
        rung.
        In Baden bei Wien stirbt am 17. August der Komponist Carl
        Zeller.
        Die Chemikerin und Physikerin Marie Curie entdeckt mit
        ihrem Mann Pierre die radioaktiven Grundstoffe Polonium
        und Radium.

1899   In Wien erscheint die erste Nummer der von dem österreichi-
        schen Publizisten Karl Kraus herausgegebenen Zeitschrift
        »Die Fackel«.
        Der junge österreichische Militärkapellmeister und Kompo-
        nist Franz Lehár geht nach Wien und hat mit seinem Walzer
        »Gold und Silber« den ersten großen Erfolg.
        Am 3. Juni stirbt Johann Strauß Sohn. Er wird am 6. Juni
        in einem Ehrengrab der Stadt Wien in der Nähe von Franz
        Schubert und Johannes Brahms auf dem Zentralfriedhof bei-
        gesetzt. Die Anteilnahme der Bevölkerung ist gewaltig. Auch

im Ausland wird der Tod des »Walzerkönigs« als das Ende einer Epoche empfunden. Wenige Monate später, am 26. Oktober, kommt die nach Strauß-Musik noch zu Lebzeiten des Komponisten zusammengestellte Operette »Wiener Blut« zur erfolgreichen Uraufführung.

Am 31. Dezember stirbt auch Karl Millöcker, der letzte große Repräsentant der Wiener Operette dieser Zeit.

STAMMTAFEL VON JOHANN STRAUSS SOHN

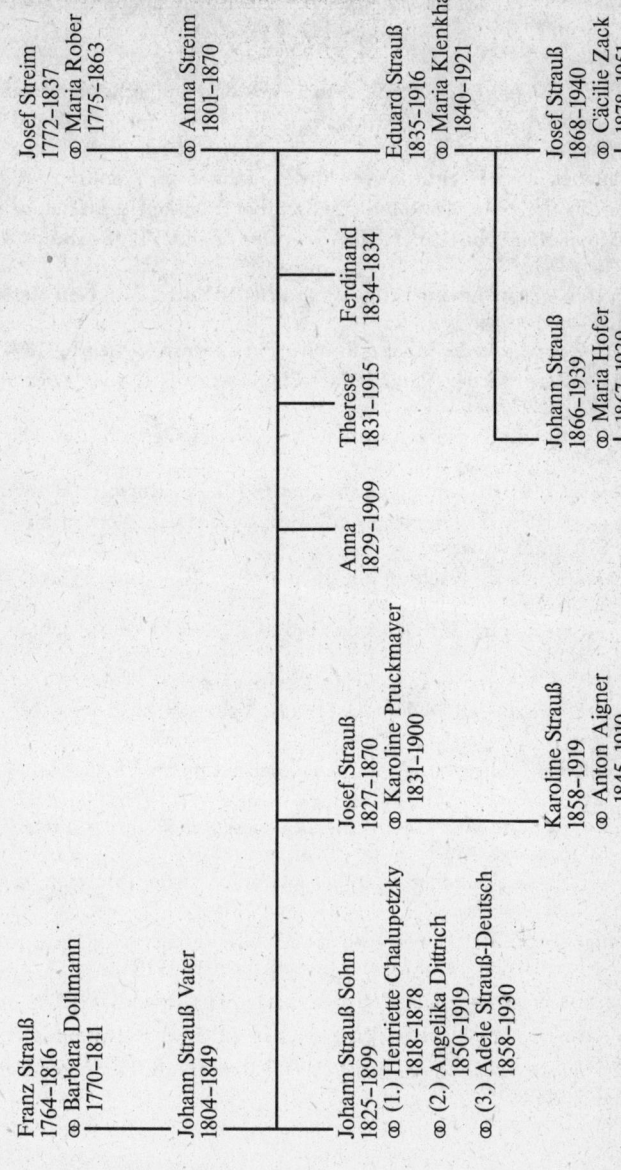

Franz Strauß
1764–1816
∞ Barbara Dollmann
1770–1811

Johann Strauß Vater
1804–1849

Johann Strauß Sohn
1825–1899
∞ (1.) Henriette Chalupetzky
1818–1878
∞ (2.) Angelika Dittrich
1850–1919
∞ (3.) Adele Strauß-Deutsch
1858–1930

Josef Strauß
1827–1870
∞ Karoline Pruckmayer
1831–1900

Anna
1829–1909

Therese
1831–1915

Ferdinand
1834–1834

Josef Streim
1772–1837
∞ Maria Rober
1775–1863

Anna Streim
1801–1870

Eduard Strauß
1835–1916
∞ Maria Klenkhart
1840–1921

Karoline Strauß
1858–1919
∞ Anton Aigner
1845–1910

Johann Strauß
1866–1939
∞ Maria Hofer
1867–1939

Josef Strauß
1868–1940
∞ Cäcilie Zack
1878–1951

1. LITERATUR-VERZEICHNIS

Adler, Guido: Joh. Strauß, Bettelheims Biographisches Jahrbuch 1900.

Ambros, Aug. Wilh.: Kulturhistorische Bilder, Leipzig 1860 (Die Tanzmusik seit hundert Jahren).

Bäuerles Theaterzeitung, verschiedene Jahrgänge, Wien.

Berlioz, Hector: Memoiren (Deutsch bei Breitkopf & Härtel, Leipzig).

Bülow, Hans von: Briefe und Schriften, Band VII (Breitkopf & Härtel, Leipzig).

Decsey, Ernst: Johann Strauß. Ein Wiener Buch. Paul Neff Verlag, Wien 1948.

Eisenberg, Ludwig: Johann Strauß. Ein Lebensbild, Leipzig 1894.

J. F.: Alte Wiener Vergnügungs-Etablissements (Neues Wiener Journal, 19. 7. 1920).

Fajkmajer, Karl: Skizzen aus Alt-Wien, Verlag Gerlach & Wiedling, Wien, o. J.

Jacob, H. E.: Johann Strauß, Vater und Sohn. Rowohlt Hamburg 1953.

Jaspert, Werner: Johann Strauß. Sein Leben, sein Werk, seine Zeit. Karl Siegismund, Berlin 1939.

Kalbeck, Max: Nachruf auf Johann Strauß (Neues Wiener Tagblatt, 4. 6. 1899).
— Persönliches über Johann Strauß (Neues Wiener Tagblatt, 31. 12. 1899).
— Von Johann Strauß (Neues Wiener Tagblatt, 3. 6. 1919).
— Erinnerungen an Johann Strauß (Velhagen & Klasings Monatshefte XXII/I).

Keldorfer, Viktor: An der schönen blauen Donau. Ein Gedenkblatt. Wien 1917.

Lach, Robert: Zur Geschichte des Gesellschaftstanzes im achtzehnten Jahrhundert (Museion, Ed. Strache, 1920).
— Der Gesellschaftstanz in der Kulturgeschichte (Museion, Programmbuch, 1920).

Lange, Fritz: Der Wiener Walzer (Urania-Verlag, Wien 1917).
— Josef Lanner und Johann Strauß. Leipzig 1919.

Loewy, Siegfried: Künstlerleben (Neue Freie Presse, Wien, 27. 6. 1921).

Maurus Fontana, Oskar: Wiener Unsterblichkeiten (München 1958).

Procházka, Rudolph Freiherr von: Johann Strauß. Harmonie-Verlag, Berlin 1900.

Schenk, Erich: Johann Strauß. Athenaion-Verlag, Potsdam 1940.

Scheyrer, Ludwig: Johann Strauß' musikalische Wanderung durch das Leben (Wien 1851).

Schönherr, Max, und Reinöhl, Karl: Das Jahrhundert des Walzers. Johann Strauß Vater. Ein Werkverzeichnis. Universal Edition, Wien 1954.

Strauß, Eduard: Erinnerungen. Wien 1906.

2. BIBLIOGRAPHIE DER NEUEREN
JOHANN-STRAUSS-LITERATUR

Bailey, George: »The Strauß Family«, London 1972.

Czech, Stan: »Das Operettenbuch«, Stuttgart 1960.

Ewen, David: »Tales from the Vienna Woods«, New York 1946.

Fantel, Hans: »Johann Strauß Father and Son and their Era«, Newton Abbott 1971.

Grasberger, Franz: »Die Wiener Philharmoniker bei Johann Strauß«, Wien 1963.
— »Die Walzer-Dynastie Strauß«, Ausstellungskatalog, Gesellschaft der Musikfreunde, Wien 1965.

Grun, Bernard: »Die leichte Muse — Kulturgeschichte der Operette«, München 1961.

Jacob, Heinrich Eduard: »Johann Strauß Vater und Sohn«, Bremen 1960.

Jäger-Sunstenau, Hanns: »Johann Strauß. Der Walzerkönig und seine Dynastie«, Wien 1965.

Kuringer, Paul: »Johann Strauß«, Haarlem/Antwerpen 1952.

Pastene, Jerome: »Three-quarter Time«, New York 1951.

Pfannhauser, Karl: »Eine menschlich-künstlerische Strauß-Memoire«, Wien 1960.

Sbircea, George: »Johann Strauß ci imperiul sferic al valsului«, Bukarest 1963.

Schneidereit, Otto: »Operette«, Berlin 1969 (bearbeitete Neuausgabe, Berlin 1971).
— »Johann Strauß und die Stadt an der schönen blauen Donau«, Berlin 1972.

Sündermann, Hans: »Johann Strauß, ein Vollendeter«, Brixlegg 1937 (bearbeitete Neuausgabe, Innsbruck 1949).

Wechsberg, Joseph: »The Waltz Emperors«, London 1973.

Weinmann, Alexander: »Verzeichnis sämtlicher Werke von Johann Strauß Vater und Sohn«, Wien 1956.
— »Verzeichnis sämtlicher Werke von Josef und Eduard Strauß«, Wien 1967.

Witeschnik, Alexander: »Die Dynastie Strauß«, Wien 1939 (bearbeitete Neuausgabe, Wien 1958).

ÜBER DEN AUTOR

Professor Kurt Pahlen ist eine der profiliertesten Persönlichkeiten des internationalen Musiklebens unserer Zeit. Er ist Doktor der Musikwissenschaften der Wiener Universität, Professor und Gründer des Lehrstuhls für dieses Fach an der Universität Montevideo sowie Gastprofessor an vielen anderen Hochschulen. Seine Karriere begann er als Dirigent an der Wiener Volksoper und beim Rundfunk, 1939 wurde er Chefdirigent der Philharmonie von Buenos Aires, 1957 dort Direktor des weltberühmten Opernhauses Teatro Colon, einem der größten Opernhäuser der Welt. Heute teilt er seine Tätigkeit zwischen der Neuen und der Alten Welt, dirigiert in Europa, Lateinamerika und im Fernen Osten, hält zahllose Vorträge, arbeitet erfolgreich in Rundfunk und Fernsehen, ist mit über 20 Musikbüchern in zahlreichen Sprachen einer der meistgelesenen Autoren auf diesem Gebiet und wird als Komponist verschiedener Werke, vor allem von Kinderopern, in vielen Ländern gespielt. Professor Pahlen ist ständiger Mitarbeiter Herbert von Karajans bei den Salzburger Osterfestspielen, ist in der Jury der Berliner Wettbewerbe, leitet Meisterkurse im Internationalen Opernstudio des Opernhauses Zürich und ist auch Mitarbeiter der Salzburger Festspiele.

PERSONENREGISTER

WERKREGISTER

HEYNE BIOGRAPHIEN

**Eine systematische Sammlung großer
Biographien in einer preiswerten Taschenbuch-
Reihe. Jeder Band ergänzt durch Chronologie
und Register.**

3 / DM 7,80

4 / DM 7,80

5 / DM 7,80

6 / DM 6,80

7 / DM 4,80

WILHELM HEYNE VERLAG
MÜNCHEN

HEYNE BIOGRAPHIEN

Die zeitlos gültigen Lebensbeschreibungen der »Großen der Weltgeschichte« aus Politik, Wirtschaft, Wissenschaft und Kunst. Jeden Monat erscheint ein neuer Band.

8 / DM 7,80

9 / DM 8,80

10 / DM 7,80

11 / DM 7,80

12 / DM 7,80

WILHELM HEYNE VERLAG
MÜNCHEN

Mitreißende historische Romane als Heyne-Taschenbücher

C. C. Bergius
Der Fälscher
5002 / DM 4,80

Wer ist Ritter von Baton, der seine Stellung am kaiserlichen Hof von Wien seinen Fälscherkünsten verdankt?

Taylor Caldwell
Der Herr der Erde
5087 / DM 6,80

Das Lebensbild Dschingis-Khans, des größten Eroberers der Weltgeschichte.

Eine Säule aus Erz
5161 / DM 8,80

Der große Roman um Marcus Tullius Cicero ging als Bestseller um die ganze Welt.

Horst Wolfram Geißler
Der ewige Hochzeiter
5172 / DM 3,80

Das Schicksal des liebenswerten Malerpoeten Karl Spitzweg.

Zsolt Harsanyi
... und sie bewegt sich doch
5122 / DM 7,80

Der Lebensroman Galileis – ein Meisterwerk der biographischen Erzählkunst.

Das herrliche Leben
5156 / DM 8,80

Ein grandioses, mitreißendes Lebensgemälde des berühmten Malers Peter Paul Rubens.

Pierre LaMure
Sinfonie einer Leidenschaft
5114 / DM 6,80

Claude Debussy – die Stationen eines leidenschaftlichen Künstlerlebens.

Paul J. Wellmann
Das Weib
5151 / DM 6,80

Der Aufstieg einer Frau von der Kurtisane zur Kaiserin der römischen Welt: Theodora von Byzanz.

Wilhelm Heyne Verlag · 8 München 2 · Türkenstraße 5–7